Norbert Kühne
Monika Gewicke
Helga Harder-Kühne
Jens Priester
Mechthild Sudhues
Gerd Tiator

Psychologie

für
Fachschulen
und Fachoberschulen

7. Auflage

Bestellnummer 04150

Bildungsverlag EINS

www.bildungsverlag1.de

Gehlen, Kieser und Stam sind unter dem Dach des Bildungsverlages EINS zusammengeführt.

Bildungsverlag EINS
Sieglarer Straße 2, 53842 Troisdorf

ISBN 3-427-**04150**-6

Inhaltsverzeichnis

Vorbemerkungen zum Begriff „Psychologie"

Dieser Band ist von sechs Autorinnen/Autoren verfasst worden, die Psychologie bzw. Erziehungswissenschaften an Fachschulen für Sozialpädagogik, an Fachoberschulen und Kollegschulen unterrichten bzw. unterrichteten.

Für die Unterstützung der Arbeit zur 7. Auflage möchten wir Dr. Regina Mahlmann, München, und Peter Wenzel, Marl, herzlich danken.

Es wird Ihnen vielleicht auffallen, dass der Begriff „Psychologie" in diesem Band von zwei Aspekten geprägt wird:

Psychologie wird verstanden als Wissenschaft vom *Erleben* und *Verhalten* des Menschen, wobei das Verhalten *offen* oder *verdeckt* auftreten kann. Die Psychologie wird verstanden als Wissenschaft, die helfen soll, Fragen aus der *Erziehungspraxis* zu beantworten oder Probleme in der praktischen *Erziehungsarbeit* in den Griff zu bekommen.

Da die meisten Autoren im Unterricht immer wieder mit konkreten Fragen aus der Erzieherpraxis konfrontiert werden, haben wir versucht, praktische Gesichtspunkte in den Vordergrund zu stellen.

Wahrnehmung und Orientierung

Wenn wir die Welt wahrnehmen, bilden wir sie nicht in unserem Kopf ab. Vielmehr gestalten wir sie mit Hilfe unserer Vorstellungen neu. Wahrnehmung, wie sie beim Erwachsenen funktioniert, ist nicht einfach von Geburt an da; sie muss entwickelt werden. Jeder Erzieher weiß: Wahrnehmung kann auch gefördert werden. Wir nehmen alle ähnlich wahr, unterscheiden uns andererseits in dem, was wir registrieren.
Ein neuer Begriff gewinnt in der Diskussion immer mehr an Bedeutung: Orientierung. Denn Orientierung kennzeichnet besser, was Lebewesen in dieser Welt tun, wenn sie sich zurechtfinden wollen.

2.1 Wahrnehmen

2.1.1 Vorgang der Wahrnehmung

Was nehmen Sie wahr, wenn Sie sich die folgende Konstellation ansehen?

Farbmischung

gelbgelbgelbgelb	gelbgelbgelbgelb	gelbgelbgelbgelbgelb
gelbgelbgelbgelb	gelbgelbgelbgelb	gelbgelbgelbgelbgelb
gelb gelb	gelb gelb	gelb
gelb gelb	gelb gelb	gelb
gelbgelbgelbgelb	gelb gelb	gelb
gelb	gelb gelb	gelb
gelbgelb	gelb gelb	gelb
gelb gelb	gelb gelb	gelb
gelb gelb	gelbgelbgelbgelb	gelb
gelb gelb	gelbgelbgelbgelb	gelb

(N. Kühne, 1998, S. 10)
Zweifellos haben Sie Buchstaben vor sich, die sich im Endeffekt zu einem Wort zusammenfügen. Wirklich zu einem Wort?

Dieselben sprachlichen Einheiten führen in Ihrer Wahrnehmung zu unterschiedlichen Gebilden, die sich in Ihrem logischen Empfinden „beißen". Die Konstellation provoziert in Ihnen sozusagen einen Wahrnehmungskonflikt, der Sie veranlasst zu fragen: Was „ist" das eigentlich?

Bei der Aufforderung kämen Sie wirklich in Verlegenheit: Sagen Sie doch bitte einmal, was das – dieses Gebilde - ist! Da ist es schon angenehmer, wenn Sie gefragt würden: Was sehen Sie eigentlich? Obwohl diese Frage auf Anhieb auch nicht leicht zu beantworten wäre. Wenn das, was hier beschrieben wurde, analysiert wird, könnte man mehrere Einheiten definieren:

2

Konstellation (1)	Visuelle Wahrnehmung (2)	Interpretation (3)	Erkennen (4)
Buchstaben	Das Gebilde aus Buchstaben wird registriert, das den Konflikt provoziert.	Die Worte „gelb" bilden das Wort „rot" ab; das Gebilde ist widersprüchlich.	Es ist möglich, mit Buchstaben konträre Begriffe zu einer einzigen Einheit zu schaffen.

Es ist zu erkennen:

Wahrnehmen ist ein komplizierter Vorgang, der in unserem Kopf nicht einfach nur etwas abbildet. Wahrnehmung interpretiert auch das, was wir registrieren. Sie führt danach zu Erkenntnissen.

Die Aussage lässt sich auf ein Beispiel beziehen, das die Berufspraktikantin Nicole Molzberger beschrieben hat:

Beispiel

„Am Mittwoch gab es bei der Teamsitzung u. a. folgenden Tagesordnungspunkt:
Das Verhalten der ausländischen Jugendlichen während der Disco.
Die Mitarbeiter des Freizeitheims hatten in letzter Zeit beobachtet, dass die Stimmung während der Disco beeinträchtigt wurde, weil die türkischen männlichen Jugendlichen sich aggressiv benahmen, sodass es Probleme im Ablauf gab. Das Verhalten der ausländischen Jugendlichen war sehr aggressiv gegenüber den deutschen männlichen Besuchern. Die Mitarbeiter schilderten nacheinander ihre Eindrücke zum Ablauf der letzten Discoveranstaltung. Es bestand Einigkeit im Team darüber, dass das Verhalten der ausländischen Jugendlichen eine Reaktion vom Haus erforderlich machte.
Es wurde erwähnt, dass die Mitarbeiter handgreifliche Auseinandersetzungen beobachtet hatten und dass türkische Jugendliche während der Veranstaltung Waffen (Messer, Gaspistole) bei sich trugen. Während des Gesprächs wurden zwei Einstellungen zu der Problematik deutlich:

1 Ein Mitarbeiter vertrat die Meinung, dass diese Jugendlichen nichts im Haus zu suchen hätten, da sie ohnehin nur Ärger machten. Man sollte die Disco nur für deutsche Jugendliche veranstalten, er befürwortete ein Hausverbot für türkische Jugendliche.

2 Ein anderer Mitarbeiter meinte, man müsse zwar auf das Verhalten der ausländischen Jugendlichen reagieren, er wollte aber auf keinen Fall ein Hausverbot unterstützen. Er begründete seine Meinung mit der Konzeption des Hauses, die vorsieht, dass das Ju-

2

gendhaus ein Ort sein soll, in dem Kinder und Jugendliche aus allen sozialen Schichten zusammengeführt werden. Es sei das Ziel der Arbeit, dass sie miteinander Spaß haben und dass Vorurteile berichtigt bzw. beseitigt werden. Ein Hausverbot würde dieser Zielsetzung widersprechen, da Kontakte nicht mehr möglich wären und das aggressive Verhalten gegenüber deutschen Jugendlichen möglicherweise noch verstärkt würde.

Da das Verhalten der ausländischen Jugendlichen eine Reaktion erfordere, einigte sich das Team darauf, zwei der ausländischen Jugendlichen zu einem Gespräch einzuladen. Bei dem Gespräch stellte sich heraus, dass diese Jugendlichen selber in Ruhe die Disco besuchen wollten. Sie erklärten sich bereit, bei eventuellen Schwierigkeiten selbst schlichtend auf die ausländischen Jugendlichen einzuwirken.
Daraufhin kam es nicht zu den weiteren Auseinandersetzungen. Ich unterstützte die Entscheidung des Teams, ein Gespräch mit den Betroffenen zu führen."

Man kann hier natürlich auch fragen: Was sehen Sie selbst? Die Mitarbeiter „sahen" Unterschiedliches, obwohl sie wahrscheinlich von den gleichen Sachverhalten ausgingen.

Mitarbeiter 1		Mitarbeiter 2
Oben geschilderte Situation	**Konstellation**	Oben geschilderte Situation
Ausländische und deutsche Jugendliche haben einen Konflikt	**Visuelle Wahrnehmung**	Ausländische und deutsche Jugendliche haben einen Konflikt
Die ausländischen Jugendlichen „machen" einen Konflikt	**Interpretation**	Es gibt Auseinandersetzungen zwischen deutschen und ausländischen Jugendlichen
Sie sollten sich nicht in diesem Jugendheim aufhalten	**Erkennen**	Sie sollten eigentlich „Spaß" miteinander haben. Sie nützen die Möglichkeiten des Jugendheims nicht

Auch an diesem Beispiel ist deutlich zu sehen, dass die Wahrnehmung ein sehr komplizierter Vorgang ist und dass man sie in Teilabschnitte untergliedern kann. Zusätzlich wird klar:

> **Wahrnehmung**
> ist ein Vorgang, der subjektiv gestaltet wird. Die gleiche Situation kann bei mehreren Betrachtern zu unterschiedlichen Interpretationen und Erkenntnissen führen.

 **Aufgabe**

Diese Aussage können Sie noch einmal selbst überprüfen. Unterhalten Sie sich in einer Gruppe darüber, was Sie in der folgenden Abbildung erkennen:

2

Peter Köck & Hanns Ott (Donauwörth 1997; S. 792) beschreiben die Wahrnehmung als „Informationsaufnahme". Sie unterscheiden die Wahrnehmung äußerer Reize (= „äußere Wahrnehmung") und die „intrapsychische Wahrnehmung (= innere Wahrnehmung). „Im Wahrnehmungsvorgang wird der objektiv gegebene Reizgegenstand zum subjektiv gegebenen Wahrnehmungsgegenstand" – dabei werden nicht alle Informationen, die wir über die Reize erhalten, registriert. Einige Reize werden registriert, andere werden nicht wahrgenommen. Das wurde u. a. bereits als die Subjektivität der Wahrnehmung bezeichnet. Sehen zwei Personen ein Ereignis, kann es passieren, dass Person A andere Reize wahrnimmt oder „verschluckt" als Person B.

2.1.2 Kanäle der Wahrnehmung

Bisher war vorwiegend von der optischen Wahrnehmung die Rede. Sie nimmt Reize aus der Umwelt über das Auge wahr. Unsere Wahrnehmung aber wird über verschiedene Sinnesorgane (Kanäle) abgewickelt. Die Umwelt wird also sehr unterschiedlich in unserem Gehirn registriert:

2

Sinnesorgan	Reize, Reizkonstellation
Die Augen registrieren:	Licht, Lichtkontraste, Farbkontraste
Ohren nehmen wahr:	Schallwellen
Die Haut nimmt auf:	Berührungen und Druck
Die Nase riecht:	Geruchskonstellationen
Nervenenden an verschiedenen Stellen des Körpers registrieren:	Schmerzen
Nervenenden nehmen wahr:	Temperatur und Temperaturunterschiede
Muskeln und Sehnen registrieren:	Belastungen und Zerrungen
Geschmacksknospen im Mund nehmen wahr:	Speisen, Zucker, Salz, Bitterstoffe, Gewürze usw.
Das Innenohr registriert:	Körperbewegungen und Schwerkraft

Selten, wahrscheinlich nie, nehmen wir etwas nur über ein Organ wahr. In der Regel sind mehrere Kanäle bei der Aufnahme von Reizen beteiligt. Alle zusammen bilden aber ein Gesamterlebnis:
– Ein interessantes Essen z. B. bezieht seine Attraktivität nicht nur über den Geschmack, sondern auch über das faszinierende Aussehen.
– Bei einer atemberaubenden Bewegung auf der Achterbahn ergibt sich die Faszination nicht nur aus der Meldung, dass sich die Lage des Körpers verändert (Innenohr). Auch was man sieht, spielt eine Rolle; die Geräusche haben ihren Anteil, vielleicht noch viel mehr.
– Tanzen wir, dann nehmen wir nicht nur die Musik wahr, sondern wir bemerken auch die Bewegungen über das Innenohr.
– Sehen wir ein Kind im Kindergarten, nehmen wir beispielsweise auch wahr, wie es riecht. Dann differenzieren wir nicht: Das ist Olga und das ist ihr Geruch. Nein, Olga ist eine Erlebniseinheit. Ist sie darüber hinaus auch noch anhänglich, spüren wir, dass das Kind gerne auf dem Schoß sitzt.

Das Wahrnehmungserlebnis ist in der Regel also eine Einheit. Die Reize werden über verschiedene Wahrnehmungsorgane (Kanäle) beigesteuert.

 Aufgabe

Beschreiben Sie weitere Wahrnehmungserlebnisse und untersuchen Sie, woraus sie bestehen.

Wahrnehmung ist zudem nicht etwas, was ewig gleich bleibt. Sie verändert sich.
– z. B. kann sich unsere Fähigkeit zu hören verändern.
– Oder wir lernen, unseren Geschmack zu differenzieren. Einmal, wenn wir großen Durst haben, sind wir froh, dass es etwas zu trinken gibt. Später wollen wir Unterschiedliches trinken, je nachdem, ob wir großen Durst haben oder etwas in Gesellschaft mit einem netten Menschen trinken möchten.

2

Wenn sich Wahrnehmung verändert, kann man auch Wahrnehmung fördern – durch Wiederholen bzw. Üben.

Wir nehmen bereits im Mutterleib wahr, sodass wir, wie man heute in der Psycholinguistik weiß, nach der Geburt bereits unterscheiden können zwischen Geräuschen und menschlichen Stimmen. Wahrscheinlich können wir auch unterscheiden zwischen der Stimme der Mutter und der fremder Menschen. Mit der Aktivität der Sinnesorgane nach der Geburt ergibt sich für das Neugeborene eine völlig neue Wahrnehmungskonstellation: Der Säugling kann Reize direkt wahrnehmen – und muss es auch tun, denn die Entwicklung des Gehirns ist darauf angewiesen.

Wolf Singer, Direktor des Max-Planck-Instituts für Hirnforschung (im Werkstattgespräch der Initiative McKinsey) macht den Zusammenhang von Gehirnstruktur und Umwelt wie folgt deutlich (SÜDDEUTSCHE ZEITUNG; 28/29.07.01):

„Die Nervenzellen sind zum Zeitpunkt der Geburt im Wesentlichen angelegt, aber in bestimmten Bereichen des Gehirns, z. B. in der Großhirnrinde, noch nicht miteinander verbunden. Viele Verbindungen bilden sich erst jetzt aus. Es vollzieht sich ein stetiger Umbau der Nervenverbindungen, wobei nur etwa ein Drittel der einmal angelegten erhalten bleibt. Welche das sind, hängt von ihrer Aktivität ab. Die Ausbildung der funktionellen Architektur der Großhirnrinde wird somit erheblich von Sinnessignalen und damit von Erfahrungen geprägt. (...)

Die erste Bedeutung dieses erfahrungsabhängigen Selektionsprozesses kam aus der Klinik: Früher litten Neugeborene häufig an Augeninfektionen, die sie sich bei der Geburt zugezogen hatten. Die Folge waren Trübungen der Hornhaut oder der Linse. Die Kinder erblindeten und konnten nur noch diffuse Helligkeitsschwankungen wahrnehmen. Als es möglich wurde, Linse und Hornhaut zu transplantieren, dachte man, mit solchen Operationen die Sehflächen wieder herstellen zu können. Entsprechend groß war die Enttäuschung, als die Patienten blind blieben. Sie hatten jetzt zwar funktionstüchtige Augen, konnten aber mit den neuen Informationen nichts mehr anfangen. Der Grund für diesen Fehlschlag: Das Ausbleiben visueller Signale in bestimmten Entwicklungsphasen nach der Geburt führt dazu, dass wichtige Verbindungen als sinnlos interpretiert und unumkehrbar eingeschmolzen werden.(...)

Verbindungen zwischen Neuronen, die oft zusammen aktiv sind, werden bestätigt und bleiben erhalten – eine der Grundlagen von assoziativem Lernen. (...)

Selber machen ist entscheidend, weil nur so der interaktive Dialog mit der Umwelt einsetzen kann, der für die Optimierung von Entwicklungsprozessen unabdingbar ist."

Die Reize, die Kinder aus der Umwelt empfangen, sind also entscheidend dafür, wie sich ihre Gehirnstrukturen und ihre Möglichkeiten entwickeln, die Welt wahrzunehmen und zu interpretieren. Er bringt ein Beispiel:

Beispiel

„Wer früh anfängt, intensiv Geige zu spielen, kann erreichen, dass die Repräsentation der Saiten greifenden Hand in der Großhirnrinde mehr Platz eingeräumt bekommt.(...) Die Zahl der Kontakte zwischen Nervenzellen nimmt zu, die für die geübten Funktionen zuständigen Areale dehnen sich aus und die neuronalen Antworten spezialisieren sich auf die trainierten Inhalte. Während gesichert ist, dass Vernachlässigung zur suboptimalen Ausbildung neuronaler Architekturen führt (...)"

2

Ernst Pöppel (FOCUS, 17.12.2001, S. 42), er ist Neurobiologe, drückt es anders aus, kommt aber zu einem ähnlichen Ergebnis:

„In dieser Phase wird die Matrix des Gehirns festgelegt. Bei der Geburt sind nur genetische Programme vorhanden. Diese müssen bestätigt werden. Das Gehirn verfügt zunächst über hohe Plastizität. Das Lernen geht leicht und sehr, sehr schnell. Mit der Pubertät ist diese Phase beendet. (...) Die ersten zehn Jahre entscheiden. Je breiter die Basis aus dieser Zeit, desto leichter lernt der Mensch den Rest seines Lebens.

Dann wird das, was genetisch als Möglichkeit angelegt ist, abgeschaltet und kann nur mit Mühe oder gar nicht mehr erworben werden. Konkret bedeutet das, dass wir eine gute vorschulische Erziehung brauchen. Die ist in Deutschland aber katastrophal."

 **Aufgabe**

Diskutieren Sie in einer Kleingruppe, wie man die Wahrnehmung eines Kindes fördern bzw. differenzieren kann. Suchen Sie sich Hinweise aus Zeitschriften und Büchern.

Fragen Sie nach Förderkonzepten in Kindertagesstätten oder Beratungsstellen.

Die Entwicklung der Sinne

„Wär nicht das Auge sonnenhaft, die Sonne könnt es nie erblicken." (Goethe)

Sinneswahrnehmung ist die Grundlage unseres Kontaktes mit der Welt, Basis unserer Aktivität. Wenn es wahr ist, dass jeder Mensch Konstrukteur seiner eigenen Wirklichkeit ist, ist es erstaunlich, dass wir uns überhaupt verständigen können. Wahrnehmen bedeutet also auch Begegnung: wie reagiert mein Gegenüber? Wahrnehmung heißt, den Dingen einen Namen geben, eine Übereinkunft treffen: „Das nennen wir rot und das einen Tisch."

Sinneseindrücke fließen in unser Gehirn wie Ströme in einen See.
Sie kommen von unseren Augen und Ohren, von unserem Geruchs- und Geschmackssinn, von Berührungen und Bewegungen. Strömen zu viele Reize auf einmal auf uns ein, ist das Gehirn überfordert, denn es muss die Sinneseindrücke ordnen, vergleichen, regulieren, integrieren usw. Wird der Strom der Sinneswahrnehmungen gestört, kann dies zu einem Chaos führen, zu Wahrnehmungsstörungen.

Die sensorische Integration stellt die wichtigste Form der Verarbeitung von Sinneseindrücken dar. Aus vielen Einzelteilen fügt sie ein ganzes Bild zusammen. Sensorische Integration ist „Nutzbarmachung" der vielen Sinneseindrücke. Unsere Sinne informieren uns über unseren Körper und über die Gegebenheiten der Umwelt.
Oft wird der Fehler gemacht, die optischen und akustischen Systeme der Kinder unabhängig von den anderen Sinnesorganen zu trainieren. Aber die Ordnung eines Nervensystems beruht mehr auf den grundlegenden Sinneseinwirkungen, die vom Gleichgewichtssinn, dem Tastsinn und der Eigenwahrnehmung ausgehen.
Wir sehen mit den Augen; jedoch bedeutet Sehen nicht gleich visuell Wahrnehmen. Visuell Wahrnehmen bedeutet, optische Reize zu erkennen, zu unterscheiden und sie durch die Assoziation mit früheren Erfahrungen zu interpretieren.

Wahrnehmung ist eine komplexe Leistung unseres Gehirns. Das Zusammenspiel der Sinne beginnt bereits im Mutterleib, da das kindliche Gehirn Bewegungen des mütterlichen Körpers empfindet. Eine Menge an sensorischer Integration ist nötig, damit das Kind lernt, zu krabbeln und aufzustehen. Bis zum Alter von sieben Jahren ist das Gehirn vorwiegend eine „Verarbeitungsmaschine" sinnlicher Wahrnehmungen. In dem Alter macht sich das Kind nicht viele Gedanken und Ideen über Gegenstände. Es ist vorwiegend damit beschäftigt, sie zu fühlen und seinen Körper in Beziehung zu diesem Empfinden reagieren zu lassen. Seine Anpassungsreaktionen, d. h. die Handlungen, mit denen es sinnvoll auf eine aus seiner Umgebung stammende Einwirkung reagiert, sind viel eher motorisch als geistig konzipiert, diese Zeit nennt man die Jahre der sensomotorischen Entwicklung.

Wenn die Fähigkeit zur sensorischen Integration des Gehirns ausreicht, die Forderungen der Umwelt zu erfüllen, ist die Reaktion des Kindes sinnvoll, kreativ und befriedigend. Es hat Spaß und wächst mit seinen Aufgaben. Menschen sind so geschaffen, daß sie sich über die Dinge freuen, die die Entwicklung des Gehirns fördern. Das ist einer der Gründe, warum Kinder es lieben, hochgenommen, geschaukelt und umarmt zu werden. Darum lieben sie zu laufen, zu springen und auf Spielplätzen und am Strand zu spielen. Das fordert sie zu Erfahrungen neuer Empfindungen heraus und dazu, neue Bewegungsfunktionen zu entwickeln und dieses Erlebnis der Bewegung stimuliert das Gehirn und versorgt es mit Nahrung.

(Margret von Allwörden, in: Theorie und Praxis der Sozialpädagogik, Bielefeld 4/95)

2.1.3 „Das Ganze ist mehr als die Summe seiner Teile"

Schon früh in der Geschichte der Psychologie wurde festgestellt, dass die Wahrnehmung etwas Ganzes ist, wie oben bereits angemerkt wurde.

Wenn wir aber etwas als Ganzes sehen, schaffen wir etwas aus Einzelteilen. Die einzelnen Elemente, die wir in unserer Wahrnehmung registrieren, sind als Ganzes mehr „als die Summe seiner Teile". Insofern erschafft unsere Wahrnehmung Sachverhalte. Das können Sie etwa an dem Hund erkennen, der aus einzelnen „Schnipseln" zusammengesetzt ist und nur dadurch zum Hund wird, dass wir den Eindruck von der Konstellation der Schnipsel so auch „definieren".

2

Ähnlich ist es mit den bekannten optischen Täuschungen, wobei unsere Wahrnehmung in diesem Fall eher Fehler oder Unterschiede „sieht", wo objektiv gesehen gar keine zu finden sind. Bei den „optischen Täuschungen" zeigt sich auch die „Eigensinnigkeit" in der Interpretation dessen, was uns vor Augen kommt.

Man ordnet den Hund aus den Schnipseln (I. Seiffge-Krenke, 1981)

Aufgaben

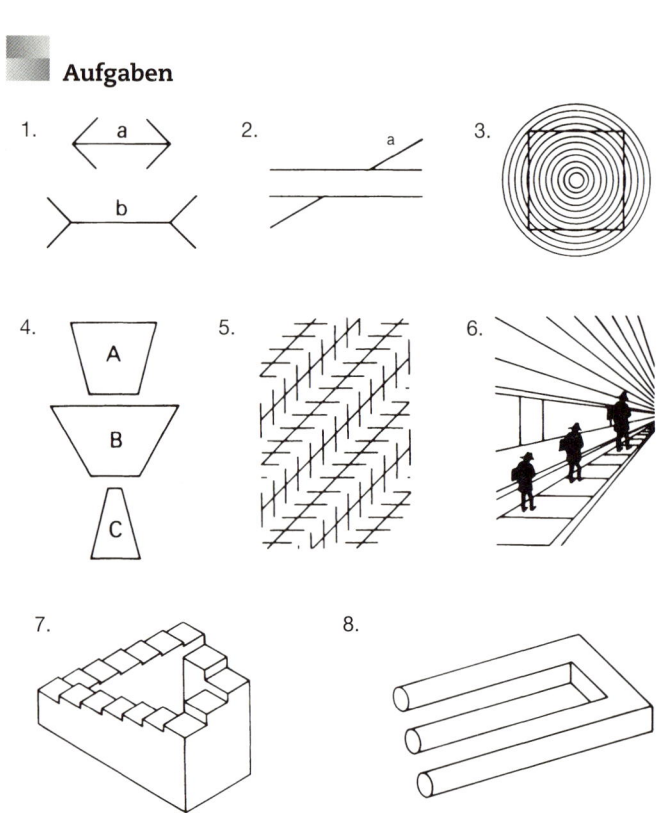

Optische Täuschungen (aus: Psychologie Heute 11/75, Weinheim)

zu 1. Welche Strecke ist länger: a oder b?	*zu 5. Laufen die sieben Linien parallel zueinander?*
zu 2. Ist a seitlich verschoben?	
zu 3. Quadrat oder gebogene Parallelen?	*zu 6. Wer ist der Größte?*
zu 4. Ist Grundlinie A, B oder C länger?	*zu 7. Wohin führt die Treppe?*
	zu 8. Teil einer Gabel, oder?

Das ist übrigens eine weitere Bestätigung dafür, dass unsere Wahrnehmung nicht objektiv abbildet, sondern sich eher „ein Bild macht" von dem, was an Reizen auf sie zu kommt.

2.1.4 Störungen der Wahrnehmung

Die Störungen der Wahrnehmung sind vielfältig. Man könnte sie grundsätzlich ordnen in folgende Kategorien:
- Störungen der Sinnesorgane (Verletzung des Gehörs, Veränderung der Pupillen usw.) von Köck/Ott (1997, S. 794) auch Wahrnehmungseinengung genannt
- Störungen bei der Weiterleitung der Informationen: Nervenzellen leiten nicht weiter, was die Sinnesorgane registrieren
- Wahrnehmungserweiterungen durch Drogenkonsum (Alkohol, Rauschdrogen)
- Hirnorganische Defekte: Störungen der Informationsverarbeitung im Gehirn

2

Komplizierte Beispiele von Störungen beschreibt A. Sentker:

Die linke Seite der Welt fehlt (N.V.) – obwohl sie sah, konnte sie nicht erkennen (H.C.)

N.V.

Am 2. Dezember 1977 sollte sich das Leben des Mailänder Rechtsanwalts N.V. drastisch verändern. Ein Hirnschlag, eine kleine Blutung im hinteren Teil der rechten Großhirnhälfte, lähmte die linke Seite seines Körpers. Mehr noch: Plötzlich war die linke Hälfte seines Weltbildes spurlos verschwunden. Der zuvor agile 72-jährige war auf dieser Seite seines Gesichtsfelds zu keiner Wahrnehmung mehr fähig. Selbst an der gedanklichen Vorstellung, an seiner Erinnerung der linken Welthälfte scheiterte er. Bat man den Anwalt, sein Arbeitszimmer aus dem Gedächtnis zu beschreiben, so konnte er die rechte Seite des Raumes in allen Einzelheiten schildern, der linke Teil des Büros schien jedoch vollständig zu fehlen. Wurde er dagegen aufgefordert, sich gedanklich im Raum zu bewegen, gerieten plötzlich auch die zuvor scheinbar nicht vorhandenen Gegenstände ins Blickfeld des Advokaten. N.V. war sprichwörtlich auf einen Schlag unfähig, seine Aufmerksamkeit auf die linke Seite seines inneren wie äußeren Gesichtsfeldes zu richten.

(...)

Neglect-Patienten haben einen Teil ihrer Körper- wie Raumwahrnehmung verloren. Sie schminken oder rasieren nur eine Seite ihres Gesichts. Das groteske Bild, das sie abgeben, wird ihnen beim Blick in den Spiegel nicht bewusst. Sie lassen die Hälfte des Es-

sens auf dem Teller, um hungrig einen Nachschlag zu erbitten. Einigen scheint ihr halber Körper fremd. Sie können zwar Arme und Beine ganz normal bewegen, doch sind sie unfähig, die betroffene Körperseite zu kleiden oder zu waschen. Ihr Denken zerbricht an einer einzigen Koordinate im Raum.

Die Vernachlässigung (englisch: *neglect*) ist jedoch nicht nur auf räumliche Vorstellungen beschränkt. Bittet ein Arzt seinen Patienten, ein Wort zu buchstabieren, dann macht er vor allem am Wortanfang Fehler, gleichgültig, ob er den Begriff vorwärts oder rückwärts buchstabiert. In ihrer Vorstellung, berichten die Patienten, erscheine die linke Hälfte des Wortes getrübt und kaum fassbar.

(...)

H.C.

Die Nacht im Jahr 1941 sorgte für Schlagzeilen. Im „Coconut Grove", einer beliebten Nachtbar, brannte es. Panik brach aus. Viele Menschen kamen ums Leben. Die Zeitungen berichteten am nächsten Tag von einem *„nightclub desaster"*.

Auch H.C. war in jener Nacht im „Coconut" gewesen. Die junge Amerikanerin überlebte die Katastrophe. Doch als die Feuerwehrleute sie endlich aus dem brennenden Gebäude bergen konnten, hatte sie eine schwere Kohlenmonoxidvergiftung erlitten. Das Zellgift hatte auch ihr Gehirn an

2

gegriffen. Als Alexandra Adler, zu jener Zeit Psychologin am Boston City Hospital, die Patientin untersuchte, konnte H.C. keine Gegenstände mehr erkennen. Anders als G.Y. nahm sie die Dinge zwar wahr, die man ihr vorlegte. Und anders als N.V. konnte sie durchaus ihre Aufmerksamkeit auf die gestellte Aufgabe richten. Dennoch erschien ihr alles, was man ihr zeigte, fremd. Sie war nicht einmal mehr in der Lage, einfache Gegenstände wie Sicherheitsnadeln oder Schlüssel nachzuzeichnen. Erst wenn man ihr einen Gegenstand in die Hand drückte, wenn sie seine Umrisse ertastete, konnte sie ihn identifizieren. H.C. litt unter einer Form-Agnosie. Obwohl sie sah, konnte sie dennoch nicht erkennen, war sie unfähig, ihre visuellen Eindrücke zu einem Bild zu vereinigen. Den Begriff Agnosie hatte bereits Sigmund Freud für alle Störungen des Erkennens geprägt.

Doch ein solch drastischer Ausfall des Erkennens ist selten. Oft werden nur einzelne Gruppen von Gegenständen nicht mehr erkannt. Patienten, die Gemüse nicht mehr voneinander unterscheiden können, sind ebenso beschrieben worden wie Menschen, denen Gesichter, auch die ihrer Freunde und Verwandten, plötzlich fremd wurden. Die Patienten sind trotz Bewusstsein und Aufmerksamkeit nicht mehr imstande, die Bestandteile eines visuellen Eindrucks zu einem bedeutungsvollen Muster zusammenzufügen.

(referiert von Andreas Sentker: „Wenn Blinde sehen", DIE ZEIT Nr. 33, 09.08.1996)

Nach Köck/Ott (1997, S. 794) kann es Wahrnehmungsschwächen geben bei
– Raum- und Bewegungswahrnehmung,
– Gleichgewichtswahrnehmung,
– Akustischer Wahrnehumng,
– Visueller Wahrnehmung,
– Taktiler- und
– Kontrastwahrnehmung.

 Aufgabe

Benennen Sie die Probleme der Kinder. Beschreiben Sie mögliche Schwierigkeiten, die Anke, Kai-Uwe oder Mirco in der Gruppe haben könnten.
Überlegen Sie gemeinsam: Wie kann eine Erzieherin in den genannten Fällen reagieren?

Drei Kinder, deren Wahrnehmung anders ist

Anke: Die Fenster im Kindergarten werden neu bemalt. Jedes Kind soll einen Beitrag leisten. Anke taucht mit abgewandten Gesicht, auf welchem Ekel oder Gefühle von Abneigung sich zu spiegeln scheinen, nur die äußersten Fingerspitzen in die Farbe. Mit gespreizten Fingern fährt sie einmal ganz leicht über die Scheibe und wischt dann ihre Hand schnell am Lappen ab.

Kai-Uwe gießt Kakao ein. Beim Aufstützen des Flaschenhalses auf den Tassenrand kippt die Tasse. Kai-Uwe gießt einfach weiter und stoppt seine Bewegung erst, als die Erzieherin ihm die Flasche aus der Hand nimmt. Fassungslos schaut er auf die Kakaolache, welche sich auf Tisch und Boden breit macht.

Mirco: Wenn Mirco sich freut, könnte er die ganze Welt umarmen. Wer dann gerade neben ihm steht, wird gedrückt. Heute freut er sich, weil es gleich auf den Spielplatz geht. Selma steht neben ihm. Mirco drückt ihr fast die Luft ab. Die Erzieherin ist glücklicherweise schnell zur Stelle und befreit Selma aus der misslichen Lage, begleitet vom allgemeinen Tenor aus Kindermund: Spinnst Du? Bist du blöd oder was?

(Daniela Kobelt-Neuhaus: Bist du doof – oder was?,
in: Theorie und Praxis der Sozialpädagogik 4/95, Bielefeld)

2

2.2   Orientierung

Mit der Darstellung der Orientierung dehnen wir die Darstellung der Wahrnehmung in Richtung „pädagogisches Handeln". Damit kann auch die Frage diskutiert werden:
Wie hängen Wahrnehmen und Handeln zusammen.

2.2.1 Einführung in die Funktionsweise des Orientierungsmodells

Wer sich in einer neuen Situation orientiert, muss diese Situation zuerst wahrnehmen. In der Regel handelt er/sie nach der Wahrnehmung.
Wir wollen die Abfolge der Vorgänge, die sich während der Orientierung abspielen, genauer untersuchen.

Aufgabe

Beschreiben Sie die Situation, die in dieser Karikatur wiedergegeben wird.
Arbeiten Sie danach heraus, was Ihnen an der Aussage des Hausbewohners („Ruhe da unten!") merkwürdig erscheint.

Ruhe da unten! (Papan, Berlin 1981)

Wir gehen davon aus, dass die Aussage des Hausbewohners Ihrer ersten Empfindung grundlegend widersprechen wird. Woran mag das liegen? Wir behaupten: Der Hausbewohner nimmt die Situation anders wahr als Sie – oder er bewertet sie nicht so, wie Sie es bewerten. Nennen wir die Person „Plüm" und überlegen, was sich im Kopf der Person abgespielt haben könnte:

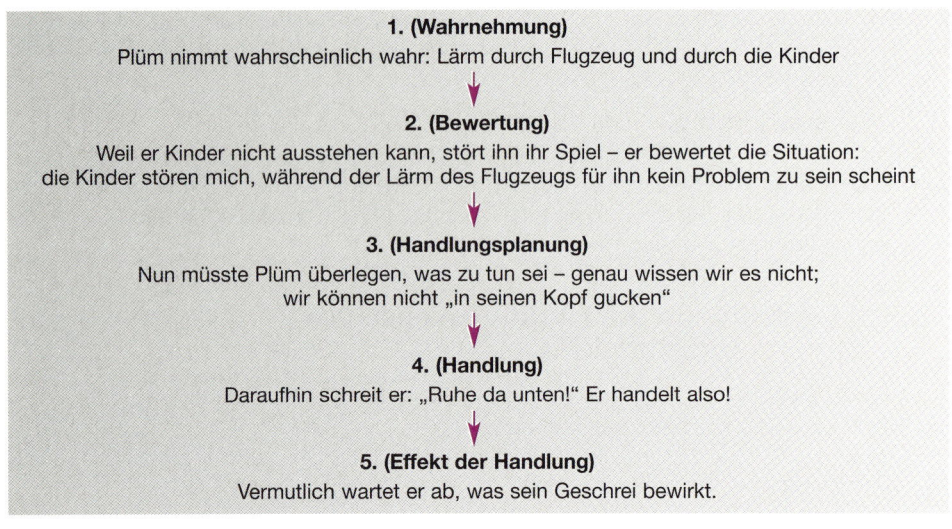

1. (Wahrnehmung)
Plüm nimmt wahrscheinlich wahr: Lärm durch Flugzeug und durch die Kinder
↓
2. (Bewertung)
Weil er Kinder nicht ausstehen kann, stört ihn ihr Spiel – er bewertet die Situation:
die Kinder stören mich, während der Lärm des Flugzeugs für ihn kein Problem zu sein scheint
↓
3. (Handlungsplanung)
Nun müsste Plüm überlegen, was zu tun sei – genau wissen wir es nicht;
wir können nicht „in seinen Kopf gucken"
↓
4. (Handlung)
Daraufhin schreit er: „Ruhe da unten!" Er handelt also!
↓
5. (Effekt der Handlung)
Vermutlich wartet er ab, was sein Geschrei bewirkt.

Nun haben wir bereits angedeutet, dass Plüms Orientierung ein wenig merkwürdig ist. Wir unterscheiden uns wahrscheinlich dadurch von Plüm, dass wir anders denken und handeln. Wir sagen nun zusammenfassend: Plüms Orientierung unterscheidet sich (wahrscheinlich) von unserer Orientierung mindestens im Hinblick
– auf die Bewertung der Situation,
– auf die Handlungsplanung und
– die (mögliche) Handlung (in einer ähnlichen Situation).
Da wir die Denk- und Handlungsweise von Personen mit einem ähnlichen Verfahren analysieren könnten, machen wir uns die Zusammenhänge anhand einer Grafik deutlich:

Orientierungsmodell

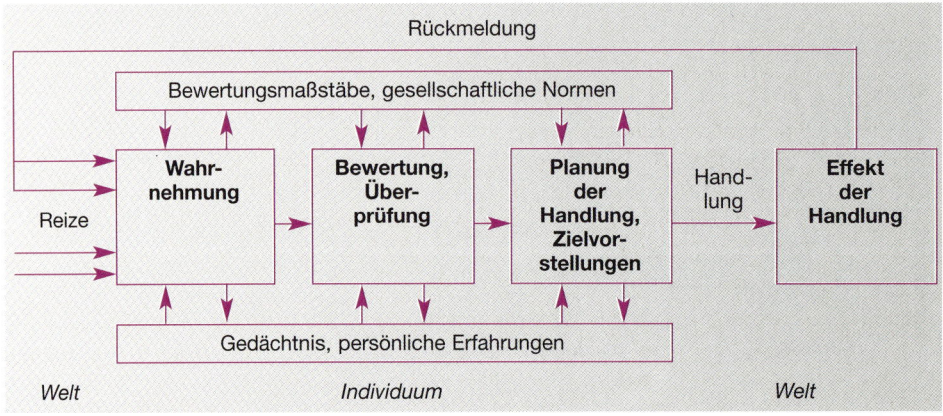

Orientierung cin Modcll

2.2.2 Ausgewählte Anwendungsmöglichkeiten

Wir können nun fragen: Was nützt uns ein solches Modell? Was können wir mit seiner Hilfe besser verstehen oder handhaben?

Wir behaupten: Das Orientierungsmodell hat viele Vorteile. Diese Vorteile zählen wir nun erst einmal auf, um sie an dem einen oder anderen Beispiel danach zu veranschaulichen.

Vorteile des Orientierungsmodells:

Analyse

Das Modell erlaubt uns, die (fünf) verschiedenen Aspekte der Orientierung eines Menschen/Erziehers/Kindes voneinander zu unterscheiden. Damit in Verbindung steht ein weiterer Vorteil:

Gegenüberstellung

Wir können zwei und mehr verschiedene Orientierungen einander gegenüberstellen und sie – fein säuberlich getrennt nach den (fünf) verschiedenen Aspekten – unterscheiden.

Konfliktpotenzial

Aus gegenübergestellten Wert-Orientierungen (Aspekt II) oder Handlungskonzepten (Aspekte II und IV) lässt sich das Konfliktpotential verschiedener Orientierungen diskutieren oder abschätzen. Bewertungen einer Angelegenheit durch verschiedene Mitarbeiter eines Teams, die sich unvereinbar gegenüberstehen, sind häufig die Quelle erbitterter Konflikte. Verschiedene Bewertungen führen in der Regel auch zu unterschiedlichen Handlungskonzepten. Man kann aber auch die sich gegenüberstehenden Handlungskonzepte (oder Gewohnheiten des Handelns) getrennt von den Bewertungen diskutieren.

Widersprüche innerhalb einer Orientierung

a. Wer hat es nicht schon erlebt: Es wird behauptet, das Kind zur Selbstständigkeit erziehen zu wollen; dabei wird es tatsächlich fortwährend gegängelt.

Hier läge ein Widerspruch zwischen vorgegebenen Werten und tatsächlichem Handeln vor.

b. Doch es gibt auch Widersprüche zwischen gesellschaftlichen und persönlichen Werten. Wir können nun ahnen, dass dieses Modell ein vorzügliches Mittel ist, in Gruppen (in der Klasse, im Erzieher-Team) geordnet über unterschiedliche Auffassungen zu Erziehungssituationen oder über Erziehung grundsätzlich zu diskutieren, so dass ein vorher verworrener, schwieriger Sachverhalt gegliedert aufbereitet ist.

Solche Diskussionen lassen sich führen über:
– Karikaturen wie wir oben gesehen haben.
– Texte, die von Erziehungssituationen, die Erziehungskonzepten bekannter Pädagogen (Pestalozzi, Montessori, A. S. Neill, Paolo Freire usw.) oder von Konflikten aus der Erziehungspraxis berichten.
– Auffassungen verschiedener Personen in einer Gruppe, Auffassungen von Kindern, Jugendlichen und Erwachsenen.
– Filme (zur Erziehung) usw.

Aufgabe

Untersuchen Sie die Orientierungsprobleme der Ehefrau des Ganoven (mit den Mitteln des Orientierungsmodells).

(Anmerkung: Es ist manchmal nicht leicht, zwischen Wahrnehmung und Bewertung zu unterscheiden. Es gibt psychologische Theorien, die zwischen beiden keinen Unterschied machen. Lassen Sie sich davon nicht irritieren.)

„Beruf des Mannes" (Papan, Berlin 1981)

 Aufgabe

Die (frühere) Schülerin Nicole Molzberger berichtet von einem Konflikt im Jugendfreizeitheim. Der Konflikt zwischen den beteiligten Erziehern/Sozialpädagogen ist offensichtlich und leicht durchschaubar. Aus diesem Grund eignet er sich als Übungsbeispiel recht gut.

Analysieren Sie das Konfliktpotenzial mit Hilfe des Orientierungsmodells. Achten Sie besonders auf die unterschiedlichen Werte bzw. Bewertungen durch die Erzieher/Sozialpädagogen. Formulieren Sie die Werte mit eigenen Worten und interpretieren Sie diese.

Am 26. 3. 19.. gab es bei der Teamsitzung u. a. folgenden Tagesordnungspunkt: Das Verhalten der ausländischen Jugendlichen während der Disco.

Die Mitarbeiter des Freizeitheims hatten in letzter Zeit beobachtet, dass die Stimmung während der Disco beeinträchtigt wurde, da die älteren türkischen männlichen Jugendlichen sich aggressiv benahmen, sodass es Probleme beim Ablauf gab. Das Verhalten der ausländischen Jugendlichen war sehr aggressiv gegenüber den deutschen männlichen Besuchern. Die Mitarbeiter schilderten nacheinander ihre Eindrücke zum Ablauf der letzten Discoveranstaltung. Es bestand Einigkeit im Team darüber, dass das Verhalten der ausländischen Jugendlichen eine Reaktion vom Haus erforderlich machte.

Es wurde erwähnt, dass die Mitarbeiter handgreifliche Auseinandersetzungen beobachtet hatten und dass türkische Jugendliche während der Veranstaltung Waffen (Messer, Gaspistole) bei sich trugen. Während des Gesprächs wurden zwei Einstellungen zu der Problematik deutlich:

– Ein Mitarbeiter vertrat die Meinung, dass diese Jugendlichen nichts im Haus zu suchen haben, da sie sowieso nur Ärger machen. Man sollte die Disco nur für deutsche Jugendliche veranstalten, er befürwortete ein Hausverbot für türkische Jugendliche.

– Ein anderer Mitarbeiter meinte, man müsse zwar auf das Verhalten der ausländischen Jugendlichen reagieren, wollte aber auf keinen Fall ein Hausverbot unterstützen. Er begründete seine Meinung mit der Konzeption des Hauses, die vorsieht, dass das Jugendhaus ein Ort sein soll, in dem Kinder und Jugendliche aus allen sozialen Schichten zusammengeführt werden. Es ist das Ziel der Arbeit, dass sie miteinander Spaß haben können und dass Vorurteile berichtigt bzw. beseitigt werden können. Ein Hausverbot würde dieser Zielsetzung widersprechen, da Kontakte nicht mehr möglich wären und das aggressive Verhalten gegenüber deutschen Jugendlichen möglicherweise noch verstärkt würde.

Da das Verhalten der ausländischen Jugendlichen eine Reaktion erforderte, einigte sich das Team darauf, zwei der älteren ausländischen Jugendlichen zu einem Gespräch einzuladen. Bei diesem Gespräch stellte sich heraus, dass diese Jugendlichen selber in Ruhe die Disco besuchen möchten. Sie erklärten sich bereit, bei eventuellen Schwierigkeiten selbst schlichtend auf die ausländischen Jugendlichen einzuwirken.

Daraufhin kam es nicht zu weiteren Auseinandersetzungen. Ich unterstützte die Entscheidung des Teams, ein Gespräch mit den Betroffenen zu führen.

(Nicole Molzberger)

Reizvoll scheint uns auch die Analyse der Orientierung eines bekannten Pädagogen zu sein. Wir können in diesem Falle auch von der pädagogischen Orientierung sprechen. Wir haben einen Text des Pädagogen A. S. Neill ausgesucht, der über Jahrzehnte ein Internat in England leitete. Neill ist ein Pädagoge, der die Theorie sehr geschickt mit der Erziehungsrealität verbindet.

2

 Aufgabe

Analysieren Sie die Orientierung von A. S. Neill. Achten Sie besonders
– auf die Werte bzw. Bewertungen sowie
– auf das Handlungskonzept.

Danach stellen Sie Ihre eigene Orientierung der von Neill gegenüber – ebenfalls
gegliedert nach den Kategorien des Orientierungsmodells.

Wenn ein Kind nicht geistesgestört ist, wird es bald herausfinden, woran es interessiert ist. Ohne die aufgeregten Ausrufe und ärgerlichen Stimmen der Erwachsenen wird es sich mit allen Arten von Material unglaublich vernünftig beschäftigen. Die geplagte Mutter, die am Gasherd steht und von tausend Ängsten gepeinigt wird, wenn sie daran dankt, was die Kinder gerade anstellen, hat den Kindern eigentlich nie vertraut. „Geh und sieh nach, was der Kleine tut, und sag ihm, er darf es nicht!" Dieser Satz ist auch heute noch in vielen Heimen zu hören.

Wenn eine Mutter schreibt und fragt, was sie mit ihren Kindern machen soll, die alles durcheinander schmeißen, während sie das Essen kocht, dann kann ich nur antworten: Vielleicht hat sie sie so erzogen. Ein Ehepaar hatte einige meiner Bücher gelesen und kriegte Gewissensbisse bei dem Gedanken, welchen Schaden sie durch ihre Erziehung angerichtet hatten. Sie beriefen eine Familienkonferenz ein und sagten den Kindern: „Wir haben euch völlig falsch erzogen. Von jetzt ab könnt ihr tun, was ihr wollt." Ich habe vergessen, wie hoch die Rechnung war für all die zerbrochenen Sachen, doch erinnere ich mich, dass sie eine zweite Konferenz einberufen und ihre vorherige Verfügung widerrufen mussten.

Gegen Freiheit für Kinder wird gewöhnlich eingewandt: *Das Leben ist hart, und wir müssen die Kinder so erziehen, dass sie für das Leben tauglich sind. Deshalb müssen wir ihnen Disziplin beibringen. Wenn wir sie tun lassen, was sie wollen, wie werden sie dann jemals unter einem Vorgesetzten arbeiten können? Wie können sie mit anderen konkurrieren, denen Disziplin beigebracht worden ist? Wie werden sie je fähig sein, Selbstdisziplin zu üben?*

Wer dagegen protestiert, dass Kinder Freiheit erhalten, und dabei so argumentiert, hat nicht erkannt, dass er von einer unbegründeten und unbewiesenen Voraussetzung ausgeht, von der Behauptung, ein Kind könne nicht aufwachsen oder sich entwickeln, wenn es nicht dazu gezwungen wird. Diese Behauptung wird aber von allen Erfahrungen widerlegt, die wir im Verlauf von neununddreißig Jahren in Summerhill gemacht haben. Nehmen wir unter hundert Fällen nur den von Mervyn. Er besuchte Summerhill im Alter von sieben bis siebzehn Jahren. Während dieser zehn Jahre besuchte Mervyn nicht eine einzige Unterrichtsstunde. Mit siebzehn Jahren konnte er kaum lesen. Doch als Mervyn die Schule verließ und beschloss, Instrumentenmacher zu werden, brachte er sich schnell Lesen bei, und in kurzer Zeit hatte er sich all das technische Wissen angeeignet, das er brauchte. Aus eigener Anstrengung bereitete er sich auf seine Lehrzeit vor. Heute ist dieser Bursche sehr belesen, hat ein gutes Gehalt und nimmt in seiner Gemeinde eine führende Stellung ein. Was die Selbstdisziplin angeht, so hat Mervyn einen großen Teil seines Hauses mit eigenen Händen gebaut, und mit dem Erlös seiner täglichen Arbeit zieht er eine Familie mit drei Jungen groß.

(A.S. Neill: Theorie und Praxis der antiautoritären Erziehung, rororo 6707, S. 110–119)

Aufgabe

Analysieren Sie die Orientierung der Kinder auf verschiedenen Altersstufen. Arbeiten Sie auch die Unterschiede heraus.

Beispiel: 2 Jahre

Ein Kind sieht, wie jemand Äste verbrennt. Donald: „Mama, warum bratet der Mann die Bäume?"   *(Cornelia Schmidt)*

2

Beispiel: 3 Jahre

Ole sitzt mit Mutter in der Badewanne. Er rückt näher an sie ran und tröstet sie mit den Worten: „Sei nicht traurig, Mami! Wir bestellen dir einfach einen Pipimann beim Otto-Versand!"   *(Sabrina Zink)*

Beispiel: 4 Jahre

Ole sieht, wie sich die Eltern küssen. Ole: „Puh, ich heirate nie. Ich kauf mir lieber einen Hund!"   *(Sabrina Zink)*

Beispiel: 5 Jahre

„Na, Junior! Ist dein Vater Brötchen verdienen gegangen?"
„Nein, er ist Geschäftsführer bei P & C!"   *(H.-D. Zeuschner)*

Beispiel: 6 Jahre

„Und wenn ich kotzen muss?"
„Das heißt brechen!"
„Brechen ist aber nicht so schlimm wie Kotzen. Wenn schon, dann muss ich kotzen."

(Cornelia Schmidt)

Beispiel: 7 Jahre

Heide hat die erste Klassenarbeit bekommen. Zu Hause strahlt sie die Mutter an: „Die anderen haben nur Dreier und Zweier, ich habe eine Vier!" *(H.-D. Zeuschner)*

Beispiel: 8 Jahre

„Meine Schwester ist verliebt", posaunte Martin heraus, „in den Philipp aus der vierten Klasse." „Aber nur ein bisschen", gestand Hanna mit rotem Kopf.
„Ich bin aber nicht in den verliebt", sagte Martin, „der hat mir ne zu raue Haut!"

(Josefine Konietzko)

Beispiel: 9 Jahre

Eines Tages kam ein Kriminalbeamter und brachte mir handgeschriebene Zettel meines Sohnes, die dieser in der Stadt an verschiedenen Stellen angeklebt hatte:
„Hallo Brandstifter! Die Feuerwehr fährt am Samstag mit dem Bus weg. In der Schule gibt es viel Holz."   *(Ingo Cesaro)*

Beispiel: 10 Jahre

„Mami, du hast immer gesagt: Wer beim Essen schmatzt, ist ein Schwein."
„Ja, das stimmt!"
„Opa, jetzt weißt du, was du bist!"   *(Harry Orzechowski)*

(aus: N. Kühne: 30 Kilo Fieber. Die Poesie der Kinder. Kinderanekdoten, Zürich 1997)

2.3 Verhaltensbeobachtung

2.3.1 Einzelbeobachtung

Aus den Überlegungen zum Orientierungsmodell lässt sich eindeutig schließen: Pädagogisches Handeln kann nur dann angemessen, d. h. auf die Situation bezogen, sein, wenn der Handelnde weiß, was Sache ist. Er muss also wissen, was mit und in den Kindern, die er erziehen möchte, geschieht.

- Will er ein Kind fördern, muss er den Bedarf festgestellt haben. Er muss wissen, wie ein Kind mit Material oder mit den anderen Kindern umgeht.
- Will eine Erzieherin einem aggressiven Kind helfen, sich verbal mit anderen zu verständigen, sollte sie wissen, was das Kind bewegt, wenn es schlägt.
- Sitzt ein Kind über Tage hinweg schüchtern an einem Tisch, sollte man herausfinden, aus welchen Gründen das Kind so handelt.

Dass in der neuen Diskussion um die Pädagogik in Institutionen wieder sehr viel über die Beobachtung des Kindes diskutiert wird, ist sehr erfreulich. Aber es gibt verschiedene Möglichkeiten, das Verhalten der Kinder zu registrieren, um Schlüsse für pädagogisches Verhalten daraus entwickeln zu können.

 Aufgabe

Sammeln Sie Unterlagen in Kindertagesstätten und anderen pädagogischen Institutionen. Erfragen Sie, welche Erfahrungen damit gemacht wurden. Stellen Sie die unterschiedlichen Möglichkeiten einander gegenüber und diskutieren Sie Stärken und Schwächen der Verfahren.

Wir können hier nur einen kleinen Überblick über Möglichkeiten geben. Ihre Aufgabe als Schülerin, Praktikantin oder Erzieherin ist oder wird sein: Verfahren zu entwickeln, die den Bedürfnissen der Institution am nächsten kommt. Das machen viele Einrichtungen bereits erfolgreich. Außerdem empfiehlt es sich, Beobachtungsverfahren weiter zu entwickeln, abzuändern nach neuen Erkenntnissen bzw. zu verbessern.

Beobachtungsbogen

Name		Alter	Geschlecht	Datum
			☐ männlich ☐ weiblich	

Ort	Uhrzeit		anwesende Personen
	von	bis	

Situationsbeschreibung

Beschreibung des Verhaltens	Anmerkungen/Interpretation

Der Beobachtungsbogen eignet sich für allgemeine Beobachtungen oder wenn Sie Daten über alle Kinder in ähnlicher Art und Weise sammeln wollen. Zum Beispiel wenn Sie den Eltern Auskunft geben wollen über Entwicklungsfortschritte des Kindes. Auch wenn Sie sich einen Überblick über alle Kinder der Gruppe verschaffen wollen.

Wissen Sie bereits, welche (problematischen) Verhaltensweisen beim Kind Sie beobachten möchten, gibt es eine spezifischere Möglichkeit, Verhalten zu registrieren? Bei dieser Variante ist es sinnvoll, eine Strichliste anzufertigen.

Sammlung von Daten über spezielle Verhaltensweisen beim Kind:

Name:					Alter:

Spezifische Verhaltenseinheiten					
Name	Spielunter-brechung	Verbaler Kontakt	Ablehnung von Kontakt	Drohen und Ge-waltausübung	Gesamtzahl
1. Tag Datum					
2. Tag Datum					
3. Tag Datum					
4. Tag Datum (usw.)					
Usw.					
Summe:					

– Sie müssen definieren, welche Verhaltensweisen Sie bei welchem Kind im Auge haben und was Sie unter den von Ihnen gewählten spezifischen Verhaltensweisen verstehen wollen, deren Häufigkeit sie feststellen möchten.

– Beim o. a. Beispiel wäre z. B. die Methode interessant, falls Sie das Kind sozial fördern: Wie entwickelt sich das Kind? Welche Verhaltensweisen realisiert es öfter und welche weniger oft als bisher? Sie sind also an Entwicklungen interessiert.

Falls Sie es differenzierter mögen, machen Sie sich Karteikarten – es gibt auch bereits PC-Programme (Lotus z. B.), die dieses Verfahren erleichtern. Ein Überblick über diese Datensammlung ist leicht alphabetisch herzustellen. Wählen Sie vorher das System aus – hier 1., 2. oder 3. Variante – bzw. kombiniert:

1. Möglichkeit:	Name/Stichwort (z. B. Anastasia/ Sprache)
2. Möglichkeit:	Name/Zeit (z. B. Anastasia; Datum)
3. Möglichkeit:	Name/Stichwort/Zeit (Anastasia, Malen, Datum) usw.

Beispiel für eine Karteikarte (auch im PC):

Monika – Sprechen – 10.01.2004
Zum ersten Mal mit Mehmet gesprochen, vor dem sie sonst Angst zu haben scheint; in vollen Sätzen gesprochen; hat ihn gebeten mit zu spielen.
Hat keinen scheuen Eindruck gemacht.

Erster Ordnungsgesichtspunkt:	Monika
zweitrangiger:	Sprechen/Sprachentwicklung
drittrangiger:	Datum

Eine Datei hat den entscheidenden Vorteil, dass sie wenig Platz braucht – aber trotzdem können viele Informationen untergebracht werden.

Alle gesammelten Daten dürfen nur für die pädagogischen Mitarbeiter der Gruppe zugänglich sein. Die Besprechung dieser Daten mit den Eltern muss so erfolgen, dass sie von anderen Personen nicht gehört werden können – es sei denn die betroffenen Eltern lassen es zu oder wollen es.

2

2.3.2 Soziogramm

Das Soziogramm ist ein gängiges Verfahren, um etwas über die Beziehungsstruktur einer Gruppen zu erfahren. Es hat in der Regel eine Basisfrage, die das Registrieren der Wahlen in einer Matrix erlaubt. Aus der Matrix kann die Erzieherin/die Praktikantin ein grafisches Soziogramm entwickeln.

Soziogramme machen Erzieherinnen, wenn sie wissen wollen
- ob ihre Wahrnehmung von den Beziehungen in der Gruppe angemessen bzw. korrekt sind
- wenn sie wissen wollen, ob sie ihre Wahrnehmungen von der Gruppe korrigiert werden sollten
- wie die Beziehungsstruktur einer Gruppe etwa aussieht.

Auch die Daten über das Soziogramm sind zu verschließen, damit keine unbefugten Personen an sie herankommen.

Beispiel

Dieses Soziogramm wurde im offenen Freizeitbereich des Kinder- und Jugendzentrums N. in X. erstellt. Die Jungen und Mädchen waren im Alter von 6–11 Jahren.

Die Basisfrage lautete: Mit wem möchtest Du am liebsten bei dem Spiel „Ball über die Schnur" in einer Mannschaft sein? Nenne zwei Kinder.

Melanie Iseringhaus, Praktikantin in dem Jugendheim, hat den Jugendlichen zwei Wahlmöglichkeiten gegeben. Die Namen sind hier – aus Gründen des Datenschutzes – verschlüsselt. Sie können natürlich auch andere Namen (Pseudonyme) dafür nehmen, wenn Sie es lieber mit vollständigen Namen zu tun haben.

Bei dieser Gruppengröße scheint es noch sinnvoll, mit zwei Wahlmöglichkeiten zu arbeiten. Haben Sie eine Gruppe von 20 Kindern, ist die Überschaubarkeit des späteren Soziogramms eher gegeben, wenn sie die Kinder/Jugendlichen nur um eine Wahl bitten.

Die Wahlen:

2

Gewählte

	A	B	C	D	E	F	G	H	I	J
A		+		+						
B	+			+						
C		+		+						
D			+				+			
E						+	+			
F					+		+			
G			+	+						
H									+	+
I								+		+
J								+	+	
Summen										

Das heißt z. B.: A wählt B und D; B wählt A und C usw.

Melanie Iseringhaus hat zu dem Soziogramm ein paar Informationen gesammelt, die für die Diskussion des Soziogramms später von Bedeutung sein könnten.

Informationen über die einzelnen Personen:

1 E und F sind Geschwister. F ist älter und muss die komplette Verantwortung für E übernehmen. E ist das Lieblingskind der Mutter. F muss für alle Taten von E gerade stehen und wird dafür verantwortlich gemacht. Wären noch andere Personen anwesend gewesen, hätten sich die beiden wahrscheinlich nicht gewählt.

2 H, I, J werden zusammen zu der Einrichtung gebracht und abgeholt, da sich die Eltern kennen und sehr nahe beieinander wohnen. Päd. Ziel könnte sein, die Untergruppe aufzulösen, da sie sich im Ernstfall keine zehn Minuten verstehen würden. Sie stören, sind aggressiv und haben eine ordinäre Sprache.

3 I ist darüber hinaus verhaltensgestört. Die Eltern kümmern sich kaum um das Kind und haben den Einfluss auf das Kind fast verloren. Hat eine Schwester (6 Monate alt).

4 H nimmt Medikamente, damit er in der Gruppe erträglich ist. Die Eltern kümmern sich viel um H. Er bekommt zudem regelmäßig Ergotherapie.

5 J hat sehr autoritäre Eltern, die nicht viel mit dem Kind anzufangen wissen. (Regelmäßig Ergotherapie.)

6 A ist sehr lebhaft und aufgeweckt. Wären ihre Freunde an diesem Tag anwesend gewesen, hätte sie andere Personen gewählt.

7 B ist hörgeschädigt und in der Entwicklung zurückgeblieben. Geht zur Vorschule. Ist fast nur mit C zusammen und ganz gut mit ihm befreundet. B ist Nachbarin von A; sie gehen manchmal zusammen nach Hause.

8 C und G sind Geschwister. C hat keine Daumen und geht auf eine spezielle Schule; spricht sehr schlecht; hat bis zum 4. Lj. fast nicht gesprochen.

9 G ist sehr ruhig; zieht sich oft aus Ereignissen heraus und ist lieber für sich alleine.

10 Wären alle Kinder da gewesen, wären sie mit Sicherheit nicht ins Zentrum gewählt worden.

11 D ist aufgrund des Charakters und der ausgeglichenen Art allgemein beliebt. Ist mit C und G befreundet (vermutlich miteinander aufgewachsen). Sie fahren oft miteinander nach Hause.

Die Praktikantin schlug für die o. a. Matrix zu den Wahlen folgendes grafisches Soziogramm vor.

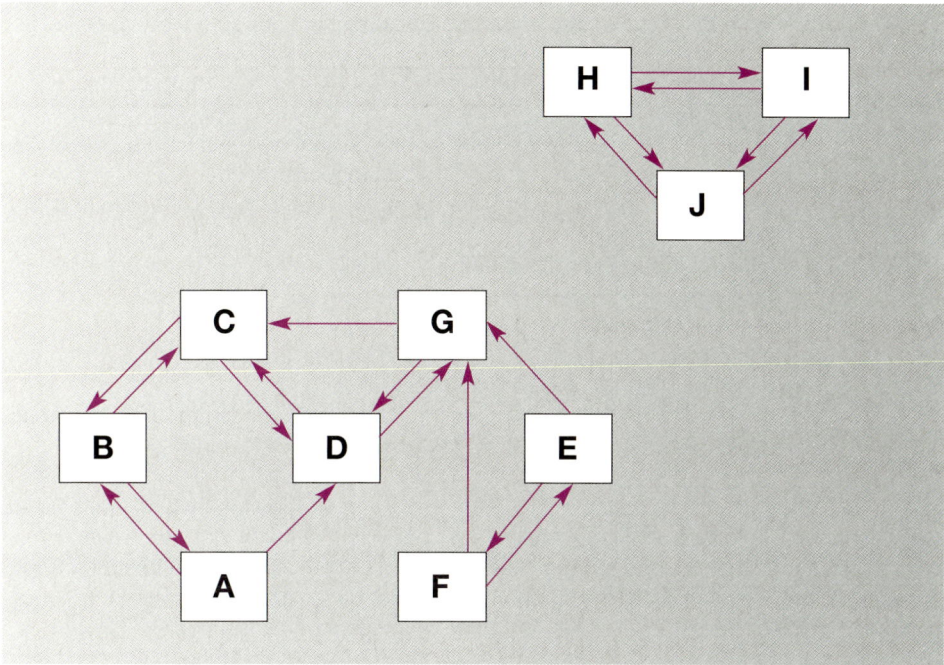

Was fällt an diesem Soziogramm auf – ein paar Anmerkungen, die Sie ergänzen können:
– H, I und J bilden eine stabile Untergruppe, denn sie sind durch Doppelwahlen miteinander verbunden.
– C, D und G sind mit drei Wahlen die beliebtesten Gruppenmitglieder, die auch über Wahlen und Doppelwahlen miteinander verbunden sind. Das lässt ebenfalls auf eine relativ stabile Untergruppe schließen.
– E und F sind Durch Doppelwahl miteinander verbunden – sie hängen sich an die stabile Gruppierung C-D-G an, werden aber von ihnen nicht gewählt.
– Ein einsamer Außenseiter ist nicht zu erkennen.

2

 Aufgabe

Ergänzen Sie diese Interpretation mit Hilfe der Informationen, die die Praktikantin zu den einzelnen Personen der Jugendgruppe aufgeschrieben hat.

Bei der Übertragung dieses Ergebnisses einer Untergruppe kann man beachten:

1 Gehen Sie von den Häufigkeiten aus: Mitglieder mit den häufigsten Wahlen sind in der Regel in der Mitte des Soziogramms gut aufgehoben; diejenigen mit 0 oder einer Wahl könnten am Rande angeordnet werden.

2 Kennzeichnen Sie Doppelwahlen mit zwei Pfeilen; das ist übersichtlicher (z. B. F und E).

3 Vermeiden Sie, dass sich Pfeile in der Zeichnung kreuzen. Es „trübt" den Überblick, den Sie ja durch ein Soziogramm anstreben.

4 Kontrollieren Sie irgendwann, ob die Anzahl der Wahlen in Tabelle und Grafik übereinstimmen.

5 Probieren Sie mehrere Varianten der Grafik; wählen Sie dann erst diejenige aus, die Sie überzeugend finden. Achten Sie auf Übersichtlichkeit (vielleicht sogar auf Ästhetik!).

6 Nehmen Sie sich aber immer viel Platz für die Grafik! Nehmen Sie sich also ein großes Blatt für die grafische Auswertung.

7 Finden Sie weitere Regeln heraus, die die Grafik markanter gestalten könnte (z. B. Kennzeichnen bestimmter Personen oder Gruppierungen).

Das Soziogramm ist in Verbindung mit der Kenntnis einer Gruppe immer eine interessante Angelegenheit. Es offenbart Sachverhalte, die man nicht erkannt hat, auch wenn man schon Monate in einer Gruppe arbeitet. Natürlich wird man in vielem auch bestätigt. Praktikantinnen und Praxisanleiterinnen finden Diskussionen über die Gruppenstrukturen, ausgehend von einem oder mehreren Soziogrammen, interessant bis spannend.

Das Soziogramm sollte kein Dogma sein – auch nicht in dieser Richtung interpretiert werden. Es ist ein Hilfsmittel in der Erziehung, das gelegentlich auch wertlose Informationen übermittelt. Grundsätzlich und in der Regel aber ist es hilfreich.

Mit dem zweiten und dritten Soziogramm in der o. a. Vorgehensweise können die Entwicklungen in einer Gruppe diskutiert werden.

 Aufgabe

Entwickeln Sie in Ihrem nächsten Praktikum Soziogramme von Ihrer Gruppe oder einer Teilgruppe, mit der Sie arbeiten.

Interpretieren Sie

a) die einzelnen Soziogramme und

b) die Entwicklung der Gruppe auf der Grundlage mehrerer Soziogramme.

Finden Sie heraus, welche Informationen in den Soziogrammen für Sie neu sind. Und suchen Sie nach Bestätigungen Ihrer Auffassung von der Gruppe.

Formulieren Sie nach diesen Erfahrungen auch Schwächen dieser Methode.

Lernen

Vater: „Alle werden schlau! Die einen lernen vorher, die anderen nachher."
Sohn: „Ich lerne weder vorher noch nachher. Denn was man nicht gelernt hat, braucht man nicht verlernen." *(O. Ottersleben: Die kesse Familie Korte, Tokyo 1990).*

Als wäre es so leicht, nicht zu lernen! Menschen müssen lernen, um überleben zu können. Lernprozesse sind die Grundlage für die Existenz in einer menschlichen Gesellschaft. Erziehung ist – unter anderem – die Anleitung zum Lernen.
Wir wollen in diesem Kapitel das Lernen systematisch darstellen. Wir stellen verschiedene Lernformen vor. Wir beachten dabei immer den Bezug zur Erzieherpraxis. Zum Schluss führen wir in ein komplexes Lernverfahren ein, in die „Konflikt-Struktur-Analyse", die von Prof. D. Betz u. a. an der Gesamthochschule in Essen entwickelt wurde.

3

 Aufgabe

Beschreiben Sie Lernprozesse, die Sie im Praktikum bei Kindern oder an sich selbst beobachtet haben. Was ist im Verlauf des Lernens passiert? Vergleichen Sie sie mit den Beispielen Ihres Nachbarn.

3.1 Der Begriff Lernen

Beispiel

Julia ist Schülerin einer Fachschule für Sozialpädagogik. Sie hat schon allerhand über das Thema Lernen gehört. Am Dienstag aber diskutiert der Lehrer mit der Klasse den wissenschaftlichen Begriff vom Lernen. Am Mittwoch schreibt Julia einen Test. Sie kann den Begriff „Lernen", wie man ihn in der Psychologie vornimmt, gut erklären. Sie findet sogar ein treffendes Beispiel dafür. Machen wir uns den Sachverhalt mit Hilfe einer Grafik deutlich:

Stadium I		Stadium II/Lernzuwachs
Julia weiß etwas über Lernen, nichts Genaues, nichts wissenschaftlich Abgesichertes	Zeit →	Julia kann den psychologischen Lernbegriff erläutern und ein treffendes Beispiel dafür nennen
	Lernvorgang	

Erläuterung:
Vergleicht man Stadium I und II, kann man feststellen: Es hat sich etwas im Verhalten von Julia verändert. Sie kann nun „Lernen" wissenschaftlich korrekt erklären, was sie vorher nicht beherrschte. Sie hat im Unterricht erfahren (sie ist darüber informiert worden), wie der psychologische Begriff von Lernen definiert wird.

Aufgabe

Erklären Sie nun an den von Ihnen gefundenen Beispielen für Lernen den Lernzuwachs.

3

Viele Lerninhalte sind relativ dauerhaft. Woran man wochen- oder gar jahrelang gearbeitet hat, das vergisst oder verlernt man nicht so schnell.

Dass Ulrike die englische Sprache erlernt hat, erkennt man an ihren geschickten Antworten, während sie das erste Mal in ihrem Leben London besucht. Sie kann auch fragen, wo die nächste U-Bahn-Station zu finden sei oder wo man einen Stadtplan kaufen könnte.

Lernen ist nicht direkt beobachtbar, man erkennt es an den Reaktionen oder Leistungen einer Person – also indirekt. Daraus lässt sich die vorläufige Definition ableiten:

> **Lernen ist eine Verhaltensänderung, die auf gemachten Erfahrungen beruht. Die Verhaltensänderung ist relativ dauerhaft und nicht direkt zu beobachten.**

Der Psychologe G. R. *Lefrancois* (1976) verdeutlicht diesen Sachverhalt folgendermaßen:

„Lernen ist eine Veränderung des Verhaltens oder der Wahrnehmung. Bei meinem ersten Besuch im Hause Lefrancois' reagierte der Hund auf mich in einer sehr ungewöhnlichen und für mich peinlichen Art und Weise. Als ich um das Haus herum ging, folgte mir der Hund mit der Nase auf dem Boden und wedelte aufgeregt mit dem Schwanz. Als ich stehen blieb, erhob er seine Pfote, streckte seine Nase bis auf wenige Zentimeter an mein Gesicht heran, richtete seinen Schwanz hoch in die Luft und erstarrte in dieser Position. Mit sehr gemischten Gefühlen sah ich, wie der Speichel aus seinem Mund troff.

Schön langsam jedoch bemerkte der Hund, dass es sich bei mir nicht um eine Art von Wildvogel handelte und gab es auf, mich zu ‚stellen'. Diese Verhaltensänderung kann man auch als ein Beispiel für Lernen anführen. Betrachten wir auf der anderen Seite den Fall eines Studenten, der nach der Einnahme von LSD glaubt, die Straßenlampen seien Schlagen und der jetzt wie verrückt durch die Straßen läuft und um Hilfe schreit. Hier beobachten wir eine sehr auffallende Verhaltensänderung; diese jedoch in die Kategorie des Lernens einzuordnen, würde hier zu weit führen.

Eine etwas präzisere, obgleich nicht vollkommen zufriedenstellende Definition des Lernens lautet wie folgt: Lernen umfasst alle Verhaltensänderungen, die aufgrund von Erfahrungen zustandekommen. Solche Änderungen schließen nicht nur die Aneignung neuer Informationen ein, sondern auch die Veränderungen des Verhaltens, deren Ursachen unbekannt sind. Andererseits sind in dieser Definition Veränderungen, die aufgrund von Reifevorgängen (genetisch vorbestimmten Änderungen) oder von künstlichen chemischen Änderungen, wie z. B. Konsequenzen des Drogenkonsums, ausgeschlossen."

Lefrancois und sein Hund (Lefrancois, 1976)

3

Lernen hinterlässt Spuren im Gehirn. Diesen Sachverhalt bezeichnet man als Gedächtnis. Lerninhalte werden also gespeichert. Salopp könnte man sagen: Ohne Gedächtnis kein Lernen!

Ebensowenig geht es ohne **Aufmerksamkeit:**

Dieser Ausdruck bezieht sich auf die menschliche Fähigkeit, bei einer Cocktail-Party das von einem Anwesenden Gesprochene aus dem Sprachgewirr der anderen Leute herauszufinden.

(G.R. Lefrancois, 1976)

Ebenso lässt sich behaupten: Neugier ist ein Motiv für Lernen.

Gefahr für die Neugier ist sowohl die Überfülle an Sinnesreizen als auch die Reizmonotonie – die Fülle an Reizen können Kinder nicht einordnen – wenn die unbekannten Dinge der Umwelt das Kind überfordern, verliert es die Lust, sie kennenzulernen. Am Anfang ist die Erfahrung, die Lust an sinnlicher Erkundung und Entdeckung. Das Kind will wahrnehmen, berühren, begreifen und bewegen – nicht nur hören und sehen, es will sich selbst, seinen Körper und dessen Fähigkeiten ins Spiel bringen. Es braucht sowohl völlige Freiheit in der Wahrnehmung als auch bei der Gestaltung und Darstellung. Es braucht aber ebenso Anleitung und Hilfe zur Strukturierung seiner Wahrnehmung. Beide sich bedingenden Aspekte sind die Voraussetzung für die bewusste Förderung aller Sinne, für die geistige Entwicklung des Kindes, die Entfaltung seiner Identität und seines gegenwärtigen und zukünftigen gesellschaftlichen Bewusstseins. „Ein schwerer Sinn lähmt jede freudige Bewegung.“

(Margret von Allwörden, in: Theorie und Praxis der Sozialpädagogik, Bielefeld 4/95)

3.2 Einige „niedere Lernformen"

Die Unterscheidung in „niedere" und „höhere" Lernformen ist in der Psychologie gängig, auch wenn ihre Einteilung nicht immer eindeutig vorgenommen werden kann. Wir wollen hier einen Überblick über die „niederen Lernformen" geben:

– Klassisches Konditionieren,
– Verstärkungslernen und
– Beobachtungslernen.

Eine Lernform ist ein Erklärungsansatz oder ein Erklärungsprinzip für eine Verhaltensänderung.

3.2.1 Klassisches Konditionieren

Jedem Psychologen fällt bei der Wortkombination „klassisches Konditionieren" der Name des russischen Wissenschaftlers *Pawlow* ein. *Pawlow* hat als Erster formuliert, wie ein Hund etwas lernen kann bzw. wie er konditioniert wird.

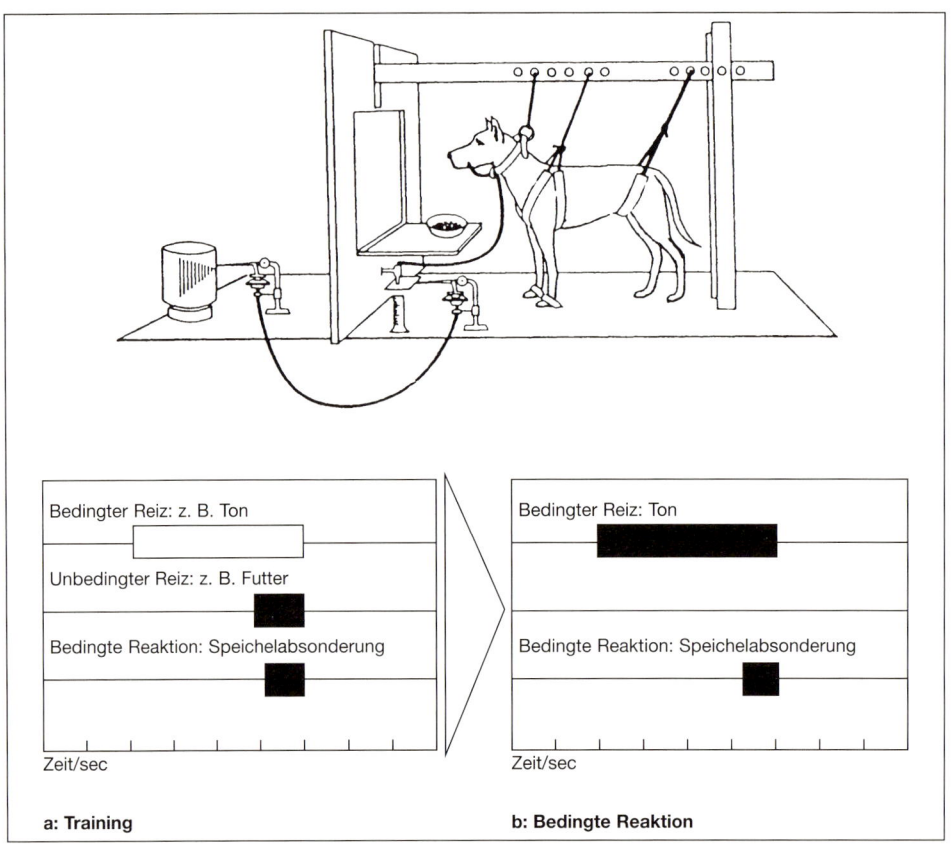

a: Training   b: Bedingte Reaktion

Klassisches Konditionieren. Versuchsapparatur nach Pawlow und Konditionierungsabfolge (nach Angermeier und Peters, 1973)

„Im Verlaufe seiner Untersuchungen an Tieren beobachtete Pawlow, dass einige seiner Hunde im Labor eine Speichelabsonderung zeigten, bevor ihnen Fleischpulver ins Maul gegeben wurde. Dieses Verhalten zeigten aber nur Hunde, die schon einige Zeit im Labor waren. Um für dieses Verhalten eine wissenschaftliche Erklärung zu finden, entwickelte Pawlow das Modell der klassischen Konditionierung – ein Modell, das vielen frühen theoretischen Formulierungen als Grundlage diente und auch heute noch als ein wesentlicher Bestandteil des psychologischen Wissens angesehen wird.

In seinen Experimenten zeigte Pawlow, dass nicht nur die visuelle Wahrnehmung des Futters zur Speichelabsonderung bei seinen Hunden führte, sondern dass auch bestimmte andere Reize dieselbe Wirkung hatten, wenn sie oft genug mit der Einnahme des Futters zeitlich zusammenfielen. Das Futter wird als unkonditionierter Reiz (UCS = unconditioned stimulus), die ursprünglichen Speichelabsonderungen bei der Einnahme des Futters als unkonditionierte Reaktion (UCR = unconditioned reaction) bezeichnet. Der unkonditionierte Reiz (UCS) und die unkonditionierte Reaktion (UCR) bilden zusammen eine ungelernte (reflexive) Reiz-Reaktions-Einheit. Erscheint ein Ton immer dann, wenn Futter in das Maul des Hundes eingeführt wird, so ruft dieser Ton (jetzt ein konditionierter Stimulus – CS) nach einer gewissen Zeit die Reaktion der Speichelabsonderung (jetzt eine konditionierte Reaktion – CR) hervor."

(G. R. Lefrancois, 1976)

3

Diese Lernform baut auf Reflexen auf, also auf angeborenen Reaktionen. Wer aus *Pawlows* Versuchsanordnung schließen will, dass nur Hunde und andere Tiere solchen Lernvorgängen unterworfen sind, der irrt. Der amerikanische Psychologe *J. B. Watson* (1978–1958) hat ein Kind auf ähnliche Art und Weise das Fürchten gelehrt. Der kleine Albert, er war knapp ein Jahr alt, lernte, sich vor einer Ratte (einem Häschen) zu fürchten. Grundlegend für diesen Lernvorgang war so etwas wie ein Angst-Reflex auf plötzlichen Lärm:

Der kleine Albert

„Albert war ein gesundes, stabiles und ziemlich unemotionales Kind. Er reagierte nie furchtsam auf die vom Versuchsleiter ausgeklügelten Test-Situationen. Wenn plötzlich eine Reihe von Objekten vor ihn gelegt wurde, streckte er seine Hand aus, um damit zu spielen. Es waren da eine weiße Ratte, ein Hase, ein Pelzmantel, ein Ball aus Baumwolle und einige Masken. Aber Albert schreckte zusammen und schrie fürchterlich, wenn plötzlich dicht hinter ihm lauter Lärm erzeugt wurde (eine Stahlstange wurde mit einem Hammer bearbeitet). Als ihm im Alter von 11 Monaten und 3 Tagen die Ratte gezeigt wurde und er seine Hand nach ihr ausstreckte, ertönte derselbe scheußliche Lärm hinter ihm. Nachdem Albert diese Erfahrung zweimal gemacht hatte, wimmerte er. Als ihm die Ratte eine Woche später erneut gezeigt wurde, hatte er seine Lektion gelernt: er zog die Hand zurück, bevor er den alten Spielkameraden berührte. Jetzt wurde systematisch mit der Konditionierung einer starken negativen emotionalen Reaktion auf die weiße Ratte begonnen. Sieben Mal hintereinander tauchten die Ratte und der gräßliche Lärm zusammen auf. Als die Ratte das nächste Mal allein dargeboten wurde, fing Albert an zu weinen, drehte sich um, fiel hin und krabbelte mit ganzer Kraft davon."

(Ruch & Zimbardo, 1975)

Graphisch ließe sich der Vorgang folgendermaßen darstellen:

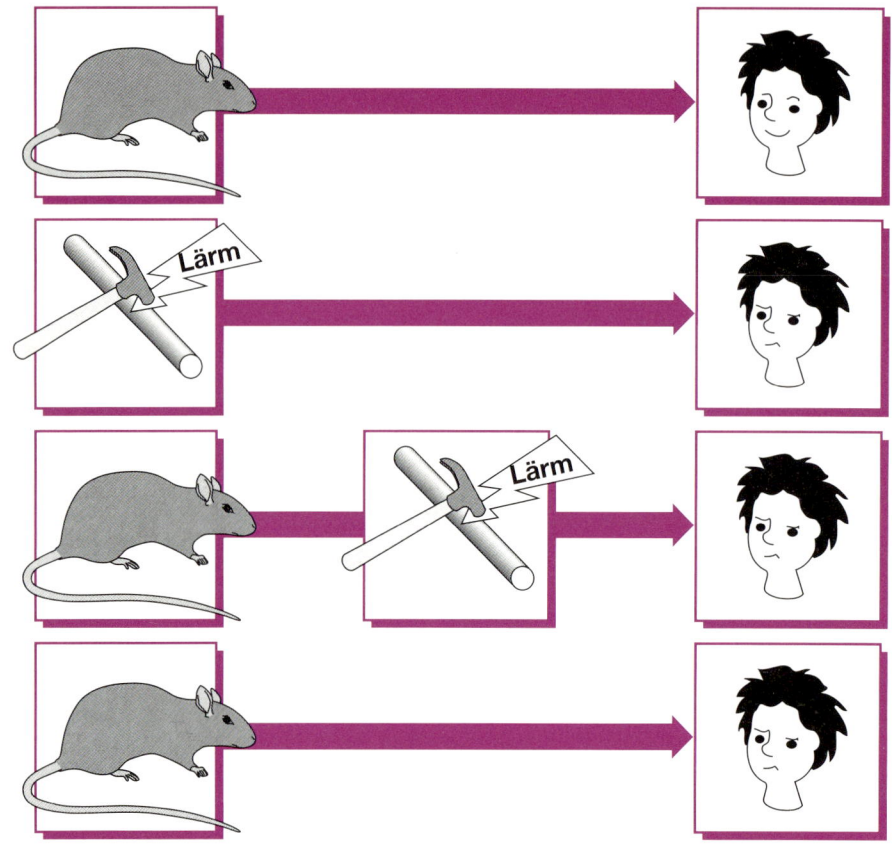

Der kleine Albert lernt die Furcht vor der Ratte (nach Posse/Falk, 1983).

Wie man sich denken kann, ist dieser Versuch *Watsons* sehr umstritten. Nicht die wissenschaftliche Aussage ist zweifelhaft! Viele Menschen fragen sich aber, ob man solche Versuche an Menschen überhaupt machen darf – zu Recht. Vielleicht kann man *Watsons* Bedenkenlosigkeit auf seinen Optimismus in Sachen Lernen zurückführen. *Watson* hat einmal geäußert:

> *Gebt mir ein Dutzend gesunder, wohlgebildeter Kinder und meine eigene Umwelt, in der ich sie erziehe, und ich garantiere, dass ich jedes nach dem Zufall auswähle und es zu einem Spezialisten in irgendeinem Beruf erziehe, zum Arzt, Richter, Künstler, Kaufmann oder zum Bettler und Dieb, ohne Rücksicht auf seine Begabungen, Neigungen, Fähigkeiten, Anlagen und die Herkunft seiner Vorfahren*

(Watson, 1968)

Auch der gewöhnliche Alltag hält Beispiele für Lernvorgänge bereit, die man im Sinne des klassischen Konditionierens interpretieren kann:

1 Kati (6 J.) hat große Angst vor dem Friseur, als sie zum ersten Mal mit ihrer Mutter dorthin geht. Im Alter von 4 Jahren musste sie sehr oft zum Kinderarzt, der ihr häufig eine Spritze gab. Alle guten Erklärungen, der Friseur könnte ihr nicht weh tun, helfen nichts. Kati will das Geschäft verlassen.

2 Karlchen (8 J.) hasst Hunde, je kleiner sie sind, um so größer ist seine Abneigung. Das Kind wurde einmal im Alter von 2 Jahren und später, kurz vor Schulbeginn, gebissen. Die Hunde, die ihm damals zusetzten, waren kleinere Hunde; ein Spitz und ein Dackel. Seitdem macht er große Bögen um diese „Viecher".

3 Susanne (7 J.) kann im Dunkeln nicht einschlafen. Mit 4 Jahren wurde sie einmal von ihrem Bruder aus Versehen in den dunklen Keller gesperrt, als sie dem Vater eine Flasche Wein holte. Sie fand den Lichtschalter nicht und musste eine halbe Stunde im Keller verbringen. Die Familie wohnt damals noch in einem alten Haus auf dem Land, dessen Keller auf Susanne ohnehin immer gespenstisch gewirkt hatte.

Bisher wurde noch nicht erwähnt, dass es Konditionierungsvorgänge gibt, die auf Konditionierungen aufbauen – also nicht auf Reflexen: Konditionierte man *Pawlows* Hund etwa, nachdem er auf den Ton (der Glocke) mit Speichelfluss reagierte, auf ein Händeklatschen, so hätte man die Konditionierung mit dem Händeklatschen auf der Ton-Konditionierung aufgebaut. Viele der Konditionierungsvorgänge beim Menschen sind wahrscheinlich so zu erklären. Wichtig beim klassischen Konditionieren:

Unkonditionierter und konditionierter Reiz müssen zusammen auftreten; von Bedeutung ist die Gleichzeitigkeit.

Beispiel

Gelöscht wird der Lerninhalt, der durch klassisches Konditionieren zu Stande kam, indem die Gleichzeitigkeit nachträglich boykottiert wird, d. h. unkonditionierter Reiz und konditionierter Reiz treten nie mehr zusammen auf:

1 Erhält Pawlows Hund beim Glockenton (oder Händeklatschen) kein Fressen mehr (vielmehr zu anderen Gelegenheiten), kann er seinen Lernvorgang getrost vergessen. Vielleicht fühlt er sich ausgetrickst, aber die bestehende Konditionierung auf den Glockenton wird unter diesen Umständen gelöscht werden.

2 Falls Kati (6 J.) die Gelegenheit hat, ihren Kinderarzt (oder den Friseur) als äußerst liebenswerten Menschen kennen zu lernen (der keine Spritzen mehr austeilt), gibt es eine gewisse Wahrscheinlichkeit, dass sie beim Friseur keine Angst mehr haben muss.

3 Da Karlchens Vater ein aufgeweckter Mensch ist, schenkt er seinem Kind zum 9. Geburtstag einen Dackel. Karlchen gewöhnt sich schnell an sein (!) Tier, so dass er bald die Attacken anderer Hunde aus seinem Gedächtnis tilgt. Er wird ein ausgesprochener Hundenarr – und möchte bald noch einen Spitz haben.

3

4 Das Haus, in dem Susannes Familie jetzt wohnt, hat einen Keller, der sich vorzüglich für die Einrichtung eines Spielzimmers eignet. Die Eltern realisieren dieses Vorhaben. Susanne hat nach anfänglichen Ängsten, allein in den Keller zu gehen, bald keine Probleme mehr mit dem Keller, in dem sie gelegentlich auch alleine spielt, weil ihr Bruder noch Schularbeiten zu machen hat. Auch das verdunkelte Zimmer ist für sie beim Einschlafen selbstverständlich geworden.

Falls der kleine Albert nach den schrecklichen Experimenten des Herrn *Watson* nicht nur vor Ratten, sondern auch vor Hasen, Hunden und Meerschweinchen Angst hat, so dehnt er seine Befürchtungen auf ähnlich aussehende Wesen aus. Man sagt: er generalisiert (er verallgemeinert). *Pawlows* Hund generalisiert, falls er nicht nur auf einen bestimmten Glockenton mit Speichelfluss reagiert, sondern auch auf Glocken mit höheren und tieferen Tönen. Dass Karlchen generalisierte, haben wir bereits festgestellt.

Falls Karlchen aber nur vor kleineren Hunden Angst hätte (nachdem er von ihnen gebissen worden ist – und noch keinen eigenen Dackel hat), vor größeren aber nicht, könnte man sagen: er diskriminiert. (Diskrimination bedeutet Unterscheidung.) Karlchen weiß wohl, dass ihm kleine Hunde, nicht aber große, Schmerz zugefügt haben.

Auch wenn Kati zwar vor Ärzten, nicht aber vor Friseuren Angst hätte, diskriminierte sie.

Aufgabe

Finden Sie selbst Beispiele für das Lernen nach der Art des „klassischen Konditionierens" und erläutern Sie sie mit Hilfe der Grafik „Der kleine Albert lernt die Furcht vor der Ratte" (S. 38).

3.2.2 Verstärkungslernen – Lernen am Erfolg

Während das klassische Konditionieren die Gleichzeitigkeit des unkonditionierten und des konditionierten Reizes betont, geht das Verstärkungslernen vom Erfolg eines Verhaltens aus oder dem Erlebnis des Erfolges.

Beispiel

Anne (5 J.) bemerkt, dass sich die Erzieherin in ihrer Gruppe besonders freut, wenn sie ihr ihre gemalten Blumen zeigt. „Blumen kannst du wirklich sehr gut malen", sagt diese gelegentlich. Anne mag es, wenn ihr die Erzieherin so etwas sagt. Ihre Fähigkeit, Blumen darzustellen, hat sie im Laufe der letzten Wochen gesteigert und differenziert. Kein Kind kann es so gut wie Anne. Ein anderes Problem hat sich für Anne dadurch auch gemildert: wenn sich die Erzieherin mit ihr beschäftigt, vergisst sie manchmal völlig, dass sie häufig Angst hat, ihre Mutter könnte sie nicht zu Mittag abholen.

Erläuterung:

1 Annes Verhalten (Blumen malen) ist von Erfolg gekrönt: Die Erzieherin erkennt ihr Werk ausdrücklich an. Da Erfolgserlebnisse angenehm sind, verstärkt sie ihre Bemühungen; sie verbessert ihre Fähigkeiten im Malen und Darstellen der Blumen, ein Lernprozess, der aufgrund von unzähligen Erfolgserlebnissen zu Stande kam.

2 Doch es spielt auch ein anderer Sachverhalt eine Rolle: Annes Ängste, am Mittag nicht abgeholt zu werden, lassen nach, sobald sich die Erzieherin ihr zuwendet. Sobald sie keine Angst hat, kann Anne freier (und besser) malen. Etwas Unangenehmes ist verschwunden, ein unangenehmer Reiz ist weggenommen worden.

Grafisch stellt sich der Sachverhalt wie folgt dar:

Erläuterung I

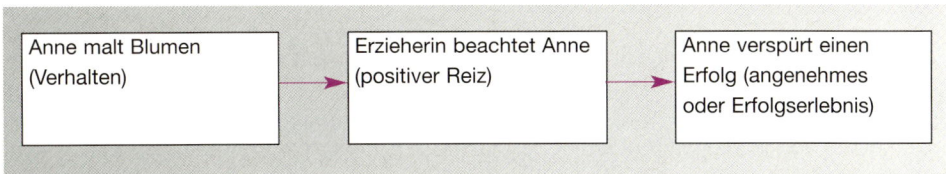

Erläuterung II

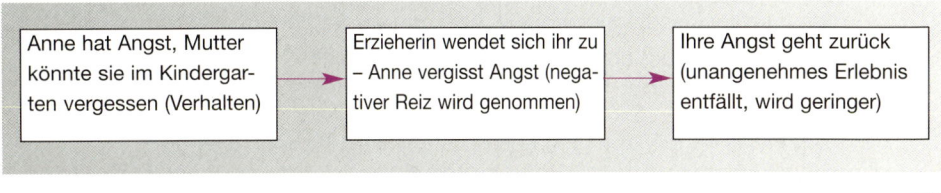

Man scheut sich, das Wort in den Mund zu nehmen, doch es gibt zweifelsfrei einen schematischen Ablauf, der hier erkennbar wird. Vorher aber seien die verwendeten Symbole erklärt:

V = Verhalten;
+ = Erfolgserlebnis, positiver Reiz, angenehmes Erlebnis, Verstärkung, Bekräftigung; weggefallenes Misserfolgserlebnis, entfallener negativer Reiz
– = Misserfolgserlebnis

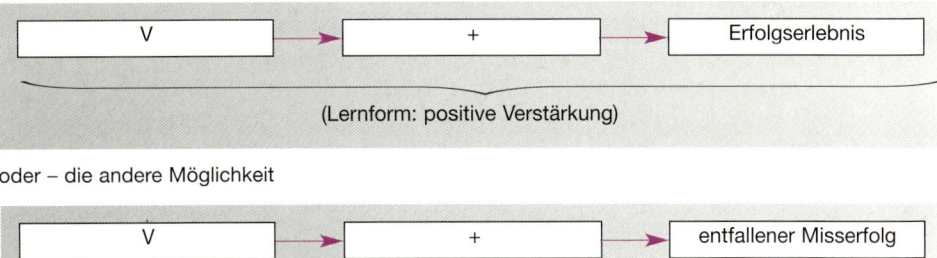

oder – die andere Möglichkeit

Das Erfolgserlebnis oder das entfallene Misserfolgserlebnis führen dazu, Verhalten zu intensivieren oder häufiger auftreten zu lassen. Diese Form des Lernens hat verschiedene Bezeichnungen: Lernen am Erfolg, Verstärkungslernen, Bekräftigungslernen, operantes Konditionieren usw.

Nun gibt es vier Möglichkeiten, ein angenehmes Erlebnis zu haben (einen positiven Reiz) zu registrieren):

1 Erzieher vermitteln positiven Reiz (+)

2 Erzieher nehmen negativen Reiz weg (+)

3 Kind empfindet Verhalten selbst als erfolgreich, als Spaß, als Freude, ohne Zutun des Erziehers (+)

4 Kind gelangt durch eigenes Tun dahin, dass Misserfolg entfällt, ohne Mitwirkung des Erziehers (+)

Die Varianten 1–2 könnte man Fremdverstärkung, die Varianten 3–4 Selbstverstärkung nennen.

Aber auch der Misserfolg spielt beim Lernen eine Rolle. Jeder weiß, dass sein Verhalten nicht immer von Erfolg gekrönt ist – oder dass der Erzieher/die Erzieherin/die Eltern nicht immer verstärkend wirken. Es gibt weitere Möglichkeiten – und damit wird der begonnene Gedankengang und natürlich die Nummerierung – fortgesetzt:

5 Der Erzieher setzt einen negativen Reiz, was man in der Pädagogik Strafe nennt (–)

6 Der Erzieher nimmt ein angenehmes Erlebnis weg; ein Verbot etwa kann ein solches Ereignis sein, weil etwas, das als angenehm empfunden wurde, vom Erzieher genommen wurde (–)

7 Eigenes Tun führt ohne Mitwirkung des Erziehers zum Misserfolg (–)

8 Eigenes Tun führt dazu, dass ein sonst angenehmes Erlebnis (positiver Reiz) entfällt

9 Der Erzieher setzt weder einen positiven noch einen negativen Reiz – er ignoriert ein Verhalten (mit oder ohne Absicht) (0).

Damit gibt es insgesamt neun Möglichkeiten, Konsequenzen auf Verhaltensweisen zu verspüren.

Der amerikanische Psychologe *B. F. Skinner* hat wichtige Teile seiner Lerntheorie mit Hilfe von Tierexperimenten entwickelt:

„Zahlreiche Pionier-Experimente auf dem Gebiet des Verstärkungslernens sind von Skinner mit Tieren durchgeführt worden.

So war z. B. in einem Experiment das Ziel der Verhaltensänderung, dass sich eine Taube auf ein bestimmtes Lichtzeichen hin zweimal entgegen dem Uhrzeigersinn drehte. Dieses wurde in effizienter Weise dadurch erreicht, dass ein Lichtzeichen immer nur dann zusammen mit einer Verstärkung, einem Futterkorn, auftrat, wenn das Tier irgendeine auch noch so geringe Bewegung in der gewünschten Richtung vollführte. Das Vorgehen wird als sog. sukzessive Approximation oder als sog. Formung (shaping) des Verhaltens bezeichnet: zunächst werden Bestätigungen gegeben, wenn das Versuchstier (oder die VP) ein Verhalten realisiert, das in irgendeiner auch noch so geringen Weise in Richtung des erwünschten liegt. In zunehmendem Maße werden dann Bekräftigungen nur noch gegeben, wenn das Tier das gewünschte Verhalten in größerem Ausmaß zeigt. – Derartige Tier-Experimente stellen ein generelles Anschauungsmodell über die Wirkungsweise dar."

(A. Tausch/R. Tausch, 1971)

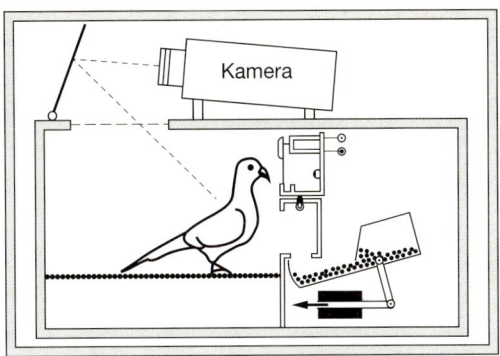

Skinner-Box (Taube): *Das Versuchstier kann sich durch Schnabelhiebe (Wirkreaktion) auf ein Plastikscheibchen Futter beschaffen. Die Belohnungsgabe (Hochheben des Futtertrogs) erfolgt nur unter bestimmten Bedingungen, die das Versuchstier zu erlernen hat. Ein äußerer Kasten schirmt den eigentlichen Versuchskasten gegen Störgeräusche von außen ab. Eine Fernsehkamera nimmt das Innere über einen Spiegel auf, um das Verhalten des Versuchstieres beobachten oder aufzeichnen zu können.*

(B. F. Skinner, 1973)

3

Die Bedeutung, die Verstärkungslernen in der Erziehung haben könnte, lassen die Darstellungen einer Untersuchung durch Tausch/Tausch (1971) erahnen.

Förderung pro-sozialen Verhaltens

„Zwei trainierte unwissentliche Beobachter schätzten das Verhalten von 3–5-jährigen Kindergartenjungen während 12 Fünf-Minuten-Perioden in der Freispielzeit in eine Aggressivitäts-Skala ein; 27 besonders aggressive Jungen wurden ausgewählt. Diese Kinder zeigten deutliche physische sowie verbale Aggressionen, z. B. schlagen, knuffen, Hänseleien, herabsetzende oder drohende Äußerungen. In der nachfolgenden experimentellen Phase von 2 Wochen wurden die Kindergärtnerinnen gebeten, auf das aggressive, unsoziale Verhalten dieser Kinder nicht zu reagieren und möglichst jedes noch so geringe von diesen Kinder gezeigte kooperative und soziale Verhalten unmittelbar positiv zu bekräftigen. Obwohl die Kindergärtnerinnen offen an der Möglichkeit und Effektivität eines derartigen Vorgehens zweifelten, ergab sich entsprechend den Einschätzungen der Beobachter nach der experimentellen Behandlungsperiode eine signifikante Verminderung der physischen und verbalen Aggressionen dieser Kinder um etwa ein Drittel. In der nachfolgenden einwöchigen Kontrollperiode, ohne spezielles Erzieherinnenverhalten, zeigte sich ein gewisser Anstieg physischer Aggressionen, der jedoch unter dem ursprünglichen Ausmaß blieb, sowie ein weiteres Absinken der verbalen Aggressionen. Eine zweite experimentelle Behandlungsperiode von 2 Wochen mit positiven Bekräftigungen des sozialen und Ignorierung des aggressiven Verhaltens dieser Kinder verminderte – verglichen mit den Ausgangswerten – ihre physischen Aggressionen um die Hälfte, ihre verbalen um 80 %."

Oerter/Montada (München-Weinheim, 1987) referieren Ergebnisse zur Übernahme der Geschlechtsrolle. Unter anderem schreiben sie:

Mütter belohnten aber nur geschlechtsspezifisches Verhalten der Mädchen, nicht der Jungen (...) Die Väter zeigten im Gegensatz zu den Müttern ein klares geschlechtsstereotypes Erziehungsverhalten. Sie belohnten ihren Sohn bzw. ihre Tochter bei geschlechtstypischem Verhalten und bestraften sie bei gegengeschlechtlichem Verhalten (...) Diese Untersuchung zeigt, dass Verstärkung eine wichtige Rolle bei der geschlechtlichen Identifikation spielt.

Falls ein Verstärker wirken soll, muss er möglichst unmittelbar nach dem zu verstärkenden Verhalten eingesetzt werden. Ein sozialer Verstärker (z. B. Anerkennung mit Worten) ist nach drei Tagen nicht mehr so wirkungsvoll wie kurz nach einer Handlung.

Cartwright & Cartwright (nach Gage/Berliner, 1977) geben uns einige Beispiele für Verstärker, die in der Schule (im Klassenzimmer) möglich sind:

Verstärkungsquelle	Beispiele für Verstärker
Anerkennung durch Erwachsene (AE)	*Lehrer schreibt "sehr gut" unter deine Hausarbeit* *Lehrer gibt dire eine 1 für deine Arbeit* *Lehrer gibt dir einen Preis für einen Aufsatz* *Der Rektor lobt deine gute Arbeit*
Wettbewerbsstreben (WS)	*Du wirst als erster mit einer Aufgabe fertig* *Du kannst als einziger eine Frage beantworten* *Dein Aufsatz wird als einziger als Beispiel für eine richtige Arbeit vorgelesen* *Dein Aufsatz wird ans Anschlagbrett gehängt*
materielle Belohnungen (B)	*Kaugummi* *Schokolade* *Limonade* *Eis*
Anerkennung durch Kameraden (AK)	*Mitschüler fordern dich auf, in ihrer Mannschaft mitzuspielen* *Du wirst zum Klassensprecher gewählt* *Du erhältst viele Stimmen in einem Popularitätswettbewerb*
Unabhängigkeit (U)	*Du kannst tun, was du möchtest* *Wenn du willst, kannst du die Klasse verlassen* *Du kannst spielen, was du möchtest* *Du kannst dir ein Arbeitsprojekt aussuchen*

Beispiel

Exkurs über die Subjektivität der Verstärker

Tim bekommt eine Tafel Schokolade von seiner Großmutter, weil er sein Zimmer so schön aufgeräumt hat. Gleich findet er das Aufräumen nicht mehr gar so öde und langweilig.
Lisa bekommt eine Tafel Schokolade von ihrer Großmutter, weil sie das Zimmer so schön aufgeräumt hat. „Was soll ich denn mit der doofen Schokolade", sagt sich Lisa. „Ich mag das Zeug nicht!"

Kein Erzieher darf sich täuschen: Der eine Verstärker (positive Reiz) wirkt bei Tim – aber nicht Lisa. Man kann getrost formulieren:

Es kommt auf das subjektive Erlebnis des Verstärkers an!

Es gibt vermutlich positive Reize, die von unterschiedlichen Kindern (Menschen) auch unterschiedlich empfunden werden, wie man es bei der Tafel Schokolade sehen kann.

Andererseits gibt es eine Anzahl von positiven Reizen, die von fast allen Kindern (Menschen) als positiv oder als angenehm empfunden werden; *zum Beispiel Zuwendung, menschliche Wärme und Akzeptanz.*

Solche Verstärker kann man auch „soziale Verstärker" nennen. Soziale Verstärker sind die wichtigsten in der Erziehung, während die materiellen Verstärker (wie die Schokolade in den beiden Beispielen) von geringerer Wirkung sind.

Die Selbstverstärkung spielt in der Erziehung eine ganz besondere Rolle. Sie ist die Gewähr dafür, dass Kinder sich vom Erzieher emanzipieren können. Umgekehrt bedeutet es natürlich: Ein Erzieher kann mit seinen Verstärkern ein Kind auch abhängig machen. Das ist eine Frage des Abwägens und des Feingefühls. Selbst Erfolg bei eigenen Handlungen zu spüren, gibt äußerst wertvolle Lernimpulse, die sehr viel gewichtiger sind als die wertvollen Bemühungen von Erziehern, ein Kind sorgfältig zu bekräftigen/verstärken (Fremdverstärkung).

3

 Aufgabe

Nennen Sie spontan 10 verbale Verstärker – Verstärker also, die Sie in Worten ausdrücken können. Oder schreiben Sie sie auf.

Beschreiben Sie ausführlich Erziehungssituationen. Geben Sie die Schilderung jeweils an Ihren Nachbarn. Untersuchen Sie die Szenen:
– An welchen Stellen wurden von der Erzieherin/von der Praktikantin positive Reize oder negative Reize vermittelt?
– An welchen Stellen könnte man mit Erfolgserlebnissen geschickter vorgehen?

Erinnern Sie sich an Ihre Kindheit: Wie haben Sie materielle Verstärker erlebt – wie sind Sie damit umgegangen? Wie denken Sie heute darüber?

 Aufgabe

Finden Sie für das unten beschriebene Forschungsergebnis eine psychologische Erklärung!

Macht Erfolg aggressiv?

Das männliche Geschlechtshormon Testosteron ist nicht nur für die Ausbildung der Geschlechtsmerkmale verantwortlich, sondern steuert auch Sexualverhalten und Aggressivität. Nachdem man bei siegreichen Sportlern einen erhöhten Testosteronspiegel festgestellt hat, vermuteten drei Psychologen der Georgia State University, dass dies auch für Fans zutrifft, die sich mit ihrem Team stark identifizieren. Eine günstige Gelegenheit zur Überprüfung dieser These bot das Endspiel der Fußballweltmeisterschaft 1994 zwischen Brasilien und Italien. Zwanzig Minuten vor und nach dem Spiel gaben zwölf brasilianische und neun italienische Fans Speichelproben ab, anhand derer der Testosteronspiegel gemessen wurde. Da die Forscher annahmen, dass der Effekt nur dann eintritt, wenn das Ereignis von großer Bedeutung für die betreffende Person ist, wählten sie Fans aus, die durch ihre Begeisterung für das jeweilige Team aufgefallen waren. Das Ergebnis: Der Testosteronspiegel der brasilianischen Fans war nach dem für ihre Mannschaft siegreichen Endspiel um 27,6 Prozent gestiegen, der der italienischen Fans um 26,7 Prozent gesunken.

(Julia Weidenbach, in: PSYCHOLOGIE HEUTE, Januar 1996, Weinheim/Bergstraße)

3.2.2.1 Verstärkungspläne und Beispiele

Nach diesem systematischen Überblick über das Verstärken geht es um die konkrete Anwendung in der Erziehungspraxis.

Die Lernpsychologie hat herausgefunden, dass der kontinuierliche (ständige) Einsatz von Verstärkern durch ErzieherInnen nicht nur anstrengend ist, sondern auch wenig effektiv. Man könnte auch sagen: Der inflationäre Einsatz von Verstärkern mindert die Wirksamkeit des Verstärkers (Vergleichen Sie die Überlegungen zur Selbstverstärkung im Exkurs über die Subjektivität des Verstärkers in 3.2.2).

Grafisch könnte der Sachverhalt „kontinuierliche Verstärkung" wie folgt dargestellt werden.

Grafik: kontinuierliche Verstärkung (I)

Zeit:	V1	V2	V3	V1	V2	V3	V1	V2	V3	V1	V2	V3
		+E			+E			+E			+E	

V1 = beliebiges Verhalten
V2 = Kontakt mit Gruppenmitgliedern aufnehmen – soll verstärkt werden
V3 = in der Nase bohren
+ = positiver Reiz/Verstärker
+E = Verstärker/positiver Reiz, der vom Erzieher gesetzt wird

Immer, wenn Kontakt zur Gruppe aufgenommen wird, verstärkt der Erzieher: Werden V1 und V3 vom Kind realisiert, verhält er sich neutral.

An diesem Beispiel sieht man sehr schön, wie unsinnig es ist, ständig mit Verstärkern „dazwischenzufunken", denn jeder Erzieher weiß: Die Kontaktaufnahme mit der Gruppe wirkt an sich schon verstärkend (oder wird vom Kind selbst reguliert).

Als Alternative bietet die Lerntheorie gelegentliches Verstärken an, das sie für wesentlich sinnvoller, weil effektiver hält. (Je nach Erscheinungsform wird diese Art intermittierende oder Intervall-Verstärkung genannt.)

Grafik: Gelegentliche Verstärkung (II)

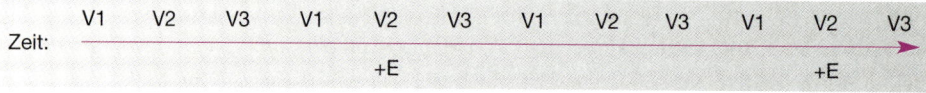

Zeit:	V1	V2	V3	V1	V2	V3	V1	V2	V3	V1	V2	V3
			+E								+E	

Der kluge Erzieher hält sich zurück. Er verstärkt nur gelegentlich, denn er weiß: Es ist effektiver – das heißt: Das Erlernte ist stabiler.

Eine weitere – sehr wirksame – Variante des Einsatzes von Verstärkern ist der alternierende Gebrauch des Verstärkens und Nicht-Beachtens.

Grafik: Verstärken und Nicht-Beachten (Ignorieren bestimmten Verhaltens) (III)

Zeit:	V1	V2	V3	V1	V2	V3	V1	V2	V3	V1	V2	V3
	+E	0			0	+E		0			0	

V1 = *verbaler Kontakt zur Gruppe (Bitte, mitspielen zu dürfen)*
V2 = *beliebiges Verhalten*
V3 = *aggressives Verhalten*
+E = *positiver Reiz*
0 = *Ignorieren/Nicht-Beachten*

3

Mit der Nicht-Beachtung macht man das aggressive Verhalten weniger interessant und attraktiv. Mit der Verstärkung des pro-sozialen Verhaltens (Aufsuchen des Spielkontakts) gibt man dem Kind eine Orientierung.

Schön gesagt, könnte man kommentieren. Wie will man aggressives Verhalten ignorieren? Das ist freilich schwierig bis unmöglich. Falls es nicht möglich ist, sollte man wenigstens dafür sorgen, dass Verstärkungen, die dem aggressiven Kind durch die Gruppe gegeben werden, mit der Zeit unterbleiben.

Vorteil dieses Vorgehens ist jedenfalls: Man baut aggressives Verhalten ab – pro-soziales Verhalten auf.

„Time-out" (IV)

Eine interessante Variation ist das sogenannte „Time-out": Man geht nach einem aggressiven Anfall des Kindes zum Kind hin, nimmt es an der Hand und geht mit ihm aus dem Raum, setzt sich ganz ruhig für ein paar Minuten mit ihm auf eine Bank.

Damit man dem Kind weder positive noch negative Reize vermittelt, schweigt man (mit dem Kind); gleichzeitig spürt das Kind, dass man es nicht ablehnt, denn man ist ja bei ihm. Das Verfahren scheint aufwendig, ist wohl auch nur möglich, wenn man nicht alleine in einer Gruppe arbeitet – und ist, nach Auffassung der Lerntheorie, äußerst wirksam. Oft wirkt es schon nach ein paar Wiederholungen: Das aggressive Verhalten wird reduziert.

Zur Vertiefung zwei Fälle zur Bearbeitung:

Beispiel

Fall Dennis

Dennis ist 5 J. alt und sehr kräftig. Das weiß er auch. Er gehört zu den stärksten Jungen in der Gruppe. Sobald etwas nicht so läuft, wie er es sich vorstellt, schlägt er zu – nicht brutal, aber er schlägt eben. Alle Kinder haben sich schon darauf eingestellt. Viele tun häufig, was er verlangt. Will er etwa ein Spielzeug, bekommt es aber nicht, droht er mit erhobener Faust. Wird er geneckt, verfällt er in ähnliche Verhaltensweisen. Immer wenn es um Entscheidungen geht, in denen Dennis eine Rolle spielt, wird auf seine Gewalttätigkeit Rücksicht genommen.

Aufgabe

1. Überlegen Sie, was Sie erreichen wollen (angestrebte Kompetenzen, Ziele).
2. Erarbeiten Sie ein Handlungskonzept vor dem Hintergrund des Verstärkungslernens, das geeignet ist, Dennis zu helfen.

Beispiel

Fall Karin

Karin, 4 J. alt, sitzt nun schon den 4. Tag im Kindergarten an einem Tisch, ist schrecklich brav und tut nichts (bzw. wenig) aus eigenem Antrieb. Sie ist neu im Kindergarten. Sagt die Erzieherin, sie solle sich die Hände waschen, tut sie es. Sie gehorcht immer. Karin versucht aber nicht, in irgendeiner Ecke des Kindergartens mitzuspielen. Sie lehnt auch ab, wenn sie darum gebeten wird. Sie beschäftigt sich still mit irgendwelchen Büchern, schaut zu oder döst.

Aufgabe

1. Überlegen Sie, was Sie erreichen wollen (angestrebte Kompetenzen, Ziele).
2. Erarbeiten Sie ein Handlungskonzept auf dem Hintergrund des Verstärkungslernens, das geeignet ist, Karin zu helfen.

3.2.2.2 Die Strafe als Sonderfall des Verstärkungslernens

Die Auswirkungen der Strafe sind, was die bisherigen Kenntnisse der Lernpsychologie angeht, fragwürdig.
Vom Erzieher wird die Strafe verwandt, um das Verhalten des Kindes in eine bestimmte Richtung zu verändern.

Beispiele

Die Mutter schimpft (Strafe) mit Nele, weil sie eine Fünf in der Deutsch-Arbeit geschrieben hat. Sie hofft, dass ihre Tochter fleißiger wird, nachdem sie mit ihr „Tacheles geredet" hat.
Kevin erhält von seinem Vater eine Ohrfeige (Strafe), weil er beim Decken des Tisches einen Teller fallen ließ. Der Vater hofft, dass Kevin das nächste Mal den Tisch vorsichtiger decken wird.

Anna hat Probleme mit ihrem kleinen Bruder (2 Jahre). Wenn er ein Spielzeug haben will, schreit er so laut, dass Mutter es hört. Die herbeieilende Mutter hält Anna vor (Strafe), dass sie nicht auf diese Art und Weise mit ihrem jüngeren (!) Bruder umgehen könne, ohne zu fragen, was überhaupt vorgefallen sei. Die Mutter hofft, dass sich die Kinder fortan besser vertragen.

Beispiele

Nele sitzt häufiger in ihrem Zimmer und gibt vor, zu lernen; in der folgenden Arbeit hat sie wieder eine schlechte Note.

Kevin hat seit der Ohrfeige kaum noch freiwillig den Tisch gedeckt; vorsichtiger ist er natürlich geworden.

Anna weiß nun überhaupt nicht mehr, wie sie mit ihrem Bruder umgehen soll; sofern die Mutter in der Nähe ist, gibt sie „dem Dickkopf" das Spielzeug, haut es ihm aber über den Kopf, sobald die Mutter beim Einkaufen ist.

3

Aufgabe

Erinnern Sie sich an Strafen, die Sie als Kind oder Jugendlicher „erlitten" haben. Beschreiben Sie diese Situationen exakt. Überlegen Sie: Wie waren die Auswirkungen auf Ihr Verhalten?

Ordnen Sie die Auswirkungen den unten angegebenen Alternativen zu.

Wir haben die Auswirkungen der Strafe zu ordnen versucht:

1 Strafe verursacht meist nicht die erwünschten Verhaltensänderungen:
  a) da die Auswirkungen des Strafens auf das Kind meist nicht konsequent nachkontrolliert werden können;
  b) da meist nur unregelmäßig gestraft werden kann, d. h., dass nur ein Teil des unerwünschten Verhaltens (z. B. aus Zeit- oder Aufsichtsgründen) bestraft wird;
  c) da der Erfolg oft/meist nur kurzfristig ist, z. B. solange der strafende Erzieher anwesend ist.

2 Das Strafen selbst verändert sich im Laufe der Zeit im Erleben des Kindes:
  a) häufiges Strafen kann z. B. beim stark vernachlässigten Kind zu einer Form der Verstärkung werden (etwa: jetzt habe ich endlich erreicht, dass er/sie (d. h. Eltern) sich mit mir beschäftigt); ist Strafen aber – wie in diesem Fall – eine Verstärkung, dann verfestigt sich das bestrafte Verhalten noch mehr.
  b) Der strafende Vater kann – bei häufigem Strafen – auch im Falle von positiven Äußerungen beim Kind ein Gefühl der Angst/Ablehnung erzeugen.

3 Die Strafe führt häufig zu einer unerwünschten Verhaltensänderung:
  a) Nicht nur bestraftes Verhalten wird gehemmt, sondern auch ähnliche Verhaltensweisen – wenn etwa aggressives Verhalten bestraft wird, kann etwa Aktivität/Impulsivität gehemmt werden.
  b) Strafen vermindert allgemein die Flexibilität (Sicherheit, Beweglichkeit usw.).
  c) Je mehr gestraft wird, umso größer ist die Wahrscheinlichkeit, dass ein Ausweichverhalten bzw. ein sozial abweichendes Verhalten entsteht (Lügen, weil das Kind nicht die Wahrheit sagen darf).
  d) Durch Strafen lernen Kinder im Sinne des Beobachtungslernens (Vater schlägt – Kind schlägt kleinere Kinder).
  e) Durch Bestrafung kann ein Kind unfähig gemacht werden, auf andere Reaktionen des Erziehers als auf Strafen einzugehen. Etwa, wenn Kinder nur noch auf Schläge reagieren – nicht mehr auf eine normale ruhige Unterhaltung.

4 Bestrafung führt häufig zu unerwünschten Verhaltensweisen beim Erzieher:
   a) Der Bestrafende kann sich so ins Bestrafen hineinsteigern, dass er nicht/kaum noch anders reagieren kann.
   b) Je öfter eine Person bestraft, umso geringer wird ihre Belohnungsfähigkeit.

5 Strafe verschlechtert die Beziehung Eltern (Erzieher) – Kind; damit wird auch für das Kind das Lernen erschwert. Vom Vorbild, zu dem man einen guten emotionalen Kontakt hat, lernt man besser.

Als Erziehungsmethode ist die Strafe also unzuverlässig, ganz zu schweigen von ihrer moralischen Bewertung.

Statt zu strafen kann man beispielsweise:

– unangemessenes Verhalten ignorieren, angemessenes Verhalten zur gleichen Zeit verstärken; das ist sehr wirkungsvoll;
– über angemessenes Verhalten mit dem Kind gemeinsam Vereinbarungen für die Zukunft treffen – und das Kind (im Sinne der Vereinbarungen) unterstützen.

3.2.2.3 Vergleich: Klassisches Konditionieren – Verstärkungslernen

Wie bereits angedeutet, kann man die verschiedenen Lernformen nicht separat voneinander betrachten. Bei der Entstehung komplexer Verhaltensweisen, wie es das Sozialverhalten eigentlich ist, wirken meist mehrere Lernformen mit.

Die grundsätzlichen Unterschiede aber sollen noch einmal in einer Übersicht zusammengefasst werden:

	klassisches Konditionieren	**instrumentelles Konditionieren**
Grundlage	*natürlicher Reflex*	*Auftreten eines schon bekannten Verhaltens*
zeitliche Abfolge	*Reaktion tritt nur auf einen bestimmten Reiz hin auf; Reiz – Reaktion*	*spontanes Auftreten einer Reaktion, deren Auftretenswahrscheinlichkeit sich erhöht, wenn sie verstärkt wird Reaktion – Konsequenz*
Löschung	*der unkonditionierte Reiz wird nicht mehr mit dem konditionierten Reiz gekoppelt*	*Ausbleiben von Verstärkern*
Stellung des Lernenden	*eher passiv; Verhalten wird mehr oder weniger automatisch gesteuert*	*eher aktiv; man tut etwas, um einen Effekt (Belohnung, Vermeidung einer unangenehmen Situation) zu erreichen*

3.2.3 Beobachtungslernen

Für Beobachtungslernen finden Sie häufig auch Begriffe wie Modelllernen (Lernen am Modell), Imitationslernen, Nachahmungslernen, Identifikationslernen usw. Auch wenn sich die unterschiedlichen Begriffe inhaltlich unterscheiden (unterschiedliche Schwerpunkte dieser Lernform hervorheben), werden sie in der Regel doch zur Kennzeichnung des gleichen Vorganges verwendet:

Lernen nach vorhergegangener Beobachtung

Wenn ein Junge zum ersten Mal einen Tennisschläger in die Hand nimmt, wird er ihn wahrscheinlich am richtigen Ende anfassen, sich mehr oder weniger richtig aufstellen und ihn wie einen Tennisschläger schwingen. Als wir das Autofahren lernten, wussten wir zumeist, wo und wie wir sitzen mussten, und wir hatten bereits durch Beobachtungen anderer Personen gelernt, welche Handlungen für das Starten und Fahren eines Autos notwendig sind und in welcher Reihenfolge. Wenn jemand zu einem offiziellen Diner eingeladen wird und er ein Gedeck mit mehreren Löffeln, Gabeln und Gläsern vorfindet, wird er oft warten, bis ein anderer mutiger und erfahrener Gast zu speisen beginnt und wird dessen Verhalten als Leitlinie für sein eigenes benutzen. Diese Beispiele zeigen, in welchem Grad wir von observationalem Lernen (Beobachtungslernen) abhängig sind. Die Wahrnehmung von Personen, die als Modell fungieren (Modelle), und ihr Verhalten (Modellverhalten) leiten unser Verhalten.

3

(Gage/Berliner, 1977)

Die Beobachtung von Modellen führt zu Veränderungen unseres Verhaltens; und diese Verhaltensänderungen stellen ein Lernen im Sinne der hier diskutierten Lernform dar: Beobachtungslernen.

„Prost, mein Junge"
(M. Marcks, Berlin 1980)

Bandura und *Walters* (1963) haben drei unterschiedliche Lerneffekte des Beobachtungslernens gesehen:
– Der Beobachter erwirbt ganz neue Verhaltensweisen, die vorher in seinem Repertoire nicht vorhanden waren.
– Durch Beobachtung wird bereits vorhandenes Verhalten enthemmt oder gehemmt.
– Ein bereits erlerntes Verhalten wird durch die Beobachtung ausgelöst.

Tausch/Tausch (1971) diskutieren die Schwierigkeiten „pro-sozialer" Verhaltensmodelle:

Ein ernstes Problem scheint zu sein, dass das pro-soziale Verhalten eines Modells in einer Gruppe für die übrigen im allgemeinen weit weniger auffällig ist als unsoziales, aggressives Verhalten. Unter Umständen scheint es notwendig, in besonderen Situationen, in Filmen, im Fernsehen und in Büchern pro-soziales, kooperatives Verhalten von Einzelnen oder von Gruppen besonders herauszuheben, da es sonst zu wenig zum Gegenstand des Beobachtungslernens wird.

In diesem Zusammenhang berichten sie von einer Untersuchung:

> *Zajonc (1959) bot Kindern ein Radioprogramm, in dem zwei Führer die Meutereien in einer Weltraumrakete zu verhindern suchten. Eine Kindergruppe hörte eine Version, in welcher der autoritäre, machtorientierte Führer das Problem meisterte und der gruppenorientierte, sozialintegrierte Führer versagte. Die anderen Kinder hörten die entgegengesetzte Version: Der autoritäre Führer war erfolglos, der gruppenorientierte Führer erfolgreich. In der Nachbefragung gaben die Kinder das erfolgreiche Modell als Vorbild an mit Begründungen, die auf den Charaktereigenschaften des jeweilig erfolgreichen Führers basierten. Dominant-autoritäres Verhalten wurde positiv beurteilt, wenn der autoritäre Führer Sieger geblieben war; in stärkerem Maße kooperatives und sozialintegratives Verhalten war erstrebenswert, wenn der kooperative Führer erfolgreich war. Leider wurden nicht die Auswirkungen dieses Radioprogrammes auf das direkte Verhalten der Kinder festgestellt; man kann nur vermuten, dass derartige verbal vermittelte Modelle einen gewissen Einfluß auf das realisierte soziale Verhalten von Kindern haben.*

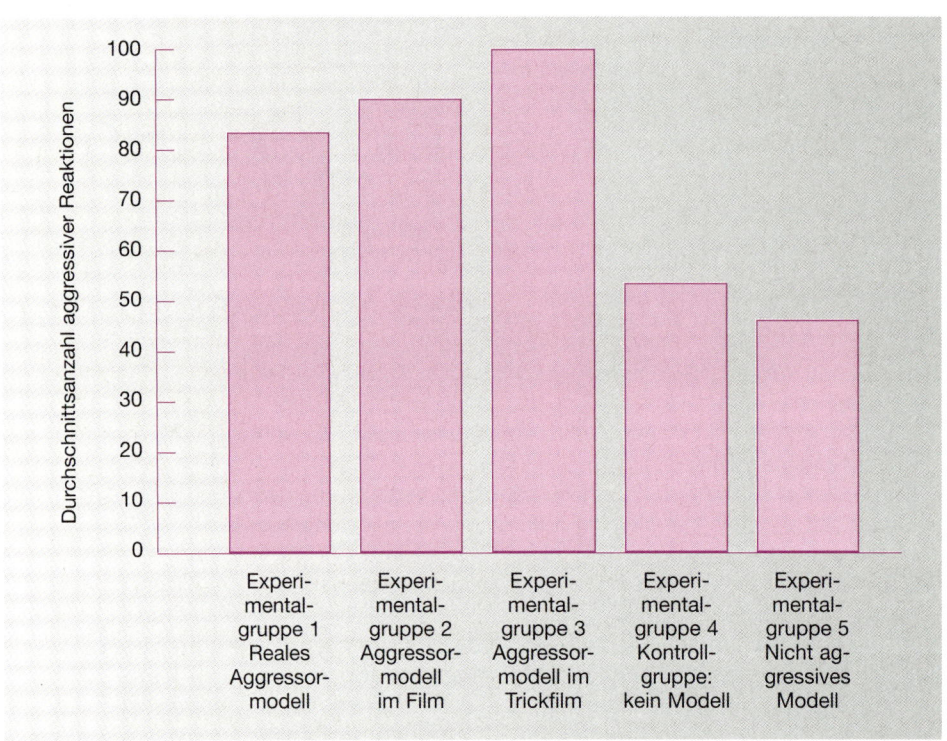

Durchschnittliche Häufigkeit aggressiver Reaktionen bei Kindern nach der Beobachtung von aggressivem oder gehemmtem Modellverhalten im Vergleich zu spontan produzierter Aggression einer Kontrollgruppe. (Aus: A. Bandura, The Role of Imitation in Personality Development, Journal of Nursery Education, vol. XVIII Nr. 3 (April 1963))

Wie wirksam das aggressive Modell bei Kindern sein kann, zeigte *Bandura* (1963) in einer Untersuchung auf. Dabei unterschied Bandura zwischen verschiedenen Formen des Modells:
– reales Modell
– Modell im Film
– Modell im Zeichentrickfilm
(Die Gruppen 4 und 5, „kein Modell" und „nicht-aggressives Modell", wurden aus forschungsmethodischen Gründen, quasi zum Vergleich, untersucht.)

 Aufgabe
Analysieren Sie diese Ergebnisse im Hinblick auf den Umgang mit Medien in der Erziehung.

3

Nach *Banduras* Arbeit scheint der Aggressor im Trickfilm als Modell besonders wirkungsvoll. Das mag daran liegen, dass Kinder von Zeichentrickfilmen besonders beeindruckt sind. Bei Jugendlichen oder Erwachsenen könnte das anders aussehen; zum Beispiel könnte das Aggressormodell im Film wirkungsvoller sein. Eindeutig aber ist, dass beobachtete Aggression übernommen wird.
Beobachtete Aggression wird in jenen Fällen besonders wirksam übernommen,
– in denen das beobachtete Modell (offensichtlich) Erfolg mit Aggression hat; das Modell kann sich z. B. in der Gruppe durchsetzen;
– in denen das Modell großes Ansehen genießt (Helden in Filmen, bekannte Menschen, Erwachsene in den Augen von Kindern);
– in denen die Modellperson eine gute Beziehung zur beobachtenden Person hat;
– in denen die beobachtende Person unsicher ist im Hinblick auf angemessenes Verhalten in bestimmten Situationen (z. B. aggressives Modell bei der Regulierung von Gruppenkonflikten);
– in denen die beobachtende Person später selbst Erfolg mit dem übernommenen Verhalten hat (siehe auch: Verstärkungslernen);
– in denen das beobachtete Verhalten für den Beobachter von großem persönlichem Wert ist (für ein Kind, das in einer konfliktreichen Gruppe lebt, ist Aggression sicherlich interessanter als für das Kind, das in friedlichen und verständnisvollen Gruppen lebt).
Erkennt man als Erzieher die Bedeutung des Modelllernens, kommt man irgendwann auch auf den Gedanken: Es muss auch günstige oder ungünstige Modelle geben – günstig im Sinne des Modelllernens und günstig in der sozialen Bewertung. *A.* und *R. Tausch* haben am Beispiel möglichen Modellverhaltens eines Lehrers ein paar Beispiele gesammelt (1971):

Äußerungen mit wenig angemessenem sozialen und emotionalen Modellverhalten:	Äußerungen mit angemessenem • sozialen und emotionalen Modellverhalten:
„Seht mich gefälligst an!" „Hinsetzen!" „Das war der größte Mist, den ich je gehört habe." „Ich hab' dich nicht gefragt." „Du hältst den Mund und denkst erst mal nach!" „Weiterlesen!" „Du hör' mal, was fällt dir denn ein?"	„Wiederhole es bitte noch einmal, es war fast richtig!" „Es tut mir leid, dass du's nicht geschafft hast." „Bitte an die Tafel sehen!" „Hättest du mehr als ein Drittel genommen, dann wäre es gegangen." „Ich glaube, wir haben uns hier etwas geirrt."

Aufgabe

Beschreiben Sie die Situation ausführlich.
Bewerten Sie das Verhalten des Vaters vor dem Hintergrund des Beobachtungslernens.

„Dies wird dich lehren, andere Leute nicht zu schlagen!"

3.3 Die „höheren Lernformen"

Der Übergang zwischen höheren und niederen Lernformen ist fließend, und einige bisher besprochene Begriffe wie Verstärkung, Generalisation und Diskrimination sind weiterhin von Bedeutung.

Im Rahmen der „höheren Lernformen" versuchen wir, einen Überblick zu geben über:
– das Begriffslernen
– das Regellernen
– das Problemlöseverhalten

3.3.1 Begriffslernen

3.3.1.1 Was ist Begriffslernen?

An einem Beispiel von *Gagné* (1970) soll deutlich gemacht werden, was unter einem Begriff zu verstehen ist und wie Begriffe gelernt werden können.

Beispiel

Einem siebenjährigen Kind wird eine Serie von drei Hohlwürfeln am Kopfende eines Tisches dargeboten. Zwei dieser Würfel sind identisch, der dritte hat ein anderes Aussehen. Dem Kind wird gesagt, dass nur unter einem der Würfel ein Stück Kandis liegt. Es soll raten, unter welchem Würfel sich der Kandis befindet und einen oder mehrere hochheben, um ihn zu finden. Die Würfel können mit A_1, A_2, und B bezeichnet werden.

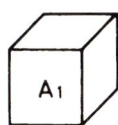 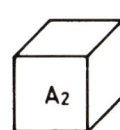 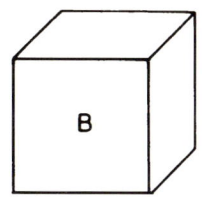

Würfel B unterscheidet sich von den anderen dadurch, dass er größer ist. Der Versuchsleiter legt den Kandis immer unter den Würfel, der sich von den anderen unterscheidet (hier B). Dies ist dem Kind jedoch nicht bekannt.

Es werden mehrere Versuchsdurchgänge gemacht. Bei jedem Durchgang wird die Anordnung der Würfel verändert.

Der Versuchsleiter bietet nun eine neue Serie von Hohlwürfeln an mit anderem Aussehen, z. B. die Würfel C_1, C_2 und D. Der Kandis wird nach o. g. Regel unter Würfel D gelegt.

3

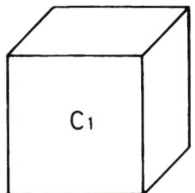 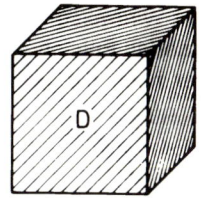 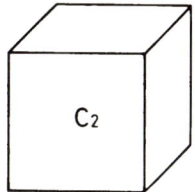

Würfel D unterscheidet sich von den anderen beiden dadurch, dass er eine andere Farbe hat.

Auch bei diesem Durchgang wird die Reihenfolge der Darbietungen verändert. Das Kind soll nun nach einem oder mehreren Fehlern den Würfel D wählen. Diese Wahl wird durch den Zucker positiv verstärkt (vgl. hierzu Kap. 3.3.2.1).

Man kann nun weitere Würfelkombinationen – z. B. B_1B_2A, D_1D_2C, B_1B_2C, F_1EF_2 – einsetzen. Allmählich wird das Kind lernen, jeweils den ungleichen zu wählen. Es findet eine Generalisierung statt, und das Kind kann alle Aufgaben dieser Art fehlerfrei lösen, ohne dass es mit den einzelnen Würfeln vertraut ist.

Man kann nun sagen, dass das Kind einen Begriff benutzt.

Was hat sich eigentlich ereignet? In diesem Beispiel wurde der Begriff unähnlich durch das sogenannte Versuch-und-Irrtum-Verhalten gelernt. Im Laufe der verschiedenen Durchgänge erkannte das Kind, dass allen „richtigen" Würfeln das gemeinsame Merkmal der Unähnlichkeit zu eigen war. Es lernte ferner, einheitlich auf alle unähnlichen Würfel zu reagieren, indem es den jeweils unähnlichen hochhob.

Losgelöst von diesem Beispiel lässt sich über Begriffe Folgendes festhalten:

Ein Begriff steht für eine ganze Gruppe oder Klasse von Merkmalen, Zusammenhängen oder Beziehungen.
Begriffe können die *äußere Form von Wörtern* annehmen und je nach Inhalt *mehr oder weniger abstrakt sein*.

Die Bildung von Begriffen setzt häufig die Entdeckung gemeinsamer Merkmale voraus und verläuft über den Vergleich und die Abstraktion.

Dazu einige Beispiele nach *Schenk-Danzinger* (1972) und *Mietzel* (1973):

Beispiel

„Gegenstände, die zwei Merkmale gemeinsam haben – das der Dreidimensionalität und das der gleichen Kantenlänge – werden unter dem Begriff ‚Würfel' subsumiert, egal, ob sie aus Holz, aus Stein oder Plastik, ob sie groß oder klein, grün oder rot sind."

„Alle Gegenstände, die mit horizontaler Platte und mit Beinen ausgestattet sind, fallen unter den Begriff ‚Tisch', egal, ob sie rund oder eckig, braun oder weiß sind."

„So lassen sich z. B. ein Ball, ein Teller und ein Reifen zusammenordnen, weil sie alle durch das Merkmal ‚rund' zu kennzeichnen sind."

Die Zuordnung einzelner Objekte zu einem Begriff erfolgt nicht ausschließlich aufgrund gemeinsamer Merkmale. Man kann sie auch zusammenfassen, da zwischen ihnen die gleiche Beziehung besteht. So werden z. B. Menschen, die in einer ganz bestimmten Beziehung zueinander stehen, dem Begriff Familie zugeordnet.

Weiterhin kann man Objekte zusammenfassen, die einem gemeinsamen Zweck dienen. So fallen die Gegenstände Hammer, Nagel, Säge, Zange usw. unter den Begriff Handwerkszeug, weil sie alle für handwerkliche Betätigungen benutzt werden.

> **Die zu einem Begriff gehörenden Fälle können zu einer Gruppe zusammengefasst werden aufgrund**
> **a) gemeinsamer Merkmale,**
> **b) der zwischen ihnen bestehenden Beziehung,**
> **c) der Verwendung zu einem bestimmten Zweck**

Begriffe unterscheiden sich außerdem nach dem Grad ihrer Abstraktheit. Der Begriff Apfel ist konkreter als der Begriff Obst, der von dem Begriff Lebensmittel an Abstraktheit übertroffen wird. Begriffe wie Freude, Schwerkraft usw. haben einen noch größeren Abstraktheitsgrad.

Jüngere Kinder bilden noch einfache, konkrete Begriffe. Die Zuordnung geschieht nach Gesichtspunkten und Eigenschaften, die das Kind aus praktischem Umgang mit Objekten selbst erfahren hat.

Mit zunehmendem Alter werden sie fähig, kompliziertere Klassifikationen vorzunehmen und mehr und mehr abstrakte Begriffe zu bilden.

Kehren wir zum Lernen von Begriffen zurück. Das zu Anfang vorgestellte Beispiel, in dem der Begriff der Unähnlichkeit nach dem Versuchs-und-Irrtums-Verhalten erworben wurde, ist nicht repräsentativ für menschliches Lernen. Der Mensch lernt Begriffe überwiegend mit Hilfe sprachlicher Formulierungen.

Wie kann solch ein Lernprozess gefördert werden?

3.3.1.2 Förderung des Begriffslernens

Grundsätzlich sollte zu Beginn eines Begriffsbildungsprozesses die Gesamtheit der typischen Merkmale von Gegenständen, die diesem Begriff zuzuordnen sind, vereinfacht werden.

Will ein Lehrer seinen Schülern den Begriff „Bahnhof" näherbringen, sollte er also nicht sofort mit der Besichtigung eines Großstadtbahnhofs beginnen (vgl. hierzu *Mietzel*, 1973). Günstiger ist es, anhand von einfachen, übersichtlichen Bildern und Modellen herauszuarbeiten, was zu den wesentlichen Merkmalen eines Bahnhofs gehört.

3.3.2 Regellernen

3.3.2.1 Erläuterung des Regellernens

Die gelernten Begriffe stehen nicht isoliert nebeneinander. Zwischen ihnen bestehen Beziehungen. Diese können verschiedenster Art und von unterschiedlicher Vielfalt sein. Eine solche Kette von Begriffen nennt man Regel.

Gagné (1970) definiert den Begriff Regel folgendermaßen:

> „Regeln sind Ketten von Begriffen und machen das aus, was im Allgemeinen Wissen genannt wird. Sie stellen die Beziehungen zwischen Begriffen in all der Vielfalt dar, die diese Beziehungen annehmen können."

Beispiele

1. „Vögel fliegen."
2. „Nach dem Essen wäscht man sich die Hände."
3. „$a^2 + b^2 = c^2$."
4. „Bei Minustemperaturen nimmt das Wasser eine feste Form an, es wird zu Eis."
5. „Ist das Hauptwort weiblich, steht der Artikel ‚die'."

Worin unterscheiden sich diese Regeln? Es fällt auf, dass sie verschieden lang sind bzw. unterschiedlich viele Begriffe enthalten.

Regel 1 ist ein Beispiel für die einfachste Form einer Regel. Sie beinhaltet eine Bedingung – die Bedingung Vogel –, bei deren Zutreffen eine bestimmte Konsequenz folgt – die Konsequenz fliegen.

Verallgemeinernd kann man sagen, Regel 1 habe die Form: „Wenn A, dann B." Dieses Schema ist auf Regel 4 nicht mehr anwendbar. Hier müssen für die Konsequenz, dass Eis entsteht, zwei Bedingungen erfüllt sein, dass es sich um Wasser handelt und Minustemperaturen herrschen.

Auffallend ist Regel 3. Ihr Inhalt ist in eine Formel gekleidet, während die anderen Regeln als Sätze formuliert sind.

Wie die fünf Beispiele zeigen, gibt es Regeln in den unterschiedlichsten Bereichen. Regel 2 stammt aus dem alltäglichen Erfahrungsbereich des Menschen. Die Regeln 1, 3 und 4 beziehen sich auf verschiedene naturwissenschaftliche Bereiche.

Zusammenfassend lassen sich Regeln wie folgt charakterisieren:
1. **Eine Regel besteht aus *mindestens* zwei Begriffen.**
2. **Sie nimmt im einfachsten Fall die Form „Wenn A, dann B" an.**
3. **Der Inhalt einer Regel kann in eine Formel oder in Satzform gekleidet sein.**
4. **Regeln entstammen den unterschiedlichsten Lernbereichen.**

An einem Beispiel (*Gagné*, 1970) soll demonstriert werden, wann eine Regel erlernt ist.

Beispiel

3

Ein Kind erfährt, dass „runde Dinge rollen". Diese Regel enthält zwei Begriffe:
a) runde Dinge
b) rollen.
Soll dieser Zusammenhang als Regel erlernt werden, muss das Kind die beiden Begriffe bereits verinnerlicht haben. Es muss erfasst haben, dass die verschiedensten Dinge wie Scheiben, Zylinder, Kugeln als rund zu bezeichnen sind und dass der Begriff des Ereignisses „rollen" von anderen Ereignissen wie gleiten, taumeln usw. zu unterscheiden ist. Um nun zu überprüfen, ob das Kind die Regel verstanden hat und nicht nur verbal kennt, kann es zu einer aktiven Demonstration, dass runde Dinge rollen, aufgefordert werden.
Man kann dem Kind z. B. eine Reihe unbekannter Bausteine – einige davon rund, andere nicht – und eine schiefe Ebene darbieten und es auffordern, alle runden Dinge rollen zu lassen. Bietet man eine ausreichend große Menge an Gegenständen dar und löst das Kind die Aufgabe richtig, ist es sehr wahrscheinlich, dass die Regel verstanden worden ist.

Als Grundvoraussetzungen für das Erlernen von Regeln gilt also:

1. **Die in einer Regel enthaltenen Begriffe müssen in ihrer Vielschichtigkeit erfasst sein.**
2. **Zum echten Verständnis einer Regel gehört auch die Fähigkeit, sie angemessen anwenden zu können.**

Das Beispiel enthält eine Regel einfachster Art. Erwachsene oder auch Schulkinder müssen häufig Regeln lernen, die wesentlich umfangreicher und schwieriger sind. Wie kann man nun das Regellernen erleichtern?

3.3.2.2 Förderung des Regellernens

Will ein Lehrer den Schülern die Regel „Vögel fliegen" vermitteln, wird er die Regel zuerst nennen. Dann kann er anhand von Bildmaterial, Filmen oder lebenden Vögeln diese Regel demonstrieren.
Da hier konkrete Einzelbeispiele aus einer allgemeinen Regel abgeleitet werden, nennt man diese Vorgehensweise die deduktive Methode.
Man kann jedoch auch konkrete Einzelbeispiele an den Anfang des Lernvorgangs setzen. Ein Lehrer könnte zuerst einen Film zeigen, der typische Verhaltensweisen einzelner Tiere enthält. Die Schüler hätten dann die Aufgabe, die Regel „Vögel fliegen" selbst anhand des gezeigten Materials zu entdecken. Hier handelt es sich um den entgegengesetzten Vor-

gang. Es wird von konkreten Einzelbeispielen auf die allgemeine Regel geschlossen. Diese Regel nennt man die „Selbstentdeckungs-" oder **induktive Methode**.

Untersuchungen von *P. Barcaski* (1968) haben gezeigt, dass besonders neugierige und der Schule gegenüber positiv eingestellte Kinder von der „Selbstentdeckungsmethode" profitieren. Für die mehr misserfolgsmotivierten Kinder ist die deduktive Methode erfolgreicher.

3.3.3 Problemlöseverhalten – Lernen durch Einsicht –

3.3.3.1 Erläuterung des Problemlöseverhaltens

Gagné (1970) definiert Problemlösungen wie folgt:

> **„Problemlösungen meint also das ‚Ausdenken' einer neuen Regel, die zuvor erlernte Regeln kombiniert, und ist als dieser Prozess den meisten Erwachsenen wohlbekannt."**

Eine so entstandene neue Regel wird als **Regel höherer Ordnung** bezeichnet. Die Leistung besteht darin, dass man aus der Fülle bisher erlernter Regeln diejenigen auswählt, die zur Zielerreichung führen.

Beispiel

Stellen Sie sich vor, ein Kind steht vor dem Problem, eine Tafel Schokolade von einem zu hohen Schrank zu holen. Die Situation ist für das Kind neu.

„Wie komme ich an die Schokolade?"

Man beobachtet, dass das Kind verschiedene Anstrengungen unternimmt, um an die Schokolade zu gelangen. Vielleicht wirft es mit einem Gegenstand danach oder springt mehrmals hoch. Irgendwann macht es zufällig die Erfahrung, dass es die Schokolade mit Hilfe eines Stuhles, auf den es klettert, erreichen kann.

Das Kind zeigt also verschiedene Verhaltensweisen, bis eine zum Erfolg führt. Man spricht in diesem Zusammenhang von Versuchs-und-Irrtums-Lernen. Diese Art Probleme zu lösen ist auch beim erwachsenen Menschen zu beobachten. Sie lässt darauf schließen, dass keine angemessenen Regeln für die Lösung des Problems zur Verfügung stehen.

Führt ein Versuchs-und-Irrtums-Verhalten – wie in obigem Beispiel – zum Erfolg, ergeben sich bestimmte Konsequenzen. In zukünftigen ähnlichen Situationen werden erfolglose Verhaltensweisen ständig abnehmen zugunsten angemessener, bis ein solches Problem auf Anhieb gelöst werden kann.

Versuchs-und-Irrtums-Verhalten geht dem Lernen durch Einsicht voraus.

3

Will man erreichen, dass Kinder beim Lösen von Problemen möglichst wenig Fehlversuche haben, müssen die Aufgaben so gestellt sein, dass frühere Erfahrungen vom Kind verwertet und miteinander verknüpft werden können.

Im Rahmen des geschilderten Beispiels hätte man auch beobachten können, dass ein Kind unmittelbar einen Stuhl vor den Schrank schiebt, hinaufsteigt und dann die Schokolade vom Schrank nimmt. Das Kind hat zwei ihm bekannte Regeln kombiniert, um das Ziel – in diesem Fall die Schokolade – zu erreichen.

Die erste angewandte Regel lautet etwa:

„Wenn man den Stuhl an den Schrank schiebt, kann man dort hinaufsteigen."

Die zweite beinhaltet:

„Wenn man hinaufgestiegen ist, kann man die Schokolade erreichen."

Die abgeleitete Regel höherer Ordnung besteht in der Einsicht, dass man durch Besteigen angemessener Objekte zu weit entfernte Gegenstände erreichen kann.

Der besondere Vorteil, eine Regel höherer Ordnung entdeckt zu haben, besteht darin, sie auf viele ähnliche Situationen generalisieren (verallgemeinern) zu können, die dann kein Problem mehr darstellen.

In dem Beispiel handelt es sich um das so genannte Werkzeugdenken, die einfachste Form des einsichtigen Lernens, das man auch bei Menschenaffen beobachtet hat.

Beispiel

K. Duncker (1935) untersuchte solche gedanklichen Problemlöseprozesse und entdeckte einige wichtige Merkmale. Er legte mehreren Personen folgende Abbildung und Problemstellung vor:

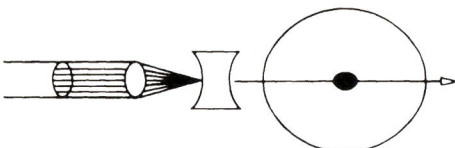

„Gegeben ist ein Mensch mit einer inoperablen Magengeschwulst. Zur Verfügung stehen Strahlen, die bei hinreichender Intensität Gewebe zu zerstören vermögen. Wie kann man den betroffenen Menschen von dem Tumor befreien, ohne dabei das umliegende Gewebe zu zerstören?" (Mietzel, 1973)

Die Versuchspersonen bekamen die Anweisung, „laut zu denken". Die geäußerten Gedanken wurden aufgeschrieben. Bei dem nun folgenden Text handelt es sich um die Formulierungen einer Versuchsperson.

Protokoll:

1. Strahlen durch die Speiseröhre schicken.

2. Die gesunden Gewebe durch chemische Einspritzung unempfindlich machen.

3. Freilegen der Geschwulst durch Operation.
4. Man müsste die Strahlenintensität unterwegs herabsetzen, z. B. – ginge das? – die Strahlen erst dann voll einschalten, wenn die Geschwulst erreicht ist (VL: falsches Modell, ist doch keine Spritze).
5. Etwas Unorganisches (Strahlenundurchlässiges) zu sich nehmen zum Schutz der gesunden Magenwände (VL: Es sind nicht bloß die Magenwände zu schützen).
6. Entweder müssen doch die Strahlen in den Körper hinein oder aber die Geschwulst muss heraus. – Man könnte vielleicht den Ort der Geschwulst ändern, aber wie? Durch Druck? Nein.
7. Eine Kanüle einsetzen. – (VL: Was tut man dann ganz allgemein, wenn man mit irgendeinem Agens an einer bestimmten Stelle einen Effekt erzielen will, den man auf dem Weg bis zu jener Stelle vermeiden möchte?)
8. (Antwort): Man neutralisiert unterwegs. Das habe ich aber schon die ganze Zeit versucht.
9. Die Geschwulst nach außen bewegen (vgl. 6) (Der VL wiederholt die Aufgabe und betont „bei genügend großer Intensität".)
10. Die Intensität der Strahlen müsste verändert werden können (vgl. 4).
11. Abhärtung des gesunden Körpers durch vorausgehende schwache Bestrahlung (VL: Wie ließe sich erreichen, dass die Strahlen nur das Gebiet der Geschwulst zerstören?).
12. (Antwort): Sehe eben nur zwei Möglichkeiten: entweder den Körper schützen oder die Strahlen unschädlich machen (VL: Wie könnte man die Intensität herabsetzen? – vgl. 4 –).
13. (Antwort): Irgendwie ablenken – diffuse Strahlung – zerstreuen – halt: ein breites und schwaches Strahlenbündel so durch die Linse schicken, dass die Geschwulst in den Brennpunkt und also unter intensive Bestrahlung fällt.

(Gesamtdauer etwa 1/2 Stunde). (K. Duncker, 1935; Mietzel, 1973)

3

Duncker untersuchte viele solcher Protokolle und schloss daraus, dass sich bei allen Versuchspersonen zwei Prozesse abgespielt haben:
– eine Zielanalyse,
– eine Situationsanalyse.
Bei der Zielanalyse überlegt man sich genau, was erreicht werden soll und was nicht. In diesem Beispiel sollte krankes Gewebe zerstört werden, gesundes dagegen nicht.
Die Zielanalyse wird durch die Situationsanalyse positiv beeinflusst. Bei der Situationsanalyse werden genau die Schwierigkeiten herauskristallisiert, die den Lösungsweg blockieren, die also die Aufgabe zu einem Problem machen. In dem Strahlenbeispiel besteht die Schwierigkeit darin, dass mit den zur Verfügung stehenden Strahlen zwar das kranke, genauso gut aber auch das gesunde Gewebe zerstört werden kann.
Es ist festgestellt worden, dass die individuelle Fähigkeit, Probleme zu lösen, von vorausgegangenen Erfahrungen bzw. Regelkenntnissen, aber auch von Vorurteilen und Einstellungen abhängig ist.
Verfestigte Einstellungen, z. B. bestimmte Lösungsmethoden, können einen an der Bewältigung eines neuen Problems hindern.

Beispiel

Jemand könnte vor dem Problem stehen, möglichst schnell Kartoffeln schälen zu müssen. Ihm stehen ein normales Schälmesser und ein „Sparschäler" zur Verfügung. Aufgrund seiner Skepsis gegenüber technischen Neuerungen im Haushalt benutzt er das althergebrachte Schälmesser, und es gelingt ihm nicht, die Aufgabe in der zur Verfügung stehenden Zeit zu lösen. Dies wäre jedoch mit dem „Sparschäler" kein Problem gewesen.

Häufig ist das Lösen von Problemen auch eine Frage der Ausdauer. „Weniger ausdauernde Menschen" neigen dazu, die Problemanalyse schon bald abzubrechen.

3.3.3.2 Förderung des Problemlöseverhaltens

1. Da Problemlöseverhalten die Anwendung bestimmter Regeln erfordert, ist es sinnvoll, dem Lernenden durch gezielte Fragen das Erinnern bestimmter Regeln zu erleichtern. Dies ist für diejenigen besonders wichtig, denen es schwer fällt, durch Eigenanweisungen zum Ziel zu gelangen. Für sie ist es fördernd, ihre Denkprozesse durch gezielte Fragen in die angemessene Richtung zu lenken.
2. Das Ziel sollte für die Lernenden durchschaubar gemacht werden. Es ist unsinnig, die Lernfähigkeit von Schülern dadurch auf die Probe zu stellen, dass man sein Fragestellungen in relativ unverständliche Form kleidet. Man sollte sich statt dessen überlegen, wie man dem Lernenden das zu erreichende Ziel besonders durchsichtig macht.
3. Da die Qualität des Problemlöseverhaltens auch von der Motivation des Einzelnen abhängt, sollten die Übungen variabel gestaltet werden.

3.4 Die biologistische Lerntheorie

Die biologischen Theorien über das Lernen beschäftigen sich hauptsächlich mit der Frage, wie sich Lernen physiologisch nachweisen lässt. Sie stellen die neurophysiologischen und biochemischen Prozesse und Veränderungen, die mit Wahrnehmung, Denken, Gedächtnis und Lernen verbunden sind, in den Mittelpunkt ihrer Untersuchungen und ermöglichen neue Erklärungen für Lernprozesse.

Ein lerntheoretisches Modell, das die biologischen Theorien des Lernens berücksichtigt und Konsequenzen für die Praxis aufzeigt, hat *Frederic Vester* vorgelegt. Es soll hier kurz skizziert werden.

3.4.1 Die Bedeutung des Grundmusters für das individuelle Lernen

Bis zur Geburt ist der größte Teil des menschlichen Gehirns ausgebildet. Die restlichen Zellen und ihre festen Verknüpfungen entstehen in den ersten Monaten nach der Geburt. Dieser frühe Abschluss des eigentlichen Gehirnwachstums und der frühe Stopp jeder Zellteilung ist die Voraussetzung dafür, dass Lebewesen lernen können. Bei ständiger Zellerneuerung ginge jede gespeicherte Information für immer verloren, weil zwar die Erbinformation in der Desoxyribonukleinsäure (DNS), nicht aber das Hinzugelernte weitergegeben würde.

Aus den bis zur Geburt hauptsächlich durch die Erbanlagen entstandenen, spärlichen Vernetzungen im Gehirn entwickelt sich im Laufe der ersten Lebensmonate unter dem Einfluss der Umwelt ein deutliches Grundmuster, wobei die Verknüpfungen von Kind zu Kind verschieden sind. Nur in dieser Zeit schlagen sich die Wahrnehmungen der Sinnesorgane in Form von anatomischen Veränderungen in festen Verknüpfungen zwischen den wachsenden Zellen des Gehirns nieder.

3

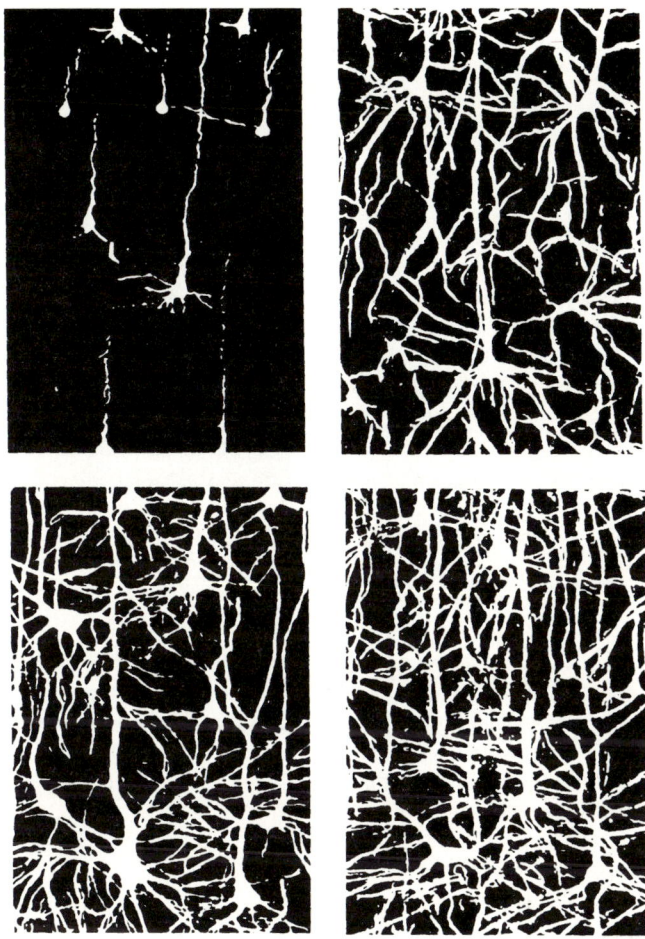

Schnitt durch eine Partie der menschlichen Großhirnrinde zum Zeitpunkt der Geburt (links), daneben im Alter von drei Monaten, von fünfzehn Monaten und von drei Jahren. Man erkennt deutlich, dass sich die entscheidenden Veränderungen im Gehirn innerhalb der ersten drei Monate abspielen (nach Conel) (Vester, 1986)

Die „Passivität" eines Säuglings täuscht also darüber hinweg, dass sich gerade in den ersten Wochen im geistigen Bereich viel tut. Hier entsteht durch die Sinneseindrücke ein von Mensch zu Mensch unterschiedliches Grundmuster als erstes inneres Abbild der Umwelt. Solche Grundmuster sind in jeder Kultur, in jedem Volk, in jeder sozialen Schicht, in jeder Familie verschieden.

Neben den Eindrücken der Sinne legen Nahrung (Unter- und Überernährung, Medikamente, Giftstoffe) und die Erfahrung von Liebe und Wärme die unterschiedliche Denk- und Auffassungsweise jedes Kindes fest.

In dieses Grundmuster von Beziehungen und Assoziationen wird der Mensch später dann alles andere, was er erlebt, eingliedern. Es bestimmt seine Kommunikation mit der Außenwelt, mit anderen Menschen, mit den Dingen, mit denen er sich auseinandersetzt, d. h. die Wechselwirkung mit anderen Grundmustern. Positiv auf eine Verständigung zweier Menschen wirkt sich eine ähnliche Struktur dieser Grundmuster aus, wenn also zwischen den Grundmustern der Partner Einklang besteht.

3

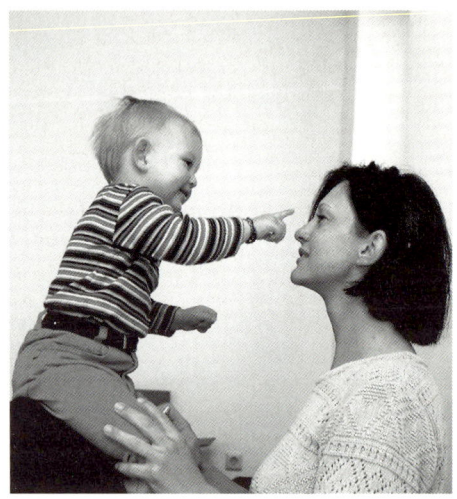

So unterschiedlich, wie die Umgebung und die Sinneseindrücke dieser Babys sind, so verschieden bilden sich auch deren Grundmuster im Gehirn aus (Vester, 1986[13]).

Untersucht man auf diesem Hintergrund den Schulerfolg einzelner Schüler, so kann man fragen, ob nicht vielleicht der Schüler gut lernt, dessen Grundmuster mit den Erklärungsmustern seines Lehrers gewisse Ähnlichkeiten aufweist. Selbst der gleiche Lernstoff kann deshalb unabhängig von seinem objektiven Schwierigkeitsgrad je nach der Art des Denkmusters, in das er vermittelt wird, einmal sehr schwer und einmal sehr leicht erfasst werden.

Beispiel

Nehmen wir an, vier Schüler lernen auf die ihnen zusagende Weise den gleichen Stoff, zum Beispiel das physikalische Gesetz Druck gleich Kraft durch Fläche. Der eine sucht das Verstehen in der Kommunikation, durch Hören und Sprechen, also auditiv: Ein anderer Schüler erklärt ihm die Gesetzmäßigkeit in der Umgangssprache, einer Sprache, die beiden vertraut ist. Missverständnisse werden in Argument und Gegenargument ausgeräumt, einfache Beispiele und Zeichnungen werden selbst gefunden. Der zweite lernt das Gesetz durch das Auge, durch Beobachtung und Experiment, also optisch, visuell. Jeder weiß aus Erfahrung, dass ein spitzer Nagel schneller in die Wand eindringt als ein stumpfer. Doch warum? Weil der Druck durch die minimale Aufsatzfläche der Nagelspitze ungemein erhöht wird. Der dritte erfährt das Gesetz durch Anfassen und Fühlen, also haptisch: Er nimmt zwei Bleistifte, den einen mit der Spitze nach oben, den anderen umgekehrt. Druck des Daumens auf die flache Schnittfläche. Keine Reaktion. Den gleichen Druck auf die Spitze. Es schmerzt. Warum? Weil die Spitze aufgrund ihrer sehr kleinen Fläche den Druck stark erhöht, und zwar spürbar erhöht. Der vierte lernt anhand abstrakter Formeln, also rein durch den Intellekt: $p = F/A$ (Druck gleich Kraft durch gedrückte Fläche).

(F. Vester, 1986)

Obwohl der Inhalt der Erklärung stets der gleiche war: große Fläche – kleiner Druck; kleine Fläche – großer Druck! wurde er hier jeweils über einen anderen Wahrnehmungskanal dargeboten. Problematisch wird es, wenn in einer Klasse immer nur nach einer, z. B. nach der vierten Methode gearbeitet wird.

Für den Lehrer ergibt sich hieraus die Regel:

„Je mehr Arten der Erklärung angeboten werden, je mehr Kanäle der Wahrnehmung benutzt werden (wie es bei einem multimedialen Unterricht der Fall wäre), desto fester wird das Wissen gespeichert, desto vielfältiger wird es verankert und auch verstanden, desto mehr Schüler werden den Wissensstoff begreifen und ihn später auch wieder erinnern."

(Vester, 1978)

3

3.4.2 Elemente des Gedächtnisses

Viele Informationen behält man nur für einige Sekunden, andere gerade lange genug, um eine Prüfung zu bestehen, und einige behält man ein Leben lang. Die Länge der Speicherung hängt mit der Stärke der Gefühle, den persönlichen Wünschen und Vorlieben, mit denen die Information verbunden ist, zusammen. Jede Information aber muss, um gespeichert zu werden, mehrere Stufen durchlaufen.

In der ersten Speicherstufe, dem Ultrakurzzeit-Gedächtnis (UZG), halten sich die eingehenden Informationen 5 bis 20 Sekunden lang in Form von messbaren elektrischen Strömen auf. Sind keine Assoziationen vorhanden, wird die Aufmerksamkeit nicht geweckt und die Eindrücke klingen wieder ab.

Wenn jedoch bestimmte Assoziationen angesprochen werden, so tritt die Information ins Kurzzeit-Gedächtnis (KZG) ein. Dieser Prozess ist mit der chemischen Synthese[1] der Nukleinsäure RNA verbunden und hält etwa 10 bis 30 Minuten an. Hier wird die Information zum ersten Mal Materie.

Aber erst, wenn von dieser „RNA" rechtzeitig „Kopien" in Form von Eiweißmolekülen gemacht werden, gelangt mit diesen die Information ins Langzeit-Gedächtnis (LZG).

In der so genannten „Konsolidierung"[2] wird die Information unter Vervielfältigung dieser Eiweißstoffe so abgelagert und gefestigt, dass alle ihre Querverbindungen zum Tragen kommen können. Nun lässt sich eine bestimmte Erinnerung, z. B. ein Gefühl, ein Geruch, ein Bild, eine Melodie auch noch nach Jahren aus dem Gedächtnis zurückrufen.

---

[1] Zusammenfügung
[2] Verfestigung

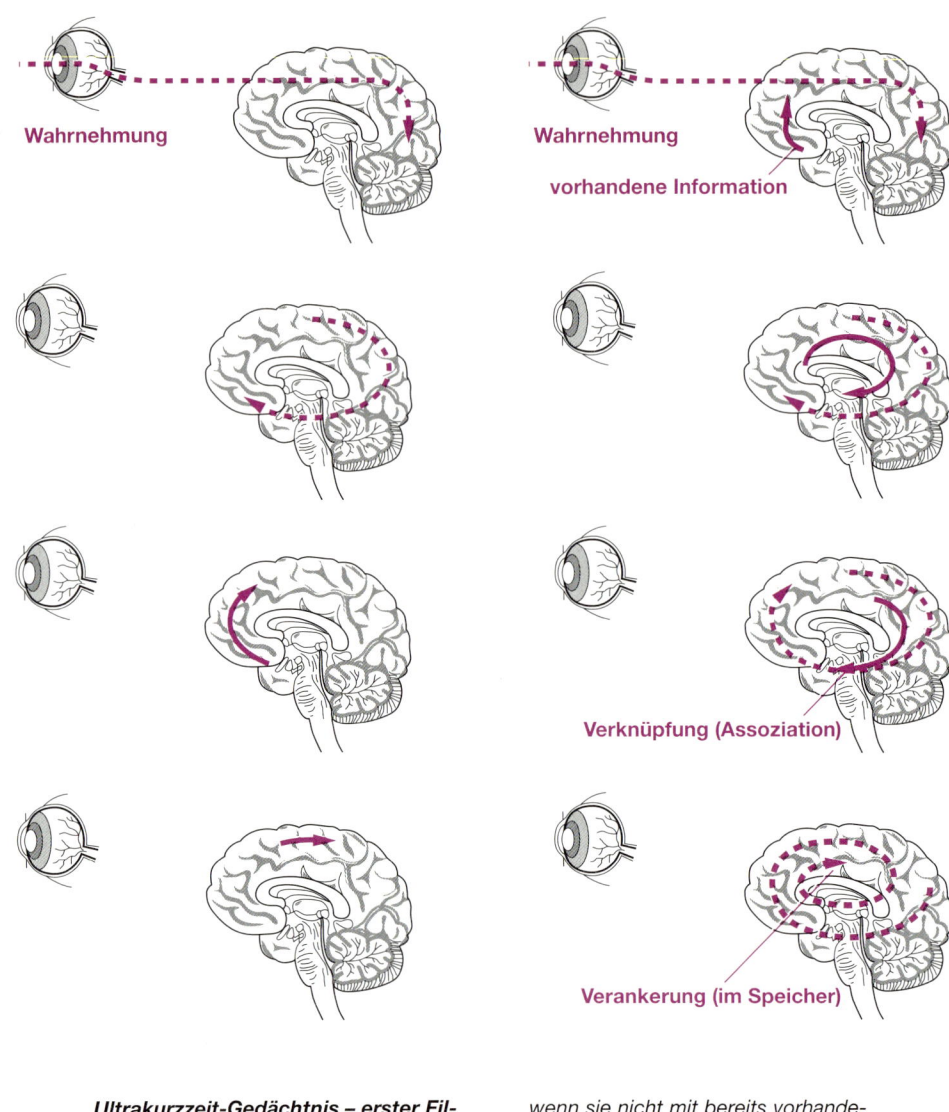

Wahrnehmung

Wahrnehmung

vorhandene Information

Verknüpfung (Assoziation)

Verankerung (im Speicher)

3

Ultrakurzzeit-Gedächtnis – erster Filter für Wahrnehmungen
Im Ultrakurzzeit-Gedächtnis ankommende Wahrnehmungen klingen nach wenigen Sekunden ab,

… wenn sie nicht mit bereits vorhandenen, im Gehirn kreisenden Gedanken verknüpft (assoziiert) werden.
(Vester, 1986)

Alte Menschen leiden oft als Folge der im Alter nachlassenden Proteinsynthese[1]) unter einem „schlechten Gedächtnis". Dinge, die viele Jahre zurückliegen, die bereits im Gedächtnis fest verankert sind, können erinnert werden, aber Ereignisse, die erst einige Tage oder Stunden zurückliegen, sind bereits verblasst, weil sie nicht mehr (durch die nachlassende Proteinsynthese) konsolidiert worden sind.

---

[1]) Protein = Eiweiß

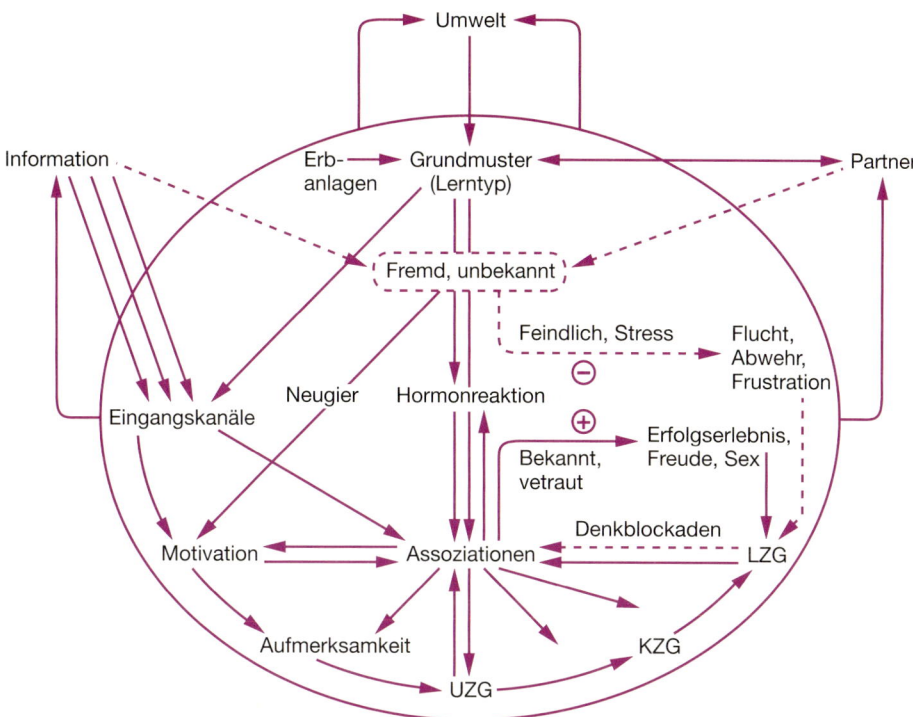

Das Netzwerk vom Lernen (Vester, 1986)

„So sehr wir uns auch beim Lernen darüber ärgern, dass die ersten beiden Stufen immer erst überwunden werden müssen, ehe etwas ins Langzeit-Gedächtnis gerät, so wären wir doch ohne die Filterwirkung der Stufen des UZG und KZG verloren und würden längst unter einer Informationsfülle ersticken.

Damit unser KZG die Informationen aus dem vorbeihuschenden UZG besser abruft, können wir einiges tun. Über je mehr Kanäle z. B. eine Information eintrifft, um so eher wird diese Information Assoziationsmöglichkeiten vorfinden. Je mehr Assoziationen aber, desto größer auch die sogenannte Motivation, der Beweggrund, der Antrieb und damit auch die Aufmerksamkeit zum Lernen.

Gerade dabei hilft uns aber auch die ganze Verpackung, die Begleitinformation, in der eine neue Information ankommt. Es ist leider allgemein viel zu wenig bewusst – und wird daher auch im Unterricht nicht beachtet –, daß die beim Lernen gespeicherte Information eben nicht nur aus dem Stoff besteht, der

gelernt wird, sondern auch aus allen dabei mitgespeicherten, mitschwingenden übrigen Wahrnehmungen. Die Konsequenzen dieser Begleitinformationen für das Lernen sind gewaltig. Denn sie können es sowohl ungemein fördern, wenn man sie richtig einsetzt als auch ein Lernen völlig unmöglich machen. Wie gesagt, wird eben keineswegs nur der Lernstoff als Information aufgenommen, sondern eben eine große Menge von Wahrnehmungen aus dem Milieu.

Vertraute Begleitumstände beim Lernen lassen so weit weniger Abwehr, Abneigung gegen den unbekannten neuen Stoff aufkommen. Ja, die vertraute Verpackung vermittelt sogar ein kleines Erfolgserlebnis: Das Gefühl des Wiedererkennens. Ein Trend in Richtung ‚positive' Hormonlage entsteht, weg vom Streßmechanismus.

Durch die Vielfacherkennung schwingen außerdem auch weitere Eingangskanäle mit, Wahrnehmungsfelder im Gehirn, die von der vielleicht nur verbal-abstrakten Information

3

selbst gar nicht genutzt wurden, aber nun indirekt doch beteiligt sind. Die Schule aber ist arm an solchen Assoziationshilfen, ja diese sind geradezu verpönt, weil sie nach der herkömmlichen Meinung vieler Pädagogen und Eltern nur ablenken vom ‚Eigentlichen‘. So kommt es, dass ausgerechnet die Schulatmosphäre und die dort übliche Art, den Lernstoff entfremdet anzubieten, oft Angst, Abwehr, feindliche Haltung und damit eine ‚negative‘ Hormonlage erzeugen.

Die Sekundärinformation fremd, unbekannt und somit feindlich, kann jedenfalls über den Streßmechanismus das Lernen und Erinnern genauso verhindern, als wenn jemand von seinem Lehrer direkt angebrüllt wird.

Jene grundlegende Abneigung gegen alles Fremde würde grundsätzlich jedes Lernen unmöglich machen, hätte die Natur nicht ein Mittel, dies zu überwinden – die Neugierde! Sie ist ein Grundtrieb des Lernens überhaupt. Ein Trieb, der bei allen höheren Tieren vorhanden ist und die Abwehr gegen Fremdes überwinden kann. Und genau hier müssen wir auch in der Schule die Neugierde einsetzen. Sie bildet den Antrieb, die Motivation, auch einen fremden, unbekannten Stoff aufzunehmen, ihm Aufmerksamkeit zu widmen und geeignete Assoziationen für ihn zu suchen. Die Neugier stellt daher auf unserem Netzplan die wichtige Brücke von fremd-unbekannt zur Motivation dar, ohne dass der hemmende Weg über Stress, Flucht oder Frustration eingeschlagen werden muß.

Dieser Mechanismus kann dann, wie schon angedeutet, durch eine vertraute Verpackung des neuen Stoffes noch zusätzlich verstärkt werden. Doch woher die richtige Verpackung nehmen? Nun, es gibt eine, die ständig vorhanden ist und alle anderen Aufhänger aussticht: unser eigener Körper. Fordern wir also, das rein begriffliche Lernen auch dadurch zu ergänzen, dass man – wie es gute Lehrer längst tun – all unsere Glieder, all unsere Sinnesorgane, das Tasten, Fühlen und Bewegen miteinbezieht.“

(Vester, Beyer u. Hirschfeld, 1979)

 Aufgabe

Entwickeln Sie aus dem theoretischen Ansatz der biologistischen Lerntheorie Regeln und Grundsätze für Lernsituationen in der Erziehung.
Worauf könnte ein Erzieher achten?
Was könnten Lehrer beachten?

3.5 Gedächtnisfunktionen

Lernen und Lernprozesse sind ohne die Arbeit und die Leistungen des Gedächtnisses überhaupt nicht denkbar. Schon in den Anfängen der Etablierung der Psychologie als eigenständige Wissenschaftsdisziplin gab es Forschungen, die sich intensiv mit diesem Thema beschäftigten. Bekannt dafür ist der deutsche Psychologe Ebbinghaus (1850–1909).

Aus der Vielzahl von Forschungstheorien und -daten wollen wir einige wenige Aspekte hervorheben.

F.-C. Schubert (in: *Arnold/Eysenck/Meili*, 1971) beschreibt das Gedächtnis folgendermaßen:

Allgemein könnte Gedächtnis betrachtet werden als die Fähigkeit eines Organismus, Informationen aus früher verlaufenen Lernprozessen (Erfahrungen) aufzubewahren (Behalten ...) und auf spezifische Reize hin – in Form bewusster Vorstellungsabläufe, verbaler Äußerungen oder motorischer Aktionen wiederzugeben."

Natürlich gehen wir hier von psychologischen Definitionen aus. Es sei aber angemerkt, dass es z. B. auch biologische Definitionen vom Gedächtnis gibt.
Es ist inzwischen allgemein üblich,
– von einem Kurzzeitgedächtnis zu sprechen, das Inhalte über den Zeitraum von bis zu 30 sec speichert, und
– von einem Langzeitgedächtnis, das Inhalte über Jahre und Jahrzehnte behalten kann (siehe S. 65, 70).

3

Das *Kurzzeitgedächtnis* „unterliegt in starkem Ausmaß dem Vergessen und störenden Einwirkungen" *(F. C. Schubert)*, während das *Langzeitgedächtnis* gegen Vergessen und Störung resistenter[1]) ist und der langfristigen Speicherung von Informationen dient.

Die Funktionsweise des Gedächtnisses, das ja Inhalte aus Lernvorgängen zu speichern in der Lage ist, funktioniert nach Lefrancois folgendermaßen (1976):

Bei Ratten wie bei Menschen vollziehen sich neurale Übertragungsvorgänge auf ähnliche Weise. Die genaue Art dieser Prozesse ist nicht bekannt. Die gegenwärtig vorherrschende Theorie besagt, dass die Übertragung von einer Nervenzelle zur anderen durch eine chemische Verbindungsstelle (Synapse) ermöglicht wird.
Unter den hier beteiligten chemischen Substanzen ist eine Säure mit dem grausigen Namen Acetylcholin, sowie ihr Enzym mit der noch grausigeren Bezeichnung Acetylcholinesterase. Kurz vor der Übertragung gibt es einen raschen Anstieg des Acetylcholins. Erreicht dieser ein gewisses Niveau, erfolgt die Übertragung. Die Funktion der Acetylcholinesterase besteht darin, dass Acetylcholin zu zerlegen (in die unwirksamen Bestandteile Cholin und Essigsäure), um wiederholtes Feuern der Zelle zu vermeiden.

---

[1]) resistent: widerstandsfähig

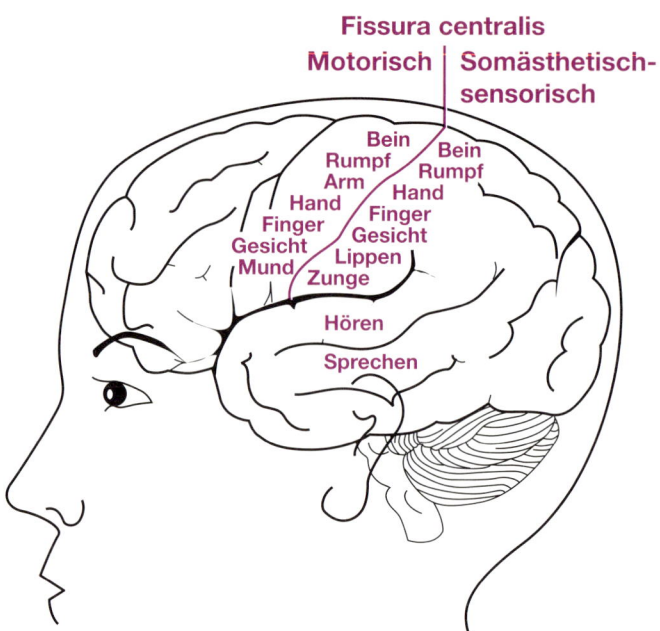

Fissura centralis
Motorisch | Somästhetisch-sensorisch

Zur funktionellen Topographie der Hirnrinde. Das Schema zeigt einige der einigermaßen definitiv bekannten funktionellen Bezirke der menschlichen Hirnrinde – sowohl sensorische Bezirke (die Impulse von unseren Sinnesorganen empfangen) als auch motorische (d. h. Bezirke, welche Impulse an die Muskeln einleiten) – sowie ferner das Sprachzentrum im Schläfenlappen (aus: Krech/Crutchfield, 1973).

Sehr anschaulich schreibt K. Joerger über das (Langzeit-)Gedächtnis (1976):

> *Wir können uns den Langzeitspeicher analog der Registratur einer größeren Behörde vorstellen: Der Klient hat ein Anliegen im ‚Klartext' vorgebracht (Leistungsforderung). Der Registrator muss nun wissen, unter welchem Stichwort die gewünschte Information damals (bei ihrem Eingang) abgelegt worden ist oder doch hätte abgelegt werden müssen, denn er kennt die Organisationsprinzipien des Hauses. Alles, was jemals abgelegt worden ist, muss auch vorhanden sein. Ob es allerdings auch auffindbar ist, hängt von verschiedenen Umständen ab: Es könnte sein, dass es damals unter einem falschem Code abgelegt wurde oder dass es jetzt unter einem falschem Code gesucht wird. Handelt es sich um ältere Inhalte, dann könnten sich die Organisationsprinzipien in der Zwischenzeit geändert haben. Vielleicht wurde die Information unter einem Stichwort abgelegt, das heute gar nicht mehr geführt wird usw. In diesem Sinn gibt es in einer Registratur auch hoffnungslos und endgültig verlorene Informationen.*

Jeder von uns kennt Schwierigkeiten beim Hervorholen von Gedächtnisinhalten:
Obwohl man für die Prüfung gut gelernt hat, kann es passieren, dass man etwas nicht weiß, was man vielleicht noch ein paar Stunden oder Tage vorher ganz sicher wusste. Jemand steigt nach einem Unfall aus dem Wagen und kann sich nicht mehr an die Einzelheiten er-

innern, die zu dem Zusammenstoß führten. Hier werden Gedächtnisfunktionen durch Angst oder Schock behindert.

Darüber hinaus gibt es die „Seelenblindheit":

Der Organismus leidet zwar an keinen direkten visuellen Störungen, er kann alle Gegenstände um ihn herum sehen, er scheint aber deren Bedeutung vollständig vergessen zu haben.

(Krech/Crutchfield, 1973)

Beispiel

„… ein Affe, dessen beide Schläfenlappen entfernt worden waren, hatte nur eine Methode zur Verfügung, um zu bestimmen, ob ein Gegenstand essbar war oder nicht, nämlich ihn aufzuheben und zu schmecken … ein solcher Affe hob z. B. eine lebendige Schlage auf (deren Anblick ihn vorher entsetzt hatte) und brachte sie in seinen Mund, um zu ‚sehen', ob es sich um etwas Essbares handelte."

(Krech/Crutchfield, 1973)

Eine weitere Störung ist die „Aphasie", das ist der Gedächtnisverlust für Wortbedeutung oder die Unfähigkeit, bekannte Worte auszusprechen.

3

Intelligenz und Denken

4

Eine Industriegesellschaft ist darauf angewiesen, Intelligenz zu fördern und Institutionen zu haben, die das Denken und die intellektuelle Auseinandersetzung mit der Welt differenzieren. Darüber wird es kaum Zweifel geben.

Der Begriff von Intelligenz gehört zu denjenigen in der Psychologie, die am wenigsten umstritten sind. Schwerer ist es manchmal, im Alltag deutlich zu machen, welches Handeln oder Denken von mehr oder weniger Intelligenz zeugt.

Die heiße Diskussion, ob Intelligenz vererbt oder im Verlauf der Erziehung erworben wird, ist vorüber. Die heutige, ruhigere Phase der Diskussion ist dadurch gekennzeichnet, dass die meisten Theoretiker und Praktiker annehmen, dass es bei der Entwicklung der Intelligenz ererbte und im Verlauf der Entwicklung erworbene Anteile gibt. Es scheint auch deutlich zu sein, dass gute Anlagen durch eine nachlässige Erziehung „verdorben" werden können.

Dass es bei Hochbegabungen auch Probleme gibt, deutet die folgende Notiz an:

Vom kindlichen Dilemma hochbegabter Schulversager

Hochbegabte Kinder sind doch der Traum aller Eltern und Lehrer. „Geistige Überflieger" ohne Schulprobleme und frei von Leistungsdruck, denen die berufliche und gesellschaftliche Welt offensteht. Falsch! In der Regel gestaltet sich das Schul- und Alltagsleben dieser Kinder ganz anders: Nicht selten „versagen" sie im Unterricht, stören seinen Ablauf, sind in der Klasse isoliert, gelten als schwierig und verlassen häufig sogar die Schule ohne jeglichen Abschluss. Ein Dilemma, das in der Gesellschaft bislang kaum Beachtung findet, das jedoch die auch im Kreis Recklinghausen tätige „Hochbegabtenförderung e.V." mit Sitz in Bochum bekämpft.

(Marler Zeitung 16.05.1996)

 Aufgabe

Worin zeigt sich im Alltag Intelligenz?

Zeigen Sie es an Beispielen auf. Wie muss jemand handeln, der intelligent genannt werden könnte?

Das Genie im Kinderzimmer

Die vierjährige Chantelle Coleman wurde mit einem Intelligenzquotienten
von 152 Punkten zum klügsten Kind der Welt gekürt.
Die Eltern im walisischen St. Athan sind ebenso stolz wie ratlos.(...)
„Sie ist ein Kind wie andere auch. Nur viel, viel schneller" Mutter Margaret Coleman.
„Und jetzt ist sie ein Genie, und wir sind stolz und ratlos", sagt Vater Coleman und deutet auf ein Zertifikat im Wohnzimmer. Es bezeugt, dass Chantelle jüngsten Mitglied des Intelligenzclubs „Mensa" ist, wofür schon 130 Punkte reichen. Das Genie sitzt auf dem Fußboden, lernt gerade deutsch, wickelt die Ohren des schwarzen Pudels um die Finger und kann bereits fehlerfrei das schwere Wort „Krankenschwester" aussprechen. (...)
Während sich zum Beispiel alle Welt mit der Nachricht abspeisen lässt, dass im Zoo ein Elefantenbaby geboren wurde, gibt Chantelle keine Ruhe, bis sie weiß, dass es korrekterweise „Elefantenkalb" heißen muß. Sie schläft tagsüber nie, geht nicht vor Mitternacht zu Bett und ist morgens um sieben wieder hellwach.
Margaret Coleman beneidet Eltern, deren Kind abends pünktlich schläft und nicht wie Chantelle nachts um zwölf an ihrem Globus dreht und wissen will: „Mami, welche Menschen leben in Bolivien? Haben sie da immer gelebt? Welche Sprache sprechen sie?" Früher hätte die Mutter gesagt: „Bolivien, Bolivien. Das muss ein Kind in deinem Alter nicht wissen." Jetzt geht sie in die Bibliothek. Und so hat die ehemalige Büroangestellte Margaret viel gelernt durch ihre Tochter. Doch sie spürt auch den Druck und die Verantwortung. „Wir haben die Pflicht, diese Intelligenzbestie zu füttern. Aber wir werden es irgendwann nicht mehr können. Auch finanziell nicht."
(...)

4

Aufgabe

Definieren Sie den Sachverhalt „Hochbegabung".
Worin liegt der Unterschied zwischen dem normal begabten Kind/Erwachsenen und dem hochbegabten?

4.1 Definitionsproblematik

Nach *Mietzel* (1973) betonen einige Theoretiker z. B., dass es sich bei der Intelligenz um die Fähigkeit zu lernen handelt, andere sehen darin die Fähigkeit zum abstrakten Denken und wieder andere kennzeichnen sie als die Fähigkeit zur Anpassung an die Umgebung, vorwiegend an neue Situationen. Aufgrund umfangreicher empirischer Forschung ist man heute dem Wesen der Intelligenz offensichtlich etwas näher gekommen.
K. Zietz (1964) sieht in der Intelligenz die Fähigkeit, sich auf neue Problemsituationen einzustellen, „ohne dass man erst üben und lernen müsste". Nach *P. Lersch* (1962) ermöglicht sie das „Finden, Erfinden und Sichzurechtfinden im Rahmen ungewohnter Lebenslagen", und *H. Hetzer* (1961) bezeichnet als intelligentes Verhalten „das einsichtige, schlagartige Erfassen der Situation ohne langwierigen Lernvorgang".

Die zuletzt angeführten Definitionen der Intelligenz betonen alle, dass intelligentes Verhalten sich dadurch auszeichnet, dass es den Anforderungen neuer Situationen entspricht, ohne dass in entsprechenden Situationen lange geübt worden ist. Derjenige, der als intelligent bezeichnet werden kann, ist also besonders gut in der Lage, sich das bereits Gelernte bei der Lösung eines neuen Problems zunutze zu machen.

> **Zusammenfassend könnte man Intelligenz bezeichnen als Fähigkeit, von seinen Erfahrungen zu profitieren.**

4.2 Intelligenzmodelle

4.2.1 Vorbemerkungen

4

Genauso, wie man die musikalische Begabung eines Menschen an dessen musikalischer Betätigung, z. B. an der Qualität seines Klavierspielens, ablesen muss, kann man auf die Intelligenz eines Menschen nur aufgrund seines intelligenten Verhaltens schließen.

> **Intelligenz ist nicht wie andere Merkmale einer Person, z. B. Größe oder Augenfarbe, *direkt beobachtbar*, sie muss aus dem Verhalten des Menschen *geschlossen* werden.**

Wir haben z. B. beobachtet, dass jemand ein gutes Referat gehalten oder eine gute Arbeit geschrieben hat, und wir schließen von diesen Beobachtungen darauf, dass es sich um einen intelligenten Menschen handelt.

Sicherlich haben Sie auch schon einmal beobachtet, dass sich jemand nach Ihrer Vorstellung in der einen Situation intelligenter verhalten hat, in der anderen jedoch nicht; dass jemand z. B. in Mathematik meist eine gute Klassenarbeit schreibt, die Englischarbeiten in der Regel jedoch weniger gut ausfallen. Seit Beginn der Intelligenzforschung mit Hilfe statistischer Methoden taucht gerade diese Frage nach der Beschaffenheit der Intelligenz auf. Folgende Fragen werden gestellt:

– Ist Intelligenz eine einheitliche, allgemeine Fähigkeit oder
– ist sie aus einer Vielzahl von Einzelfähigkeiten, die relativ unabhängig voneinander sind, zusammengesetzt?

4.2.2 Zweifaktorentheorie (Spearman)

Der englische Psychologe *C. Spearman* kam zu Beginn des 20. Jahrhunderts zu dem Ergebnis, dass die unterschiedlichen Intelligenzleistungen eines Individuums einen mehr oder weniger engen Zusammenhang haben.

Von solchen Beobachtungen ausgehend kam Spearman zu dem Schluss, dass eine allgemeine Fähigkeit (allgemeiner Intelligenzfaktor g) Voraussetzung für die Lösung einer „Intelligenzaufgabe" sei und dass darüber hinaus noch in jede Intelligenzleistung je eine spezifische Einzelfähigkeit (Spezialfaktor s) einfließe. Diese Spezialfaktoren sind untereinander und von dem allgemeinen Faktor unabhängig.

Nach Spearman setzt sich die Intelligenzleistung zusammen aus einem allgemeinen Faktor (g) und einer Vielzahl von spezifischen Faktoren (s).

Für unterschiedliche Leistungen einer Person in verschiedenen Bereichen (Rechnen, sprachliche Leistungen, Fingerfertigkeit) sind demnach unterschiedlich stark ausgebildete Einzelfähigkeiten (s. o.) verantwortlich. So kann jemand z. B. bei verschiedenen Teilen des Tests unterschiedliche Leistungen zeigen.

Das Modell soll an folgender Abbildung verdeutlicht werden:

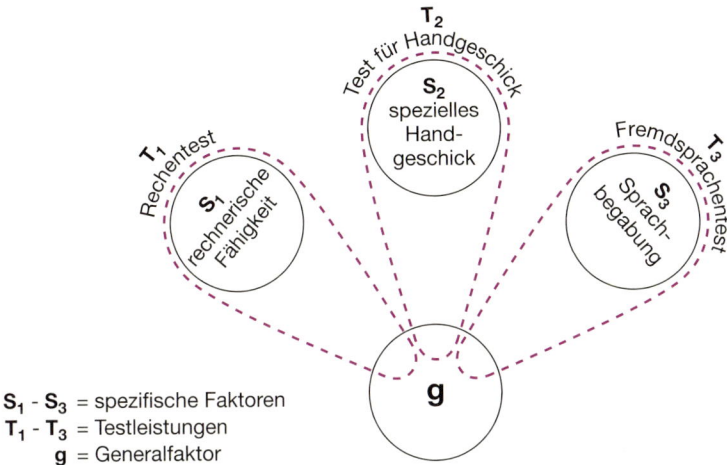

S_1 - S_3 = spezifische Faktoren
T_1 - T_3 = Testleistungen
g = Generalfaktor

Wirkweise des g-Faktors und der s-Faktoren

Die Abbildung zeigt, dass für ein gutes Abschneiden z. B. in einem Rechentest Anteile des allgemeinen Intelligenzfaktors g und im besonderen der spezifische Faktor Rechenfähigkeit Voraussetzung sind.

4.2.3 Multiple Faktorentheorie (Thurstone)

Thurstone wandte eine andere Faktorentheorie an und nannte mehrere voneinander unabhängige Faktoren, die als gleichwertige Grundbestandteile der Intelligenz aufzufassen sind. Er bezeichnet seine Faktoren als Gruppenfaktoren. Jeder von ihnen geht unterschiedlich stark in verschiedene Testleistungen mit ein. *Thurstone* verzichtet auf die Annahme eines allgemeinen Faktors (vgl. das Modell von *Spearman*), obwohl dieser aufgrund seines Modells nicht auszuschließen ist.

Durch umfangreiche Untersuchungen erarbeitete Thurstone 7 Primärfaktoren, die seiner Meinung nach hauptsächlich Intelligenzleistungen bestimmen.

1 Sprachverständnis: Verständnis sprachlicher Zusammenhänge
2 Wortflüssigkeit: Fähigkeit, geeignete Wörter zu finden
3 Rechengewandtheit: Fähigkeit, rechnerische Probleme aller Art zu lösen
4 Raumvorstellung: Fähigkeit, räumliche Beziehungen zu erfassen
5 Gedächtnis: Fähigkeit, Erlerntes zu erinnern

6 Wahrnehmungsgeschwindigkeit: Fähigkeit, schnell und genau optische Einzelheiten, Ähnlichkeiten und Unterschiede zu erfassen

7 schlussfolgerndes Denken: Fähigkeit zum Auffinden von Regeln

(nach Mietzel, 1973)

Thurstones Vorstellung von der Intelligenz soll an folgender Abbildung verdeutlicht werden:

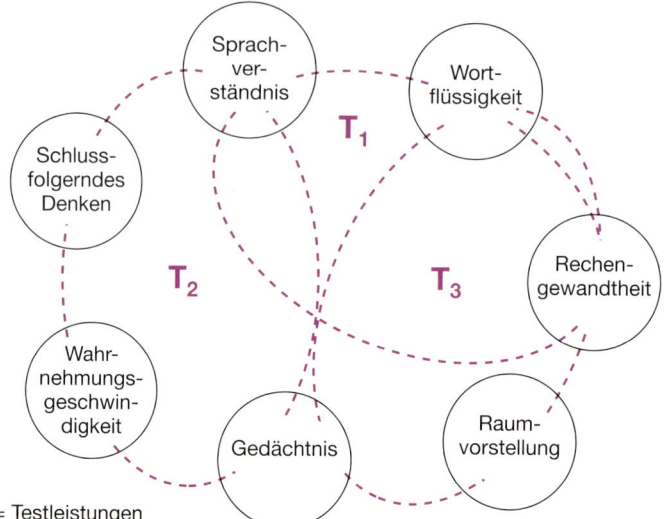

T_1 - T_3 = Testleistungen

Wirkweise der 7 Primärfaktoren

Das Modell zeigt, wie jeweils mehrere der 7 Primärfaktoren mit unterschiedlichen Anteilen in spezifische Testleistungen einfließen.

4.2.4 Ergebnisse der Intelligenzforschung

Die Theorie mehrerer nebengeordneter Faktoren beherrscht heute die Literatur der Intelligenzforschung. Die „Multiple Faktorentheorie" (vgl. hierzu Abschnitt 4.2.3) geht nicht von der Intelligenz aus, sondern von einer Vielzahl voneinander unabhängiger Einzelfähigkeiten. Spricht man vom Intelligenzniveau eines Individuums, so bedeutet das in diesem Zusammenhang nur die Summe bzw. den Durchschnitt aller Ausprägungen der einzelnen intellektuellen Fähigkeiten.

Jäger hat in seinem Buch „Dimensionen der Intelligenz" (1967) versucht, verschiedene Intelligenzmodelle, die z. T. aufgrund unterschiedlicher faktorenanalytischer Methoden voneinander abweichen, in eine Ordnung zu bringen.

Die sechs Hauptdimensionen der Intelligenz nach *Jäger* lauten:

1 Anschauungsgebundenes Denken: Fähigkeit und Neigung zu anschauungsgebundenen Denkvollzügen

2 Einfallsreichtum und Produktivität: Nicht materialgebundenes Denken, Fähigkeit, verschiedene Seiten, Eigenschaften, Gründe und Möglichkeiten eines Problems zu sehen

3 Konzentrationskraft und Tempo-Motivation: Konzentration und rasche Auffassung bei leichten Routineaufgaben

4 Verarbeitungskapazität: formal-logisches Denken und Urteilsfähigkeit (oft als „eigentlicher Kern" der Intelligenz gesehen), Leistungen bei komplexen Aufgaben, die Verfügbarhalten, Überblicken, In-Beziehung-Setzen und sachgerechtes Beurteilen von vielfältigen Informationen fordert

5 Zahlengebundenes Denken

6 Sprachgebundenes Denken: 5. und 6. repräsentieren vermutlich den Grad der Aneignung und Verfügbarkeit der beiden erworbenen Zeichensysteme „Zahlen" und „Sprache"

Allen hier dargestellten „Modellen" der Intelligenz ist gemeinsam, dass sie vor allem logisches und sprachliches Denken als die Art von Denkvermögen verstehen, die die „menschliche Intelligenz" ausmacht.

Gegen diese Festlegung wehrt sich in neuerer Zeit vor allem der amerikanische Psychologe *Howard Gardner* (1985), der zum geistigen Vermögen des Menschen gleichwertig auch körperliche, seelische und soziale Begabungen hinzurechnet. Seiner Meinung nach ist „Tanzen oder einem anderen einfühlsam zuhören zu können genauso intelligent wie hochkarätiges Schreiben oder Rechnen". Herkömmlichen Theorien wirft er vor, ein zu enges Verständnis von Intelligenz zu haben und dazu beizutragen, Menschen nach einer einzigen Dimension, nämlich wie schlau oder dumm sie sind, zu beurteilen. Sein Ziel ist es, „eine humanere und pluralistischere Methode der Menschenbeurteilung" zu entwickeln.

Interessant ist, dass er Intelligenz neben geläufigeren Fähigkeiten zusätzlich durch solche operationnalisiert[1]), die in herkömmlichen Intelligenzmodellen gar nicht auftauchen, wie z. B.:

Körperlich-kinästhetische Intelligenz

Merkmal dieser Begabung ist es, den eigenen Körper in hochdifferenzierter Weise einzusetzen, um Dinge auszudrücken oder eine Leistung zu erzielen. (Diese Intelligenz verwirklichen zum Beispiel Tänzer und Schwimmer).

Intrapersonale Intelligenz

Darunter versteht Gardner „die Fähigkeit, das eigene Gefühlsleben zu erfassen, die eigenen Gefühle zu verstehen und sie zu benennen, sie schließlich auch ausdrücken zu können".

Interpersonale Intelligenz

Gardner definiert interpersonale Intelligenz „als die Fähigkeit, Unterschiede im Verhalten und in den Gefühlen anderer Menschen erkennen zu können, ihre Absichten und Ziele zu verstehen und darauf angemessen zu reagieren".

Bei anderen Autoren finden sich Hinweise auf die beiden letztgenannten Intelligenzen unter dem Stichwort „soziale Intelligenzen", aber erst in neuester Zeit werden diese zwischenmenschlichen Fähigkeiten auch als Intelligenzfaktoren messbar gemacht.

 Aufgabe

Lassen Sie sich in einer psychologischen Beratungsstelle Intelligenztests vorführen. Lassen Sie sich zeigen, wie die Tests aufgebaut sind und wie sie sich voneinander unterscheiden.

---

[1]) mit Hilfe von Handlungen (beobachtbarem Verhalten) veranschaulichen

> Lassen Sie sich erläutern, wie sich Intelligenztests von anderen Tests unterscheiden.
> Berichten Sie der Klasse von eigenen Erfahrungen mit Intelligenztests.

In den letzten Jahren ist ein weiterer Intelligenzbegriff in die Diskussion gekommen: Die emotionale Intelligenz (D. Goleman: Emotionale Intelligenz, München 1997, 2. Aufl.).

– Sie ist eine Metafähigkeit, von der es abhängt, wie gut wir unsere sonstigen Fähigkeiten, darunter auch den reinen Intellekt, zu nutzen verstehen.
– Sie beschreibt eine intrapersonale Intelligenz und umfasst die Fähigkeit, die Stimmungen, Temperamente, Motivationen und Wünsche anderer Menschen zu erkennen und angemessen darauf zu reagieren.

Peter Wenzel schreibt dazu (in: WELT DES KINDES 6/2001, S. 44)

4

„Emotionale Intelligenz" ist ausschlaggebend für den Erfolg!

Letztendlich haben wir es alle gewusst, doch den wissenschaftlichen Nachweis erbringt erst Daniel Goleman und stellt fest: „Was nutzt ein hoher IQ einem emotionalen Trottel?"

Erfolg ist nicht allein am vorhandenen Intelligenz-Quotienten eines Menschen abzuleiten. Sicherlich stellt dies für Sie keine neue Erkenntnis dar. Denken wir allein an die Beispiele in unserem Umfeld, bei denen wir uns immer schon fragten, wie Müller oder Meier es geschafft haben mit scheinbar mangelndem Intellekt soviel Erfolg im Leben zu haben. Oder diejenigen, die sich ohne Sprachkenntnis besser in einem fremden Land zurecht finden als jemand, der bestes Oxford-Englisch spricht. Gerade wir in der sozialpädagogischen Praxis wissen, dass ohne ein intaktes Gefühlsleben der beste Intellekt nichts taugt, „denn beide Systeme, das emotionale und das rationale, stehen in beständiger Wechselwirkung".

Erinnern wir uns nur an die Kinder in der Kindergartengruppe, die friedensstiftenden Charakter haben: „Wenn Frieda mitspielt, dann brauchen wir keine Sorgen haben um die Kreativität im Zusammenspiel in der Puppenecke."

Was aber zeichnet Frieda aus und was ist überhaupt mit „Emotionaler Intelligenz"

(EQ) gemeint? EQ stellt eine Metafähigkeit dar, von der es abhängt, wie gut wir unsere sonstigen Fähigkeiten, darunter auch den reinen Intellekt, zu nutzen verstehen. Laut Goleman umfasst sie die Fähigkeit, die Stimmungen, Temperamente, Motivationen und Wünsche anderer Menschen zu erkennen und angemessen darauf zu reagieren. Hierfür sind die wesentlichen Elemente des EQ, wie Selbstvertrauen, Neugier, Intentionalität, Selbstbeherrschung, Verbundenheit, Kommunikationsfähigkeit und Kooperationsbereitschaft entscheidend.

Ausgelöst durch die Auseinandersetzung mit der Frage nach effektiven Managementkonzepten und Indikatoren für Erfolg wurde seit Beginn der 90er Jahre der Begriff der „Emotionalen Intelligenz" in der psychologischen Fachwelt neu entdeckt. Daniel Goleman gelang es mit seinem 1995 veröffentlichten Buch „Emotional Intelligence" den Transfer zu schaffen, vom Verstehen einer neuen Dimension zur praktischen Anwendung. Goleman weist nach, dass „nicht nur unser individuelles Wissen und unsere kognitive Leistungsstärke unsere Möglichkeiten im Beruf und im Leben überhaupt bestimmen, sondern die Gesamtheit unserer Persönlichkeit."

Welche Konsequenz hat diese Erkenntnis für den Auftrag einer Tageseinrichtung für Kinder? Welche Möglichkeiten gibt es, sich um die Entwicklung der „emotionalen Intelligenz" der Kinder zu bemühen?

Folgt man ihm, so ist emotional intelligentes Verhalten – dazu zählen Selbstbeherr- schung, Mitgefühl, Kommunikationsstärke sowie ein konstruktiver Umgang mit sozialen Konflikten – erlernbar. Der Begriff Bildung erhält somit eine neue Bedeutung.

4.3 Entwicklung der Intelligenz

4.3.1 Entwicklung der Intelligenz nach Piaget

4.3.1.1 Grundannahmen Piagets

Piaget versteht unter Intelligenz die „Herstellung eines Gleichgewichtszustandes zwischen Individuum und Außenwelt", d. h., dass das Individuum sich in Einklang mit der Umwelt empfindet. Die Herstellung eines Gleichgewichtszustandes ist nur dann notwendig, wenn das Gleichgewicht nicht mehr vorhanden ist. Dies kann grundsätzlich eintreten, da sich die Bedingungen und Anforderungen der Außenwelt ständig verändern.

Um sich den Veränderungen anpassen zu können, verfügt der Mensch über verschiedene Anpassungsmechanismen, die sich mit zunehmendem Alter verändern. Piaget geht davon aus, dass jedoch grundsätzlich zwei verschiedene gegenläufige Prozesse bei der Wiederherstellung des Gleichgewichtszustandes ablaufen. Er bezeichnet sie als Assimilation und Akkommodation.

Unter Assimilation versteht er die Auffassung und Verarbeitung von Umwelteindrücken mit Hilfe schon vorhandener Mittel oder Erfahrungen. Das Kind passt also die Umwelteindrücke seinen schon vorhandenen Verarbeitungsmöglichkeiten an. Letztere bezeichnet Piaget als kognitive Schemata. Darunter fallen Erklärungsmöglichkeiten, in die Daten aus der Umwelt eingegliedert und damit z. B. verstanden werden.

Hat ein Kind z. B. das Begriffsschema „Wau-Wau", d. h. eine bestimmte Vorstellung über Kriterien, denen die diesem Begriff zuzuordnenden Gegenstände genügen müssen, gebildet, passt es auf einer bestimmten Entwicklungsstufe viele andere Tiere diesem Schema an. So kann man beobachten, dass viele Tierarten als „Wau-Wau" bezeichnet werden, die den Zuordnungsregeln zum Begriff Hund nicht genügen.

> Zum Anpassungsprozess gehört es auch, dass ungeeignete Verarbeitungsmittel abgelegt oder verändert werden. Diesen Angleichungsprozess des Individuums an die Umweltbedingungen nennt *Piaget Akkommodation*.

4

Das Begriffsschema „Wau-Wau" muss abgelegt werden, sobald die Erfahrung mit den Umweltreizen nicht mehr in diesem Schema passt, wenn also das Kind erkennt, dass nur ganz bestimmte Tiere die spezifischen Merkmale eines Hundes haben.

Wie sieht aber nun das Zusammenspiel von Assimilation und Akkommodation aus?
Bei Auftauchen eines neuen Problems versucht man meist, die neuen Informationen an bereits vorhandene Lösungsmöglichkeiten anzupassen. Führt dies nicht zur Problembewältigung, müssen die Lösungsmöglichkeiten verändert werden, so dass sie zur Problemlösung führen.

Je komplizierter nun ein Problem ist, desto mehr Aufeinanderfolgen von Assimilations- und Akkommodationsprozessen werden notwendig.

Beispiel

Baldwin kommt ärgerlich vom Spiel nach Hause und beschwert sich bei seiner Mutter: „Es waren keine Kinder draußen, mit denen ich spielen konnte, außer ein paar langweiligen Mädchen. Aber mit denen kann man ja nicht spielen. Die haben ja eher die blöden Puppenspiele im Kopf. Genau so albern wie meine langweilige Schwester Tania. Mit ihr kann man ja auch nichts anfangen."

Sieben Tage später kommt Baldwin freudestrahlend vom Spielen nach Hause und erzählt begeistert von der neu gegründeten Fußballmannschaft, die zur Hälfte aus Mädchen bestand, weil sonst nicht genügend Spieler zusammengekommen wären. Baldwin: „Die Mädchen spielen super und kennen sogar die Spielregeln."
(Bericht einer Schülerin)

Über die kindliche Deutung der Welt schreibt *R. Kegan* (München 1986) in diesem Zusammenhang:

„Stellen wir uns ein Kind im Vorschulalter vor, einen typischen Vierjährigen beispielsweise. Ein vierjähriges Kind besitzt unzählige originelle und seltsame Vorstellungen über die Natur (die uns häufig lustig anmuten). Vielleicht glaubt es, der Mond würde uns folgen, wenn wir irgendwo hingehen; laufen zwei Leute in verschiedene Richtungen, so kann der Mond beiden folgen, ohne dass dies dem Kind widersprüchlich erscheint. Oder das Kind glaubt, es würde einmal älter werden als der ältere Bruder, damit es ihn dann genauso rumkommandieren kann, wie es jetzt mit ihm geschieht. Als ich vier Jahre alt war, fuhr meine Familie im Sommer manchmal ins Autokino. Am besten gefiel mir daran, dass ich eine ganze Schachtel Popcorns für mich allein bekam – wahrscheinlich, damit ich beschäftigt war, denn von den Filmen verstand ich sicher nicht viel. Ich erinnere mich an den traurigen Augenblick, wenn die Schachtel begann, eher leer als voll auszusehen. Bei dem Gedanken, daß die Popcorns nun immer weniger würden und ich dann bald überhaupt keine mehr hätte, fing ich an, meinen Unmut zu äußern. Es war sicher nicht die reine Freude, mich dabei zu haben. Meine Mutter vollführte dann jedesmal einen erstaunlichen Zaubertrick. Sie nahm mir die Schachtel ab, in der sich die Popcorns festgesetzt hatten, schloss den Deckel, murmelte einen Zauberspruch und schüttelte. Dann bekam ich die Schachtel zurück. Natürlich waren die Popcorns nur lockerer geworden, ich aber stellte erleichtert fest, dass sich die Menge nun in umgekehrter Richtung veränderte, statt weniger waren es nun wieder mehr.

Drei oder vier Jahre später aber denken alle diese Kinder, selbst der kleine Mann vom Autokino, anders über diese Dinge. Als meine Tochter vier Jahre alt war, sah sie gerne die Fernsehsendung ‚Mister Rogers‘ Nachbarschaft‘ und war sichtlich gerührt, wenn er ihr am Ende jeder Sendung sagte: ‚Du bist jemand besonderes – Ich mag dich: Du bist mein ganz besonderer Freund‘. Jetzt, mit sieben Jahren, findet sie dieses Programm albern und dumm. ‚Das ist für Babys‘, meinte sie, womit sie vielleicht ein bißchen weit geht. Die besondere Vertraulichkeit, die persönliche Beziehung, die Mister Rogers zu Vierjährigen herstellen kann, ist bei älteren Kindern nicht mehr möglich. Sie hören sich seine sanften Beteuerungen an und denken, wie meine Tochter es einmal etwas verächtlich ausdrückte: ‚Du weißt doch, dass er das zu jedem sagt!‘

Was ich mit diesen Beispielen einfach sagen möchte, ist Folgendes: die seltsame Art, wie Kinder Dinge sehen, ist nicht Ergebnis zufälliger Phantasien oder einer unvollständigen oder undeutlichen Wahrnehmung einer Realität, wie wir sie sehen. Vielmehr offenbart sich im Denken der Kinder eine ganz bestimmte andere Realität, die eine eigene Logik, eine eigene Beständigkeit und eine eigene Integrität besitzt. Auch wenn wir hier nur einen ziemlich begrenzten Abschnitt der Bedeutungsbildung betrachten – die Konstruktion der materiellen Welt –, so sehen wir doch ein bestimmtes Bedeutungssystem, einen bestimmten Moment in der Bedeutungsentwicklung. Wir sehen die Erscheinungsformen eines bestimmten Subjekt-Objekt-Gleichgewichts, wie es für diese Entwicklungsstufe typisch ist. Es ist ein Gleichgewicht, das als solches erst mit dem Wissen um die Welt entstehen kann.

Auf jeder Entwicklungsstufe wird das Verhältnis von Subjekt und Objekt neu bestimmt.“

4

Verlaufschema: Assimilation – Akkomodation

Zustand 0
Ursprünglicher Zustand vor Eintritt des Ereignisses

↓

Unerwartete Veränderung in der physikalischen Umwelt
oder Eintreten eines diskrepanten Ereignisses

↓

Zustand 1
Aufmerken, begleitet durch erhöhte aufmerksame
Wachheit, Einschränkung der Aktivität, Abnahme der Herzfrequenz
über 1–5 Sekunden

↓

Zustand 2
Fortgesetzter Versuch, das Ereignis zu assimilieren;
das Kind ist weiterhin aufmerksam

↓

Zustand 3 Kind assimiliert das Ereignis	**Zustand 5** Kind kann Ereignis nicht assimilieren, Verunsicherung zeigt sich in weiter andauernder Aktivitätshemmung

Zustand 3 Kind assimiliert das Ereignis

Kind kehrt zu Verhalten und **Zustand 0** zurück

Zustand 4
Kind ist in Erregung, lächelt eventuell, vokalisiert oder tut beides, bevor es zum ursprünglichen Verhalten und Zustand zurückkehrt (Merke: nicht alle Kinder gehen von 3 nach 4)

Zustand 5
Kind kann Ereignis nicht assimilieren, Verunsicherung zeigt sich in weiter andauernder Aktivitätshemmung

Kind wendet sich einem anderen Ereignis zu (nimmt Spielzeug auf, wendet sich ab)
Zustand 6

Kind ist weiterhin aufmerksam dem Ereignis zugewandt; zeigt aber mimische und gestische Verhaltensmerkmale, die auf Kummer und Verunsicherung deuten
Zustand 7

↓

Zustand 8
Kind weint

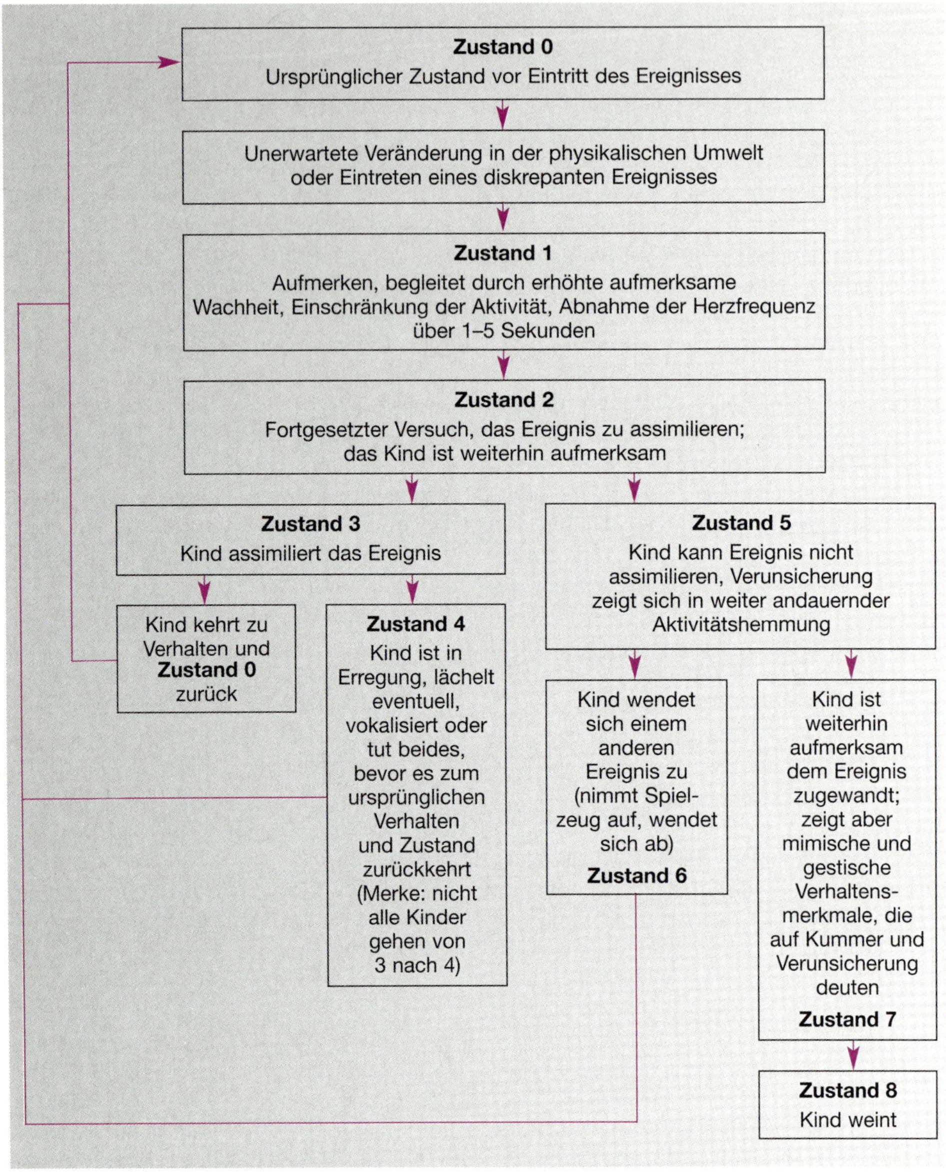

zitiert nach Oerter/Montada (München-Weinheim 1987)

 **Aufgabe**

Erinnern Sie sich an Praktika im Kindergarten. Überlegen Sie, wo sie Prozesse der Assimilation oder Akkomodation festgestellt haben.

Verfolgen Sie diese Beispiele – sofern Ihre Informationen ausreichen – mit Hilfe des „Verlaufsschemas: Assimilation – Akkomodation" (siehe oben).

Die gesamte Entwicklung der Intelligenz gliedert *Piaget* in zwei große Abschnitte.

– Bei der *sensomotorischen Intelligenz* handelt es sich lediglich um die Verbindung von Wahrnehmungseindrücken mit angemessenen motorischen Handlungen, z. B. die Verbindung von Wahrnehmen und anschließendem Greifen eines Gegenstandes. Dazu ist es nötig, dass das Kind zeitlich und räumlich eng mit den wahrzunehmenden Gegenständen verbunden ist.

– Voraussetzung für die *begriffliche Intelligenz* ist die Fähigkeit, sich Tätigkeiten vorstellen zu können, ohne sie tatsächlich durchzuführen. Durch diese zunehmende Unabhängigkeit von konkreten Handlungsdurchführungen können räumliche und zeitliche Entfernungen gewaltig vergrößert werden. Das Kind kann sich das Hantieren mit einem weit entfernten Gegenstand auch noch vier Tage nach dessen Anblick vorstellen.

4.3.1.2 Stadien der sensomotorischen Intelligenz

Piaget unterteilt die Entwicklung der sensomotorischen Intelligenz in folgende 6 Stadien (1948):

1. Stadium: Reflexe (ersten Tage und Wochen)

Der Ausgangspunkt des Verhaltens sind angeborene Reflexe. Piaget sieht jedoch auch schon hier eine Anpassung an die Umwelt in Form von Übungen und Verallgemeinerungen.

4

Beispiel

Die Reaktion des Säuglings auf die Brustwarze ist angeboren. Man kann jedoch beobachten, dass die Bewegungen des Säuglings in dieser Situation durch Übung immer sicherer werden. Außerdem wird die Saugbewegung auch auf andere Gegenstände, z. B. Finger, erweitert.

2. Stadium: Einfache Gewohnheiten (– 2. Monat)

Auf dieser Stufe werden reflektorische Handlungen, also Handlungen, die eigentlich eine Reiz-Reaktions-Verbindung darstellen, auch ohne auslösende Reize häufig wiederholt. Piaget spricht hier von primären Zirkulärreaktionen, die jedoch noch keinerlei Absicht von Seiten des Kindes beinhalten.

Beispiel

Das Kind zeigt die Saugbewegung, auch wenn es satt ist oder es öffnet und schließt wiederholt die Hände.

3. Stadium: Aktive Wiederholung (3.–6. Monat)

Neu auf dieser Stufe ist das Moment der Absicht und die Koordination von Greif- und Sehschema. Das Kind wiederholt Handlungen, die zunächst zufällig zu positiven Effekten führen. Allmählich führt es die gleichen Handlungen durch, um die positiven Effekte absichtlich herbeizuführen.

Beispiel

Das Kind schlägt zufällig eine Rassel, die ein für das Kind angenehmes Geräusch erzeugt. Das Kind wird diese Rassel nun häufig schlagen, um das Geräusch nochmals bewirken und beobachten zu können.

Die Koordination des Greif- und Sehschemas zeigt sich darin, dass das Kind nun in der Lage ist, Dinge, die es wahrnimmt, zu ergreifen, also auf einen Wahrnehmungseindruck mit einer angemessenen motorischen Handlung zu reagieren. Diese Leistung wird durch Übung ständig sicherer. Das „Danebengreifen" nimmt also ab.

4. Stadium: Verknüpfung von Mittel und Zweck (8.–12. Monat)

Nun werden verschiedene einzelne Reaktionen bzw. Verhaltensschemata verbunden, um ein bestimmtes Ziel zu erreichen.

Beispiel

Hält man seine Hand vor einen Ball und hindert dadurch ein Kind daran, diesen zu ergreifen, so versucht es, die Hand beiseite zu schieben oder auf Umwegen an den Ball zu gelangen.

Zu dieser Leistung ist die Koordination mehrerer Schemata notwendig: Wegschieben, Umgehen oder Ergreifen des Balles. Die Reihenfolge der Koordination muss in einer ganz bestimmten Art und Weise erfolgen, um zum Ziel zu führen.

5. Stadium: Aktives Experimentieren (Ende des 1. Lebensjahres)

Die vorhandenen Schemata sind nun so weit entwickelt, dass das Kind Spaß am „Nichtvertrauten" gewinnt. Da die vorhandenen Schemata nicht ausreichen, um das „Nichtvertraute" einzuordnen, entsteht ein Problem. Zu seiner Lösung müssen die Schemata an die Umwelt angepasst werden. Die Akkommodation der Schemata scheint dem Kind auf dieser Entwicklungsstufe jedoch Spaß zu machen.

Beispiel

Das Kind lässt Gegenstände nicht mehr einfach nur fallen wie bisher. Es variiert, indem es verschiedene Gegenstände verwendet und sie von verschiedenen Stellen aus fallen lässt. Hierbei wird es notwendig, die vorhandenen Schemata (z. B. nur dieser spezielle Gegenstand fällt aus dieser bestimmten Lage nach unten) zu verändern bis hin zu dem Schema: „Alle Gegenstände fallen nach unten und machen bum."

6. Stadium: Erfinden (18.–20. Monat)

Auf dieser Stufe tritt eine völlig neue Fähigkeit auf, nämlich das Lösen von Problemen ohne aktives bzw. praktisches Handeln und Ausprobieren.
Piaget geht davon aus, dass die Schemata so beweglich und schnell koordinierbar sind, dass sich viele Versuche und Aktionen erübrigen. Sofortige „Neukonstruktionen" werden möglich.

Beispiel

Das Kind kann einen Stock als Werkzeug benutzen. Es holt einen Gegenstand, der mehr als eine Armlänge weit entfernt liegt, mit dem Stock zu sich heran, ohne dass es jemals zuvor den Stock in ähnlicher Weise benutzt hat.

Piaget meint nun, dass keine direkte Weiterentwicklung der sensomotorischen Intelligenz zum logischen Denken führe. Dieses müsse genau wie die sensomotorische Intelligenz völlig neu aufgebaut werden.

4.3.1.3 Entwicklung der begrifflichen Intelligenz

Der zweite große Abschnitt im Verlauf der Intelligenzentwicklung gliedert sich nach Piaget in vier Stufen. Die erste ist als eine Art Vorstufe aufzufassen. Diese Übergangsstufe bezeichnet er als

1. Stufe des symbolischen und vorbegrifflichen Denkens (6–4 Jahre)

Auf dieser Stufe kommt es zu einer Trennung von aktueller und vorgestellter Tätigkeit. Das Kind lernt eine neue Welt kennen: die Welt der Vorstellungen. Eine Vorstellung ist das Ergebnis eines Prozesses des „Sich-Vorstellens", d. h. die Fähigkeit, vergangene Sinneseindrücke absichtlich wieder hervorrufen zu können, ohne an die Anschauung gebunden zu sein.

Ferner setzt nun systematisch der Spracherwerb ein. Daran wird deutlich, dass das Kind zwischen Bezeichnendem in Form von Wörtern und Symbolen und Bezeichnetem – den realen Gegenständen oder Ereignissen – unterscheiden kann. Die Verbindung zwischen Bezeichnendem und Bezeichnetem wird durch Symbole bzw. Vorstellungen hergestellt. Unter Symbolen versteht man allgemein eine Klasse von Zeichen, die auch nichtsprachlicher Art sein können, z. B. Zahlen oder Bilder. Die Symbole oder Wörter haben nicht den Charakter von echten Begriffen. Letztere bedeuten lediglich eine Abbildung der realen Wirklichkeit, während das Kind auf dieser Intelligenzstufe die Begriffe selbst manipuliert und sie entsprechend seinen eigenen Bedürfnissen aktiv umgestaltet. Deshalb bezeichnet Piaget die Begriffe hier als Vorbegriffe.

4

Beispiel

Schraml, 1974, gibt folgendes Beispiel:
„So operiert z. B. Jacqueline mit einer Tapete. Im Alter von 1;4 nahm sie einen auf der Tapete dargestellten Vogel und ließ ihn ‚fliegen'. Mit 2 Jahren und wenigen Tagen nahm J. eine auf der Tapete aufgemalte Blume und einen Sonnenstrahl in die Hand und übergab dies dem Versuchsleiter. Auch eine auf einer Schachtel aufgemalte Möwe nahm sie und ließ sie ‚fliegen'."

An diesem Beispiel wird deutlich, dass die Abbildungen wie die Gegenstände selbst behandelt werden; die Symbole selbst sind manipulierbar. Hier liegt der Unterschied zum begrifflichen Denken, bei dem der Gegenstand gedanklich verändert werden kann, indem man sich ihn in verschiedenen Erscheinungsformen vorstellt, nicht aber der Begriff selbst. Dieser steht unabhängig von Denkvorgängen fest.

2. Stufe des anschaulichen Denkens (4–7 Jahre)

Mit zunehmender Weiterentwicklung der Gedanken, Vorstellungen und Erfahrungen bekommen die Begriffe anschaulichen Charakter. Wahrgenommene Gegenstände werden in der Vorstellung noch einmal hergestellt. Da die Vorstellung aber noch an die Wahrnehmung gebunden ist, besitzt sie wenig Flexibilität. Das Kind kann Geschehnisse in der Vorstellung rekonstruieren, es kann jedoch die Reihenfolge nicht vorstellungsmäßig abändern. Das Denken ist eingleisig.

Beispiel

„Zeigt man dem Kind beispielsweise drei verschieden hohe und verschiedenfarbige Modell-Berge (…), so vermag es anzugeben, wie eine Puppe die Berge sieht, wenn sie den gleichen Standort einnimmt wie das Kind. Dagegen ist das Kind außerstande, die Reihenfolge der Berge zu bestimmen, wie sie die Puppe von der anderen Seite aus sieht."
(Oerter, 1974)

Drei verschieden hohe und verschiedenfarbige Modell-Berge

4

Um diese Aufgabe zu lösen, müsste das Kind die Reihenfolge gedanklich umkehren können, was ihm noch nicht gelingt. Da das Denken des Kindes eingleisig und an die Anschauung gebunden ist, kann es auch jeweils nur eine einzige innere (geistige) Handlung ausführen.

Beispiel

Das Kind in der Phase des anschaulichen Denkens lässt sich noch ganz von der Anschauung „fesseln".

Schüttet man die Flüssigkeit aus Gefäß a in das Gefäß d, neigt es dazu, die Flüssigkeit nun als „mehr" einzuschätzen; manchmal sagt es sogar: „Weil es höher ist!" (Nur wenige Kinder sagen, es sei „weniger" Flüssigkeit, weil „es schmaler" sei.)

Schüttet man die Flüssigkeit aber von Glas b in c, so neigt es zu der Aussage: Nun sei es „weniger", weil „es tiefer" sei. (Wiederum neigen wenige Kinder zur Aussage: Nun sei es mehr, weil „es breiter" sei.)

Dass die Menge der Flüssigkeit bei Umschütten erhalten bleibt („Konstanz der Menge"), ist ihrem Denken noch nicht vertraut.

So spielen auch die abstrakten Größen Höhe, Breite, Tiefe bei diesen Überlegungen noch keine Rolle. Wenn also die Flüssigkeit von a nach d umgeschüttet wird, ist zwar die Höhe beeindruckend für das Kind; dass aber die Breite dafür abnimmt – und die Tiefe sich verändert, daran verschwendet das Kind noch keinen Gedanken.

Führt man die Experimente selbst durch, so empfiehlt es sich zu fragen: „Warum glaubst du, dass es jetzt mehr/weniger ist?" Es empfiehlt sich ferner, als Ausgangssituation die gefüllten Gläser a und b zu nehmen, damit dem Kind nachdrücklich deutlich wird: Es ist gleich viel. (Selbstverständlich kann man das Kind anschließend die Flüssigkeit umschütten lassen!)

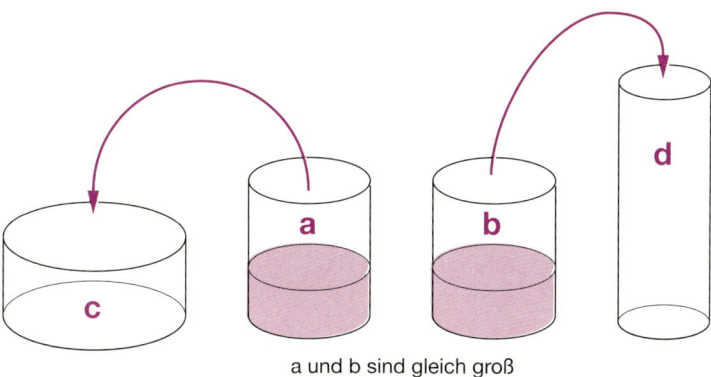

a und b sind gleich groß

4

Aufgabe

Ordnen Sie das Kind einer Phase (nach Piaget) zu und begründen Sie Ihre Entscheidung:

– Ein Kind antwortet Ihnen auf die Frage, in welchem von 2 Gläsern mehr Wasser enthalten sei (in beiden Gläsern ist die gleiche Menge enthalten): „In dem hier, weil es höher ist!"
– Ein Kind wird gefragt: „In welcher Reihe liegen mehr Stäbchen?" (In beiden Reihen liegen gleich viele, aber die obere Reihe liegt weiter auseinander.) Das Kind antwortet: „In der oberen!" Sie fragen: „Warum meinst du das?" Das Kind stutzt, dann zählt es die Stäbchen und sagt: „Ach, ich weiß! Das sind ja gleich viele!"

An dem Beispiel wird deutlich, dass das Kind die Frage jetzt noch nicht beantworten kann. Es konzentriert sich nur jeweils auf einen Aspekt. Bei dieser Aufgabe müsste das Kind drei Aspekte, nämlich Dicke, Höhe und Inhalt, gleichzeitig berücksichtigen. Diese Anforderung überfordert das Kind.

Gespräch mit Rose (R), 4 1/2 Jahre alt

E: „Wie alt ist deine Schwester Erika?"
R: „Weiß ich nicht."
E: „Ist sie noch ein Baby?"
R: „Nein, sie kann schon laufen."
E: „Wer ist denn älter von euch beiden?"
R: „Ich."

E: „Warum meinst du das?"
R: „Weil ich größer bin."
E: „Und wenn Erika einmal in die Schule geht, wer von euch beiden wird dann älter sein?"
R: „Weiß ich nicht."

E: „Und wenn ihr einmal beide große Fräulein seid, wird dann eine älter sein als die andere?"

R: „Ja."

E: „Wer von euch beiden?"

R: „Weiß nicht."

E: „Ist deine Mama älter als du?"

R: „Ja."

E: „Ist deine Großmutter älter als deine Mama?"

R: „Nein."

E: „Sind sie gleichaltrig?"

R: „Ich glaube ja."

E: „Ist denn deine Großmutter nicht älter als deine Mutter?"

R: „Oh nein!"

E: „Wird deine Großmutter jedes Jahr älter?"

R: „Sie bleibt immer gleich."

E: „Und deine Mama?"

R: „Auch gleich."

E: „Und du?"

R: „Ich? Nein, ich werde älter."

E: „Und deine Schwester?"

R: „Sie auch."

(G. Petter, 1978)

Beispiele

4

Anne kommt mit einem Büschel unreifer Johannisbeeren zu uns auf die Terrasse. „Wie schade, dass du sie gepflückt hast", sag ich zu ihr, „man kann so doch noch gar nicht essen, sie müssen erst rot werden."

„Dann häng ich sie schnell wieder hin", meint Anne unbekümmert.

(Heide Siegmon)

„Berti, stell dir vor, ich geb dir drei Schokoriegel, dann nimmt dir dein Bruder zwei weg! Wie viele hast du noch?"

„Einen, Papa!"

„Und wenn ich dir vier dazugebe?"

„Ooch! Dann freu ich mich!"

(Sabrina Zink)

Susanne ist zum ersten Mal am Meer. Susanne: „Papi, wo ist der Stöpsel?"

(Marion Borgmann)

(N. Kühne: 30 Kilo Fieber. Die Poesie der Kinder. Kinderanekdoten, Zürich, 1997)

(Anmerkung: Diese Kinder haben das dritte Lebensjahr vollendet.)

Aufgabe

Analysieren Sie die Denkweisen der Kinder mit Hilfe der Hinweise von J. Piaget.

Beispiele

Zur Vorweihnachtszeit mit Vater und Mutter zum Essen: Die Eltern beraten:

„Doch, doch! Das Fleisch dürfte zart sein."

Katja: „Aber bestimmt nicht so zart wie das liebe kleine Jesulein."

(H.-D. Zeuschner)

Wir stellen fest: Die meisten Tiere fressen andere Tiere. Donald sagt:
„Die sind aber böse."
Ich erläutere ihm, dass die Tiere nur Hunger haben und nicht wissen, dass das böse ist. Donald ist entrüstet:
„Na, dann müssense mal ein bisschen nachdenken!"

(Cornelia Schmidt)

„Mama, sind Indianer auch Menschen?"
„Natürlich!"
„Aber Mama, die haben doch Federn!!"

(Anja Ulbig)

(N. Kühne: 30 Kilo Fieber. Die Poesie der Kinder. Kinderanekdoten, Zürich, 1997)

Aufgabe

Analysieren Sie die Denkweisen der Kinder mit Hilfe der Hinweise von J. Piaget. Sammeln Sie selbst Anekdoten von Kindern – oder Anekdoten aus Ihrer Kindheit und werten Sie sie entsprechend aus.

3. Stufe der konkreten Operationen (6/7–12 Jahre)

Allmählich lernt das Kind, mehrere Aspekte eines Gegenstandes zu berücksichtigen und in welcher Art und Weise sie in Beziehung zueinander stehen. Dies bedeutet auf den oben angeführten „Perlenversuch" übertragen, dass das Kind Dicke, Höhe und Inhalt der Gefäße ins richtige Verhältnis zueinander setzen kann. Es erfasst die Tatsache, dass ein Gegenstand (hier Menge der Perlen) trotz äußerer Veränderung quantitativ gleich bleibt.
Dies lässt sich durch Zurückführung eines Objektes in seinen ursprünglichen Zustand (hier Zurückschütten der Perlen in den Ausgangsbehälter) nachweisen. Diesen Vorgang muss das Kind nicht tatsächlich ausführen, es kann ihn gedanklich, in der Vorstellung, durchspielen. Darin zeigt sich die Reversibilität (Umkehrbarkeit) eines Denkvorganges. Dieser Zusammenhang soll an einem weiteren Beispiel nach *Schraml*, 1974, verdeutlicht werden.

Beispiele

„In der Zeit des anschaulichen Denkens konnte ein Kind noch nicht feststellen, dass zwei Reihen von Stäbchen dieselbe Stäbchenzahl enthielten, wenn die Stäbchen der einen Reihe eng beisammen, die der anderen Reihe dagegen weit auseinander gerückt waren. Bestimmt wurde die weit auseinander gezogene Reihe, die ja auch größer wirkte, als die an Stäbchenmenge oder -zahl größere bezeichnet. Jetzt aber, auf der Stufe der konkreten Operationen, kann das Kind feststellen, dass beide Reihen dieselbe Anzahl Stäbchen enthalten und sich lediglich durch die verschiedene Anordnung der Stäbchen voneinander unterscheiden."

erste Reihe: | | | | |

zweite Reihe: | | | | |

4. Stufe der formalen Denkoperationen (frühestens mit 11–12 Jahren)

Auf dieser Stufe kann sich der Jugendliche bei seinen Denkoperationen von Objekten lösen. Der Denkvorgang ist nicht mehr anschauungsgebunden. Die Operationen können selbst zum Gegenstand des Denkvorganges werden. Der Jugendliche vermag nun Annahmen gedanklich zu verarbeiten. Er kann dabei zu Schlüssen kommen, deren Richtigkeit nicht durch tatsächliche, konkrete Handlungen in der Realität überprüft werden muss. Dadurch wird z. B. auch mathematisches Denken möglich.

Die „wissenschaftliche" Denkweise von Jugendlichen zeigt sich deutlich in einem Versuch von *Inhelder* und *Piaget*:

Beispiele

„Fünf Flaschen mit farblosen Flüssigkeiten stehen vor der Versuchsperson. Mischt man die Inhalte von den Flaschen 1, 3 und 5, dann erhält man eine braune Flüssigkeit. Die vierte Flasche enthält eine Flüssigkeit, die die braune Farbe wieder rückgängig macht, und die zweite Flasche enthält eine neutrale Flüssigkeit. Das Problem besteht darin, die braune Flüssigkeit zu mischen. Jugendliche, die formale Denkoperationen bewältigen, entdecken die Lösung Schritt für Schritt, indem sie verschiedene Möglichkeiten logisch vereinigen und die Wirkung oder Neutralität der gemischten Flüssigkeit bestimmen."

Formale und konkrete Denkoperationen bestimmen auch das Denken der Erwachsenen. Im Verlauf der weiteren Entwicklung gibt es eine Ausdifferenzierung, die dadurch bestimmt wird, ob konkrete oder formale Operationen überwiegen. Das Ergebnis für den einzelnen Erwachsenen hängt von dessen Persönlichkeit und davon ab, ob seine Haupttätigkeit mehr konkreter oder abstrakter Natur ist.

4.3.2 Stabilität und Veränderung geistiger Fähigkeiten

In zahlreichen Querschnittuntersuchungen hat man herauszufinden versucht, ob mit wachsendem Alter auch ein Anwachsen der Intelligenz erfolgt.

Aus den gewonnenen Daten wurden Wachstumskurven der Intelligenz konstruiert. Eine solche Wachstumskurve könnte in etwa wie folgt aussehen:

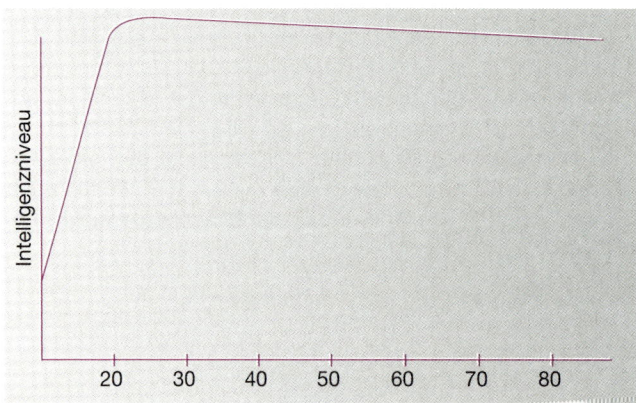

Sind wir mit 20 auf dem Höhepunkt unserer Intelligenzentwicklung?

Man kann aus der Zeichnung ablesen, dass die Intelligenz während der frühen Kindheit und Jugend ziemlich stark wächst, im 18. bis 20. Lebensjahr ihren Höhepunkt erreicht und sich dann langsam mit zunehmendem Alter abbaut. Nach dieser Abbildung wären wir also mit 20 Jahren auf dem Höhepunkt unserer Intelligenzentwicklung.

4.4 Kreativität und Intelligenz

Eine zweite wichtige Frage in der Intelligenzforschung ist die nach dem Zusammenhang der Kreativität mit Intelligenz.

> **Der Begriff Kreativität oder „schöpferisches Denken" wird im dtv Wörterbuch zur Psychologie (1970) beschrieben als:**
> **Allgemeine Bezeichnung für das Auffinden neuer und origineller Problemlösungen bzw. Mittel des künstlerischen Ausdrucks durch eine Synthese von Erfahrungen und Phantasie.**

4

Guilford versuchte genauer zu bestimmen, aus welchen einzelnen messbaren Faktoren sich Kreativität zusammensetzt und kam zu dem Schluss, dass divergentes Denken eine große Rolle spielt.

> **Divergentes Denken zielt nicht auf eine einzig richtige Lösung eines Problems (diese Art des Denkens nennt man *konvergent*), sondern führt zu einer Vielzahl von Antworten, die alle zutreffen können.**

Da die Lösung der Aufgaben herkömmlicher Intelligenztests hauptsächlich konvergentes Denken verlangen, wird durch sie kaum kreatives Denken erfasst. In welchem Zusammenhang stehen aber nun Intelligenz und Kreativität?
Um das herauszufinden, hat man die Intelligenz solcher Menschen gemessen, die durch außergewöhnliche Leistungen auf wissenschaftlichem oder künstlerischem Gebiet als kreativ einzustufen waren. Dabei stellte sich heraus, dass diese Personen alle überdurchschnittlich intelligent waren.
Nickel (1975) kommt mit anderen Autoren zu dem Schluss, dass „Kreativität zwar nicht mit Intelligenz gleichzusetzen sei, dass aber ein hohes Maß an Kreativität – zumindest innerhalb unserer Kultur – auch ein gewisses (überdurchschnittliches) Maß an Intelligenz voraussetzt." (*Brickenkamp*, 1973, zitiert nach *Nickel*, 1975). Umgekehrt ist jedoch nicht darauf zu schließen, dass sehr intelligente Menschen auch kreativ sein müssen. Kreative Kinder haben es in Schule und Kindergarten oft schwer, weil ihre Originalität als „Ungezogenheit", „Verrücktheit" und „aus der Reihe tanzen" gewertet wird.

 **Aufgabe**

Diskutieren Sie an folgenden Kinder-Äußerungen den Begriff Kreativität

1. Alter: 2 Jahre

Mutter: „Wie kommt der Mond auf das Dach?"
Tochter: „Ich hab ihn da hingeworfen!"
Mutter: „Und warum ist er jetzt nicht da?"
Tochter: „Er ist faul, er arbeitet nicht!"

(H.-G. Scholz)

2. Alter: 4 Jahre

„Oma, du kriegst bestimmt ein Kind!"
„Sag mal, wie kommst du darauf?"
„Weil ich dich so lieb habe – und wenn man sich lieb hat, sagt die Mama ...."

(H.-D. Zeuschner)

3. Alter: 6 Jahre

Ein Freund besucht uns. Er wollte uns zum Italiener einladen. Er wollte aber erst fragen, ob es mir recht sei. Damit Donald nicht enttäuscht war, falls ich nicht wollte, fragte er in Englisch: „How about Italien food tonight?"
Donald rief entzückt. „Oh – wir gehen heute italienisch essen. Ja?"
Wir sahen uns verwundert an. Wie hatte er es verstanden?
Er klärte uns auf. „Ich kann eben Italienisch!"

(Cornelia Schmidt)

4. Alter: 8 Jahre

Donald hat Probleme mit den Textaufgaben. Ich versuche, ihm eine Aufgabe so einfach wie möglich zu erklären:
„Frau Schulz hat 400 Mark und kauft sich ein Buch für 10 Mark. Was will man dabei wissen?"
Donald: „Wie das Buch heißt!"

(Cornelia Schmidt)
(N. Kühne: 30 Kilo Fieber. Die Poesie der Kinder. Kinderanekdoten, Zürich, 1997)

4.5 Faktoren, die die Intelligenz beeinflussen

4.5.1 Reizanregungen im frühen Kindesalter

Was Hänschen nicht lernt, lernt Hans nimmermehr!

Zahlreiche Untersuchungen von Entwicklungspsychologen zeigen, dass bereits in den ersten Lebensmonaten durch visuelle, akustische und taktile Reize Lernprozesse in Gang gesetzt werden, die für die weitere geistige Entwicklung von großer Bedeutung sind (siehe Kap. 2 und 9.7.2).

In diesem Zusammenhang werden immer wieder die Untersuchungsberichte von *R. Spitz* (1946–1965) genannt, der bei Kindern, die die ersten Lebensjahre in Heimen oder Krankenhäusern verbringen mussten, Entwicklungsverzögerungen feststellte.

Er beobachtete, dass die Kinder „psychisch verhungerten", obwohl ihre natürlichen Bedürfnisse (nach Nahrung, Wärme, Sauberkeit) angemessen befriedigt wurden.
Das Verhalten dieser Kinder kennzeichnet *Spitz* (1957) so:

Die Verlangsamung der Motorik kam voll zum Ausdruck; die Kinder wurden völlig passiv; sie lagen in ihren Bettchen auf dem Rücken. Sie erreichten nicht das Stadium motorischer Beherrschung, das notwendig ist, um sich in die Bauchlage zu drehen. Der Gesichtsausdruck wurde oft leer und oft schwachsinnig, die Koordination der Augen ließ nach. In unseren Tests zeigten die Kinder ein fortschreitendes Absinken der Entwicklungsquotienten. Am Ende des zweiten Lebensjahres betrug ihr Entwicklungsquotient 45 Prozent der Norm. Das entspricht der Stufe des Idioten.

Spitz sieht die Ursachen dieser Fehlentwicklungen darin, dass das Bedürfnis der Kinder nach Liebe in Heimen nicht angemessen befriedigt werden kann, da der liebevolle Kontakt zu einer Mutterperson fehlt, und dass die Anzahl der Reize und Anregungen minimal ist.

Diese und andere Ergebnisse der Begabungsforschung weisen Eltern und Erziehern eine große Verantwortung zu.

Schon in der frühen Kindheit werden entscheidende Grundlagen der Intelligenz gelegt. Man sollte Kindern viele Möglichkeiten geben, Lernerfahrungen zu machen. Unterschiedliche Umwelterfahrungen sind um so wirksamer, je früher sie beginnen.

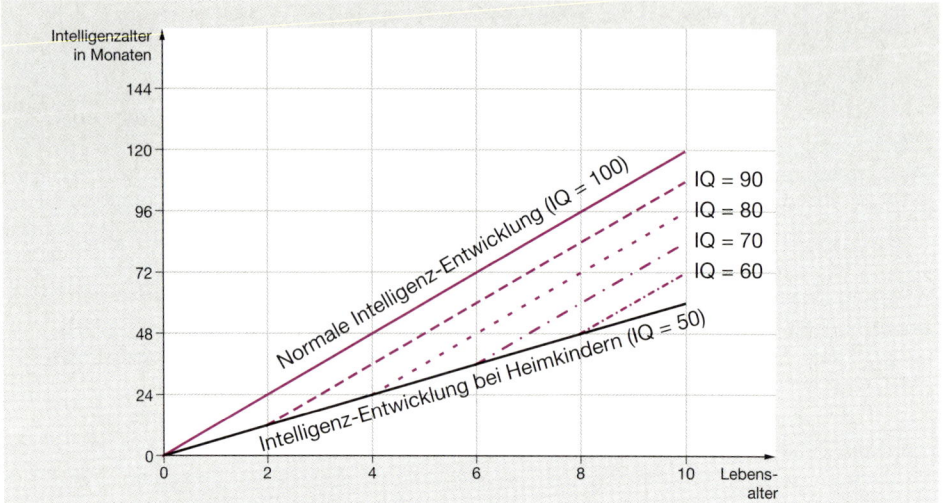

4

Schematische Darstellung der angenommenen Intelligenzentwicklung bei adoptierten und nicht adoptierten Waisenkindern in Beirut/Libanon (aus: Mietzel, 1973).

Ob Beeinträchtigungen der Intelligenzentwicklung bis zu einem gewissen Grade in späteren Lebensjahren noch ausgeglichen werden können, sollte anhand der folgenden Darstellung diskutiert werden.

Aus der Darstellung geht hervor, dass ein enger Zusammenhang besteht zwischen dem Adoptionsalter der Kinder und dem erreichten Intelligenzniveau.

Die unterste (durch x unterbrochene) Linie zeigt den Verlauf der Intelligenzentwicklung (bei der in *Mietzel* erwähnten Untersuchung) der Kinder, die nicht adoptiert wurden. Die gestrichelten Linien zeigen den günstigeren Verlauf der Intelligenzentwicklung von adoptierten Kindern. Die Entwicklung verlief um so positiver, je jünger ein Kind zum Zeitpunkt der Adoption war, d. h. je eher der Heimeinfluss durch den Einfluss einer Familie ersetzt wurde.

4.5.2 Sprachanregungen der Erzieher

Es gibt eine Fülle von Untersuchungsergebnissen, die den Schluss nahelegen, dass sprachliche Fähigkeiten gewissermaßen eine Schlüsselstellung für andere intelligente Leistungen bedeuten.

Versuche mit Sprachtrainingsprogrammen zeigten, dass Kinder nach Beendigung eines solchen Programms höhere Punktzahlen in Intelligenztests erreichten als solche Kinder, die nicht gefördert wurden. Aus den Untersuchungsergebnissen verschiedener Autoren lassen sich zusammenfassend folgende Bedingungen festhalten, die sich positiv auf die Sprachfähigkeit und damit in gewissem Maße auch auf die geistige Leistungsfähigkeit auswirken:

– aktive verbale Kommunikation (nicht nur Hören der Sprache in Radio, Fernsehen, von der Schallplatte),
– viele Gelegenheiten, an häuslichen Unterhaltungen teilzunehmen,
– Vorfinden von Büchern zu Hause,
– häufiges Vorlesen aus diesen Büchern,
– Anleitung, eigene Fragen, Vermutungen, Ideen sprachlich zu formulieren.

4.6 Förderung der Intelligenz

Da die Anregungen in den einzelnen Familien sehr unterschiedlich sind, fällt dem Kindergarten die wichtige Aufgabe zu, einen Teil der sogenannten „kompensatorischen Erziehung" zu leisten.

Es soll „die Denk- und Erkenntnisfähigkeit insgesamt" gefördert werden, „indem durch anregende Situationen und Erfahrungen die Neugierde des Kindes in Wissbegierde verwandelt wird, die zu erfolgreichen Verhaltens- und Leistungsformen befähigt". Dabei sollten die verschiedenen Formen des Lernens so miteinander verbunden werden, „dass eine Wechselbeziehung zwischen ihnen im Spiel der Kinder miteingebracht und in der gemeinsamen Auseinandersetzung mit dem Lernmaterial entsteht.

Dem Kind sollte also eine an Anregungen reiche Umgebung geboten werden, in der es in einer warmen und liebevollen Atmosphäre Erfahrungen auf allen möglichen Gebieten machen kann. Dabei müssen die Lernprozesse „an die individuelle Lerngeschichte" eines Kindes anknüpfen, (…) ihren Erfahrungen und Interessen angemessen sein und diese erweitern.

4

(Deutscher Bildungsrat, 1973)

Intelligenzförderung durch Sprache und Anreize:

Sprachtraining fördert die Intelligenz. Diesen Zusammenhang kann man auf vielerlei Art und Weise erklären. Wir machen es an einem Aspekt deutlich: dem Zusammenwirken von Sprache und Denken. Die Realität „Mutter" („x") existiert im Denken des Kindes irgendwann als Begriff (X1), der in das Wort Mutter gekleidet ist. Mit dem Wort „Mutter" (X2) lassen sich auch Sprachspiele/Kinderreime machen, die den Begriff Mutter sozusagen nur noch als „begriffsfreies" Wort nehmen: „Meine Mutter schmiert die Butter immer an der Wand lang!" Hier steht das Wortspiel (nicht die Mutter) im Mittelpunkt des Verständnisses. Mutter existiert freilich für das Kind auch als gefühlsmäßige Einheit (X3); man kann sich an sie anschmiegen usw. Man fühlt, ohne es zu „begreifen". Nun sehen wir, dass unser Denken nicht etwa von einem Kreis in den anderen springt. Vielmehr gibt es einen innigen Zusammenhang von „X", X1, X2 und X3. Stimmt das (und alle Forschungsergebnisse sprechen dafür), dann hat Sprachtraining für das Denken sozusagen eine mobilisierende Wirkung. Wir machen es an einem Beispiel deutlich:

Beispiele

Olaf (5 Jahre alt), hört zum ersten Mal das Wort „Geier"; er kann noch nichts damit verbinden. Es gibt noch keinen Gegenstand auf der Welt, den er diesem Wort („Bezeichnete" – „Bezeichnendes") gegenüberstellen könnte. Er fragt den Vater nach dem Wort. Er erklärt ihm, dass der Geier ein Vogel ist usw. Olaf hat nun einen Begriff vom Geier: Er weiß, wo er wohnt, wie er sich ernährt und dass ihn die Indianer verehrt haben.

Andererseits kann man sich auch vorstellen, dass die Anregungen aus der Welt (Reize, Probleme) Denkanstöße geben. Wir geben ein Beispiel:

Beispiele

Irma (5 Jahre) fällt auf: Opa hat eine Glatze – Papa hat keine. Sie fragt Mutter: „Warum hat Opi eine Glatze?" Mutter erklärt es ihr, so gut sie kann. Irma ist noch nicht damit zufrieden; die Mutter erklärt ihr es noch ein paar Mal. Allmählich bildet sich der Begriff Glatze, der von dem Wort „Glatze" eingekleidet wird und findet dann auch im Wortschatz von Irma Platz. Und könnte nun z. B. auch als Wortspiel (vom Sinn getrennt) existieren („Glatze mit der Fratze" usw.).

Integrative Förderung von Intelligenz

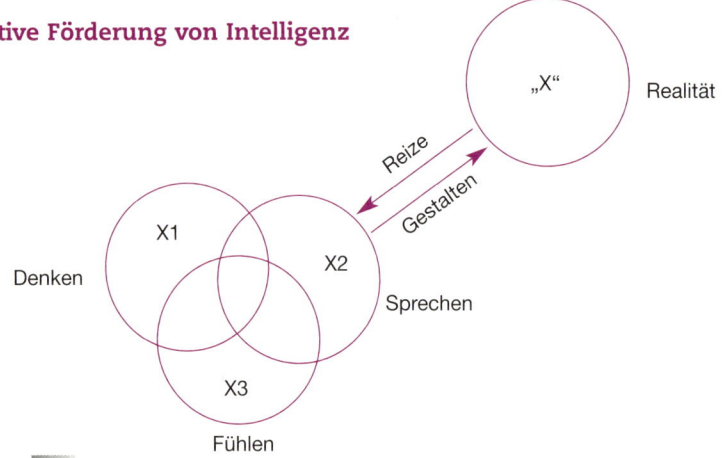

4

Aufgabe

Diskutieren Sie die Konsequenzen für die Effektivität von Lernprozessen in der Arbeit mit Kindern.

Gutgelaunte Menschen können besser denken!

(...) Der wissenschaftliche Mitarbeiter am Fachbereich Psychologie der Kasseler Universität kam zu dem Ergebnis, dass „unterschiedliche Stimmungen verschiedene Denkstile provozieren. Die jeweiligen Denkstile wiederum sind zur Lösung unterschiedlichster Aufgaben geeignet". Positiv gestimmte Menschen denken zwar kreativ, allerdings auch oft ungenau und oberflächlich. In schlechter Stimmung dagegen neigen wir zu systematischem und präzisem Denken.

(...) Gute Stimmung steigert unsere Verführbarkeit durch schlechte Argumente. Wir lassen uns dann leichter überzeugen und verzichten weitgehend auf die kritische Überprüfung des Vorgetragenen. Nicht zuletzt haben die Erkenntnisse zum Einfluß der Stimmung auf Denkstile auch Konsequenzen für unseren (Berufs-)Alltag: Wer schöpferische Denkleistungen erbringen will, darf sich nicht dazu zwingen, sondern muß den richtigen – eben heiteren – Moment abwarten!

Axel Rehn (idp)
(Marler Zeitung, 6. Sept. 1996)

Motive – Motivation – Motivieren

„Null Bock haben auf …" ist die derzeitige Umschreibung des Sachverhalts: Nicht motiviert sein. „Motiviert sein" und „motiviert werden" sind Themen, die in der Erziehung und beim Verlauf von Lernprozessen immer wieder diskutiert werden.

In diesem Kapitel geht es um den Motivationsbegriff und die Möglichkeiten der konkreten Arbeit mit dem Motivationsmodell, das in der Diskussion mit Schülern entwickelt wurde. Ferner soll gezeigt werden, worauf menschliche Motivationsentwicklung aufbaut und von welchen Bedingungen sie abhängt. Zum Schluss werden – in Auswahl – vier Motive dargestellt, die im Erziehungsgeschehen bedeutsam sind.

 Aufgabe

Erarbeiten Sie Bedingungen, von denen Sie glauben, dass sie Ihre Lernmotivation fördern – möglichst an konkreten Beispielen.

5.1 Was ist Motivation?

5.1.1 Zur Definition

> „Mit Motivation meint man alle Bedingungen, welche die Aktivität eines Organismus ankurbeln, und die Variation dieser Aktivität nach *Richtung, Quantität* und *Intensität* bestimmen".
>
> *(R. Oerter, 1973*

Damit wird deutlich, dass Motivation mindestens für zweierlei verantwortlich ist:

1. Verhalten wird in Gang gesetzt und die für den Ablauf notwendige Energie (Intensität, Quantität) aufgewendet.
2. Verhalten wird gesteuert: „Der Tatbestand, dass ein Individuum, das sich in einem Motivationszustand befindet, sich auf die Suche nach etwas begibt, sich von einigen Objekten abwendet, um bei anderen zu verweilen, zeigt, dass das motivierte Verhalten eine Steuerung besitzt".

> *(J. Nuttin, 1971)*

Motivation können wir von dem Begriff Motiv unterscheiden:

> Während *Motivation* – wie wir oben gesehen haben – *alle* Bedingungen (Ursachen, Faktoren, Prozesse) bezeichnet, die Handlungen, Verhalten, Gefühle in Gang setzen, ist das *Motiv* eine Bezeichnung für ein ganz bestimmtes Merkmal bei einer Person oder, wie *Heckhausen* (1975) es nennt: *„wiederkehrendes Anliegen"*.

Beispiel

Jemand hat etwa ein ausgeprägtes **Leistungsmotiv**; das bedeutet, dass er in bestimmten Situationen (Betrieb, Schule) recht leistungsfreudig ist. Für ihn ist es wichtig, gute Leistungen zu erbringen. Leistung ist für ihn also ein ständiges oder „wiederkehrendes Anliegen". Für eine andere Person ist ein **Sexualmotiv** bedeutsam, in vielen Situationen lässt sich das erkennen: Sprechen über sexuelle Aktivitäten, Witze reißen, sexuell aktiv werden. Sexualität ist ein Anliegen, das häufig auftritt oder „wiederkehrt".

Tritt ein Motiv bei einer Person immer wieder auf, prägt es also das Verhalten der Person, dann ist dies auch charakteristisch für die Person.
Jede Person ist durch eine große Vielfalt von Motiven gekennzeichnet. Verschiedene Personen unterscheiden sich:

– in der Art der Motive, die bei ihnen ausgeprägt sind,
– in der Stärke (Intensität) einzelner Motive und in der
– Häufigkeit ihres Auftretens.

So kann bei zwei Personen das Leistungsmotiv ausgeprägt sein; bei der einen Person tritt es stärker auf als bei der anderen.

Wir müssen nun ergänzen:

Die Motivation einer Person – und damit ihr Verhalten – wird nicht *nur* durch einzelne Motive und deren Stärke geprägt, sondern auch durch Umweltbedingungen variiert, beeinflusst oder verändert.

Ist etwa für eine Person das Leistungsmotiv wichtig, so kann dessen Bedeutung trotzdem durch eine bestimmte Umgebung herabgesetzt werden: z. B. könnte die Leistungsfreudigkeit von bestimmten Personen (einer neuen Umgebung) belächelt werden; Leistung wird nicht so ernst genommen oder sie stellt lieb gewordene Gewohnheiten in Frage. Kommt also eine Person in eine solche Gruppe von Menschen, so kommt das Leistungsmotiv nicht zur Geltung.

5.1.2 Schwierigkeiten der Motivationsforschung

Heckhausen (1975) formuliert das Problem folgendermaßen: „Ein Motiv kann nicht beobachtet werden".
Da es nicht so konkret erfassbar und sichtbar ist, sagt man, es sei eine „gedankliche Hilfskonstruktion" („hypothetisches Konstrukt").
Wir können uns den Sachverhalt verdeutlichen:
Psychologen können in der Regel recht gut die Bedingungen der Umwelt untersuchen, die bestimmte Verhaltensweisen mitverursachen.
Sie können oft recht genau das Verhalten beschreiben oder registrieren. Was aber zwischen den mitverursachenden Bedingungen und dem Verhalten liegt, können sie häufig nur vermuten bzw. theoretisch erklären – mit „gedanklichen Hilfskonstruktionen".

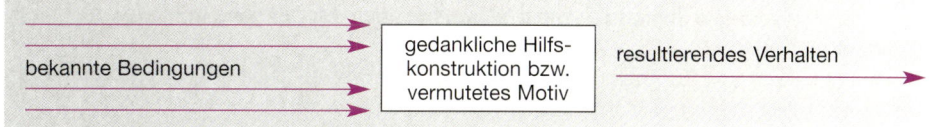

Das Motiv selbst kann nicht beobachtet werden

Man hat immer versucht, Motive zu erforschen. Dabei sind verschiedene Methoden entwickelt worden, die im Laufe der Zeit auch verbessert wurden. Alle Methoden haben gewisse Mängel. Wir beschränken uns auf ein paar Hinweise zur Erforschung von Motiven.

5.1.3 Motive ändern sich

Mit der Entwicklung des Kindes zum Jugendlichen, des Jugendlichen zum Erwachsenen, des Erwachsenen zum alten Menschen ändern sich auch die Motive.
– Es gibt Motive, die erst in einem bestimmten Alter auftreten (z. B. das Leistungsmotiv).
– Andere Motive verlieren in einem bestimmten Alter ihre bisherige Bedeutung (vom Sexualmotiv sagt man, dass es bei älteren Menschen nicht so stark ausgeprägt sei wie bei jüngeren).

– Weitere Motive bleiben über längere Jahre erhalten, ändern aber ihre innere Struktur (ist ein zehnjähriger Junge leistungsmotiviert, so zeigt sich das anders als bei einem leistungsmotivierten Erwachsenen von etwa 35 Jahren).

– Veränderungen im Verhältnis verschiedener Motive zueinander kann man annehmen, wenn man wichtige persönliche Veränderungen anstrebt (Wohnungswechsel, Arbeitsplatzwechsel, zusätzliche Ausbildung).

5.1.4 Der Begriff Motivation

Angermeier (1979) warnt vor dem leichtfertigen Umgang mit dem Begriff Motivation:

> *Man kann aber nicht jedes Verhalten oder jede Verhaltensänderung mit Hilfe von Motiven erklären. Dies gilt besonders für Situationen, in denen wir im nachhinein motivationale Erklärungen ‚erfinden‘. Betroffen davon sind auch Situationen, in denen ein mangelndes Verständnis der Zusammenhänge zwischen Ereignissen und Verhaltensweisen uns verführt, nach motivationalen Erklärungen zu suchen.*

Ein Beispiel dafür wäre das Fehlverhalten eines Schülers, das der Lehrer als ‚faul‘ bezeichnet. Folgende Erklärungsmöglichkeit wäre denkbar:

– Die erwünschte Reaktion kann durch fehlende Verstärkung gelöscht worden sein (der Lehrer hat in der Vergangenheit dem Schüler keine Aufmerksamkeit gewidmet).

– Eine große Anzahl von Reaktionen kann durch Bestrafung oder Verspottung eines falschen Verhaltens in einer bestimmten Situation (wie es häufig beim Fremdsprachenunterricht der Fall ist) gehemmt worden sein.

– Inaktivität als solche kann operantes[1]) Verhalten sein, das Aufmerksamkeit erregt, wenn andere aktiv sind.

– Inaktivität kann von Ernährungsmängeln herrühren.

– Inaktivität kann aus der Furcht, soziale Normen zu verletzen, resultieren, z. B. der Furcht, ein Streber oder Streikbrecher zu sein. Bei Schülern, die sich nach dem Motto, ‚Nur nicht aus der Ruhe bringen lassen‘ verhalten, missverstehen Lehrer oft das Ausbleiben von Reaktionen als Mangel an Enthusiasmus. Ähnlich lernen Rekruten beim Militär, weder etwas freiwillig noch in irgendeiner Weise etwas zu tun, was sie aus der Masse hervorhebt.

– Inaktivität kann aus der Konkurrenzsituation starker, miteinander in Konflikt stehender Motive herrühren. Wenn zum Beispiel ein junges Mädchen bei einer Diskussion über das Gastarbeiterproblem in Deutschland zwischen ihrem aufgeschlossenen Freund und ihrer mit Vorurteilen behafteten Mutter keine Stellung nimmt, braucht das durchaus nicht aus Mangel an Motivation zu geschehen.

 Aufgabe

Beschreiben Sie die mögliche Motivation des Jungen im Comic.
Wie könnte diese Motivation entstanden sein?

---

[1]) hier: gezielt geäußertes

Diskutieren Sie: Gibt es Handlungen/Verhalten/Handlungsweisen ohne Motive bzw. ohne dass Motive erkennbar wären?

5

5.1.5 Ein Motivationsmodell und seine Anwendung

Das Modell kann anhand einer Szene im Kindergarten entwickelt werden. Die Schülerin Nicole Merchel (1997) hat die Szene aufgeschrieben und bearbeitet:

Ich habe im Praktikum meine erste Aktion mit Kindern gemacht. Ich probierte die Einführung des Fingerspiels aus. Am Anfang lief es auch noch ganz gut, alle Kinder hörten und sahen mir gespannt zu.

Als ich das Lied zum zweitenmal sang und die passenden Bewegungen dazu machte, fingen alle an mitzumachen und mitzusingen – nur Marcel (4 J.) nicht. Als wir fertig waren, fragte ich Marcel, ob er es nicht auch mal versuchen wolle. Er aber antwortete, dass er das nicht könne. Ich sagte ihm, dass wir das Fingerspiel zusammen lernen wollten und dass er es versuchen solle. Darauf antwortete er erneut, er könne das nicht.

Ich sagte ihm, dass er mir seinen Daumen zeigen solle, damit ich sehen könne, ob die genauso zappeln wie meine. Aber Marcel tat gar nichts.

Ich fragte nun die anderen Kinder, ob ihre Daumen genauso zappelten wie meine. Außer Marcel wackelten jetzt alle Kinder mit ihren Daumen. Plötzlich fing Marcel auch an. Es machte ihm sichtlich Spaß „mitzuzappeln".

Dann sagte ich, dass wir das Fingerspiel noch einmal mit Marcel zusammen probierten. Als dann alle das Fingerspiel beherrschten, schlug ich den Kindern vor, es auch dem anderen Teil der Kindergartengruppe vorzuführen.

Später im Stuhlkreis war Marcel der erste, der den anderen unbedingt zeigen wollte, was er gelernt hatte.

Für die Interpretation dieser Motivationssituation von Nicole Merchel nehmen wir folgendes Modell zur Hilfe:

5

Interpretation

Durchgang I:

- Nicole schafft Anreize, indem sie das Spiel mit „wackelnden Daumen" einführt.
- Alle Kinder sind motiviert. Marcel ist nicht motiviert.
- Alle Kinder bewerten die Aufforderung Nicoles (und den Anreiz, der ihr Verhalten darstellt) positiv.
  Marcel bewertet die Aufforderung negativ; er wird blockiert durch ein gleichaltriges Mädchen, das besser mit den Daumen wackeln kann, als er es jemals von sich selbst vermuten kann. Er ist mutlos.
- Alle Kinder folgen Nicoles Einführung und ihrem Vorbild und machen das Spiel mit. Marcel blockiert, denn er hat Angst, sich vor dem Mädchen zu blamieren.
- Alle Kinder finden das Spiel sehr interessant (lustig).

Als gestandene Praktikantin ist Nicole unzufrieden damit, dass Marcel sich nicht bereit erklärt mitzumachen. Sie überlegt sich etwas. Sie lässt nicht locker:

Durchgang II:

- Marcel hat gesehen, dass alle mitmachen. Es „kribbelt ihm in den Daumen".
- Nicole macht ihm vor, wie es geht. Es sieht sehr spaßig und attraktiv aus.
- Er kommt zu einer positiven Bewertung der Situation. Dass es ein Mädchen besser kann als er, macht ihm nicht mehr so viel aus.
- Er macht mit.
- Er kommt zu einer sehr positiven Bewertung. Es macht ihm so viel Spaß, dass er nicht mehr zu bremsen ist, das Spiel in der Gesamtgruppe auch vorführen zu wollen.

Daraus lässt sich schließen:

Nicole hat es geschafft, Marcel im II. Durchgang zu motivieren. Sie hat nicht lockergelassen. Sie wollte, dass auch Marcel mitmacht.

Motivieren ist nicht immer so einfach. Man muss sich manchmal etwas einfallen lassen. Das oben dargestellte Modell bietet Möglichkeiten, die Bedingungen einer Motivationssituation zu gestalten.

1 Ist ein Kind motiviert, bedarf es keiner/weniger Anstrengungen.

2 Ist die Motivation nicht erkennbar, kann man entsprechende Anreize schaffen, um die Motivation in Gang zu setzen:
- durch Vormachen
- durch interessante Darbietungen
- durch ansprechende/lustige/attraktive Gestaltung der Situation
- durch den Wechsel in eine interessantere Situation usw.

3 Man kann das Kind in seiner (positiven) Bewertung unterstützen.
Erzieher, die großen Wert auf Selbständigkeit legen, würden sich weigern, an dieser Stelle einzugreifen.

4 Bei Blockade kann man ermutigen.
Bei Realisierung lässt sich verstärken (siehe Verstärkungslernen / hier: Fremdverstärkung). Erzieher, die auf Selbständigkeit bauen, mischen sich aber an dieser Stelle nicht ein.

5 Bei abschließender negativer Bewertung kann man als Erzieher „gegensteuern", indem man das Kind ermutigt.
Bei abschließender positiver Bewertung (wie bei Marcel in II. Durchgang) ist ein Eingreifen nicht mehr nötig. Das Kind ist so motiviert, dass die Eigendynamik weitere Durchgänge des Motivationsmodells organisiert und weitere positive Bewertungen schafft, die das Kind in seinem Verhalten bestärken.

Aufgabe

Schreiben Sie Situationen aus einem Praktikum auf, die mit Motivation zu tun haben. Untersuchen Sie die Situation nach mehreren Gesichtspunkten:
- Wie war die Situation beschaffen; gab es genug Anreize? Hat der Aufforderungscharakter ausgereicht? War das Kind überhaupt zu motivieren? Waren seine Bedürfnisse sehr ungünstig für einen Motivationsversuch?
- Können Sie feststellen, wie das Kind die Situation bewertet hat? Aus welchen Gründen überwogen negative Bewertungen? Was hat es dem Kind so leicht gemacht, die Situation positiv zu bewerten?
- Untersuchen Sie Hintergründe für die Blockade. Was hat die Realisierung erleichtert?
- Welche Bewertungen kamen wie zustande?
- Welche Folgen hat die abschließende Bewertung auf die Motive des Kindes gehabt?
- Wieviele Motivationsdurchgänge waren nötig, um das Kind zu motivieren?
- Gab es besondere Probleme bei der Motivierung? Gab es überhaupt keine Perspektive für weitere Durchgänge des Motivierens?

5.2 Grundlegung der Entwicklung der Motivation

Maslow (1954) nimmt an, dass es zwei verschiedene Arten von Motiven gibt:
– tiefer liegende Bedürfnisse,
– höhere Bedürfnisse.
Dabei sind die tiefer liegenden grundlegend für die höheren. Konkret bedeutet das, dass Liebe und Zuneigung bei einem Kind nur dann entstehen, wenn seine primitivsten physiologischen Bedürfnisse befriedigt sind (Nahrung, Schlaf usw.). Nach Maslows Vorstellung bauen die Bedürfnisse folgendermaßen aufeinander auf:

1 Physiologische Bedürfnisse: Das sind die Bedürfnisse nach Nahrung, Schlaf, Sauerstoff, Wärme usw. Das Verhalten des Säuglings gruppiert sich um die Befriedigung dieser elementaren Bedürfnisse. Seine Umwelt hat für den Säugling nur insofern Bedeutung, als sie zur Befriedigung dieser Bedürfnisse beiträgt. Das Kind lernt sehr früh zwischen Situationen zu unterscheiden, die Bedürfnisbefriedigung fördern oder hemmen. In gewissem Umfang ist diese Bedürfnisbefriedigung auch notwendig, um die nächste Stufe voll zur Geltung zu bringen. Auch wenn die nächste Stufe eingeleitet wird, behält die Stufe davor im Leben des Menschen eine gewisse Bedeutung. So kann es passieren, dass ein Mensch, der auf einer Stufe seine Bedürfnisse nicht geltend machen kann, auf eine vorhergehende Stufe (kurzzeitig) zurückkehrt.

2 Bedürfnis nach Sicherheit: Das kommt in der Tendenz zum Vorschein, gewohntes Verhalten einem anderen vorzuziehen, welches mehr Gefahren und ein größeres Risiko mit sich bringt. Fremde und wenig vertraute Situationen werden demnach eher gemieden.

3 Bedürfnis nach Liebe und Geborgenheit: Je mehr das Kind in sein soziales Umfeld hineinwächst, desto stärker entfaltet sich der Wunsch, Beziehungen zu anderen Menschen aufzubauen, die von gegenseitigem Vertrauen getragen sind. Auch Spitz (1970) hat mit seinen Untersuchungen belegt, wie wichtig es für ein Kind ist, dass es dieses Bedürfnis in der frühen Kindheit befriedigen kann.

4 Bedürfnis nach Geltung: Der Mensch möchte in seinem Denken und Handeln von den Personen seines sozialen Umfeldes anerkannt und bestätigt werden. Kann das nicht verwirklicht werden, können Gefühle der Minderwertigkeit, der Schwäche und der Hilflosigkeit entstehen.

5 Bedürfnis nach Selbstverwirklichung: Hier kommt ein Bedürfnis zur Geltung, das darauf drängt, die individuellen Möglichkeiten zur Entfaltung zu bringen. Ob dieses Bedürfnis realisiert werden kann, hängt von der Einstellung und der Aktivität der Bezugsperson(en) und der anderer Menschen im Umfeld des Kindes ab; hieraus können sich ergeben: Ausgeglichenheit, Zufriedenheit und eine angemessene Zukunftsperspektive.

6 Bedürfnis nach Wissen und Verstehen: Nach Maslow ist dieses Bedürfnis nicht bei allen Menschen ausgeprägt. Hinderlich für die Entwicklung solcher Bedürfnisse ist oft die soziale Umwelt. In vielen Berufsbereichen etwa wird nicht Einsicht und schöpferische Gestaltung gefordert, sondern eher das Befolgen von Anordnungen.

Selbstverwirklichung: Äußerung der Bedürfnisse eines voll handlungsfähigen Schülers oder Menschen schlechthin: das Selbst werden, das man wirklich ist.		

Ästhetische Bedürfnisse	**Ästhetische Bedürfnisse:** Wertschätzung der Ordnung und des Gleichgewichts allen Lebens; Sinn für Schönheit und Liebe allen Lebens.	
Leistungsbedürfnisse, Intellektuelle Bedürfnisse	**Verständnisbedürfnis:** Wissen von den Beziehungen, Systemen und Prozessen, die in weitläufigen Theorien ausgedrückt sind; die Integration des Wissens und des Sagen- und Märchenguts in weitläufige Strukturen.	*Seins- und Werdens-motive,* die aus dem Innern des Menschen entspringen, sind edel und fortdauernd, und werden stärker, wenn sie *erfüllt* werden.
	Wissensbedürfnis: Zugang zu Informationen und zu Sagen- und Märchengut haben; wissen, wie Dinge getan werden; wissen wollen, was Dinge, Ereignisse und Symbole bedeuten.	
Gruppenzugehörigkeitsbedürfnisse, soziale Bedürfnisse	**Geltungsbedürfnis:** als ein besonderer Mensch mit speziellen Fähigkeiten und wertvollen Eigenschaften anerkannt werden; besonders und anders sein.	
	Zugehörigkeitsbedürfnisse: als Mitglied einer Gruppe aktzeptiert werden; wissen, daß andere deiner gewahr sind und dich bei sich haben wollen.	*Mangelmotive oder Erhaltungsmotive,* die durch äußere Faktoren erfüllt oder verneint werden, sind stark und wiederkehrend und werden stärker, wenn sie *nicht* erfüllt werden
Physische Bedürfnisse, Organisationsbedürfnisse	**Sicherheitsbedürfnisse:** sich sorgen, dass der nächste Tag gesichert ist; eine reguläre und voraussagbare Existenz für sich selbst, seine Familie und seine Eigengruppe haben.	
	Überlebensbedürfnisse: sich um die unmittelbare Existenz sorgen, fähig sein, in diesem Augenblick zu essen, atmen und zu leben.	

Hierarchie der Bedürfnisse (Fassung von Maslow [1954], von Root [1970] modifiziert)

Oerter (1973) schreibt:

> *Dem Bedürfnis nach Selbstverwirklichung gehen die positiven Erfahrungen bei allen übrigen Bedürfnissen und Zielen voraus. Wer nie Geborgenheit, Liebe und soziale Anerkennung erfahren hat, zeigt kein Bedürfnis, das eigene Geschick in die Hand zu nehmen und aus sich das Beste zu machen.*

Andererseits müssen wir auch anmerken: Die höheren Bedürfnisse sind nicht nur von der Befriedigung der tiefer liegenden abhängig; die höheren können ebenso auf die tieferen einwirken. So kann ein Mensch durch erworbene Kenntnisse Veränderungen in den tieferliegenden Bedürfnisarten (z. B. in seinen Essgewohnheiten, bei seinen Sozialkontakten usw.) herbeiführen. Kennzeichnend für den Menschen ist gerade die planende und bewusste Gestaltung seines Lebens, und damit auch seiner elementaren Bedürfnisse.

5.3 Entstehung der Motive

5.3.1 Biologische (primäre) und soziale (sekundäre) Motive

Im Hinblick auf die Entstehung unterscheidet man meist zwischen biologischen (primären) und sozialen (sekundären) Motiven.

> **Die biologischen Motive wie Hunger, Sexualität, Bedürfnis nach Schlaf usw. sind abhängig von bestimmten Gesetzmäßigkeiten des menschlichen Körpers.**
> **Die sozialen Motive entstehen in der Wechselwirkung mit der jeweiligen sozialen Umwelt, also im Kontakt mit Eltern, Geschwistern, Freunden, Lehrern usw. – kurz: in Erziehung und Sozialisation.**

Soziale Motive sind etwa: Bedürfnis nach Geltung, Bedürfnis nach Selbstverwirklichung, Machtstreben, Bedürfnis nach Kommunikation, Bedürfnis nach sozialem Kontakt („Anschlussmotiv", *Heckhausen*, 1975) usw.

Allerdings ist diese Unterscheidung nicht so zu verstehen, dass beide Motivarten getrennt voneinander auftreten. Obwohl Sexualität (vom Ursprung her) ein biologisches Motiv ist, wird sie doch sehr stark geprägt durch soziale Bedingungen; ja die Sexualität erreicht erst ihre menschliche Ausprägung durch die Einwirkungen der (menschlichen) Gesellschaft (d. h. durch die Sozialisation); Sexualität wird erst zu einem persönlichen oder individuell ausgeprägten Motiv durch Erziehung und Sozialisation.

Auch der Hunger als ursprünglich biologisches Motiv unterwirft sich bis zu gewissen Grenzen sozialen Bedingungen: Beim Essen nimmt man z. B. Rücksicht auf den Körperumfang, damit man (für andere) „gut aussieht" – oder man traut sich z. B. bei Bekannten nicht, um Essen zu bitten, weil man fürchtet, das könnte „ein schlechtes Licht auf einen werfen" (obwohl man unter Umständen großen Hunger hat).

Man kann auch davon sprechen, dass biologische Motive von sozialen überlagert oder verändert werden. Beim Menschen beeinflussen sie sich also gegenseitig. Im aktuellen Verhalten treten sie nicht getrennt, sondern zusammen auf.

Aufgabe
Stellen Sie weitere Beispiele für das Zusammenwirken primärer und sekundärer Motive zusammen.

5.3.2 Entstehung sozialer Motive

5.3.2.1 Wie werden Motive gelernt?

Wie ein Motiv erlernt wird, ist oft nicht recht durchschaubar. Hier müssen wir uns beschränken auf einige Beispiele (es empfiehlt sich, zum besseren Verständnis das Kapitel über das „Lernen" zu beachten).

Verstärkungslernen

Allgemein lässt sich sagen: Wenn ein bestimmtes Verhalten verstärkt wird, wird das Motiv, das dieses Verhalten verursachte, ebenfalls verstärkt. In unserem Motivationsmodell (S. 102) wäre das durch die positive Rückwirkung des Kreislaufs II gegeben.

Beobachtungslernen

Ein Beispiel für Beobachtungslernen geben *A.* und *R. Tausch* (1971):

Beispiel

„60 Jungen und Mädchen im Alter von 3–5 Jahren wurde ein 8-Minuten-Film gezeigt, in dem ein Modell verschiedene aggressive Tätigkeiten, zusammen mit verschiedenen verbalen Aggressionen (Schimpfwörtern) zeigte. Nach dem Film wurden die Kinder einer leichten Frustration durch Wegnahme von attraktivem Spielzeug ausgesetzt und in ihrem Verhalten mit dem im Film aggressiv verwendeten Spielzeug sowie weiterem Spielzeug beobachtet. Sechs Monate später wurde die Frustrationssituation sowie die 20 Minuten dauernde Spielsituation mit Verhaltensregistrierung im gleichen Raum wiederholt, jedoch ohne den Film vorher zu zeigen; ferner wurde ein Behaltenstest durchgeführt."

A. und *R. Tausch* fanden u. a. heraus:
– „Kinder mit der Beobachtung aggressiver Modelle zeigten im Vergleich zu Kontrollkindern ohne Filmmodelle ein größeres Ausmaß aggressiven Verhaltens.
– Sechs Monate nach der Darbietung des Film erinnerten Jungen wie Mädchen ein größere Anzahl Aggressionen des Filmmodells im Behaltenstest als es im Spielverhalten zum Ausdruck kann.
– Jungen wiesen mehr aggressives Verhalten auf als Mädchen."
In den Medien werden diese Zusammenhänge genutzt. Auch die Motivforschung in der Werbung kennt solche Auswirkungen. Wir sollten nicht glauben, dass die Auswirkungen nur bei Kindern wirksam sind.

Konditionieren

Ängste entstehen oft auf der Grundlage des Konditionierens, auch Gehemmtheit oder Furcht.

Beispiel

Die Angst der Kinder vor dem Arzt (weißer Kittel) oder Friseur; ebenfalls die Angst vor Hunden (oder Fell-Tieren).

5.3.2.2 Anreize und Motive

Seit den Untersuchungen von *R. A. Spitz* weiß man, dass extreme Reizarmut (Monotonie) der Umwelt im frühesten Kindesalter verheerende Auswirkungen haben kann auf die Entwicklung des Kindes. *Spitz* nennt diese Auswirkungen: Hospitalismus.

> „Das Wort Hospitalismus bezeichnet einen Entkräftungszustand des Körpers auf Grund eines langen Aufenthaltes im Krankenhaus (...) Der Ausdruck wird immer mehr benutzt, um (...) die nachteilige Wirkung des Aufenthalts in Pflegeanstalten auf Säuglinge zu umschreiben, die sehr früh in solche Anstalten eingewiesen werden."

(Spitz, 1971)

Ein Kind (von der Geburt bis zum 1. Lebensjahr) hat offenbar in einer solchen Umgebung ohne Anreize keine Möglichkeit, Bedürfnisse zu entwickeln – oder die Bedürfnisse, die sich zart und andeutungsweise im Verhalten zeigen, werden durch mangelnde Rückmeldung (durch Pflegepersonal) in der Weiterentwicklung gehindert. Es entsteht eine passive oder resignative Grundhaltung.

Neugier etwa kann gar nicht erst entstehen, weil die Umwelt wenig bietet, was die Neugier wecken könnte. Als *Spitz* diese Untersuchung machte, lagen die Kinder wochenlang in Kinderbetten, die seitlich überdies mit weißen Tüchern behängt waren. Die Kinder konnten nur die Decke sehen. Spielzeug hatten sie anfangs keines.

Aber auch Reizüberflutung kann sich negativ auswirken. *Heckhausen* (1975) weist darauf hin, dass sich zu häufiges Fernsehen und zu viel Spielzeug auf die Erfolgserwartung bei der Leistungsmotivierung bei Kindern negativ auswirke. Einer Untersuchung *S. Milgrams* zufolge wirkt sich Reizüberflutung (in der Großstadt) negativ auf das Sozialverhalten der Menschen aus. Gleichgültigkeit gegenüber Mitmenschen ist – nach *Milgram* – ein vorherrschendes Motiv.

5.3.2.3 Die soziale Gruppe und Motive

K. Lewin (1963) fand heraus, dass die soziale Gruppe in der Regel besser Verhalten und Motive ändern kann als dies Einzelpersonen vermögen:

> *Die Wirkung der Einzelbehandlung wurde mit der Wirkung der Gruppenentscheidung von Farmerfrauen verglichen, die zur Entbindungsstation des State-Hospital in Iowa kamen. Vor ihrer Entlassung erhielten sie einzeln eine Unterweisung über angemessene Ernährungsvorschriften für Säuglinge (...) Dieses Verfahren wurde mit einem anderen verglichen, in dem sechs Mütter in einer Gruppe diskutierten und sich entschieden. Im ersten Fall verwandte der Ernährungsfachmann fünfundzwanzig Minuten auf jede Mutter, und im zweiten wurde der gleiche Zeitbetrag auf die Gruppe von sechs Müttern angewandt.*

War schon der Zeitaufwand bei der Gruppe rationeller, so war auch die Auswirkung auf die Frauen mit der Gruppenunterweisung und Diskussion wesentlich günstiger. Im Vergleich zu den Frauen mit Einzelunterweisung stellten mehr als doppelt so viele Frauen aus der Gruppe die Ernähungsgewohnheiten im Hinblick auf die bessere Ernährung des Säuglings um.

5.4 Wirkungsweise einzelner Motive

5.4.1 Neugier

5

Aufgabe

Diskutieren Sie an konkreten Beispielen die Funktion der Neugier beim Lernen, bei der Sprachentwicklung, der Sozialentwicklung usw.

Unter Neugier wollen wir einfach verstehen: Hinwendung zu Neuem, Suche nach Anregungen, Forschungsdrang, Wissensdrang usw.
Dagegen ist hier nicht gemeint: die „unheimliche" Aktivität von lieben Nachbarn, die möglichst alles wissen und erfahren wollen, um es „weiterzutratschen". Sicher ist das auch Neugier. Wir wollen Neugier im oben genannten Sinne positiv verstehen.
Die Bedeutung der Neugier liegt z. B. darin, dass sie ein wichtiger Bestandteil der Lernlust des Kindes (und natürlich des Jugendlichen und Erwachsenen) ist. Fehlt sie, dann ist das Kind weniger motiviert zu lernen, es ist schwerfällig beim Lernen.

Die Entwicklung der Neugier lässt sich in drei Stadien einteilen.

1. Stadium

> *Unmittelbar nach der Geburt zeigt sich das Kind reaktiv. Es antwortet nicht nur auf schmerzhafte Reize (...) sondern auch auf Reizänderungen, wie Wechsel in Helligkeit und Lautstärke.*

(Oerter, 1973)

Daraus können wir allgemein schließen, dass der Wechsel von Reizen und Reizkonstellationen beim Kleinstkind Aktivität hervorruft. Freilich bedeutet dies auch, dass eine reizarme und monotone Umgebung Passivität zur Folge hat; bei extremer Reizarmut können die Folgen für das Kind äußerst schädlich sein. Solche Schädigungen zeigten sich allerdings nicht nur in einem großen Ausmaß an Passivität, sondern auch in einem Rückstand der körperlichen und motorischen Entwicklung. *(nach: R. Spitz, 1971)*

In einer Untersuchung hat Dennis (1960) festgestellt, dass in einem Waisenhaus in Teheran 65 Prozent der zweijährigen Kinder noch nicht sitzen und 85 Prozent der vierjährigen Kinder noch nicht laufen konnten. Ein normal entwickeltes Kind dagegen sitzt allein zwischen dem 7. und 9. Monat; es beginnt zwischen dem 11. und 13. Monat zu gehen (*Schenk-Danzinger*, 1972). Die Waisenhauskinder waren infolge der mangelnden Abwechslung völlig apathisch. Die Bettchen der Kinder waren mit weißen Tüchern zugehängt, so dass sie im wesentlichen nur das Innere der Betten sowie die Zimmerdecke sehen und den Verkehrslärm hören konnten.

2. Stadium

> *Nun sucht das Kind den Kontakt mit den Reizquellen, Sachen, Personen eigenständig aufrechtzuerhalten, oder, falls unterbrochen, wieder aufzunehmen.*

(Oerter, 1973)

5

Nach Piaget (1936) kann das konkret so aussehen: Eine Puppe über dem Bettchen wird mit Hilfe der Beine in Bewegung gesetzt; das Kind, erfreut über das Geräusch einer Klapper, versucht gezielt, das Geräusch erneut zu erzeugen.

Monotonie ist wenig angenehm. Reizänderung ist interessant und angenehm – auch die Objekte, die Reizänderungen herbeiführen, werden interessant.

3. Stadium

Das Kind sucht die Reize jetzt selbst auf.

> *Es „sucht also innerhalb des vertrauten Bereichs nach Neuem. So möchte es wissen, was mit den Gegenständen geschieht, wenn man sie fallen läßt, wirft (...) Das Handeln und Agieren mit vertrauten Objekten erscheint demnach vor allen Dingen deshalb für die Entwicklung wichtig, weil über bekannte und vertraute Dinge, Orte und Situationen Informationen gesammelt werden können.*

(Oerter, 1973

Die Verhaltenseinheiten des Kindes werden nun danach geordnet, ob sie dabei helfen, ein Ziel zu erreichen oder nicht. Helfen sie nicht, werden sie zurückgestellt, während unterstützende Handlungen eingesetzt werden.

Piaget (1936) erzählt von seinem Sohn Laurent, dass er im 12. Monat eine Schachtel zu sich gezogen hat, die auf einem Polster lag, indem er das Polster zu sich heranzog. Neugier war hier verantwortlich für das Experimentieren mit Gegenständen (und Handlungen); sie ist eine wichtige Voraussetzung für Intelligenzleistungen.

J. S. Bruner bestätigt die Aussage:

> *Je neugieriger und erfindungsreicher die Kinder beim Spiel vor vier Jahren gewesen waren, desto höher waren nun ihre Ergebnisse auf der Skala der Originalität. Im Allgemeinen stuften sich die weniger ideenreichen Jungen selbst als passiv und antriebsarm ein. Eltern und Lehrer dieser Kinder bemängelten ihr fehlendes Interesse. Die Mädchen aus der Gruppe der wenig kreativen Kinder verhielten sich in sozialen Situationen sehr zurückhaltend und waren im Allgemeinen auch verkrampfter und ängstlicher als ihre ‚verspielteren' Altersgenossinnen (1975).*

In einer Untersuchung kommt *C. Martindale* unter anderem zu dem Schluss:

> *Mit Neuartigem, ob als Bild, als Musik oder als Gedanke, konfrontiert, geraten schöpferische Menschen in Aufregung und Beteiligung, während weniger schöpferische misstrauisch oder sogar feindselig werden (...) Zur Zeit können wir abschließend sagen, dass schöpferische Menschen die Welt anders sehen und auf sie reagieren als die meisten von Ihresgleichen (...) weil sie Informationen anders verarbeiten (1975).*

Es ist also empfehlenswert, Neugier zu fördern. Diese Forschungsergebnisse sind allerdings auch Argumente gegen das Gängeln, Verbieten, Einengen.
Abschließend sollten wir darauf hinweisen, dass starke und plötzliche Reizveränderungen Furcht, Angst und Gehemmtheit hervorrufen können.
Neugier – so haben wir gesehen – löst ein Verhalten aus, das die Umwelt erforscht, sie in den Griff zu bekommen sucht, um sie danach vielleicht zu gestalten.

5.4.2 Leistungsmotiv

Beschreiben lässt sich das Leistungsmotiv nach *Heckhausen* (1975) folgendermaßen:

> *Man kann es als Bestreben bezeichnen, die persönliche Tüchtigkeit in allen jenen Tätigkeiten zu steigern oder möglichst hoch zu halten, in denen man einen Gütemaßstab für verbindlich hält und deren Ausführung deshalb gelingen oder misslingen kann.*

Beispiele

Jussi kommt aus der Schule:
„Mama, warum bist Du nicht Lehrerin bei uns. Dann könntest du den Weibern ganz viel Hausaufgaben geben und uns keine ..." (6 Jahre)   *(Ute Bertels)*

Ole liest Großmutter aus dem Lesebuch vor. Mutter ermuntert ihn, ein Stück zu lesen, das sie in der Schule noch nicht behandeln haben.
Ole: „Nein, das kann ich noch nicht lesen, da ist ein i drin!" (6 Jahre)   *(H.-D. Zeuschner)*

„Ach, heute hole ich mir noch einmal ein Bilderbuch. Aber nächste Woche, da hole ich mir
was zu lesen." (6 Jahre)

(Gabriela Klink)

Erschöpft knalle ich mich aufs Sofa und stöhne: „Ich bin so faul."
Carolin (6 Jahre): „Du bist nicht faul. Du willst nur nichts tun."

(Elisabeth Nowak)

Heide hat die erste Klassenarbeit bekommen. Zu Hause strahlt sie die Mutter an:
„Die anderen haben nur zwei und drei, ich habe vier!" (7 Jahre)

(H.-D. Zeuschner)

(aus: N. Kühne 30 Kilo Fieber. Die Poesie der Kinder. Kinderanekdoten, Zürich 1997

Wie Heckhausen die ersten Ansätze von Leistungsmotiven gefunden hat, lassen wir ihn
selbst berichten:

„In einer ersten Untersuchung wurde eine möglichst einfache, aber für 2- bis 7-jährige anregende Aufgabe entwickelt: Um einen senkrecht stehenden Pflock sind Holzringe zu einem Turm aufzustapeln. Auch der Versuchsleiter baut für sich einen Turm, und es kommt darauf an, wer zuerst fertig ist. Das Zuerstfertigwerden ist ein denkbar einfacher Gütemaßstab, der über Erfolg und Misserfolg entscheidet. In einigen Versuchen baut der erwachsene Versuchsleiter langsamer, in anderen schneller als das Kind. Es durchschaut nicht, dass auf diese Weise sein Erfolg oder Misserfolg manipuliert wird.
Die Kleinsten unter $2^1/_2$ Jahren – und noch etwa die Hälfte der $2^1/_2$- bis $3^1/_2$-jährigen – verstehen noch nicht, worauf es ankommt. Sie bauen mit allerlei Unterbrechungen ihren Turm, achten aber nicht darauf, ob der Versuchsleiter früher oder später fertig wird. Mit dessen Frage, wer zuerst fertig war, können

sie noch gar nichts anfangen. Sie freuen sich über das eigene Bauwerk und sind kaum zu bewegen, es wieder abzubauen. An dem gesamten Verhalten wird aber überdeutlich, daß ihre Freude noch keine Erfolgsfreude im Sinne der Selbstbekräftigung ist. Es ist Freude über den Effekt, den aufgebauten Turm, aber noch nicht über die eigene Urheberschaft, die eigene Tüchtigkeit.
Sobald Kinder jedoch den Gütemaßstab verstehen, d. h. den zeitlichen Vergleich des Früher- und Späterfertigwerdens anstellen können, wetteifern sie auch und reagieren erstaunlich heftig auf Erfolg und Misserfolg. Nach dem Erfolg richtet sich der Blick triumphierend auf den Verlierer. Der Körper strafft sich, die Hände werden hochgeworfen, so als sollte das eigene Ich stolz vergrößert werden. Nach Misserfolg sackt das Kind förmlich zusammen, der Kopf ist zur Seite geneigt und der Blick verlegen gesenkt."

Mit *Heckhausen* können wir daraus folgende Anmerkungen entwickeln:
– Für die Entstehung und Entwicklung des Leistungsmotivs ist es wichtig, dass das Kind einen Gütemaßstab erkennen kann: hier war es das Früher- oder Später-Fertigwerden.
– Das Kind muss in der Lage sein, die Leistung sich selbst zuzuschreiben („Kausalattribuierung"). Wenn es das nicht tun könnte, könnte es auch keine Erfolgsfreude empfinden. „Freude oder Beschämung sind Zeichen einer positiven bzw. negativen Selbstbekräftigung für Erfolg und Misserfolg."
– Die Tätigkeiten „müssen nach dem Schwierigkeitsgrad unterschieden werden können". Nach *Heckhausen* beginnen Kinder vom 1. Lebensjahr an, solche Tätigkeiten aufzusuchen, die für sie jeweils einen mittleren Schwierigkeitsgrad haben.
– Die Tätigkeit „muss gelingen oder misslingen können."

(Heckhausen, 1975)

Ein Kind ist nach dieser Untersuchung etwa im Alter von 3 Jahren fähig, Wetteifer zu begreifen – und leistungsmotiviert zu handeln. *Heckhausen* weist allerdings darauf hin, dass man diese Tatsache nicht so missverstehen dürfe, als ob das Kind in diesem Alter ständig zum Wetteifer neige.

Wie lässt sich nun das Leistungsmotiv fördern?

– Werden Leistungen vom Kind als Erfolg erlebt, wird das Leistungsmotiv intensiviert (Selbstverstärkung).
– Geht man als Erzieher positiv auf Leistungen der Kinder ein, interessiert sich dafür usw., dann verstärkt man dieses Motiv (Verstärkung durch Erzieher).
– Ist man als Erzieher (Vater, Mutter) leistungsmotiviert, so besteht eine gewisse Wahrscheinlichkeit, dass Kinder ebenso motiviert werden (Nachahmungslernen).
– Bietet die Umgebung des Kindes Möglichkeiten (Anreize), dann ist das für das Motiv förderlich. Bietet es keine, wird das Entstehen behindert.
– Selbstständige Kinder sind im Allgemeinen wesentlich mehr leistungsmotiviert als unselbstständige. (Man müsste demnach auch die Selbstständigkeit fördern.)
– Wird vom Kind mehr gefordert als es leisten kann, häufen sich die Misserfolgserlebnisse. Das Versagen wird zum ständigen Begleiter. Die Forderungen müssen also den Fähigkeiten des Kindes entsprechen. Kinder mit vielen Misserfolgserlebnissen schreiben sich die Schuld zu (ihrer eigenen Unfähigkeit). Erfolgsmotivierte führen ein Versagen auf „mangelnde Anstrengung oder Pech" (*Heckhausen*, 1975) zurück. *Heckhausen* (1975) merkt an, dass der elterliche Leistungsdruck um so höher ist, je niedriger die Schulleistungen ihrer Kinder sind; mit Sicherheit ist das ein Fehler (nicht nur im Hinblick auf die Leistungsmotivation).

Eine „Dynamik der Entwicklung von Leistungsangst" bei Kindern beschreibt *H. Skoworonek* (1969); er unterscheidet dabei vier Stufen:
– Als Reaktion auf die negativen Beurteilungen seiner Leistungen erlebt das Kind heftige feindselige Reaktionen gegenüber den Eltern. Diese Gefühle können aber nicht zureichend ausgedrückt werden. Wenn sie nämlich tatsächlich einmal manifest wurden, zogen sie Bestrafungen nach sich. Wenn sie sich in der Phantasie entluden, kamen sie mit den positiven Gefühlen den Eltern gegenüber in Konflikt.
– Die elterliche Reaktion auf die kindliche Feindseligkeit (eben Bestrafung) kann verschiedene Folgen für die Einstellung des Kindes gegenüber diesen eigenen Gefühlen haben. Die wahrscheinliche Folge ist die Entwicklung von Schuldgefühlen, d. h., das Kind kann die aggressiven Impulse gegenüber den Eltern nicht so erfolgreich verdrängen, dass ihm die Schuldgefühle erspart blieben. Dieser Zusammenhang wird durch die gleichzeitig vorhandenen positiven Gefühle gegenüber den Eltern verstärkt.
– Als Folge dieser bewussten Verknüpfung von Feindseligkeit und Schuldgefühlen neigt das Kind dazu, sich selbst herabzusetzen, besonders in Situationen, in denen die Eltern seine Leistungen mit ihren Erwartungen vergleichen und damit Feindseligkeit und Schuldgefühle mobilisieren. Das Kind richtet im Endergebnis seine Aggressionen also eher gegen sich selbst als gegen andere.
– Eine weitere Komponente sind unbewusste Phantasien über die Folgen, die der Ausdruck der aggressiven Impulse gegenüber den Eltern nach sich ziehen würde. Diese Phantasien mobilisieren oder verstärken Gefühle der Hilflosigkeit und Verlassenheit. Folgerichtig, um diese Gefahr des Verlassenwerdens abzuwenden, betont das Kind seine Abhängigkeitsbedürfnisse. Das Verlangen nach Zustimmung, Anleitung und Unterstützung durch die Eltern wird dominant. Entsprechend werden Spontaneität und Selbstständigkeit des Kindes allgemein behindert.

5

5.4.3 Wille (Selbststeuerung)

„Wille" wird auch Selbststeuerung genannt. Vielleicht kann uns diese Bezeichnung den Zugang zu dem Thema ein wenig erleichtern.
Doch zuvor ein kurz gefasster Überblick über die Entwicklung des Willens:

> *Willenshandlungen entwickeln sich größtenteils aus Lernprozessen, die aus den Beziehungen zwischen Erwachsenen und Kind resultieren. Zunächst vermag das Kind verbal (in Worten) gegebene Sätze der Erwachsenen zu erfüllen. Später kann es sich selbst ,kommandieren'. Mit Hilfe des eigenen Sprechens werden bereits deutlich komplexere Handlungsweisen richtig ausgeführt. Schließlich vermag das Kind willensgesteuerte Handlungen rein durch das innere Sprechen erfolgreich zu produzieren.*

(Oerter, 1973)

Beispiel

Annekes Wille
Anneke hat den ganzen Tag gespielt. Abends sagt die Mutter zu ihr, sie müsse ihr Zimmer noch ein wenig aufräumen.
Anneke: „Nein, Mama! Ich will mich nicht mehr bücken!" (3 Jahre)

 Aufgabe
Analysieren Sie die Sprichwörter/Redewendungen/Zitate, mit denen Sie als Kind oder Jugendlicher von Eltern/Erziehern konfrontiert wurden. Beurteilen Sie, welche Funktion sie in Ihrer oder in der Erziehung grundsätzlich hatten bzw. haben.
Um Sie ein wenig zu unterstützen, seien einige Beispiele genannt:
– Der beste Wille ist der feste Wille.
– Des Menschen Wille ist sein Himmelreich.
– Wo ein Wille ist, da ist auch ein Weg.
– Einen eisernen Willen haben.
– Guter Wille hat geschwinde Füße.

Wie wir es bei der Entwicklung der anderen Motive gesehen haben, lässt sich auch hier eine Entwicklung von einfacheren zu komplizierteren Strukturen erkennen.
Wir teilen die Entwicklung des Willens/der Selbststeuerung in einzelne Stadien ein.

1. Stadium
Das Kind kann im Alter von ca. 2 Jahren einfache Kommandos ausführen, wenn keine weiteren Komplikationen auftreten. *Luria* (1961) ließ Kinder zwischen 2 und 3 Jahren Ringe von einer Stange entfernen; während dieser Beschäftigung forderte man das Kind auf, Ringe auf die Stange zu schieben; der Effekt dieses Zwischenkommandos war jedoch, dass die Kinder in der Regel die Aktivität (des Entfernens) steigerten, statt dem Zwischenkommando inhaltlich nachzukommen. Man könnte dies als Vorstufe für Willenshandlungen auffassen.

2. Stadium

Mit ca. 3–4 Jahren beginnt die Sprache, eine regulierende Wirkung auszuüben. Wenn es den Ball z. B. auf irgendwelche (vom Experimentator zu gebenden) Signale hin drücken soll, dann erleichtert die Sprache diese Aufgabe: das Kind sagt „los" und drückt den Ball. Die Sprache unterstützt also ab diesem Alter die Selbststeuerung (*Wygotski* und *Luria*). Zuerst ist aber nicht die Bedeutung der sprachlichen Äußerung wichtig – sondern mehr die Tatsache, dass überhaupt ein Impuls gegeben wird (ein Anstoß). Man erkennt das daran, dass das Kind noch nicht auf die inhaltlichen Zusammenhänge achtet:

Eine Erweiterung des Experiments macht ebenfalls deutlich, dass der dem Zusammendrücken unmittelbar vorausgehende (kurze) sprachliche Impuls den Ausschlag gibt. Es leuchten in wechselnder Folge ein rotes und ein grünes Licht auf. Das Kind soll beim roten Licht drücken, beim grünen dagegen nicht. Begleitet nun das Kind das rote Signal mit den Worten ‚drücken' und das grüne mit den Worten ‚nicht drücken', so bewirkt der sprachliche Impuls, dass jedesmal bei rot und grün gedrückt wird. Die Bedeutung ‚nicht drücken' hat noch keinen Einfluss auf die motorische Antwort, obwohl das Kind natürlich den Sinn der Worte versteht. (Oerter, 1973)

5

3. Stadium

Im Alter von ca. 5–6 Jahren schafft das Kind diese Aufgabe; d. h., die Worte erhalten inhaltliche Bedeutung für die Ausführung einer Handlung. Die Sprache unterstützt nun effektiv (inhaltlich) die Selbststeuerung.

Oerter vertritt die Auffassung, dass damit der Hauptteil der Entwicklung des Willens abgeschlossen sei. Er weist darauf hin, dass auch Erwachsene oft, wenn sie neue Handlungen einüben, begleitende Kommandos der Sprache benützen: etwa beim Tanzen lernen, beim Autofahren lernen usw.

Wichtig ist, dass sich die innere Sprache als wichtigste Steuerungshilfe immer mehr vervollkommnet, und damit natürlich auch die Selbststeuerung.

4. Stadium

Eine weitere wichtige Hilfe bei der Selbststeuerung ist die Ausbildung der Aufmerksamkeit, die man wiederum in drei Entwicklungsstadien gliedern könnte:
- passive Aufmerksamkeit – Wahrnehmen von Reizänderungen (Steuerung von außen),
- aktive Aufmerksamkeit – Zuwendung zu Reizen und eigenständiges Untersuchen (innere Steuerung),
- vorwegnehmende Aufmerksamkeit – meint die Fähigkeit, mit Vorstellungen wahrscheinliche Reizkonstellationen vorwegzunehmen.

Die Übung dieser Aufmerksamkeit ist ungeheuer wichtig. „Lesen, Schreiben und Rechnen lassen sich wohl ein Jahr später nachholen. Ob aber ein verlorenes Jahr an Aufmerksamkeitstraining eingeholt werden kann, erscheint fraglich" (*Oerter*, 1973).

Soll das Kind seinen eigenen Willen ausbilden und weiterentwickeln, dann ist es auf ein ganz bestimmtes Erzieherverhalten angewiesen:

Der Erzieher muss dem Kind Raum lassen zu experimentieren; er muss Neugier fördern durch Anregungen.

Der Erzieher muss Verständnis haben dafür, dass das Kind noch nicht perfekt ist. Er muss ungeschicktes Verhalten akzeptieren können und die positiven Punkte am realisierten Verhalten anerkennen; z. B. wenn ein Kind lernt, Messer und Gabel zu gebrauchen.

Der Erzieher muss sparsam sein mit Kommandos, Befehlen, Verboten; er sollte eher informieren, Hinweise geben.

Schließlich muss der Erzieher – als Ausdruck eigenen Willens und als Vorbild – gelegentlich eigene Willensentscheidungen vor dem Kind vertreten; mit dem Kind muss er sich auseinandersetzen, wenn es auf seinen Forderungen beharrt. Die Trotzreaktion, der Trotzanfall und die sogenannte Trotzphase werden gemeinhin als dramatische Form dieser Auseinandersetzung angesehen. Wenn das Kind hier nur dem Willen des Erziehers gehorchen müsste, könnte es nach unserer Vorstellung schlecht einen eigenständigen Willen entwickeln, um sein Verhalten mit der Zeit steuern zu lernen.

5.4.4 Aggression

Ein paar historische Anmerkungen zum Thema:

Gewalt in der Glotze seelenruhig genießen
Der Spaß an „blutigen Bildern" aus Sicht der Soziologen

Gewalt erschreckt Menschen und erregt ihre Abscheu. Sie zieht sie aber auch an, ja fasziniert sie. Das scheint zu allen Zeiten so gewesen zu sein. Gegen Ende des 20. Jahrhunderts ist das vor allem an der immer wieder kritisierten, offenbar aber auch von einem großen Teil des Publikums gewünschten Darstellung von Gewalt im Fernsehen sichtbar.

Der Soziologe Norbert Elias (1897–1990) sprach von einem „Ausleben von Affekten im Zusehen". In seinem Werk „Über den Prozess der Zivilisation" bezeichnet er das Phänomen als „mitbestimmend für die Entstehung von Buch und Theater, entscheidend für die Rolle des Kinos in unserer Welt".

Bei den Römern in der Antike entsprach der Lust an Fernsehgewalt weitgehend die Begeisterung für tödliche Gladiatorenspiele in den Arenen. Der Soziologe Wolfgang Sofsky (Universität Göttingen) erinnert jetzt in seinem „Traktat über die Gewalt" an sie.

„Trotz Abscheu und Widerwillen wird der Zuschauer von den Leidenschaften der Gewalt ergriffen", heißt es da. Sofsky erinnert auch an die Verbrennung von Ketzern und Hexen: „Wo immer Gewalt geschieht, ist der Zuschauer nicht weit", schreibt er dazu und spannt den Bogen wieder zur Gewalt auf dem Fernsehschirm. „Ob allein oder mit anderen", schreibt er, der Zuschauer der Gewalt „ist so allgegenwärtig wie die Gewalt, die er betrachtet".

Anknüpfend an Deutungen Norbert Elias' verweist der Erziehungswissenschaftler Bernhard Rathmayr (Universität Innsbruck) in einer neuen Studie mit dem Titel „Die Rückkehr der Gewalt" auf das „für uns Heutige kaum mehr vorstellbare Maß an Gewalttätigkeit und Angriffslust" in der mittelalterlichen Gesellschaft.

Raub, Kampf, Jagd auf Menschen und Tiere, das alles gehörte damals unmittelbar zum Leben. Als mit dem Beginn der Neuzeit die private Gewalt zugunsten eines obrigkeitlichen Gewaltmonopols gebannt wurde, entwickelte sich ein bis dahin nicht bekannter Schub an Angst- und Gewaltphantasien und -visionen.

Rudolf Grimm
(Marler Zeitung, 16.12.96)

 **Aufgabe**

Diskutieren Sie, wie oft und in welcher Form in Ihrem Alltag Gewalt und Aggression vorkommen.

Kennzeichnen Sie Ihr Verhältnis zur Gewalt in verschiedenen Situationen.

Beschreiben Sie, wie Sie mit Gewalt in verschiedenen Situationen umgehen.

Hier beschäftigt uns die Frage:

Welches Motiv führt zu aggressivem Verhalten? Warum ist jemand aggressiv?

Über die Entstehung aggressiven Verhaltens gibt es sehr unterschiedliche/gegensätzliche Vorstellungen. Die wichtigsten psychologischen Theorien wollen wir hier aufgreifen und erläutern.

Doch zuerst wollen wir „aggressives Verhalten" beschreiben:

> **Aggressiv** können wir ein Verhalten nennen, das irgend jemanden *verletzt oder schädigt* bzw. *zu verletzen oder zu schädigen* beabsichtigt; dies kann *handgreiflich* (körperlich) oder auch mit Worten (verbal) geschehen.
>
> *Aggressives* Verhalten ist zu unterscheiden von *impulsivem/aufgeregtem Verhalten*; letzteres will nicht schädigen oder verletzen.

5

Dittrich, Dörfler und Schneider machen deutlich, dass es auch positive Seiten der Aggression gibt:

> *Die Einstufung aggressiven Verhaltens als unpassend oder unzulässig wird jeweils vom Gegenüber oder von Außenstehenden vorgenommen. Eine solche Zuschreibung bindet die Person an die Erwartung, nicht aggressiv zu sein – nach dem Motto: ein gut sozialisierter Mensch hält sich an die Anforderungen unserer Kultur, die Aggressivität nicht duldet (...) Damit geht der sinnstiftende Zusammenhang aggressiven Verhaltens verloren, der sich aus der persönlichen Geschichte und dem Kontext von Interaktion ergibt. (Dittrich, Dörfler, Schneider 1996, S. 42)*

Weiter unten schreiben sie ferner:

> *In der Literatur überwiegt die Auseinandersetzung mit der Problem behafteten Seite von Aggression, verbunden mit der Frage: wie kann vermieden werden, was im Zusammenleben stört und gefährliche Formen annimmt? – und das, obwohl Psychologinnen, Verhaltensbiologen und Therapeutinnen immer wieder darauf hinweisen, dass Aggression zur natürlichen Entwicklungsausstattung des Menschen gehört (...), dass sie notwendig ist zur Lebensbewältigung und dass die Entwicklung von Kindern gestört wird, wenn Aggression unterdrückt wird. Zwar wird der positiven Seite von Aggression immer wieder das Wort geredet, aber selten wird diese Einsicht umgesetzt. (Dittrich, Dörfler, Schneider 1996, S. 42)*

Rogge (1995, S. 23) bemerkt:

> *Eine kindliche Entwicklung ist ohne gekonnte Anwendung von Aggression undenkbar. Schon deshalb kann es in der Erziehung nicht um die Hemmung und Verleumdung aggressiver Kräfte gehen, sondern darum, sie zu kontrollieren und zu kultivieren.* *(Rogge 1995, S. 23)*

Heute muss man davon ausgehen, dass einzelne Theorien zur Entstehung von Aggressionen unbefriedigend sind. Die Entstehung von Aggression muss eben multikausal erklärt werden. Alles andere ist wirklichkeitsfremd und veraltet. Hat man sich vor Jahrzehnten noch darüber gestritten, ob Gewaltanwendung in Lernprozessen (z. B. durch Verstärkungslernen) erworben wird oder ob es aus jahrelangen frustrierenden Lebenssituationen entsteht, lässt sich heute sagen: Beides kann möglich sein. Und es ist wahrscheinlich auch so.

Wir geben nun einen Überblick über verschiedene Vorstellungen zur Entstehung von Aggression, ohne dass wir den Anspruch erheben, die eine oder andere Theorie zu favorisieren. Um es offen zu sagen: Beim derzeitigen Stand der Diskussion in den Wissenschaften möchten wir eine Wertung dieser Art nicht vornehmen. Das heißt nichts anderes, als dass wir verschiedene Erklärungsansätze lediglich aufzählen, wobei sich die Erklärungsansätze natürlich überschneiden können. Bei der Darstellung stützen wir uns auf die Publikationen von: Jean A. Ayres (Berlin Heidelberg New York, 1998), Bründel, Hurrelmann (München, 1994), Dittrich, Dörfler, Schneider (München, 1996, 1997, 1998); Hartmut Knopf (München 1996), Norbert Kühne (Köln 1998), Petermann/Petermann (Weinheim, 1997), Hans-Peter Nolting (Reinbek, 1997), Jan Uwe Rogge (1995), Rainer Winkel (1993).

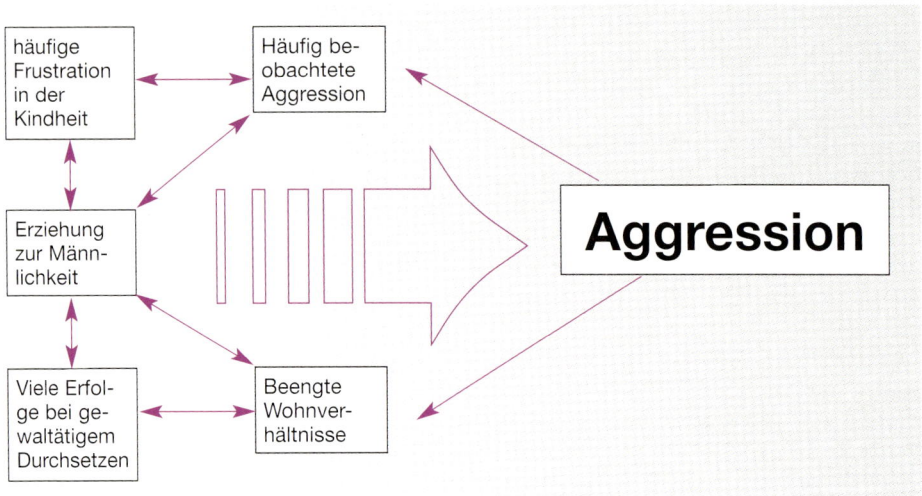

Erklärung zur Entstehung von Aggressionen	Anmerkungen
1. Lernen am Erfolg/operantes Konditionieren: Wird aggressives Verhalten durch Beachtung, Zuwendung von anderen positiv bewertet, wird sie vom Aggressor als Erfolg erlebt und mit gewisser Wahrscheinlichkeit wiederholt	Zum Beispiel können auch Zuschauer die Aggressionsbereitschaft fördern. Die Belohnung für aggressives Verhalten ist bei bestimmten Bezugspersonen relativ gängig z. B. wird „männliches Verhalten" von Frauen und Männern gerne verstärkt.
2. Negative Verstärkung: Wird eine unangenehme Situation (z. B. Bedrohung) mit aggressivem Verhalten beendet, wird eben dieses Verhalten verstärkt.	Wer sich aus einer Notsituation mit aggressivem Verhalten zu befreien vermag, wird sein Verhalten zweifelsfrei als erfolgreich erleben.
3. Selbstverstärkung: Empfindet jemand ausgeübte Gewalt (z. B. in einer Gruppe von schwächeren Kindern) als erfolgreich, wird sich Aggression mit einiger Wahrscheinlichkeit als Wesenszug festigen.	Hierzu kann man auch die Duldung von Gewalt durch Erzieher/innen und Lehrer/innen zählen; auch die stillschweigende Zustimmung einer Gruppe. Das Erfolgserlebnis durch Gewalt wird hier zugelassen.
4. Lernen durch Beobachtung: Durch verschiedenartige Modelle kann Aggression vorgemacht/vorgelebt werden; damit werden sozusagen Verhaltensvorgaben offeriert – nach dem Motto: „So könnte man es machen!" An Modellen wurden wissenschaftlich untersucht: 1. das lebende Modell 2. das Modell im Film 3. das statisch dargestellte Modell (z. B. im Comic, in der Literatur)	In der öffentlichen Diskussion spielt diese Art des Erwerbs von aggressiven Verhalten z. Z. eine große Rolle, obwohl der Einfluss der Medien nach wie vor nicht zweifelsfrei belegt werden kann. In manchen Untersuchungen spielt nicht unbedingt das „lebende Modell" die wichtigste Rolle. Das Comic-Modell im Film erwies sich bei Kindern in einigen Untersuchungen als wirksamer. Spielt der aggressive Held eine Hauptrolle, ist die Übernahme von Gewalt durch den Zuschauer wahrscheinlicher (der soziale Status, das Ansehen wirken begünstigend). Aber auch aggressive Erzieher/innen und Eltern spielen eine Rolle (das Vorbild der Bezugsperson).
5. Frustrationen (besonders über längere Zeiträume) sind wichtige Hintergründe für die Entstehung von Aggression. An Möglichkeiten der Frustration nennen Petermann/Petermann (S. 7): 1. harte Erziehungspraktiken 2. wenig Körperkontakt und Zuwendung 3. wenig Freude am Umgang mit dem Kind 4. häufige Kritik am Kind 5. die Betonung der Belastung durch das Kind, die Opfer die die Mutter erbringen muss 6. Übertragung der Betreuung an Dritte	Von Bedeutung sind in diesem Zusammenhang z. B. auch dauerhafte Misserfolgserlebnisse in der Schule oder in sozialen Gruppen. Kinder mit Behinderungen etwa oder auch abweichendem Aussehen und Verhalten sind fortwährenden Frustrationen ausgesetzt.
6. Petermann/Petermann nennen die angstmotivierte Aggression („unangemessene Selbstbehauptung")	„(...) man findet manchmal Verhaltensunsicherheit. Die Kinder haben wenig Vertrauen, fühlen sich sehr schnell bedroht und angegriffen." (Petermann/ Petermann, S. 8)
7. Männer neigen statistisch wesentlich häufiger zu aggressivem Verhalten als Frauen. Ob wir einen genetischen Hintergrund annehmen müssen, möchten wir offen lassen.	Ist Aggression grundsätzlich männlich? Ist die feminine Aggression die Ausnahme? Nach dem heutigen Stand der Diskussion scheint es so zu sein. Das wird auch von neuen Berichten aus Kindertagesstätten (Dittrich, Dörfler, Schneider, 1996, 1997, 1998) gestützt: Die Aggression von Mädchen ist eher die Ausnahme.

5

Erklärung zur Entstehung von Aggressionen	Anmerkungen
8. „Im Falle kollektiver Aggression steht der Aggressor auch in Interaktion mit Mitaggressoren. Das gilt beispielsweise für Banden (...)" (Nolting, 1997, S. 135)	Die aggressive Struktur (und Situation) in einer Gruppe begünstigt die Bereitschaft zur Aggression im Individuum. Eine sehr aktuelle Erkenntnis.
9. Das schwache Opfer scheint Aggression zu begünstigen. Nolting (Reinbek, 1997, S. 143): „Es wird gegen den vorgegangen, den man benötigt, um ein bestimmtes Ziel zu erreichen."	Diese Art von Aggression müsste instrumentell genannt werden. Sie ist weniger emotional als strategisch angelegt.
10. Die Erziehungspraxis kennt die räumliche Enge als Hintergrund für die Zunahme von Aggression. (s. dazu Dittrich, Dörfler, Schneider, München 1997, 1998)	Kurioser Weise spielt dieser Aspekt in der wissenschaftlichen Diskussion fast keine Rolle.
11. Im Zusammenhang mit 10. werden von Erzieherinnen genannt: Ein hoher bis sehr hoher Geräuschpegel.	
12. Ein schwach ausgebildeter Kontrollapparat für Verhaltensabläufe scheint in bestimmten begünstigenden Situationen Aggression zu fördern bzw. fast unumgänglich zu machen.	Weiterhin scheint eine Rolle zu spielen, dass jemand wenig Alternativen zu aggressiven Verhaltenstendenzen hat. Sein Verhaltensrepertoire ist begrenzt (z. B. bei jüngeren Kindern), sodass Aggression als einzige Möglichkeit erscheint, z. B. seine Interessen zu vertreten.
13. A. Jean Ayres (Berlin, 1998, S. 195) nennt „Berührungsabwehr" als Hintergrund für aggressives Verhalten. Ayres zählt Verhaltesweisen bei Kindern auf, die eine Berührungsabwehr darstellen (S. 196 f).	„Wenn völlig gesunden Erwachsenen nur für einige Stunden jeglicher Berührungsreiz genommen wird, werden sie übermäßig erregbar (...)." (A. J. Ayres, S. 196). Ähnliches lasse sich auch bei Affen nachweisen. (siehe dazu in Punkt 3 dieses Kapitels: „Typische Reaktionen bei Berührungsabwehrverhalten"

Zusammenstellung aus: N. Kühne: Erziehung beschreiben und verändern, Troisdorf 2002

Man kann nun fragen, wie man mit Situationen umzugehen hat, die von Aggressivität gekennzeichnet sind. Konzepte im Umgang mit solchen Problemen entwickelt man in konkreten Situationen. Wir beziehen uns aber auf sinnvolle Verhaltensvarianten der o. a. Hintergründe für die Entstehung aggressiven Verhaltens (s. N. Kühne, 2002):

Offensive Möglichkeiten des Verhaltens	Anmerkungen, Fragen, Interpretationen
1. Die Lerntheorie bietet zuerst die Möglichkeit, aggressives Verhalten zu ignorieren. 2. Zum andern ergibt sich aus ihrer Logik: Alternatives (z. B. pro-soziales) Verhalten zu verstärken. 3. Unerwartete Zuwendung (durch eine Bezugsperson) für die Kinder mitten in einem Konflikt reduziert die Anspannung durch den Konflikt – und das Ausmaß an Aggression gegeneinander. (Dittrich, Dörfler, Schneider, 1997)	Es gibt viele Praktiker, die die Lerntheorie (operantes Konditionieren) für traumtänzerisch halten. Wissenschaftlich aber ist relativ sicher nachgewiesen: Das Verhalten der Bezugspersonen trägt entscheidend zur Erhaltung aggressiver Tendenzen bei – aber auch zum Abbau aggressiven Verhaltens. Also nutzen wir diese Ergebnisse. Ein probates Mittel scheint zu sein: Dem Kind Verantwortung zu übertragen – z. B. für Schwächere: Patenschaften etwa. (Hier wird nicht der

Offensive Möglichkeiten des Verhaltens	Anmerkungen, Fragen, Interpretationen
4. Gelingt es, Kinder nicht in Situationen zu bringen, aus denen sie sich aggressiv befreien und damit Erfolg verspüren, könnten wir Reize wegnehmen, die Aggression fördern.	„Bock zum Gärtner" gemacht! Vielmehr erwirbt das Kind Erfolge mit Beschützen!) Zu 4.: Hierbei geht es vermutlich nicht um die Verstärkung des gerade praktizierten aggr. Verhaltens sondern um die Dokumentation: Ich möchte verstehen, was euch bewegt! Dazu gehört vielleicht die Sprachförderung, die es Kindern ermöglicht, ihre Interessen zu vebalisieren, statt sie mit Gewalt anzumelden.
5. „Time-out": ein Kind wird sanft aus der Situation herausgenommen, in der die Verstärker für Aggression „herrschen", wird sanft in eine beruhigte Situation gebracht und einige Minuten dort belassen (mit Betreuung).	Das „Time-out" kommt vermutlich aus dem Sport und könnte übersetzt heißen: "Auszeit". Wir stellen das Verfahren in Teil 3. des Kapitels kurz dar. Es gilt als sehr wirkungsvoll bei sehr aggressiven Kindern.
6. Von großer Bedeutung für Kinder, die in ihrem kurzen Leben überaus viele Frustrationen erleben mussten, scheint es zu sein, dass sie als Personen akzeptiert und geliebt werden, wie auch immer man das zu realisieren vermag.	Es ist schwer genug. Kann aber auch wunderbare Entwicklungen (für Kinder und Erzieherinnen) einleiten. Immer aber scheint es mühselig und aufreibend; man braucht einen „langen Atem".
7. systematischer Abbau der Angst! Entwicklung von Selbstbewusstsein	Zum Beispiel mit den Mitteln des Verstärkungslernens: d. h. systematischer, kontinuierlicher Aufbau von Fähigkeiten und Kompetenzen, die in der speziellen Situation des Kindes nahe liegen.
8. Eröffnen von Handlungsräumen für Jungen: Lebhafte, wilde Spiele im Wechsel mit Besinnung entwickeln; Raufereien mit festen Regeln (entwickeln), die gesamte Gruppe der Zuschauer achtet auf die Einhaltung der Regeln (das Konzept einiger antiautoritärer Einrichtungen der 70er Jahre.) Positive Perspektiven für Körperkraft entwickeln und erarbeiten!	Aus den von Dittrich, Dörfler und Schneider (1996) berichteten Forschungsergebnissen geht auch hervor: Erzieherinnen haben ein schlechtes Verhältnis zur Rauflust der Jungen. Hier geht es zuerst um eine Veränderung der Einstellung zu diesem Thema.
9. siehe „Time-out": Wegnehmen von verstärkenden Bedingungen für die Entstehung aggr. Verhaltensalternativen.	Aggressive Atmosphäre unter allen Umständen modifizieren – z. B. durch Heiterkeit.
10. Stärkung von Schwachen, Entwickeln von Solidarität gegenüber Aggressoren, sich zusammentun gegen Aggressoren – die Kinder zu solchen und ähnlichen Verhaltensweisen befähigen.	
11. Schaffung von Handlungsräumen in beengten Einrichtungen.	Fast alle Kintertagesstätten haben Gärten und Gelände, das bei Erzieherinnen in der Regel nicht beliebt ist. Einstellung ändern. Es gibt z. B. Kindergärten, die eine Waldgruppe in Absprache mit den Eltern entwickelt haben: Die Spiele und Exkursionen finden 3 – 5 Mal die Woche in Wald und Feld statt. Das baut nicht nur Aggressivität ab bzw. bietet alternatives Handeln, es fördert Geschicklichkeit, Wissen und Kompetenzen.
13. Aufbau von Kontrollmechanismen	Regeln in Rollespielen und vielen anderen Spielsituationen entwickeln und üben. Konfrontation mit den Bedürfnissen anderer Kinder (und der Erzieherinnen) und Reflexionsversuche.
14. Training zum Abbau der Berührungsängste.	Ist eher die Aufgabe von Beratungsstellen oder psychotherapeutischen Institutionen. Besprechen mit den Eltern!

5

Planung und Veränderung setzen voraus, dass man weiß, was man vorfindet und worüber man redet. Aus diesem Grunde scheint es uns wichtig, auch im Zusammenhang mit der Diskussion über Aggression und deren Reduktion, mit einfachen Mitteln und Kurznotizen festzustellen, welche aggressiven Verhaltensweisen kommen wie häufig vor – und von welchen Kindern werden sie bevorzugt.

Aufgabe

Entwickeln Sie einen einfachen und auch im Stress handhabbaren Beobachtungsbogen, der Ihren Bedürfnissen entspricht und probieren Sie ihn etwa eine Woche aus. (Siehe auch Kapitel 2) Anschließend wissen Sie:
- Welche Häufigkeiten gibt es bei Aggressionen – und bei welchen Kindern.
- Sie können z. B. unterscheiden zwischen Jungen und Mädchen.

Aufgabe

Beschreiben Sie doch einmal ein paar Situationen, in denen Sie aggressives bis sehr aggressives Verhalten von Kindern beobachtet haben. Schildern Sie die Gefühle, die Sie dabei hatten. Schätzen Sie auch, wie lange sie diese Gefühle gefangen hielten.

Bekamen Sie überhaupt pädagogische Ziele in den Blick, die mit der Förderung des Kindes zu tun hatten – oder überwog der Drang: Möglichst schnell handeln? Bekommen wir in solchen Situationen überhaupt noch pädagogische Kategorien ins Blickfeld?

Hätten Sie übrigens die gleichen Gefühle, wenn sie die Situation als neutrale Person beobachtet hätten?

Beispiele

Die Praktikantin Linda Ksziuk (1. Blockpraktikum) berichtet:
Als an einem Vormittag das Freispiel zu Ende war und die Kinder aufräumen sollten, ging ich durch den Gruppenraum um zu schauen, ob auch alle Kinder mit dem Aufräumen angefangen hatten.

Als ich in der Puppenecke stand, beobachtete ich, wie S. auf I. einschlug. I. saß auf der Matratze und wehrte sich nicht. Ich wollte nicht sofort eingreifen, da ich hoffte, die beiden Mädchen würden ihren Konflikt alleine lösen. Doch das taten sie nicht. S. schlug immer weiter. Ich ging auf sie zu, nahm sie beiseite und fragte sie, warum sie I. schlüge.

Sie antwortete: „Weil I. angefangen hat!".
Diese widersprach sofort. Sie erklärte mir, dass S. sie immer angefasst hätte und sie es nicht hätte haben können. Daraufhin hätte sie es ihr gesagt. Danach habe S. angefangen, sie zu schlagen.
Ich erklärte S., dass man es akzeptieren müsse, wenn jemand nicht angefasst werden möchte. Auch erklärte ich ihr, das hier nicht geschlagen wird und sie so etwas nicht noch einmal tun solle. Ich fragte sie, ob sie jetzt verstanden hätte, was ich ihr zu erklären versucht habe und warnte sie davor, es noch einmal zu tun.
Doch sie antwortete: „Noin!".

Ich erklärte ihr noch einmal, dass sie und auch andere sich hier nicht schlagen sollten. Erst danach bekam ich die Antwort: „Ja, ich werde es nicht mehr tun.". Ich ging weiter und dachte das Thema sei geklärt, doch als ich wieder an der Puppenecke vorbeikam, schlug S. I. schon wieder, als sie sich den Pulli über den Kopf ziehen wollte.

Diesmal rief ich sie zu mir. Ich fragte sie erneut, warum sie I. immer schlagen würde. Doch ich erhielt keine Antwort. Zum dritten Male erklärte ich es ihr, doch sie zeigte kein Verständnis.

Als I. plötzlich zu S. sagte: „Ich schlage Dich auch nicht! Das willst Du doch auch nicht!", hatte ich das Gefühl, S. hätte es jetzt verstanden. Sie entschuldigte sich und die beiden räumten gemeinsam auf.

Vor dem Stuhlkreis nahm ich I. zu mir und erklärte ihr, dass es kein Fehler sei, sich auch zu wehren. Sie solle sich nicht alles gefallen lassen.

 **Aufgabe**

– Was geht in einer Erzieherin vor, die diese Szene beobachtet? Sind die Gefühle einer Praktikantin im ersten Ausbildungsjahr denen einer Erzieherin ähnlich? Ist es korrekt, seine ersten Gefühle „pädagogisch" umzusetzen?
– Diskutieren Sie alternative Verhaltensmöglichkeiten.

5

Entwicklungspsychologie

6.1 Bedeutung der Entwicklungspsychologie

Dass sich die Entwicklungspsychologie im Wesentlichen auf die Erforschung der menschlichen Entwicklung von der Geburt bis zum frühen Erwachsenenalter beschränkt, hat mehrere Gründe.

– Ein erster Grund für diese Schwerpunktbildung in der Entwicklungspsychologie wird sichtbar, wenn man sich die Erfordernisse erzieherischer Praxis vergegenwärtigt: Der weitaus überwiegende Teil von Pädagogen und Psychologen aller Bildungs- und Erziehungseinrichtungen hat es mit Kindern und Jugendlichen zu tun, so dass die Erforschung dieses Altersabschnitts in der Wissenschaft hervortrat.

– Ein weiterer Grund ist in dem Umstand zu sehen, dass viele Psychologen die Verhaltens- und Erlebensformen der Erwachsenen in bestimmten Erfahrungen der Kindheit begründet sehen. Somit gewinnt dieser Abschnitt in der Entwicklung des Menschen eine herausragende Bedeutung. In diesem Zusammenhang erinnern wir z. B. an Freuds Vorstellungen zur Persönlichkeitsentwicklung (s. Kapitel 7).

Krech und *Crutchfield* formulieren es so:

> *Zunächst ist hier der Glaube, dass der Schlüssel zum Verständnis der erwachsenen Persönlichkeit im Studium der Persönlichkeitsentwicklung beim Kinde zu finden sei. Aus diesem Grunde haben sich viele Persönlichkeitspsychologen gleichzeitig mit Problemen der Entwicklungspsychologie beschäftigt. Zweitens werden so viele Arten von Erwachsenenfähigkeiten und Erwachsenenverhalten während der Kindheit erworben, dass wir Kinder untersuchen müssen, wenn wir dem Erwerb eines Großteils des Erwachsenenverhaltens näher kommen wollen. (1973)*

Einige Grundlagen für die Entwicklung des Menschen werden bereits im Mutterleib gelegt. *Elizabeth B. Hurlock* widmet diesem Sachverhalt immerhin zwei Kapitel in ihrem Buch „Die Entwicklung des Kindes" (1972): „Grundlagen des Entwicklungsverlaufs" und „Anpassung an den Geburtsvorgang". In diesem Zusammenhang zeigt sie einen „Zeitplan der vorgeburtlichen Entwicklung" auf und vermittelt Kenntnisse über Schädigungen (Nikotin, Alkohol, Krankheiten der Mutter), die für die nachgeburtliche Entwicklung des Kindes bedeutsam sein können. Diesen Teilbereich der Entwicklungspsychologie finden Sie allerdings nicht in allen Büchern oder Darstellungen. Die psychologische Erforschung des Erwachsenen war selten Gegenstand der Entwicklungspsychologie.

 **Aufgabe**

Gehen Sie in Gruppen – oder als Klasse – in verschiedene Institutionen und befragen Sie die Fachleute. Fragen Sie etwa in psychologischen Beratungsstellen:
– Welche Kinder/Eltern werden beraten?
– Wie erfolgt die Beratung?
– Wie erfolgreich ist die Beratung – und eventuell die folgende Behandlung?
– Welche Beratungs- und Therapie-Methoden herrschen vor?
– Mit welchen Problemen kommen Ratsuchende?
usw.
Oder fragen Sie den Schullaufbahnberater bzw. Beratungslehrer:
– Hilft die Beratung den Schülern – und in welcher Weise?
– Gibt es typische Probleme, die immer wieder in Beratungsgesprächen vorgebracht werden?
– Welche Schwierigkeiten hat eigentlich ein Schullaufbahnberater in der Institution Schule?
usw.

6.2 Definitionen

Verschiedene Psychologen auf eine Definition von Entwicklung (hier: die Entwicklung des Menschen) verpflichten zu wollen, ist nicht möglich.
Wir möchten deshalb einige Definitionen anbieten.
Glaubt man dem „Wörterbuch der deutschen Sprache" (*G. Wahrig*, 1978), so versteht man im alltäglichen Sprachgebrauch unter „sich entwickeln":
– „seine Anlagen entfalten"
– „allmählich entstehen, sich herausbilden"
– „zu etwas anderem, Neuen werden; die Kleine hat sich inzwischen zu einer jungen Dame entwickelt"
– „so ausbilden, dass darin angelegte Möglichkeiten nach und nach verwirklicht werden, zur Geltung kommen."
Damit haben wir allerdings noch keine Definition, jedoch vermag vielleicht der Sprachgebrauch, uns den Zugang zu den Definitionen zu erleichtern. Deutlich wird hier jedenfalls, dass es bei Entwicklung um ein allmähliches Werden, um ein Fortschreiten von einem Zustand zu einem anderen geht; genauer: um ein Fortschreiten, bei dem der folgende Zustand qualitativ höher stehend ist als der vorhergehende. *H. Thomae* (1958) glaubt, dass der Begriff Entwicklung zum ersten Mal im 18. Jahrhundert im Zusammenhang mit „biologischen oder seelischen Geschehensreihen angewandt" wurde. Ein ausgesprochen naturwissenschaftlicher Entwicklungsbegriff sei erst im 19. Jahrhundert entstanden, speziell in der Biologie. Einige frühe Formulierungsversuche innerhalb der Psychologie lehnen sich auch teilweise an biologische Vorstellungen an, wenn Entwicklung z. B. lediglich verstanden wird als Entfaltung einer schon im Keim vorhandenen Endgestalt (Präformationstheorie: im Samen ist strukturell schon die spätere Form der Pflanze enthalten). Als Anregung war eine solche Definition von Entwicklung (Enfaltung, Ausfaltung) willkommen, als Beschreibung der

menschlichen Entwicklung ist sie allerdings unzureichend. Sehen wir uns einige frühe Definitionsversuche innerhalb der Psychologie an:

Für *W. Stern* ist die „seelische Entwicklung nicht ein bloßes Hervortreten angeborener Eigenschaften, aber auch nicht ein bloßes Empfangen äußerer Einwirkungen, sondern das Ergebnis einer Konvergenz innerer Angelegenheiten mit äußeren Entwicklungsbedingungen". (1914)

1918 schreibt *K. Bühler*: „Zum Begriff der Entwicklung im ursprünglichen und echten Sinne des Wortes gehört zweierlei, nämlich Anlagen im Ausgangszustand und ein Plan des Werdens."

E. Stern beschreibt Entwicklung (1923) als „die unter Einwirkung äußerer Faktioren erfolgende Entfaltung der Anlagen, wobei die Entfaltung nach einer inneren Gesetzmäßigkeit erfolgt und den äußeren Faktoren die Bedeutung der Auslösung zukommt."

In zweien dieser drei Entwicklungsbegriffe ist neben der Anlage als eine Komponente von Entwicklungsverläufen die Umwelt thematisiert; *W. Stern* nennt sie:
– „äußere Einwirkungen" oder
– „äußere Entwicklungsbedingungen".

E. Stern spricht in diesem Zusammenhang von „äußeren Faktoren", die allerdings nur Auslöser seien bei der „Entfaltung einer inneren Gesetzmäßigkeit".

Reifen, Lernen und Eigendynamik greifen ineinander:

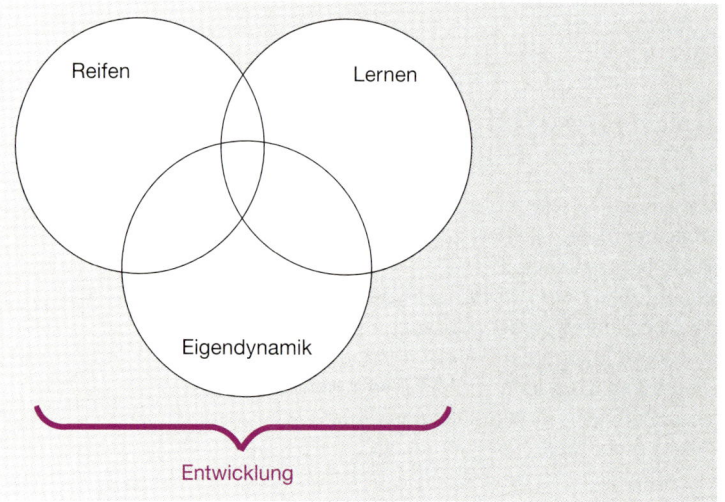

 Aufgabe
Zeigen Sie an konkreten Beispielen, wie Reifen, Lernen und Eigendynamik zusammenwirken.

Die Funktion der Umwelt wird heute anders beurteilt. Man geht davon aus, dass Reifen (Wachsen) und Lernen wichtige, sich gegenseitig ergänzende, in verschiedenen Entwicklungsbereichen des Menschen unterschiedlich wirkende Faktoren sind. (Das Verhältnis von Reifen und Lernen spielt bei der Entwicklung der motorischen Fähigkeiten eine andere Rolle als bei der Entwicklung der Intelligenz oder Sprachfähigkeit.)

Lotte Schenk-Danzinger schreibt (1969):

Das neue Konzept der Entwicklung als ein vom Reifungsgeschehen zwar ‚gesteuerter‘, aber doch in wesentlichen Bereichen von der Umwelt determinierter Lernprozess (...)

Nach E. B. Hurlock ist Reifung:

das Entfalten von Eigenschaften, die im Individuum als möglich angelegt sind und die aus seinem Erbgut stammen (1972).

Die im Individuum „angelegten Eigenschaften" erfordern aber eine Umwelt, die diese zu fördern in der Lage ist, sonst verkümmern die Anlagen – oder kommen nicht zur Geltung.

Kinder aus einer Umgebung, in der die Übungsmöglichkeiten aller Art begrenzt sind, werden ihre Anlagen nicht im gleichen Maße entwickeln wie Kinder, deren Umgebung bessere Übungsmöglichkeiten zur Verfügung stellt.

(Hurlock, 1972).

Die Wirksamkeit des Lernens hängt ab von der „Wahl des Zeitpunktes", an dem Lernen einsetzt. *E. B. Hurlock* (1972) führt dazu aus:

Ein Kind kann nicht lernen, bevor es bereit ist zu lernen. Dies bedeutet, dass die nötigen physischen und psychischen Grundlagen da sein müssen, bevor neue Fähigkeiten auf ihnen errichtet werden können. Dies gilt für die motorischen und psychischen Fertigkeiten und für das sexuelle Verhalten. So ist bei den Säuglingen z. B. das Erlernen einer Handlung aufgrund eines konditionierten Reflexes unmöglich, selbst bei außergewöhnlichem Drill, ehe nicht die Reifung die entsprechenden Grundlagen geschaffen hat.

6

Jedoch

Wenn auf der anderen Seite die notwendige Reife erreicht wurde und das Kind nicht lernen darf, kann sein Interesse so gering werden, dass es nicht mehr die Anstrengungen auf sich nehmen will, die später für erfolgreiches Lernen nötig sind.

(Hurlock, 1972)

Über die Wechselwirkung von Reifen und Lernen hinaus müssen wir wahrscheinlich einen weiteren Bestandteil annehmen, der die Entwicklung wesentlich mitgestaltet. Dieser Bestandteil wird in der Diskussion um den Entwicklungsbegriff häufig gar nicht genannt. Es geht um den Faktor Selbststeuerung – auch Selbstverwirklichung genannt, oder autogener Faktor. Das ist derjenige Faktor, der am ehesten verdeutlichen kann, dass der Mensch in seiner Entwicklung nicht nur Spielball von Reifungsprozessen und Umweltbedingungen (Lernbedingungen) ist, sondern ein Wesen, das sich mit zunehmendem Alter immer besser selbst verwirklichen kann, das Interessen und Bedürfnisse gezielt (durch Willensentscheidung) entwickeln, umstrukturieren oder verändern kann. Darin kann man einen ganz eigenständigen Beitrag zur Entwicklung und Menschwerdung erkennen.

Die Selbststeuerung kommt wahrscheinlich dann besonders zur Geltung, wenn bestimmte Verhaltens- und Erlebensformen entwickelt sind:

– Die Beherrschung der Sprache ermöglicht die Ausbildung und Weiterentwicklung bestimmter Interessen und Kenntnisse; sie ermöglicht die Beurteilung schwieriger Sachverhalte.

– Ein bestimmter intellektueller Entwicklungsstand begünstigt die Fähigkeit, Anforderungen der Schule oder des Elternhauses zu erkennen, mit ihnen umzugehen oder sie als bedeutsam für die eigene Entwicklung einzuschätzen.

– Die Kenntnis bestimmter wirtschaftlicher und sozialer Zusammenhänge ermöglicht eine eigenständige Berufswahl.

Der Faktor „Selbststeuerung" (Selbstverwirklichung) stellt somit einen gerade für die menschliche Entwicklung kennzeichnenden Bestandteil dar. Er ist die Grundlage für Eigenverantwortlichkeit und Lebensgestaltung, für kreatives Handeln und Phantasie. So ist er auch die eigentliche Grundlage für unsere Vorstellung von der Freiheit des Menschen in einem demokratischen Staat.

Zusammenfassend lässt sich sagen:

Die Entwicklung des Menschen wird nicht nur von *biologischen Reifungsprozessen* und den vorhandenen (günstigen oder ungünstigen) *Lernbedingungen* bestimmt, sondern auch von der Fähigkeit, *sich selbst zu gestalten*.

6

6.3 Beschreibung des Entwicklungsverlaufs

Wie man sich denn nun den Verlauf der Entwicklung vorzustellen hat, wie man diesen Verlauf beschreiben kann, ist die Frage.

Wie kann man die Forschungsergebnisse aus vielen Untersuchungen einander zuordnen, damit sie überschaubar werden? Erst eine gegliederte Darstellung von Einzelheiten und Untersuchungsergebnissen zum Entwicklungsverlauf vermögen dem Erzieher, dem Sozialpädagogen, dem Lehrer oder dem Psychologen zu helfen bei der Lösung von Problemen und bei der Planung der Arbeit in der jeweiligen Institution.

Es gibt eine Fülle von Daten und Ergebnissen, die teilweise in jahrelangen Untersuchungen erarbeitet wurden – und im Hinblick auf die Komplexität menschlicher Entwicklung ist es nicht verwunderlich, dass es verschiedene Vorstellungen (Theorien) darüber gibt, wie die Entwicklung des Menschen am besten zu beschreiben ist. Wir wollen hier drei solcher Ansätze – in aller Kürze – darlegen:

– die Entwicklung als kontinuierlicher Vorgang (ohne erkennbare/auffallende Einschnitte);

– die Entwicklung als Differenzierung und Zentralisation;

– die Entwicklung als Stufenfolge;
– die Entwicklung als spiralförmiger Prozess.

6.3.1 Entwicklung als kontinuierlicher Vorgang

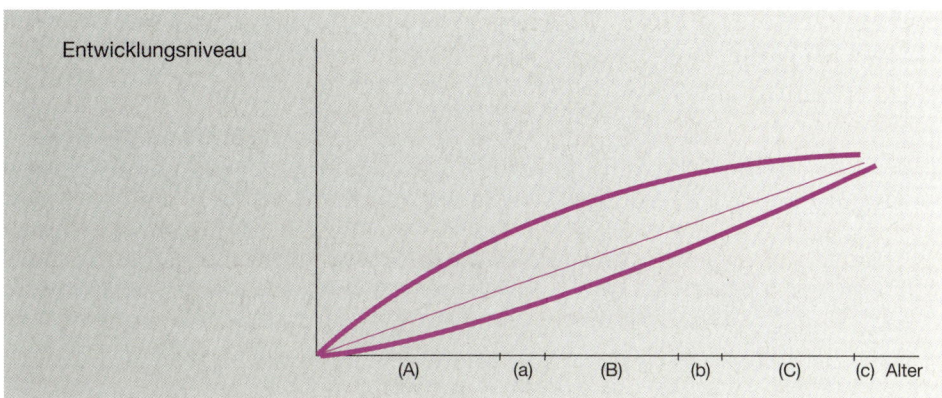

„Die Entwicklung als kontinuierlicher Prozess" (Oerter, 1973).

Die zentrale Aussage dieses Ansatzes ist:
Die Entwicklung verläuft in stetig ansteigenden oder absteigenden Kurven (mit negativer oder positiver Beschleunigung); große oder bedeutende Einschnitte und Unterbrechungen gibt es nicht; es gibt auch keine sprunghaften Veränderungen. Die Entwicklung ist kontinuierlich.
Besonders die Daten über die körperliche Entwicklung des Menschen legen diese Auffassung nahe:

6

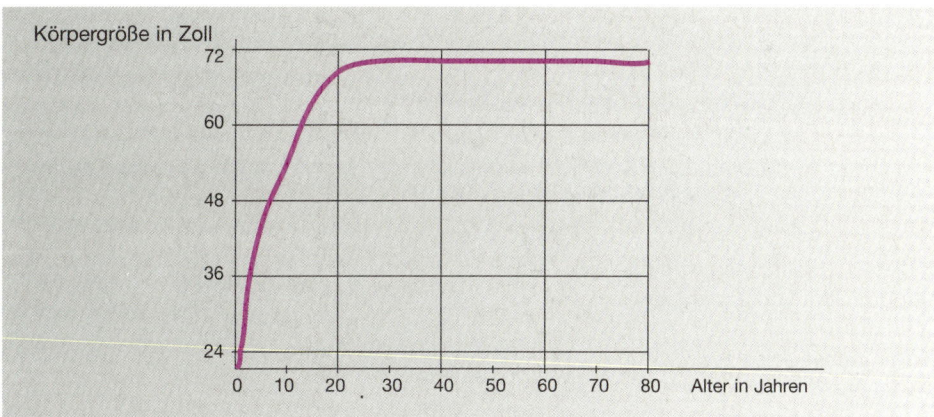

Durchschnittliche Größenzunahme amerikanischer Männer bis zum Alter von 80 Jahren. (Adaptiert von Bayley in Theroretical foundations of psychologie, H. Helson (Herausgeber), Copyright 1951, D. Van Nostrand Company, Inc., Princeton, New Jersey.) (Oerter, 1973)

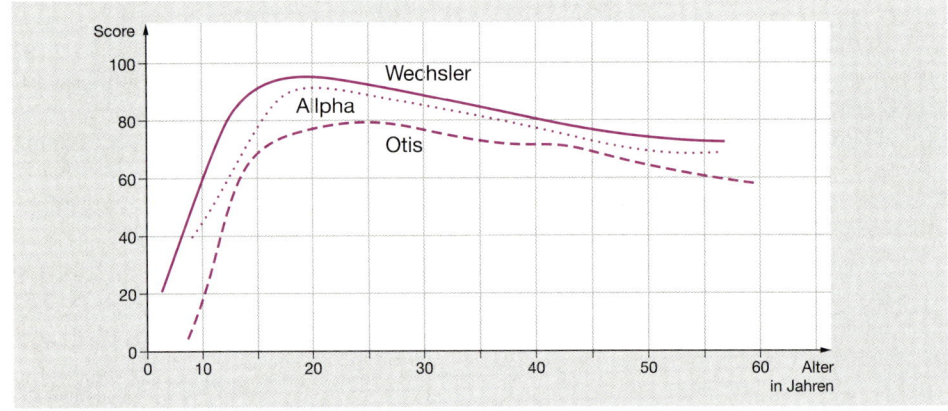

2 Monate (foetal) — 5 Monate (foetal) — Neu-geborener — 2 Jahre — 6 Jahre — 12 Jahre — 25 Jahre

Veränderungen der Form und der Proportionen des menschlichen Körpers während der foetalen und postnatalen Periode bis zur Reife. (nach Robbins u. a., 1928).

6

Entwicklung der mittleren intellektuellen Leistungsfähigkeit bei Verwendung von drei verschiedenen Intelligenztests (nach Pressey und Kuhlen, 1957, S. 76)

In diesen Abbildungen wird deutlich, dass Sprünge oder auffallende Einschnitte selten oder erst gar nicht vorhanden sind.

Vorteil dieses Ansatzes:

> *Es hat heute den Anschein, als ließen sich in dieses Modell mehr Einzelergebnisse einordnen.*

(Oerter, 1973)

Der Nachteil dieser Darstellungsweise von der menschlichen Entwicklung liegt wohl in der mangelnden Strukturiertheit (und damit Anschaulichkeit).

Auch die Entwicklung bestimmter intellektueller Fähigkeiten kann zu der Annahme führen, Entwicklung sei kontinuierlich (sieht man von dem Knick um das 20. Lebensjahr ab).

6.3.2 Entwicklung als Differenzierung und Zentralisation

Eine weitere Entwicklungstheorie wird in der folgenden Abbildung veranschaulicht.

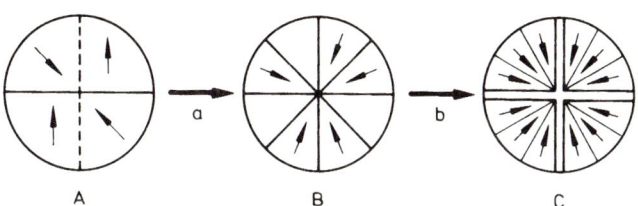

Die Entwicklung als fortschreitende Differenzierung und Zentralisation bei drei Stufen. A, B, C = Entwicklungsstufen; a, b = Übergangsphasen (Oerter, 1973).

In der Abbildung „sind die drei Stufen A, B und C als Kreise dargestellt. Auf der Entwicklungsstufe A sind die psychischen Bereiche noch wenig differenziert (nur 4 Felder) und nicht scharf voneinander abgegrenzt (gestrichelte Linie). Die Stufe B weist mehr und deutlicher geschiedene Regionen auf. Auch der Zentralisationsvorgang ist fortgeschritten (Pfeile führen zum Mittelpunkt). Das Stadium C ist gegenüber B nochmals reichhaltiger. Einzelne Teilbereiche sind zu größeren Einheiten zusammengefasst, diese wiederum auf die Mitte hin zentriert (...) Es gibt fließende Übergänge zwischen A und B. Der Zustand A und B hält nicht längere Zeit an, sondern verändert sich seinerseits fortwährend weiter" (*Oerter*, 1973). Die fortschreitende Differenzierung in der Entwicklung können wir mit der „Gefühlsdifferenzierung beim Kinde" verdeutlichen:

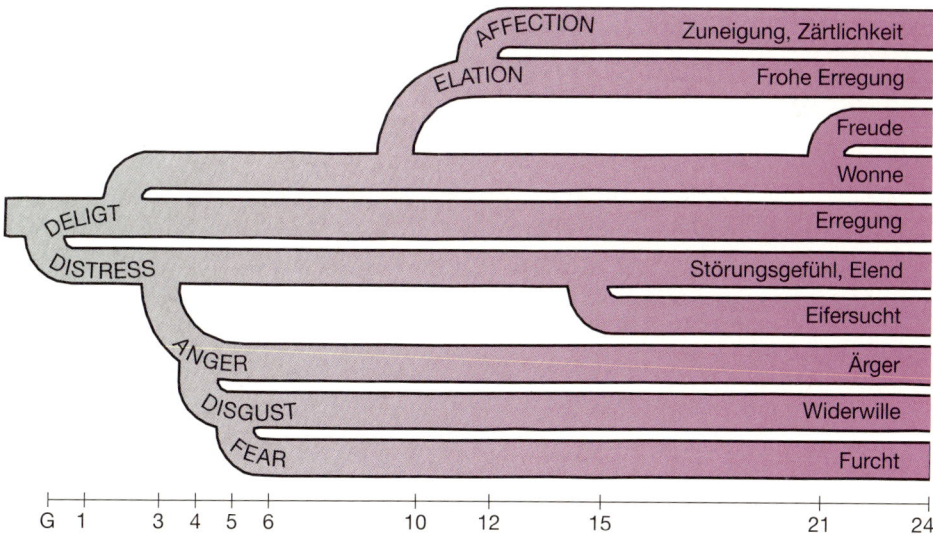

Stark schematisierte Darstellung der zunehmenden Gefühlsdifferenzierung beim Kinde während der ersten beiden Lebensjahre (nach Bridges, 1932).

Differenzierung bedeutet allerdings auch: Ein Gebilde, eine Struktur wird vielfältiger und komplizierter.

Irgend etwas muss diese Komplexität integrieren, steuern und zusammenhalten. Die fortschreitende Ausdifferenzierung von Verhaltensweisen, Fähigkeiten und Gefühlen muss auch beim Menschen immer stärker der Steuerung und Lenkung durch die Gesamtpersönlichkeit unterworfen werden. Nur so ist ein sinnvolles Zusammenwirken zu angemessenen Handlungen und Aktivitäten denkbar; die Tatsache, dass sich das immer komplexer werdende Repertoire an Verhaltensweisen, Gefühlen und Fähigkeiten zunehmend einer zentralen Führung unterordnet, nennen wir Zentralisation.

> „Diese Zentralisation bedeutet für jedes organische Gebilde: Organisation der differenzierten Teile zum Zwecke einer totalen Geschlossenheit, einer Ordnung und Gruppierung der Teile von dem Ganzen des Geschöpfes aus"

(H. Werner, 1953)

Konkret meint H. Werner mit Zentralisation, dass sich die Gefühle „unter die Herrschaft intellektueller Vorgänge" unterordnen, dass Wahrnehmungen immer deutlicher vom Denken und von Begriffen gesteuert werden.

Die *Zentralisation* bewirkt also:
– dass eine komplizierter werdende Persönlichkeit als Persönlichkeit erhalten bleibt,
– dass das Verhalten und Erleben des Menschen durch Steuerung aufeinander abgestimmt und vereinheitlicht wird,
– dass die Aktivitäten des Organismus zum Wohle der Gesamtpersönlichkeit zusammenwirken.

6

Im Verlauf der Entwicklung wird der Mensch in Verhalten und Erleben komplexer – damit wird eine zentrale Steuerung unumgänglich.

Einen Vorteil dieser Betrachtungsweise kann man in der Möglichkeit sehen, unübersichtliche Sachverhalte aufgliedern zu können. Schwer dürfte es jedoch sein, die feinen Ausdifferenzierungen menschlichen Lebens begrifflich gegeneinander abzugrenzen.

6.3.3 Entwicklung als Stufenfolge

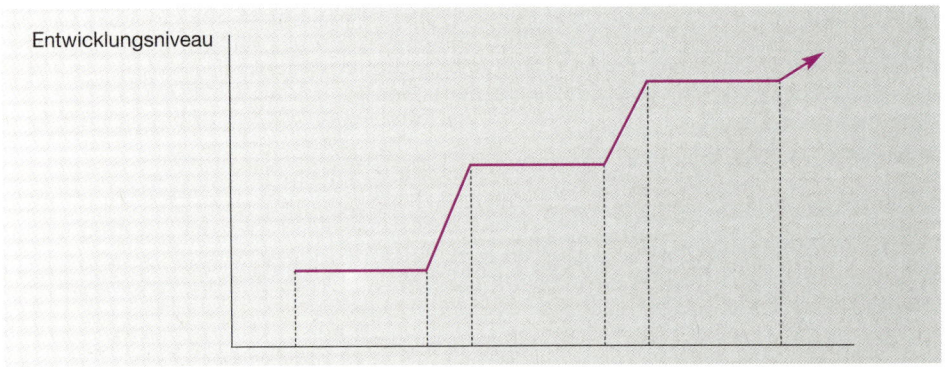

Der Entwicklungsverlauf nach Auffassung der Phasenlehre A, B, C = Entwicklungsstufen; a, b, c = Übergangsphasen (Oerter, 1973).

Die weitaus meistverbreitete Auffassung ist die Theorie von der Entwicklung als Stufenfolge, obwohl die Einschnitte/Übergänge zwischen den Stufen von verschiedenen Psychologen als unterschiedlich gewichtig angesehen werden; *A. Busemann*, 1953, will sogar die Stufen nur als Ordnungsgesichtspunkte verstanden wissen.

Die Lehre von der Stufenfolge besagt:

- Ein bestimmter Entwicklungsstand ist für eine gewisse Zeit bestimmend, bevor dieser in die nächstfolgende Stufe übergeht. Auf einer Stufe gibt es jedoch keine grundlegenden Veränderungen.
- Zwischen jeweils zwei Stufen liegt ein Einschnitt, der gelegentlich als Krisenzeit bezeichnet wird.
- Die Stufenfolge ist eine Reihenfolge, die nicht umkehrbar ist; jede Stufe baut auf der vorausgehenden auf.
- Die Stufenfolge beruht auf einer natürlichen, inneren Gesetzmäßigkeit.

In einigen Stufenlehren werden die einzelnen Stufen noch in Phasen unterteilt.
Eine der frühesten Darstellungen dieser Art wurde von *O. Tumlirz* formuliert:

Vorstufe: 1. Lebensjahr

1. Stufe: Frühe Kindheit (2- bis 5-jährige)
    1. Übergang
2. Stufe: Schulalter (7- bis 11-jährige)
    2. Übergang
3. Stufe: Reifejahre (15- bis 18-jährige)
    3. Übergang

Eine neuere Stufentheorie bietet *E. B. Hurlock* (1972) an:

6

„Die fünf größeren Entwicklungsperioden, ihre charakteristischen Formen und die ungefähren Altersangaben sind Folgende:

1. Vorgeburtliche Periode. Diese Periode erstreckt sich von der Empfängnis, wenn das weibliche Ei von der männlichen Samenzelle befruchtet wird, bis zur Geburt, etwa 9 Kalendermonate oder 280 Tage. Wenn auch die vorgeburtliche Periode relativ kurz ist, so läuft in ihr doch die Entwicklung extrem schnell ab. In diesem Zeitabschnitt steht die physiologische Entwicklung im Vordergrund, d. h. das Wachstum aller somatischen Strukturen.

2. Kleinstkindalter. Das Kleinstkindalter beginnt mit der Geburt und erstreckt sich bis zum zehnten oder vierzehnten Tag. Es ist dies die Periode des Neugeborenen. Sie stellt ein Plateau oder Ruhestadium in der menschlichen Entwicklung dar. Während dieser Zeit muss die Anpassung an die völlig neue Umwelt außerhalb des mütterlichen Leibes vollzogen werden. In diesem Zeitraum kommt das Wachstum fast zum Stillstand und wird nicht wieder aufgenommen, bevor das Neugeborene nicht in der Lage ist, mit seiner neuen Umwelt fertig zu werden.

3. Kleinkindalter. Die dritte Entwicklungsstufe im Leben des Kindes ist das Kleinkindalter, eine Periode, die sich vom Alter von zwei Wochen bis zu etwa zwei Jahren erstreckt. Zunächst ist das Baby hilflos. Für jedes seiner Bedürfnisse ist es auf andere angewiesen. Allmählich kann es sich mehr auf sich selbst verlassen; es lernt, seine Muskeln zu kontrollieren, so dass es selbst essen, gehen, sich anziehen, sprechen und spielen kann. Es entsteht bei ihm ein Streben nach Unabhängigkeit, es lehnt sich dagegen auf, ‚wie ein Baby behandelt zu werden‘.

4. Kindheit. Die Kindheit umfasst die Zeit vom zweiten Lebensjahr bis zum Jugendalter; bisweilen wird auch die gesamte Zeit einbezogen, in der die Geschlechtsreife noch nicht erreicht ist. Das Kind, das als Säugling lernte, seinen Körper zu kontrollieren, versucht nun, seine Umgebung zu beeinflussen. Außerdem lernt es, sich in seine soziale Um-

welt einzufügen. Etwa vom sechsten Lebensjahr ab ist die Sozialisation von überwältigender Wichtigkeit. Diese Periode wird auch oft das ‚Banden- oder Cliquenalter' genannt, denn die Unternehmungen der Gruppe spielen eine sehr wichtige Rolle im Leben des Kindes.

Da dies eine relativ lange Periode ist, und da die dominanten Formen der Entwicklung in der frühen Kindheit sich von denen der späten Kindheit unterscheiden, unterteilt man gewöhnlich die Kindheit in zwei Stufen, die der ‚frühen' und der ‚späten' Kindheit, wobei die Trennungslinie beim Alter des Schuleintritts mit sechs Jahren liegt.

5. Jugendalter. Die Zeit des Jugendalters erstreckt sich von den Jahren, in denen das Kind geschlechtlich reif wird – im Alter von 13 Jahren beim Mädchen und etwa 15 Jah-

ren beim Jungen – bis zum 21. Lebensjahr. Auch hier ist eine Aufteilung in zwei Perioden üblich, die des ‚frühen' und ‚späten' Jugendalters, wobei die Trennungslinie etwa beim siebzehnten Lebensjahr liegt.

Die wichtigste von der Entwicklung im Jugendalter zu leistende Aufgabe ist die Vorbereitung auf das Erwachsenenalter. Im frühen Jugendalter liegt der Schwerpunkt darauf, zu lernen, von der Anleitung und Kontrolle durch die Erwachsenen unabhängig zu sein; im späten Jugendalter liegt die Betonung auf dem Erlernen spezifischer Fertigkeiten, die man als Erwachsener braucht. Man kann dieses späte Jugendalter als den letzten Schritt in einer langen Periode der Entwicklung ansehen, die mit der Empfängnis begann."

Allerdings hat z. B. *Oerter* (1973) gegenüber einigen Vorstellungen der Stufentheorien Bedenken. Er stellt besonders die Annahme einer „natürlichen inneren Gesetzmäßigkeit" (der Stufenfolge) in Frage:

6

Wenn man nun annimmt, wie das vielfach geschieht, die Veränderung gegenüber dem Kleinkindalter sei bedingt durch einen inneren Reifungsschub, so scheint man Ursache und Wirkung zu verwechseln. Nicht weil das Kind nun leistungsfähig so weit entwickelt ist, können wir es in der Schule aufnehmen, sondern weil es in die Schule kommt und dort stark veränderten Einflüssen unterworfen ist, wird es zum typischen Schulkind mit seiner Arbeitshaltung und Leistungsmotiviertheit. Selbst die Entwicklung des logischen Denkens mit 6,7 Jahren ist stark umweltabhängig, denn bei Naturvölkern wird das logische Denken vielfach nicht eingesetzt.

6.3.4 Entwicklung als spiralförmiger Prozess

Die zentrale Aussage dieses Ansatzes ist:

Die Entwicklung verläuft als spiral- oder schraubenförmiger Prozess (als Helix) zwischen den beiden grundlegendsten Bedürfnissen des Menschen, die in Konflikt miteinander stehen:
– *dem Verlangen nach Zugehörigkeit und*
– *dem Streben nach Unabhängigkeit.*
Bakan bezeichnet sie als die „Dualität der menschlichen Erfahrung" (1966).

Unter Zugehörigkeit wird hier das Verlangen nach Beteiligung, Nähe, Bindung verstanden, während Unabhängigkeit Selbstständigkeit meint, das Verlangen, verschieden zu sein, die eigene Richtung zu bestimmen, die eigene Integrität zu wahren.

Die Spannung zwischen dem Bedürfnis nach Zugehörigkeit und dem Verlangen nach Unabhängigkeit wird als lebenslanges Phänomen angesehen. Der gesamte lebensgeschichtliche Entwicklungsprozess stellt danach einen ständigen Wechsel zwischen Lösungen dar, die den Konflikt zugunsten der Zugehörigkeit entscheiden, und Lösungen, die zugunsten der Unabhängigkeit ausfallen. Jede Lösung besitzt immer nur vorläufigen Charakter, das heißt, der grundlegende Konflikt wird qualitativ anders bewältigt (vgl. hierzu: Kap. 7 Persönlichkeitspsychologie).

Kegan (1982) entwickelte hierzu folgendes Modell der Gleichgewichtsstufen:

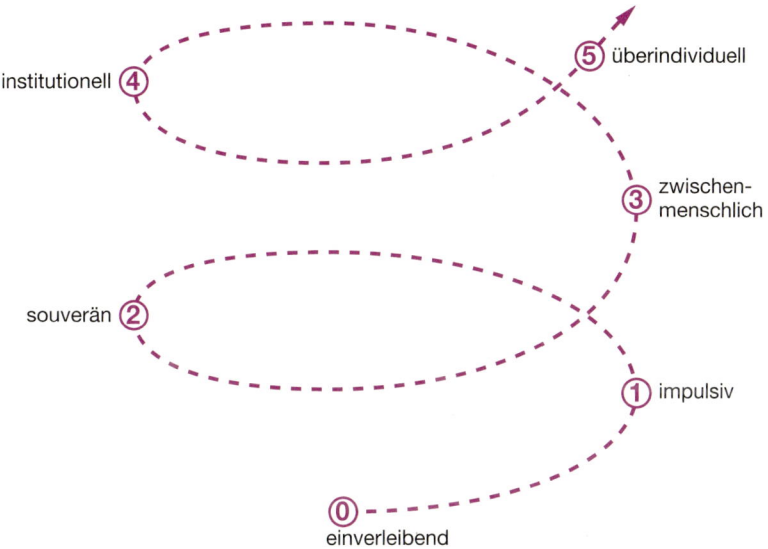

Psychologische Strukturen, die Unabhängigkeit begünstigen	Psychologische Strukturen, die Zugehörigkeit begünstigen

Das Bild der Spirale bietet den Vorteil, sowohl die Vorstellung der Kontinuität als auch die der Stufenhaftigkeit von Entwicklung miteinander zu vereinen. Verfolgt man den Verlauf der Linienführung der Spirale, kommt Kontinuität zum Ausdruck, betrachtet man die Abbildung von der Seite, so ist eine Stufenfolge sichtbar. Außerdem liefert dieses Bild ein Korrektiv zu allen geläufigen Entwicklungstheorien, die bei Wachstum Differenzierung, Trennung und zunehmende Unabhängigkeit betonen. *Kegan* sieht in der Entwicklung immer auch einen Prozess der Integration, der Bindung und des Zusammenschlusses. Schließlich veranschaulicht dieses Modell in graphischer Form, dass dem Menschen im Laufe seines Lebens alte Probleme wiederbegegnen, aber auf einem völlig neuen Komplexitätsniveau.

6.4 Merkmale der Entwicklung

Die menschliche Entwicklung hat folgende Merkmale:

1. Der Entwicklungsverlauf ist für alle Menschen ähnlich

Das Kleinkind sitzt z. B., bevor es geht; es zeichnet einen Kreis, bevor es ein Rechteck zustandebringt; es beherrscht zuerst die Bewegung des Armes, bevor es die Feinmotorik der Finger kontrollieren kann.

Im Normalfall wird diese Entwicklung für keinen Menschen umgekehrt verlaufen.

Es bedeutet: Jede Entwicklung hat eine Reihe aufeinanderfolgende Entwicklungsabschnitte, die bei jedem Menschen ähnlich sind. Sie treten in einer bestimmten Reihenfolge auf. Auch wenn sich die Entwicklungsgeschwindigkeit bei dem einen Kind verzögert, bei dem anderen beschleunigt, bleibt doch die Reihenfolge der Entwicklungsabschnitte die gleiche. *F. L. Goodenough* geht sogar davon aus, dass das intelligente sowie das weniger intelligente Kind die gleichen Entwicklungsmuster (der Intelligenzentwicklung) durchlaufen, nur eben mit unterschiedlicher Geschwindigkeit (*Goodenough*, 1954). Diese Auffassung wird allerdings nicht von allen Psychologen geteilt.

2. Die Entwicklung läuft vom Allgemeinen zum Spezifischen

Das Kind beherrscht z. B. zuerst allgemeine Armbewegungen, bis es zu spezifischeren Aktivitäten (Ball werfen, zielen) in der Lage ist; es kennt zuerst das „Spiel", bevor es verschiedene Spiele unterscheiden kann.

3. Die Entwicklung ist fortlaufend (kontinuierlich) und nicht sprunghaft

Das Erscheinen der Zähne etwa macht auf manchen Erzieher den Eindruck, als ob diese von dem einen auf den anderen Tag – also plötzlich/sprunghaft – hervorträten. Dabei wird die Entwicklung der Zähne schon im Mutterleib grundgelegt. Das Durchstoßen des Zahnfleischs ist nur ein spätes Stadium der Entstehung der Zähne. Auch die Sprache entwickelt sich nicht innerhalb weniger Tage; das Kind lallt und gurrt, bevor es spricht; es versteht schon Worte, bevor es sie aussprechen kann; das ist eine Entwicklung von Wochen und Monaten. Auch die Pubertät ist kein Ereignis, das sich von heute auf morgen einstellt. Die Veränderung des Hormonhaushalts, die Monate zuvor eingeleitet wird, geht den sichtbaren körperlichen Veränderungen voraus.

4. Die Entwicklungsgeschwindigkeit ist für verschiedene Bereiche/Organe unterschiedlich

Lymphknoten, Rückenmark, Nieren und Ovarien z. B. haben sehr unterschiedliche Entwicklungsgeschwindigkeiten. *H. E. Jones* meint, dass sich das Gedächtnis für konkrete Tatsachen schneller entwickele als das Gedächtnis für abstrakte und theoretische Zusammenhänge (*H. E. Jones*, 1939). Ob man körperliche mit geistigen Entwicklungen stets vergleichen kann – mit dem Ziel, verschiedene Entwicklungsgeschwindigkeiten festzustellen, bleibt freilich zu fragen. In einigen Fällen ist es möglich; z. B. liegt die erste Beschleunigung der körperlichen Entwicklung früher (1.–2. Lebensjahr) als die Sprachentwicklung (2.–4. Lebensjahr).

5. Verschiedene Entwicklungsbereiche beeinflussen sich gegenseitig

Die sexuelle Reifung (körperliche Entwicklung) hat einen starken Einfluss auf die Veränderung der Interessen des Kindes/Jugendlichen (geistige Entwicklung); mit der Pubertät erhält z. B. das „andere Geschlecht" auch in der geistigen und emotionalen Auseinandersetzung einen ganz anderen Stellenwert. Im Kapitel zur Sprachentwicklung haben wir bereits versucht, die gegenseitige Beeinflussung von sprachlicher und intellektueller Entwicklung hervorzuheben. Eine Grundlage für die (emotionale) Ausgeglichenheit bei kleineren Kindern ist die Möglichkeit, sich körperlich bewegen zu können (ohne große Einschränkungen). Es ist nicht verwunderlich, dass der Mensch kein Organismus ist, in dem sich verschiedene Fähigkeiten oder Entwicklungsverläufe unabhängig voneinander entwickelten, vielmehr müssen wir davon ausgehen, dass es sich um eine Gesamtheit von Entwicklungsverläufen handelt, die miteinander in reger Wechselwirkung verbunden sind.

6.5 Entwicklungsverzögerung, Regression, Abweichungen

Der Verlauf der Entwicklung kann sich unter gewissen Umständen verzögern.

Wenn ein Kind mit 3–4 Jahren nicht oder kaum spricht, ist seine Sprachentwicklung verzögert. Wir werden im Kapitel über den Spracherwerb darauf eingehen.

Wenn ein Kind zwischen 2–3 Jahren noch keine Gehversuche machen bzw. nicht laufen kann, ist die Entwicklung seiner Bewegungsfähigkeit (Motorik) noch nicht auf dem Altersstand; d. h. sie ist verzögert.

Ein Kind, das mit 6 Jahren nachts regelmäßig einnässt, ist im Hinblick auf die Beherrschung der Blasenkontrolle nicht auf dem Stand der Gleichaltrigen.

Die Gründe für Entwicklungsverzögerungen sind so vielfältig, dass man sie generell nicht aufzählen könnte; Gründe müssen bei den einzelnen Verzögerungen ganz konkret (häufig durch aufwendige diagnostische Verfahren) herausgefunden werden. Man kann sie aber folgenden Komplexen zuordnen:

- ungünstige Umweltbedingungen (schlechtes Vorbild beim Sprechen etwa),
- ungünstige Voraussetzungen in der Person des Betroffenen (etwa Ängste, die Leistungen und Neugierverhalten stark beeinträchtigen),
- ungünstige Anlagen,
- Krankheiten, Behinderungen.

Verzögerungen in der Entwicklung sind keine isolierten Erscheinungen in eng umgrenzten Entwicklungsbereichen; sie können sich vielmehr auf andere Entwicklungsbereiche auswirken:

- Eine verzögerte motorische Entwicklung kann eine Verzögerung der Entwicklung sozialer Fähigkeiten zur Folge haben. Ein Kind, das sich nicht so bewegen kann, wie es ein normales und gesundes Kind vermag, ist auch in seiner Kommunikation mit Gleichaltrigen behindert; es lernt nicht das, was andere Kinder in dieser Zeit im Umgang mit Kameraden erlernen (den spezifischen Wortschatz; das entsprechende und von den Gleichaltrigen anerkannte Konfliktverhalten usw.).
- Ein Schulkind, das übergroße Angst hat, von seiner Mutter getrennt zu sein (während der Schulstunden), kann in der Regel nicht das lernen, was seine Klassenkameraden schon beherrschen – die Leistungen fallen unter Umständen ab.
- Die verzögerte Sprachentwicklung kann die Entwicklung der Intelligenz (siehe „Spracherwerb") und das kindliche Neugierverhalten beeinträchtigen.

So wie es die Entwicklungsverzögerung gibt, besteht auch die Möglichkeit, dass Kinder in bestimmten Bereichen oder insgesamt ihrer Altersgruppe weit voraus sind;

6

– z. B. Kinder mit besonderem motorischen Geschick,
– mit besonderen intellektuellen Fähigkeiten
– oder mit besonderen sprachlichen Fähigkeiten
usw.

Im Allgemeinen kann man voraussetzen, dass solche Entwicklungsbeschleunigungen von sehr günstigen Bedingungen veranlasst werden. Meist genießen Kinder wegen solcher Fähigkeiten ein gewisses Ansehen bei Gleichaltrigen (*Hurlock*, 1972).
Gelegentlich zeigen Kinder Verhalten aus einem früheren Entwicklungsstadium, das man schon „überwunden" glaubte:
– Ein 5-jähriges Kind nässt nachts wieder ein.
– Ein 6-jähriges Kind lässt sich bemuttern, wie es als 3jähriges bemuttert wurde.
– Ein 10-jähriges Kind zeigt bei nichtigen Anlässen ein ausgeprägtes Trotzverhalten.

Hier spricht man von Regression. Die Regression kann kurzzeitig sein – oder von längerer Dauer. Häufige Anlässe für Regressionen:
– Ein Kind fürchtet, von den Eltern nicht mehr geliebt zu werden (es nässt ein); oder es fühlt sich bedroht durch die Geburt eines Bruders/einer Schwester;
– eine Krankheit, die das Kind körperlich schwächt;
– starker psychischer Druck
usw.

Weiterhin gibt es Tendenzen, die weder der Regression noch der Verzögerung zuzuordnen sind. Man könnte sie abweichende Entwicklung nennen. Zu dieser Gruppe kann man einige Formen auffälligen Verhaltens/psychischer Störungen rechnen:
– Sprechverweigerung (Mutismus),
– Stottern, Stammeln,
– starke Ängste,
– ausgeprägte aggressive Neigungen,
– intensives antisoziales Verhalten bei älteren Kindern,
– stark ausgeprägtes Streben nach Beachtung.

Im Allgemeinen gehen solche Entwicklungen auf sehr ungünstige Bedingungen im Entwicklungsverlauf zurück:
– unvollständige Familie,
– bestimmte Verhaltenstendenzen der Eltern (hartes und häufiges Strafen etwa),
– häufiger Erzieherwechsel in einem Kinderheim,
– besondere Ängste der Eltern/Erzieher usw.
Wir können diese Bedingungen in diesem Rahmen nicht diskutieren. Psychologen und Pädagogen gehen meist davon aus, dass ungünstige Bedingungen, die Verhaltensstörungen/psychische Erkrankungen verursachen, um so stärker wirksam sind, je jünger das Kind ist; ferner sind Schädigungen dieser Art um so schwerer zu heilen (zu beheben), je weiter sie in der Kindheit zurückliegen.
Bei schweren Verhaltensstörungen empfiehlt es sich, eine Psychologische Beratungsstelle (Erziehungsberatungsstelle) aufzusuchen.

6

6.6 Anmerkungen zu den Methoden in der Entwicklungspsychologie

Da die Methoden in der Entwicklungspsychologie sehr vielfältig sind, können wir hier nur einige Bemerkungen zu diesem Sachverhalt machen. Zudem sind die Methoden der psychologischen Forschung sicherlich auch kein zentraler Unterrichtsinhalt an Fachschulen und Fachoberschulen.

H. Thomae (1953) unterscheidet folgende Verfahren zur Gewinnung von Forschungsergebnissen in der Entwicklungspsychologie:

1 die Beobachtung (Verhaltensbeobachtung),

2 – die Querschnittuntersuchung,
   – die Längsschnittuntersuchung,
   – die klinisch-charakterologische Studie.

Die erste Methode haben wir bereits im Kapitel „Wahrnehmung" beschrieben. Wir wollen uns deshalb auf die Erläuterung der drei anderen Verfahren beschränken. Jedes dieser drei Verfahren wird von *Thomae* als „Kombinationen von Einzelverfahren" beschrieben. Das bedeutet, dass diese drei methodischen Möglichkeiten jeweils eine Vielzahl von Untersuchungsverfahren in sich bergen können. Das können etwa sein: Intelligenztest, Verhaltensbeobachtung, Fragebogen, Verhaltensbeobachtungen mit systematischer Veränderung der Situationsbedingungen usw.

Um Aufschlüsse über das 5-jährige Kind zu erhalten, können wir z. B. folgende Untersuchungsverfahren einsetzen:

– Beobachtung beim Freispiel (im Kindergarten),
– Beobachtung im Wohnareal des Kindes,
– Befragung der Eltern über Spielgewohnheiten, Kinderkrankheiten und sonstige wichtige Ereignisse im Leben ihres Kindes,
– Auswertung der Zeichnungen des Kindes,
– Intelligenztest,
– Wiegen und Messen des Körpers usw.

6

Das ist ein willkürlich gewähltes Beispiel ohne Angaben zum Ziel des Forschungsvorhabens, das bei der Auswahl der Methoden ebenfalls eine Rolle spielt. Wenn wir etwa das Kinderspiel bei 5-jährigen untersuchen müssten, könnte man darüber diskutieren, ob der Intelligenztest hier nicht überflüssig ist.

Von vielen Autoren wird als erschwerend empfunden, dass es in der entwicklungspsychologischen Forschung keine „idealen Lösungen" (*Thomae*) in der Zusammenstellung der am besten geeigneten Verfahren gibt, die man sowohl beim 1-jährigen als auch beim 10-jährigen oder 40-jährigen anwenden kann. Ein Kind von einem Jahr kann man z. B. kaum befragen, wogegen die Befragung des 40-jährigen Menschen eine sehr sinnvolle Methode sein kann. Überdies besteht die Gefahr, dass Methoden bestimmte Aspekte in den Vordergrund rücken.

> *Ein Übergewicht verbaler Methoden muss ganz bestimmte Varianten der Reifezeit in den Vordergrund rücken und dafür andere vernachlässigen.*

(Thomae, 1953)

6.6.1 Querschnittuntersuchungen

Die Methode des Querschnittvergleichs kann ... in der Weise durchgeführt werden, dass zwei Gruppen von gleicher Zusammensetzung (in altersmäßiger, physiologischer, sozioökonomischer und charakterologischer Hinsicht) mit unterschiedlichen Verfahrensweisen oder in unterschiedlichen Situationen beobachtet werden.

So kann etwa eine Gruppe die Aufgabe erhalten, einen bestimmten Lernstoff zu bewältigen, ohne daß eine besondere Motivation gesetzt wird (Kontrollgruppe). Eine zweite Gruppe erhält die gleiche Aufgabe, wird aber durch die Schaffung von Wettkampfbedingungen besonders motiviert. Dieses Verfahren des Vergleichs der Verhaltensweisen bzw. Leistungen einer Versuchs- und einer Kontrollgruppe ist für alle Fragestellungen der Entwicklungspsychologie von Bedeutung, insbesondere für alle Fragen, die mit der Umwelteinwirkung auf die Persönlichkeitsentwicklung zusammenhängen. Als Versuchs- und Kontrollgruppe können im übrigen auch die Kinder aus verschiedenen sozialen Milieus angesehen werden. Ebenso könnten Untersuchungen an Individuen aus verschiedenen Kulturkreisen hier genannt werden.

(H. Thomae, 1953)

Wichtig ist hierbei allerdings, dass a) die Größe der Gruppe überhaupt Aussagen über ähnliche Gruppen zulässt und dass b) die Auswahl der Gruppe repräsentativ ist.

Die Querschnittuntersuchung weist einen schwerwiegenden Mangel auf, der von Längsschnittuntersuchungen ausgeglichen werden kann: Sie erbringt keine exakten Hinweise über Entwicklungsprozesse bei den untersuchten Menschen.

6.6.2 Längsschnittuntersuchungen

Es werden „bei einer mehr oder weniger repräsentativen Auswahl von Individuen in regelmäßigen Abständen (von einem Vierteljahr bis einem Jahr) einander gleichwertige Erhebungsmethoden angewandt, die geeignet erscheinen, Veränderungen oder auch Gleichförmigkeiten auf somatischem oder psychischem Gebiet festzuhalten."

(Thomae, 1953)

So könnte man Erkenntnisse über den Verlauf der Pubertät gewinnen, über die Entwicklung der Intelligenz oder die Entfaltung des Sozialverhaltens (über kürzere oder längere Zeiträume).

Dass es in der Entwicklungspsychologie relativ wenige umfangreiche Längsschnittuntersuchungen gibt, hat im Wesentlichen zwei Gründe:

– Diese Untersuchungen sind sehr teuer und erfordern die Mitarbeit vieler Untersucher und Wissenschaftler.

– Die Bereitschaft der untersuchten Personen zur Mitarbeit lässt nach, oder sie ziehen an andere Wohnorte, die schwer/nicht mehr erreichbar sind.

Gegenüber der Querschnittuntersuchung sieht *E. Hurlock* (1972) bei diesem Verfahren allerdings wesentliche Vorteile:
– Es lässt eine „Analyse der Entwicklung und des Wachstum jedes einzelnen Kindes zu".
– Es lässt eine „Untersuchung der Zunahme des Wachstums zu, sowohl in Bezug auf das einzelne Kind als auch in Bezug auf die Gruppe".
– Es bietet die Möglichkeit, „die Beziehungen zwischen Wachstumsprozessen zu analysieren, sowohl zwischen Reifungsprozessen als auch zwischen Lernprozessen, da alle Daten aus der Untersuchung derselben Kinder gewonnen werden".

6.6.3 Die klinisch-charakterologische Studie

Von jeher hat man aber auch die Erfahrungen zu nutzen gesucht, welche die Beobachtung auffälliger Individuen bietet, wie sie in der Erziehungsberatung, Fürsorgeerziehung, in psychiatrischen Beobachtungsstationen, Spezialkliniken und Krankenhäusern, zum Teil auch Altersheimen durch ausgebildete psychologische oder ärztliche Fachkräfte möglich ist. ... Viele haben die Möglichkeiten einer Verwertung klinischer Beobachtungen sowohl für allgemeine entwicklungspsychologische Fragen wie für die der psychopathologischen Entwicklungsvarianten demonstriert. Wallon erhofft sich von dem klinisch-psychologischen Studium pathologischer Entwicklungsvarianten vor allem einen besseren Zugang zur Erfassung bestimmter Eigenheiten der frühkindlichen Entwicklung ...

(H. Thomae, 1953)

Wegen der geringen Bedeutung dieses Verfahrens für den Unterricht an Fach- und Fachoberschulen wollen wir uns auf diese knappe Charakterisierung beschränken.

6

6.7 Die Entwicklung des Kindes

Angesichts der Fülle der Daten zur Entwicklung des Kindes, muss man sich in einem solchen Lehrbuch beschränken. Ein vollständiger Überblick ist nicht angestrebt – und auch nicht möglich.
Ein Schwerpunkt der Darstellung wird das frühe Kindesalter sein.
Wo wir nicht zitieren (oder genauere Literaturangaben machen), lehnen wir uns an Entwicklungstests von Bühler-Hetzer, Binet-Simon-Bobertag und an die Vindeland-Social-Maturity-Scale an; wir stützen uns auch auf Angaben von Oerter (1973), Kiphard (1975/76), Schenk-Danzinger (1972), Ausubel (1971), Schraml (1971), Hurlock (1972) und Spitz (1971).

6.7.1 Der „kompetente Säugling"

Die Erforschung der Entwicklung des Menschen hat in den letzten Jahren einen ungeheuren Aufschwung genommen. Unter der Überschrift „der kompetente Säugling" wurde Neues entdeckt, was man vorher nicht zu hoffen wagte.

> *Der Durchbruch kam mit einer einfachen wie genialen Überlegung. Anstatt weiter über ungelöste Fragen nachzusinnen überlegten einige Forscher, welches Verhalten des Säuglings als Antwort dienen könnte. Außer im Film sagen Babys selten ‚ja' oder ‚nein', aber sie können den Kopf drehen, sie können länger oder kürzer etwas anschauen und sie können schneller oder langsamer saugen. ‚Fragt' man nun einen Säugling, ob er eines von zwei Gesichtern kennt, wird er das Bild der Mutter länger fixieren als das Bild einer fremden Frau. Die Antwort lautet also: Ja.*

(Claus Lechmann: „Guck mal, was ich kann", PSYCHOLOGIE HEUTE 2/1994, S. 54)

Diese Diskussion über neue Erkenntnisse in der Entwicklungspsychologie hat vor allem den Glauben erschüttert, Säuglinge und Kleinkinder seien vorwiegend passiv, könnten nur schreien, lallen und schlafen. Ein kleiner Einblick in die Diskussion um den aktiven Säugling zeigt, was man in Zukunft als Mutter, Vater oder Erzieherin zu beachten hat.

Mit der Veränderung der Kenntnisse über das Säuglings- bzw. Kleinkindalter verbesserten sich die Methoden der Forschung zunehmend:

Frage: Kann ein Baby die Mutter am Geruch erkennen? Um dem Baby eine Antwort zu entlocken, bekommt es links und rechts an die Wiege zwei Tücher gehängt. Das eine Tuch hat die Mutter getragen, das andere eine fremde Frau. Das Baby dreht sich nun häufiger zum Tuch der Mutter hin. Die Antwort lautet also: „Ja, ich kenne den Geruch meiner Mutter."

Die Forscher haben sich immer gewitztere Methoden einfallen lassen, um die Welt des Säuglings zu erkunden. Um herauszufinden, ob ein Säugling schon weiß, dass die Sprache, die er hört, mit den Mundbewegungen, die er sieht, zusammengehören, stellte sich jemand hinter eine Glasscheibe und bewegte den Mund. Die dazugehörige Stimme kam aus einem seitlich angebrachten Lautsprecher. Das Baby war sichtlich überrascht und zeigte damit, dass es Mund und Sprache als zusammengehörig erwartete.

Die Entdeckung der verschiedenen Antwortmöglichkeiten läutete eine Revolution in der Säuglingsforschung ein, und es kam in den letzten Jahrzehnten zu einer regelrechten Wissensexplosion. Das Bild des Säuglings wandelte sich radikal: vom hilflosen, passiven und schreienden Etwas zum „kompetenten Säugling", der erstaunliche Sinnesleistungen vollbringt und aktiv die Interaktion mitgestaltet.

(Claus Lechmann; s. o.)

„Programmwahl per Schnuller"

1. Optische Wahrnehmung

Schon das Neugeborene kann mit den Augen Objekte verfolgen. Menschlichen Gesichtern gilt das meiste Interesse, wobei Säuglinge in den ersten zwei Monaten vor allem Kontraste abtasten, wie zum Beispiel zwischen Haar und Stirn. Später verlagern sie ihre Aufmerksamkeit auf das Gesicht selbst. Sie sehen sich also erst den Rahmen an und dann das Bild. Ein Baby erkennt auch, dass es sich immer um ein und dasselbe Gesicht handelt, egal ob es im Profil oder später von vorne erscheint. Das ärgerliche Gesicht der Mutter sieht zwar ziemlich anders aus als das erfreute, aber auch diesmal gehört es für den Säugling zu ein und derselben Mutter.

2. Hörvermögen

Was das Hörvermögen angeht, so ging man noch bis 1970 davon aus, dass Neugeborene kaum etwas hören. Das hat sich als falsch erwiesen. Vielmehr hören Babys schon im Mutterleib und erinnern sich später daran. Diese Erkenntnis verdanken wir einem ausgeklügelten Experiment. Mütter lasen ihren ungeborenen Kindern öfter eine bestimmte Geschichte vor. Nach der Geburt konnten die Säuglinge über einen Schnuller, der an ein Tonband gekoppelt war, durch einen bestimmten Saugrhythmus zwischen der altbekannten Geschichte und einer völlig neuen Geschichte wählen. Sie wählten die bekannte Geschichte.

3. Vernetzung verschiedener Sinnesorgane

Wie sieht es nun mit der Vernetzung der verschiedenen Sinnesorgane aus? Weiß ein Neugeborenes zum Beispiel, dass man die Dinge, die man anfassen kann, auch in der Regel sehen kann, oder stehen die Eindrücke der verschiedenen Sinne isoliert nebeneinander? Auch hier zeigt sich der Säugling erstaunlich kompetent. Steckt man Babys einen Schnuller mit Noppen in den Mund, ohne dass sie den Schnuller sehen können, und zeigt ihnen später verschiedene Schnuller, so werden sie den genoppten Schnuller länger anblicken. Sie stellen also eine Verbindung zwischen dem Gefühlten und dem Gesehenen her. Babys haben sogar genaue Vorstellungen darüber, welches Geräusch zu einem sich nähernden oder entfernenden Objekt passt. Zeigt man Säuglingen zum Beispiel parallel zwei Filme (wegfahrendes und anfahrendes Auto) und spielt ein Motorgeräusch ein, das lauter wird, so schauen Säuglinge sich den Film mit dem sich nähernden Auto länger an.

Die Wahrnehmungswelt des Säuglings ist also ganzheitlich organisiert.

4. Gedächtnis und Lernen

Wie funktioniert das Gedächtnis des Säuglings? Gibt es überhaupt Gedächtnisleistungen vor der Sprachentwicklung? Diese Frage ist entscheidend für die Therapie früher Störungen. Denn wenn die Erfahrungen der ersten zwei Jahre nicht irgendwie gespeichert werden, dann können auch keine Störungen auf diese Lebensphase zurückgehen.

Wie die Wahrnehmungsexperimente zeigen, sind Babys zu relativ komplexen Lernleistungen fähig, und Lernen ist ohne Gedächtnis nicht möglich. Erwachsene denken bei Erinnerungen unwillkürlich an in Sprache gefasste Episoden. Aber schon die Vorstellung eines bestimmten Geruches macht deutlich, dass Gedächtnis auch ohne Sprache funktioniert. Und die Welt der Babys ist eine ganz direkte Welt der Sinne und Handlungen. Es sind Erinnerungsleistungen von mehreren Wochen, sogar Monaten nachgewiesen, allerdings bleibt unklar, wie die Erinnerungsspuren kodiert sind.

Der Psychotherapeut Hilarion Petzold nimmt an, dass in den ersten Lebensjahren vor allem Atmosphären und Leibgefühle gespeichert werden, die allerdings im späteren Leben, zum Beispiel in einer Therapie, nicht direkt abrufbar sind. Kein Mensch erinnert sich daran, wie er auf dem Wickeltisch lag. Aber es gibt keinen Nullpunkt, ab dem die Erinnerungen anfangen. Sondern auf dem Boden der frühen Erfahrungen wachsen die Erinnerungen des Kindes, des Jugendlichen, des Erwachsenen.

(Claus Lechmann: Guck mal, was ich kann, PSYCHOLOGIE HEUTE, Februar 1994, S. 54)

6

6.7.2 Das Kind im 1. Lebensjahr

Wir wollen diesen Überblick beginnen mit dem Tagebuch über die ersten Wochen eines Kindes. Der Text ist von *Wera Schmidt* (1926), eine der bedeutendsten Vertreterinnen der ersten antiautoritären Kindergärten. Wir übernehmen die Darstellung in gekürzter Fassung:

Aus dem Tagebuch

1. Tag:

‚Ungefähr um sechs Uhr legte man Alik zum erstenmal an die Brust, obgleich ich noch keine Milch hatte. Er ergriff die Brustwarze sehr fest mit den Kiefern und begann zu saugen. Er unterbrach sich einigemal, aber man hielt ihn von neuem zum Saugen an. Das dauerte ungefähr eine Viertelstunde.‘

2. Tag:

‚Zufällig geriet der Zeigefinger in den Mund, und er begann zu lutschen.‘

3. Tag:

‚Zum Essen legt Alik den Kopf zurück und wirft sich dann buchstäblich auf mich, trinkt aus der Brust und hält die Brustwarze wie mit Zangen fest. Nachdem er ein wenig gesaugt hat, schlummert er ein.‘

Am selben Tag:

‚Heute früh, nach dem Essen, bewegte er sehr lange die Finger um den Mund herum. Wenn einer von ihnen in den Mund geriet, begann Alik ihn mit Lust zu lutschen, aber oft drängten die benachbarten Finger durch ihre Bewegung ihn aus dem Mund. Alik äußerte seine Unlust hierüber in zornigem Schnaufen und Keuchen.‘

14. Tag:

‚Nach der Mahlzeit steckte er den Finger in den Mund und hielt ihn dort, ohne ihn herauszunehmen, über fünf Minuten. Beim Lutschen des Fingers gibt er heute zum erstenmal undeutlich Töne: ‚Nimm, nimm‘ oder ‚gn, gn‘ von sich.‘

63. Tag:

‚Alik ergriff mit beiden Händen den Rand seines Kleides und steckte es in den Mund.‘

65. Tag:

‚Gestern und heute verfolgt Alik sehr aufmerksam die Bewegung der linken Hand. Er bewegt sie nach vorn und nach hinten, nach rechts und nach links, die Augen folgten ununterbrochen ihren Bewegungen. Der Gesichtsausdruck ist sehr ernst, die Lippen leicht geöffnet, die Brauen gerunzelt.‘

84. Tag:

‚Bereits seit drei Tagen greift Alik mit der einen Hand die andere. Er schaut sehr eifrig auf seine sich bewegenden Hände, dann beginnt er, sie langsam einander zu nähern. Eine ergreift die andere und führt sie zum Munde hinein.'

An demselben Tag:
,Er greift jetzt bereits verschiedene Gegenstände (Windel, das Kleidchen, das Hemd oder das Tuch) und steckt es in den Mund (...) Heute spielte er mit dem Finger des Vaters und steckte ihn ebenfalls in den Mund.'

13. Woche:
,Wenn Alik vor dem Essen in Windeln gelegt wird, so lächelt er fröhlich; wenn er eingewickelt ist, so schaut er auf mich, während ich das Stillen vorbereite. Dann, wenn ich ihn auf den Arm nehme, macht er immer eine und dieselbe Bewegung mit dem Mund: er züngelt und schmatzt mit den Lippen, wobei er mit gierigen Augen auf die offene Brust schaut.'

23. Woche:
,Ich nahm Alik auf den Arm, um mit ihm spazieren zu gehen. Während wir gingen, drehte Alik seinen Kopf zu mir, und plötzlich warf er sich auf mich und saugte an meiner Wange. Ich war so erstaunt, dass ich mich nicht gleich wegbog, so dass er mit dem Mund einen Teil meiner Wange festhalten konnte. Später wiederholte sich dies noch einmal, ebenso schnell und unerwartet, und das drittemal saugte er an meinem Arm in der Schultergegend.'

26. Woche:
,Alik erhielt ein großes, rotes Holzei geschenkt. Er spielt mit ihm sehr gern, meistens legt er sich auf den Bauch, beginnt mit dem Mund am Ei zu lutschen, wobei er es vorwärts bewegt, da das Ei sich dreht.'

32. Woche:
,Während des Essens ergriff Alik wie immer den Löffel mit der rechten Hand und führte ihn zum Munde, aber die beiden Finger der linken Hand lutschte er in den Zwischenräumen, während ich die Milch nahm, und gab erst die Finger aus dem Mund, wenn ich ihm den Löffelt näherte.'

36. Woche:
,Als Forschungsinstrument dienen ihm jetzt öfters Auge und Hand, der Mund ist an die zweite Stelle getreten. Wenn er jetzt irgend etwas lutscht, so häufig als Spiel oder um den Geschmack zu erproben (Brotkrümel, Zucker, Watte). Gewöhnlich schaut er den neuen Gegenstand an, betastet ihn, beklopft ihn und steckt ihn dann zuweilen in den Mund, aber nicht auf lange.'

39. Woche:
,Gestern und heute griff Alik viele Male an sein Geschlechtsorgan. Er liegt auf dem Rücken, während er mit der Hand umhertastet, bis er danach greift. Wenn er sitzt, so neigt er den Kopf und schaut darauf, und später streckt er die Hand danach aus. Sein Verhalten ist hierbei ganz anders als beim Fingerlutschen. Dort war er eifrig und vertieft und hier nur auffällig heiter. Er lacht und spricht laut dabei.'

,Anläßlich seines Geburtstags wurde Alik heute von der Brust entwöhnt. Er bemerkte dies überhaupt nicht, sondern trank mit Vergnügen ein Glas Milch.'

6

In den ersten 4–6 Wochen ist das Verhaltensinventar beschränkt auf lange Schlafzeiten als eine Art Fortsetzung des embryonalen Lebens, Nahrungsaufnahme, Schreien und Strampeln.

(Schenk-Danzinger)

 **Aufgabe**

Analysieren Sie die Grafik im Hinblick auf die Aktivitäten des Kindes, die zeitlich den meisten Raum einnehmen.

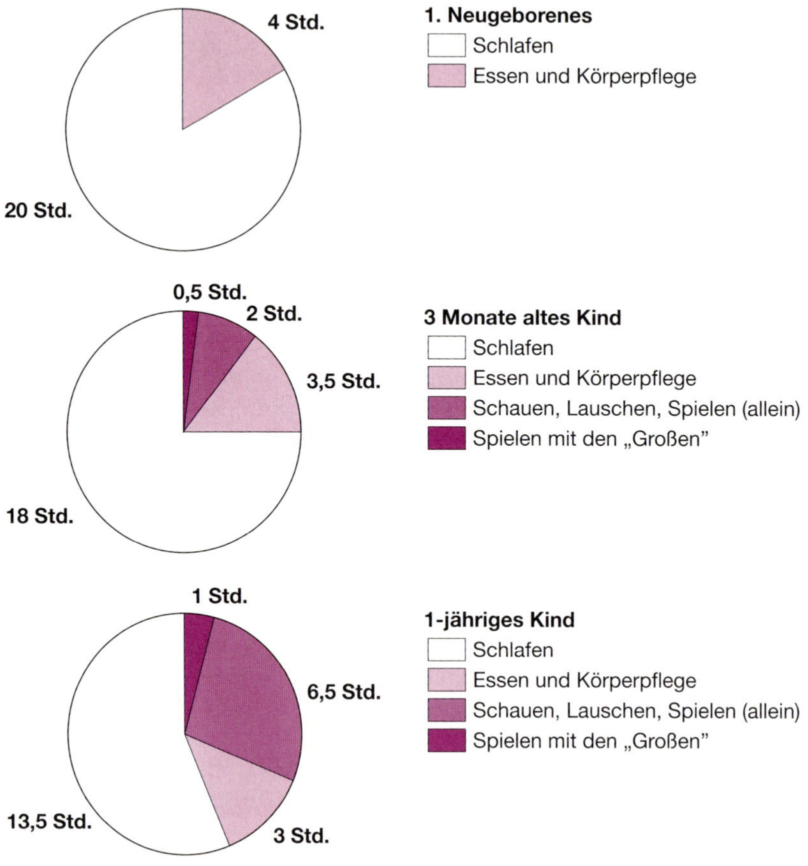

1. Neugeborenes
- ☐ Schlafen
- ☐ Essen und Körperpflege

4 Std.
20 Std.

3 Monate altes Kind
- ☐ Schlafen
- ☐ Essen und Körperpflege
- ☐ Schauen, Lauschen, Spielen (allein)
- ☐ Spielen mit den „Großen"

0,5 Std.
2 Std.
3,5 Std.
18 Std.

1-jähriges Kind
- ☐ Schlafen
- ☐ Essen und Körperpflege
- ☐ Schauen, Lauschen, Spielen (allein)
- ☐ Spielen mit den „Großen"

1 Std.
6,5 Std.
13,5 Std.
3 Std.

Zeitaufteilung beim Neugeborenen, beim 3 Monate alten und beim einjährigen Kind (Lüdecke/ Schultz-Wild, 1974).

Erste Anzeichen von Entwicklungsstörungen sind
- wenig Interesse an Reizen (Farben, Sozialkontakt, Abwechslung usw.) und geringe Bereitschaft, darauf zu reagieren.
- große Ängstlichkeit gegenüber fremden Personen (gegen Ende des 1. Lebensjahres).

Die Bedeutung der ersten Lebensmonate für die gesamte Entwicklung des Kindes hat *R. Spitz* mit seiner Untersuchung über den „Hospitalismus" verdeutlicht.
Spitz fand heraus, dass
- ein extremer Mangel an Reizen und Abwechslung und
- ein Mangel an Zuwendung
in den ersten Lebensmonaten schwere Schädigungen zur Folge haben können, die – je nach dem Schweregrad der Schädigung – nur schwer rückgängig zu machen sind.

Spitz hat diese Untersuchung (unter anderem) in einem „Findelhaus" vorgenommen, in dem solche Bedingungen (wie sie oben genannt sind) herrschten. Kinder, die in den ersten 4 Monaten einen sehr günstigen Entwicklungsstand (EQ 124) hatten, hatten am Ende des 1. Jahres einen EQ von 72, („nun ist ihr EQ auf die erstaunlich niedrige Stufe von 72 gesunken"). Trotz guter Hygienebedingungen waren die Kinder extrem anfällig für Infektionskrankheiten. „Es gab kaum ein Kind, in dessen Fallgeschichte wir keine Angaben über Mittelohrentzündung, Masern, Windpocken, Ekzeme oder die eine oder andere Darmerkrankung fanden" (*R. Spitz*).

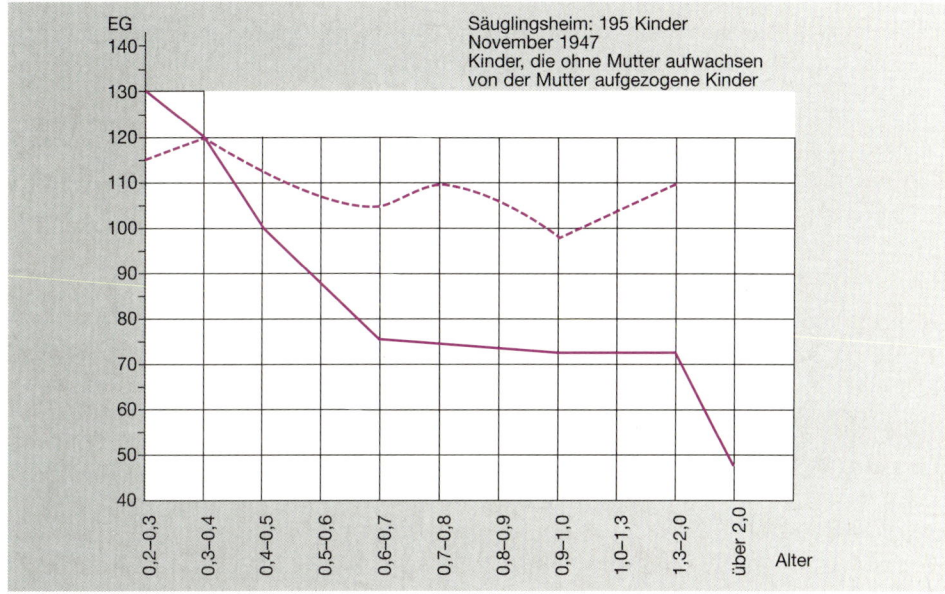

Auswirkung der Mutterentbehrung auf den Entwicklungsquotienten (aus Spitz 1967).

Dauer der Trennung in Monaten	Zunahme des EQ nach der Wiedervereinigung in Punkten
weniger als 3 Monate	+ 25
3–4 Monate	+ 13
4–5 Monate	+ 12
über 5 Monate	– 4

Einfluss der Wiedervereinigung mit der Mutter auf den Entwicklungsquotienten (aus Spitz 1967).

Die kritische Periode bildet aufgrund verschiedener Untersuchungen die Zeit zwischen 6 und 10 Monaten. Es ist die Zeit, in der sich die Beziehung zur Mutter allmählich entwickelt und festigt. Werden Kinder während oder nach dieser Periode von der Mutter getrennt, erleiden Sie schwere Schäden. Kinder, die nie Gelegenheit hatten, in dieser Zeit eine Bindung herzustellen, bleiben meist dauernd unfähig, eine solche zu erreichen. Die Bedeutung des 1. Lebensjahres für die Gesamtentwicklung liegt in der Grundlegung der zwischenmenschlichen Bindungsfähigkeit als Basis für den gesamten Lern- und Anpassungsprozess. (1972).

L. Schenk-Danzinger

Geborgenheit und Emanzipation als Interaktion mit der Welt

Der Säugling/das Kleinkind hat eine begrenzte Anzahl von Möglichkeiten, mit der Welt in Kontakt zu treten (mit ihr zu interagieren): Die Mutter, der Vater, die Geschwister, Gegenstände in der Wohnung, Spielzeug usw.

Spitz hat nun herausgefunden, dass der Mangel an Interaktion (Kontaktaufnahme) mit erwachsenen Menschen und der Umwelt zu Entwicklungsrückständen bzw. zu Entwicklungsstörungen führt.

Aus der Abb. auf Seite 148 ersehen wir, dass die Situation eines wohl behüteten Kindes in der Familie günstig aussieht.

– Durch Interaktion mit Mutter (M) und Vater (V) baut es das Gefühl der Geborgenheit aus.
– Es kann sich bei Bedarf in die Geborgenheit (G) zurückziehen, es kann sie in Anspruch nehmen.
– Es kann mit verschiedenen Teilen der Welt (W1 – W3 – Wx) Kontakt aufnehmen und es erfährt durch den Umgang mit der Welt, wie diese beschaffen ist, wie sie reagiert.
– Dadurch kann es sich allmählich und immer mehr von seinen Eltern emanzipieren (E).
– Es schafft sich Bewegungsmöglichkeiten (W <<<< K >>>> G) zwischen Geborgenheit und Emanzipation.

Das Fundament für eine günstige Entwicklung wäre damit gelegt.

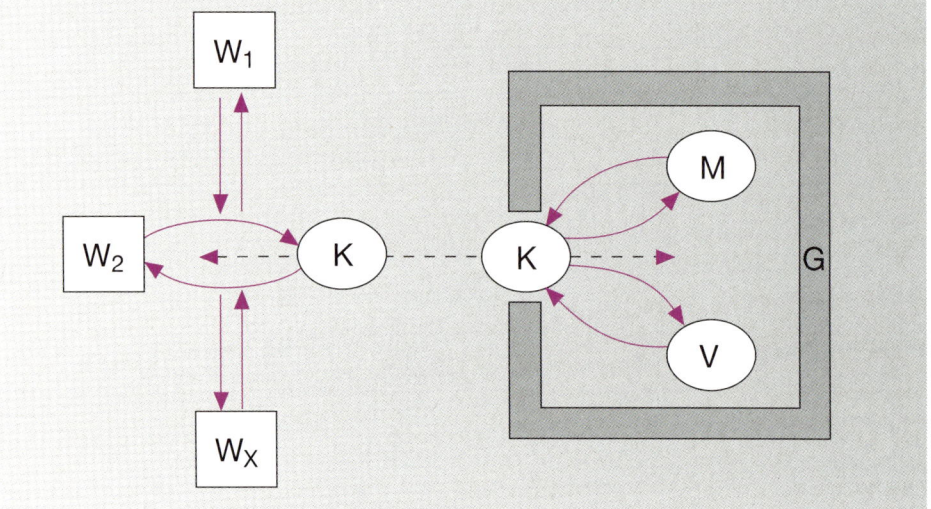

Geborgenheit, Interaktion und Emanzipation

Manche Väter können durchaus sehr gute Mütter sein
Sie bringen dem Kind mehr Unabhängigkeit und Kreativität bei
Mutter-Kind-Kontakt wird zu starkem „Bemuttern"

Für die Bedeutung einer zuverlässigen Bezugsperson der seelischen Entwicklung eines Kindes hat die Wissenschaft in den letzten Jahrzehnten eindrucksvolle Beweise geliefert. Seit kurzem wird es jedoch deutlich, dass dabei die Rolle des Vaters geradezu sträflich vernachlässigt worden war. Nach den neuesten Erkenntnissen europäischer und amerikanischer Wissenschaft steht es mehr und mehr fest, dass der Vater schon im Baby-Alter eine wichtige Schlüsselfigur ist,

Die Bonner Psychologin Professor Ursula Lehr vertritt sogar die Ansicht, dass die einseitige Überbewertung des Mutter-Kind-Kontaktes familienfeindlich und sogar schädlich sein kann. Nach ihrer Ansicht ist die Qualität der väterlichen Zuwendung zum Kind mitunter besser.

Als Begründung führt Frau Professor Lehr aus:

„Der Vater neigt weniger als die Mutter dazu, pflegendes, sorgendes Verhalten zu übernehmen, auf die kindliche Sicherheit bedacht zu sein und damit jeden Ansatz eines neugierigen Erkundungsverhaltens zu hemmen. Väter wenden sich häufiger ohne jede pflegerische Absicht dem Säugling zu, spielen mit ihm mehr und vor allem origineller. Väter, so fand man in Untersuchungen der letzten Jahre, fordern auch schon im ersten Lebensjahr ihre Kinder stärker zu Risikoverhalten heraus und fördern damit den kindlichen Erkundungsdrang, bringen das Kind dazu, etwas zu wagen, die Umgebung zu erfahren und zu meistern."

Ladislaus Kuthey

(WAZ)

6.7.3 Das Kind von 1–6 Jahren

Zu Beginn des 2. Lebensjahres steht das Kind und macht danach bald die ersten Gehversuche ohne Hilfe bzw. kann bald laufen, ohne sich festzuhalten. Um den 18. Monat kann es die Treppe hochgehen, wenn es sich festhalten kann. Es kann Türen öffnen, auf Stühle klettern. Es kann freistehend leichte Gegenstände aufheben. Gegen Ende des 2. Jahres hopst es, kann den Ball wegstoßen.

Im 2. Jahr kritzelt das Kind mit Bleistift. Gegen Ende hält es diesen sogar mit drei Fingern fest. Es kann Süßigkeiten auswickeln. Es trinkt aus dem Glas – aus der Tasse, isst allein mit dem Löffel.

Beispiele

Der Mond glänzte besonders schön goldgelb. „Wer hat den Mond angestreichelt? Mama, sag mal!"

(Sieglinde Renz)

Mutter: „Wie kommt der Mond auf das Dach?„ Tochter: „Ich hab ihn hinaufgeworfen." Mutter: „Und warum ist er jetzt nicht da?" Tochter: „Er ist faul, er arbeitet nicht!"

(H.-D. Zeuschner)

Annette (5 J.) und ihre Freundin Miriam (5 J.) saßen auf dem Rücksitz, in ihrer Mittel Lisa (2 J.). Annette zur Freundin: „Kleine Kinder sind blöd, ne?" Miriam war der gleichen Überzeugung und sie sagte es laut. Annette: „Spielen kann man überhaupt nicht mit ihnen. Die sind so zickig." Miriam: „Und heulen immer, wenn man mit ihnen spielt„ Annette: „Sie können noch nicht mal Ventolator sagen!" Miriam: „Genau, das können sie nicht." Annette: „Lisa, sag mal V-e-n-t-o-l-a-t-o-r!" Miriam: „Na, Lisa! Los! Sag V-e-n-t-o-l-a-t-o-r!" Lisa: „Ventilator!"

(Dr. N. Heimken)

Karin verriet, wie die Straßen in Recklinghausen heißen. „Kaiserwall, Königswall und Karneval!"

(Ruth Schulz)

6

„Duuu Sonja, darf ich mal was fragen?" Sonja, die Tante: „Aber natürlich, Nick, immer! Schieß los!" Nick: „Du, sag mal, bist Du eigentlich zu blöd zum Kochen?"

(Sonja Röder)

Opa wird begraben. Holger: „Schläft Opa jetzt draußen?" *(N. N.)*

Wir wollen mit dem Wohnwagen zusammen in Urlaub fahren. Stolz erklärt Ela der Nachbarin: „Wir sslafen dadrin und Papa ssiebt!" *(Vera Krumsee)*

(N. Kühne: 30 Kilo Fieber. Die Poesie der Kinder. Zürich, 1997)

6

Im 3. Jahr zieht es Mantel und Kleider (bei denen die Knöpfe geöffnet sind) aus. Es meidet gefährliche Situationen, wo es fallen könnte, wo es sich verbrennen oder schneiden könnte. Es kann häufig mit einer Schere umgehen.

Im 4. Jahr wäscht es sich ohne Hilfe die Hände. Es kann allein die Treppe hoch- und runter gehen, kann Jacken auf- und zuknöpfen, wenn es nicht zu schwer geht. Es kann sich manchmal auch schon allein das Gesicht waschen, was es im 5. Jahr in der Regel kann. Es kann allein zu einer Nachbarsfamilie gehen. Es zeichnet einfache Dinge mit Blei- oder Farbstift.

Mädchen, 4 Jahre alt

Im 6. Lebensjahr kann es einfachere Wörter nachmalen, die man anfangs zwar noch nicht lesen kann, aber gegen Ende des Jahres können viele Kinder ihren Namen mit Druckbuchstaben (groß) schreiben. Es kann Dreirad und Roller fahren. Es hantiert schon mit einfacheren Werkzeugen, falls diese im Haushalt sind.

Wenn die Umgebung des Kindes nicht kinderfeindlich ist, diese also Gelegenheit bietet, dass sich das Kind zwischen 4 und 6 mit Freunden auch außerhalb der Wohnung treffen kann, entwickelt es im Bereich der Grobmotorik sehr viel Geschicklichkeit, – z. B. im Spiel mit den Freunden: Laufen, Klettern, Werfen, Hüpfen usw. Diese motorischen Fähigkeiten werden in vielen Spielen geübt und (unmerklich) eingeübt; die Spiele dauern oft den ganzen Nachmittag (bei 6 Jahre alten Kindern).

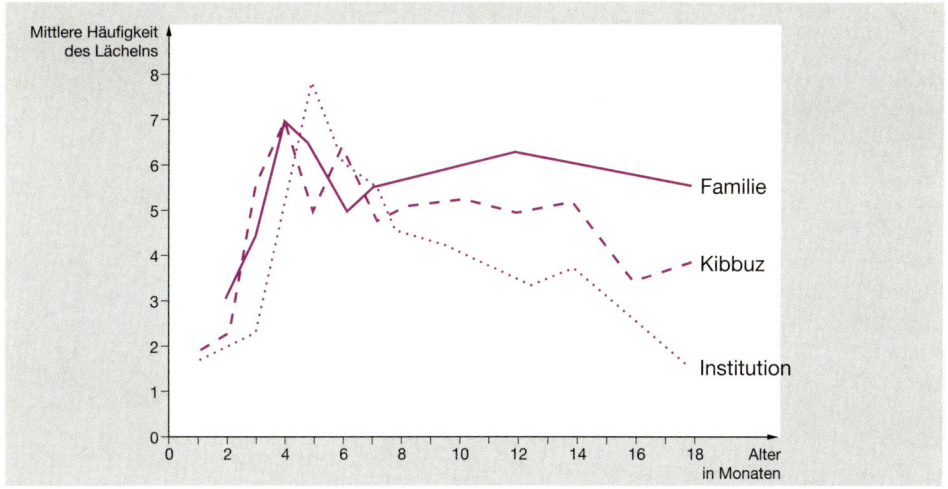

Die Kurve zeigt, dass vom 8. Lebensmonat an Kinder in ihren Familien am häufigsten gelächelt haben, gefolgt von Kindern im Kibbuz und von jenen in einer Institution zur Pflege von Kleinkindern.

Die Häufigkeit des Lächelns bei Kindern in drei verschiedenen Umgebungen (Herzka, 1978).

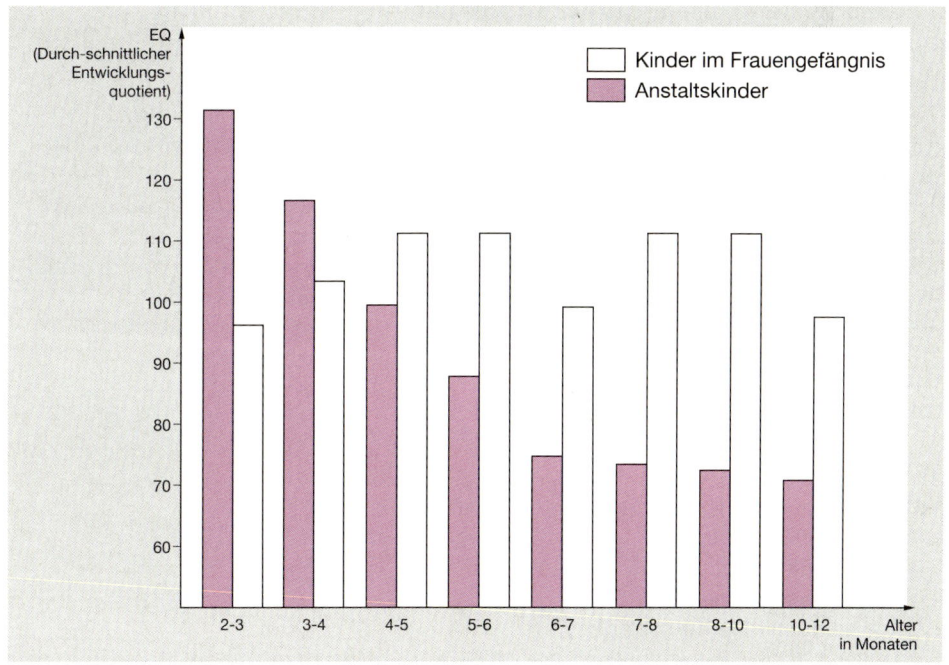

Es wurden Entwicklungsquotienten, d. h. die globale Entwicklung zweier Gruppen von Kindern untersucht: Eine Gruppe wuchs in einem Findelhaus auf, die andere im Kinderzimmer eines Frauengefängnisses, wo die Kinder zu bestimmten Zeiten am Tage durch die Mütter gepflegt wurden. Das Diagramm zeigt, daß die Kinder im Findelhaus sich in den ersten vier Monaten besser entwickelten als die der anderen Gruppe. Zwischen dem 4. und 6. Monat kehrt sich das Verhältnis um, und die Entwicklung der Findelhauskinder verläuft langsamer. Die Graphik zeigt den Wert der individuellen Betreuung durch die Mutter.

Entwicklung von Anstaltskindern und Kinden in einem Frauengefängnis (Herzka, 1978).

151

Beispiel

Hier nur zwei Beispiele für sprachliche Äußerungen:

Wörter eines Kindes im Alter von 1;6 Jahren

Tach	= guten Tag
Abbah	= Apfelsaft
Babra	= Barbara (die Schwester)
Gicki	= Dackel
ememem (Nachahmen des Geräusches)	= Auto
Wuwu	= Hund
Gign-Gign	= Winke-Winke!
Nane	= Nase
Mu	= Mund
Oa	= Ohr
Kecka	= Kettcar
ei	= heiß
kai	= kalt

(Aufnahme eines Lehrers aus Recklinghausen)

Gespräch zweier Kinder im Alter von 4 Jahren:

Gay: Hallo.

Dan: Hallo.

Gay: Wie geht es Dir?

Dan: Gut.

Gay: Mit wem spreche ich?

Dan: Mit Daniel, deinem Pappi. Ich muss mit Dir sprechen.

Gay: Okay.

Dan: Wenn ich heute abend nach Hause komme, werden wir Butter- und Marmeladebrote zum Abendbrot essen.

Gay: Hmmm. Wohin gehen wir heute Abend?

Dan: Nirgendwohin, wir werden um 11 Uhr essen.

Gay: Aber, ich wollte heute abend ausgehen.

Dan: Fein, dann werden wir das machen.

Gay: Wir gehen aus.

Dan: Wir werden ins McDonald gehen.

Gay: Na klar, wir gehen ins McDonald. Und, äh, was es dort zum Abendbrot gibt, sind Hamburger.

Dan: Dann gibt es eben Hamburger. Okay, gut. Auf Wiederhören.

Gay: Tschüss!

(J. S. Bruner, 1980)

An Spielen kann das Kind zu Beginn des 2. Jahres:
- einfachere Versteckspiele,
- aus 2–3 Würfeln kann es Türme bauen,
- Hohlwürfel einräumen,
- kann auf eine Trommel schlagen.

Später kann es die Hohlwürfel auch der Größe nach ordnen (um den 18. Monat) und baut auch Türme mit mehr Bausteinen (3–5). Es kann mit Stühlen und kleinen Tischen spielen, kann sie verschieben.

Gegen 2 kann es Perlen aufziehen und nach Form und Farbe sortieren, kann Handlungen mit Puppen spielen, ahmt im Spiel mit Puppen nach und kommentiert das Spiel. Im 3. Jahr spielt es im Sandkasten: Es bäckt, baut einen Berg, gräbt ein Loch. Es kann einfachere Kreis- und Bewegungsspiele. Gegen Mitte bis Ende dieses Jahres werden einfache Melodien und Textteile beherrscht. Es spielt unter Anleitung einfache Dominospiele. Es kann auch gegen Ende des 3. Jahres einfache Handlungsverläufe nachspielen. Zwischen dem 4. und 5. Lebensjahr kann es einfachere Wettspiele mitspielen, im folgenden Jahr Gesellschaftsspiele („Mensch ärgere Dich nicht").

Beispiele

Nach dem Tischdecken stellt Stephanie fest, daß irgend etwas nicht stimmt. „Ich hab mich vertun!" Ich korrigiere: „Nein – vertan!" „Da kann man sich ja auch mal vertan!"

(Anita Horstmann)

„Sag mal Schule„, fordert sie der Vater auf. Doris: „Sule!" „Sag mal Schlitten!" „Slitten!" Eines Tages wollte es die Mutter wieder einmal wissen: „Kannst Du nicht mal Schuhe schön sagen?" Doris: „Kaulquappe!"

(G. und K. Boettcher)

„Warum", fragte Martin, „wurde Jesus eigentlich ans Kreuz geschlagen und nicht mit Tesa-Film angeklebt?"

(J. Konietzko)

Paul fuchtelt mit seinem Fahrtenmesser rum. „Mama, der Opa war doch auch im Krieg?" „Ja!" „Hatten die denn auch solche Messer?" „Keine Ahnung!" „Mama, aber Opas Bande hat doch verloren!"

(Ute Bertels)

(N. Kühne: 30 Kilo Fieber. Die Poesie der Kinder. Zürich 1997)

Kinder, die man nur wenig anzuleiten braucht, spielen sehr intensiv Rollenspiele, lassen sich dabei auch ungern stören. Es gibt Kindergartengruppen, in denen komplizierte Rollenspiele über Tage hinweg verfolgt werden. Neben dem Spiel vertrauter Ereignisse, Berufe usw. werden auch Vorbilder aus Fernsehreihen gestaltet. Erzieher sagen meist, dass am Montag das Fernsehprogramm des letzten Wochenendes verarbeitet wird.

In der Regel besucht ein Kind heute den Kindergarten zwischen dem 3. und 4. Lebensjahr. Für das Kind ist es die erste Zeit in seinem Leben, in der es regelmäßig und über mehrere Stunden von der Mutter/Vater (oder näheren Verwandten) getrennt ist. In den ersten Tagen fällt es dem Kind sehr schwer, dies emotional zu verarbeiten. Es ist ein Einschnitt, der mit viel Sorgfalt vorbereitet werden sollte (Gespräche mit dem Kind vor dem Besuch des Kindergartens, vorheriges Kennenlernen der Erzieher und der Gruppe, eventuell Besuch der Erzieherin in der Wohnung des Kindes usw.).

In Nordrhein-Westfalen weist das Kindergartengesetz vom 21. Dezember 1971 dem Kindergarten ausdrücklich einen eigenständigen Bildungsauftrag im Elementarbereich des Bildungswesens zu, der im wesentlichen wie folgt umschrieben wird:

„Die vorschulische Erziehung im Kindergarten soll die Erziehung in der Familie ergänzen.

Was heißt das?

I.   Der Kindergarten soll – dem Kind helfen, sich mit seiner Umwelt auseinanderzusetzen und sich im Leben zurechtzufinden.

II. Der Kindergarten soll – das Kind zur Eigeninitiative und zum freien Tun ermutigen und zum Denken herausfordern.

III. Der Kindergarten soll – das Kind in seiner Neugierde und seiner Freude am Entdecken und Experimentieren unterstützen.

IV. Der Kindergarten soll – dem Kind helfen, seine Ausdrucksmöglichkeiten zu erweitern.

6

V. Der Kindergarten soll – dem Kind Möglichkeiten bieten, vielfältige soziale Kontakte anzuknüpfen, dabei unterschiedliche Verhaltensweisen, Situationen und Probleme zu erleben, seine eigene Rolle innerhalb der Gruppe zu erfahren und den anderen zu akzeptieren."

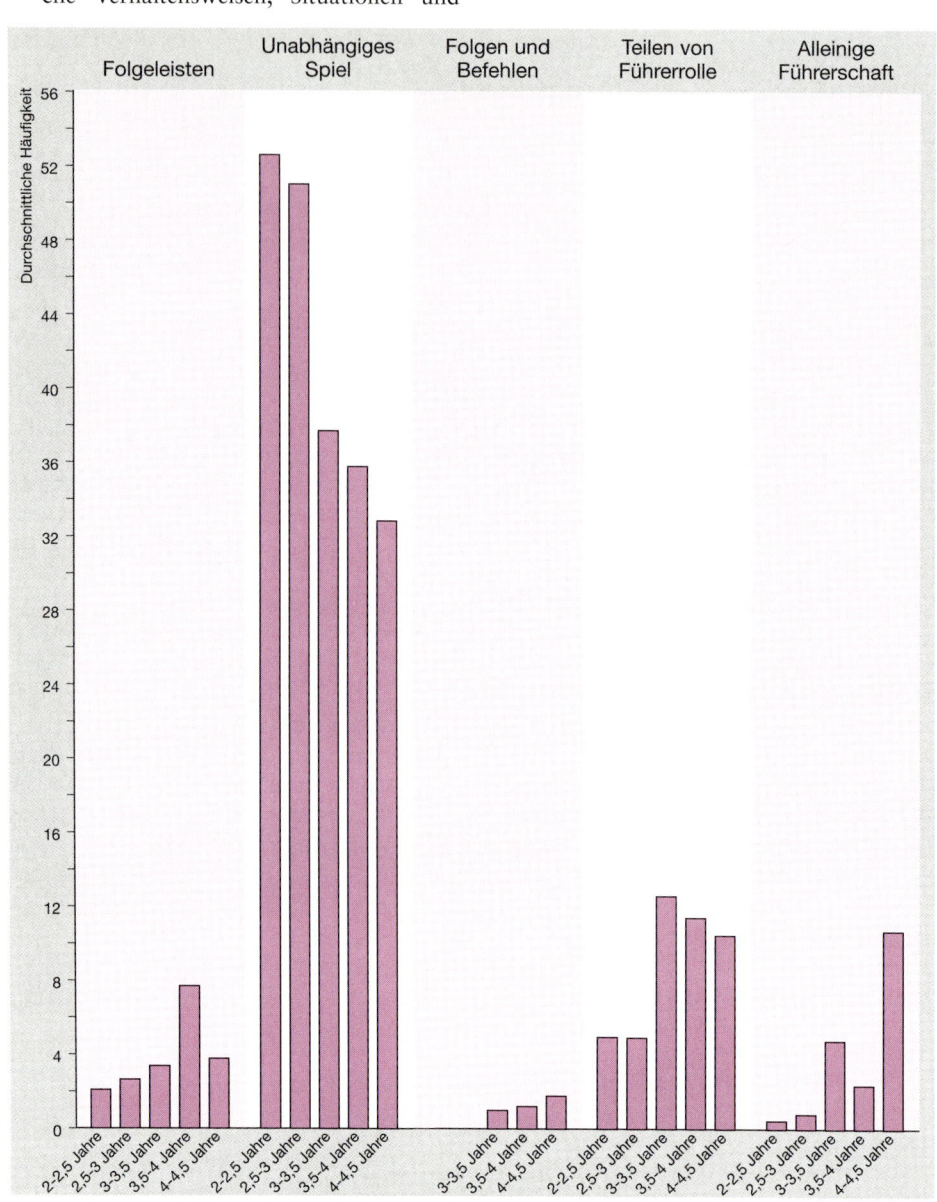

Unterordnung und Führerrolle bei Kindergartenkindern (zitiert in Schenk-Danzinger L., 1970)
Die Darstellung zeigt die durchschnittliche Häufigkeit sozialen Verhaltens unter dem Gesichtspunkt der gegenseitigen Abhängigkeit und Beeinflussung: Unter Folgeleisten ist zu verstehen, dass das Kind sich von anderen Kameraden dirigieren lässt; beim unabhängigen Spiel wird weder etwas befohlen noch etwas befolgt; bei Folgen und Befehlen ist das Kind je nach der Situation bereit, Anordnungen von Kameraden auszuführen oder selbst Anordnungen zu erteilen; beim Sich teilen in die Führerrolle wird diese entweder abwechslungsweise oder gemeinsam von mehreren Kindern übernommen.

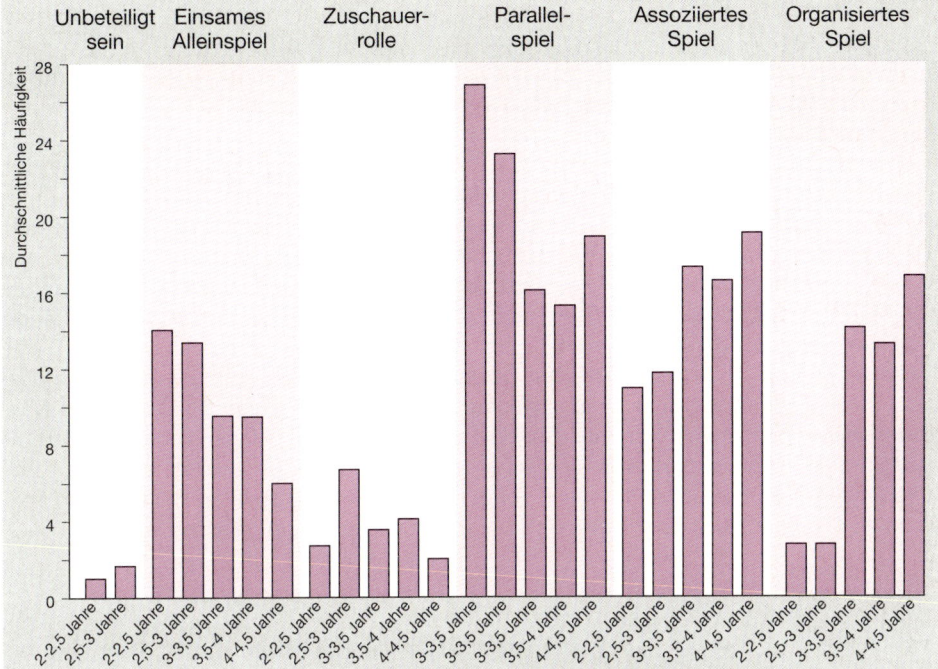

Das soziale Verhalten beim Spielen im Kindergarten (zitiert nach Schenk-Danzinger L., 1970)
Die Darstellung zeigt die durchschnittliche Häufigkeit von sechs Verhaltensweisen: Beim Parallelspiel spielen die Kinder nebeneinander, aber ohne in wechselseitigen Kontakt zu treten; beim assoziierten Spiel kommt es zum gegenseitigen Geben, Nehmen, Nachahmen und Nachfolgen, aber nicht zu einer Arbeitsteilung, Organisation oder Unterordnung, während das organisierte Spiel auf ein Ziel hin ausgerichtet ist, z. B. bei Regelspielen oder beim gemeinsamen Bauen, wobei eines oder mehrere Kinder die Tätigkeit leiten, so dass es eine Arbeitsteilung und verschiedene Rollen gibt.

6

 Aufgabe

Analysieren Sie die Grafik von Herzka im Hinblick auf die häufigsten Tätigkeiten
des Kindes – orientiert am Alter.

Die Konstanz der Geschlechter ist für ein 3-jähriges Kind noch keine Selbstverständlichkeit, dagegen ist sie für ein 5-jähriges Kind gesichert. Als Beispiel führen *Oerter/Montada*
(München-Weinheim, 1987) an:

Beispiel

„Folgende Unterhaltung fand zwischen Jimmy, soeben vier geworden, und seinem viereinhalbjährigen Freund Johnny statt:
Johnny: Wenn ich erwachsen bin, werde ich Flugzeugbauer.
Jimmy: Wenn ich erwachsen bin, werde ich eine Mutti.
Johnny: Du kannst nicht eine Mutti sein. Du musst ein Papi sein.
Jimmy: Nein, ich werde eine Mutti sein.
Johnny: Nein, Du bist kein Mädchen, Du kannst keine Mutti sein.
Jimmy: Doch, ich kann."

6.7.4 Das Kind von 6–12 Jahren

Das 6-jährige Kind kann mit dem Messer sein Brot bestreichen, mit dem Bleistift (usw.) schreiben und ohne Hilfe zu Bett gehen. (Ob es das in jedem Fall sollte, ist freilich eine andere Frage.) Mit etwas Hilfe kann es sich selbst baden.

Das Kind mit 7 Jahren kann die Uhrzeit nach vollen, halben und Viertelstunden erkennen. Es benützt Messer zum Brotschneiden und kann sich das Haar kämmen oder bürsten. Es glaubt nicht mehr wortwörtlich an den Osterhasen oder Weihnachtsmann. Danach kann das Kind einfachere Arbeiten im Haushalt übernehmen, wie z. B. abtrocknen. Es liest, weil es sich für etwas interessiert und kann weitgehend ohne Hilfe baden. Mit 9 Jahren kann es sich bei Tisch selbst versorgen. Es kann Einkäufe machen und bewegt sich selbstständig in seinem Stadtteil oder am Wohnort.

Zwischen 10 und 12 Jahren schreibt es gelegentlich Briefe oder holt sich Auskünfte über das Telefon ein. Es besorgt sich selbstständig Prospekte (häufig über Spielzeug, Bastelanleitungen usw.) oder nimmt an Preisausschreiben teil. Es kocht gelegentlich oder bäckt mit dem Erzieher zusammen; schreibt einfache – oft lustige – Gedichte, wenn entsprechende Anregungen in Schule oder Elternhaus vorhanden sind. Es hat Spaß an Büchern und Zeitschriften und kann auch über mehrere Stunden allein (zu Hause) gelassen werden.

Beispiele

Der Sechsjährige hört auf der Hochzeitsfeier, dass die Braut nicht kochen kann. Er fragt deshalb: „Muss der Onkel jetzt verhungern?"

(Ruth Sonntag)

Sie sahen einen Film, der in Schwarzweiß gedreht war. Sarah: „Mama, hast Du auch schon gelebt, als die Menschen noch schwarzweiß waren?"

(Sabrina Zink)

Katrin will wissen, was Sex ist. Die Mutter erklärt es ihr. Katrin fasziniert: „Oh, das müsst ihr mir mal vormachen!"

(H.-D. Zeuschner)

„Wie findet Ihr eigentlich unsere Lehrerin?" „Ich könnte sie totknutschen, unsere Lehrerin!" „Ich glaube, ich heirate unsere Lehrerin." „Ich auch, dann heiraten wir sie beide!"

(Rudi Faßbender)

(N. Kühne: 30 Kilo Fieber. Die Poesie der Kinder. Zürich, 1997)

Schulreife

In der Bundesrepublik Deutschland kommt das Kind um das 6. Lebensjahr zur Schule. Ist ein Kind in der Lage, den Besuch der Grundschule zu bewältigen, so spricht man im allgemeinen davon, dass es nun „schulreif" sei. Ob der Ausdruck „Schulreife" gut gewählt ist, können wir hier nicht diskutieren; er ist jedenfalls (besonders im alltäglichen Sprachgebrauch) üblich. Dabei gibt es verschiedene Begriffe von „Schulreife". Für *Hetzer* und *Tene* (1962) ist ein Kind dann „schulreif", wenn es sich „die traditionellen Kulturgüter durch planmäßige Arbeit in Gemeinschaft Gleichaltriger aneignen" kann.

Für Piaget (1948) muss ein „schulreifes" Kind vom Stadium des anschaulichen Denkens zu konkreten Denkoperationen vorgeschritten sein. Einige Autoren berücksichtigen bei der Bestimmung der „Schulreife" mehr den körperlichen, andere den geistigen, wieder andere den sozialen Aspekt.

Die „Schulreife" wird heute festgestellt

1 durch eine amtsärztliche Untersuchung;

2 durch psychodiagnostische Untersuchung;

3 durch einen beobachteten und probeweisen Schulbesuch über mehrere Wochen;

4 durch eine Kombination von 1–3.

Beim körperlichen Aspekt der Schulreife spricht man häufig davon, dass das Kind die „Schulreifeform" haben soll: gestreckter Körperbau, Fettpolster treten zurück, Muskeln treten hervor, Bewegungen sind mehr gesteuert als beim Kindergartenkind. Die Entstehung der zweiten Zähne soll ersichtlich sein. Die Körperorgane sollen gesund sein und funktionstüchtig (Sinnes- und Sprachorgane z. B.).

Beim intellektuellen/geistigen Aspekt geht man davon aus, dass das Kind Mengen gliedern können soll, es soll sich sprachlich artikulieren können, soll Sachverhalte sprachlich darstellen können, es soll Zusammenhänge „Ursache-Wirkung" erfassen können, sachbezogen denken und es soll bereit sein, seine Sprach- und Denkfähigkeit weiterzuentwickeln.

(M. Atzesberger/E. Hahn, 1970/71)

Der soziale Aspekt der „Schulreife" besagt: das Kind soll bereit sein, sich vom Elternhaus zu lösen und in die Gruppe der Gleichaltrigen (Klasse) einordnen können, soll in der Gruppe mitwirken können und aktiv mitgestalten; es muss sich artikulieren können, muss Aufgaben übernehmen können und in der Lage sein, mit den anderen zusammenzuarbeiten.

Manchmal spricht man auch noch von einem weiteren Aspekt: bereit sein, sich mit Leistungsforderungen auseinanderzusetzen, sich zu konzentrieren, seine momentanen Wünsche zugunsten gestellter Aufgaben zurückzustellen (zu verschieben).

P. Brand (1955) hat die „Schulreife" nach Alter zu differenzieren versucht. Die „unterste Leistungsgruppe" dürfte zu den nicht-„schulreifen" Kindern zu rechnen sein.

Alter	Unterste Leistungsgruppe	Mittlere Leistungsgruppe	Oberste Leistungsgruppe
5; 10 bis 6; 0	39,4	20,0	11,8
6; 1 bis 6; 3	25,0	27,5	23,6
6; 4 bis 6; 6	26,3	20,0	21,5
6; 7 bis 6; 9	9,3	32,5	43,1
	100	100	100

Zunahme der Schulreife nach Alter

Die meisten Erzieher und Wissenschaftler sind sich darin einig, dass der Schulerfolg entscheidend von der Art der Förderung zwischen dem 3. und 6. Lebensjahr abhängt; Kinder, die also 3 Jahre den Kindergarten besucht haben, bevor sie eingeschult werden, haben es leichter mit den Leistungsanforderungen in der Schule, mit der Gruppe der Gleichaltrigen und mit der Loslösung von der Familie.

Das vierte und sechste Lebensjahr ist gegenüber dem Schulalter eine Phase erhöhter Bildsamkeit für die bevorzugten Stile kognitiver Informationsverarbeitung (...) Wir haben gezeigt, dass in den drei Lebensjahren vor dem heute üblichen Einschulungstermin von sechs Jahren entscheidende Grundlagen für den Grad der intellektuellen Tüchtigkeit und die

Leistungsmotivation des Schülers wie des späteren Erwachsenen gelegt werden. Das gilt in vielerlei Hinsicht:

a) für die Startbeschleunigung der intellektuellen Entwicklung und damit für die Höhe des erreichten Niveaus zu späteren Zeitpunkten,

b) für Art und Ausprägung der kognitiven Stile bei der Informationsaufnahme und -verarbeitung,

c) für die Art und Ausprägung der überdauernden Leistungsmotivation und

d) für die Wertschätzung von Tüchtigkeit in bestimmten Sachbereichen. Will man in diesen vier Hinsichten die Entwicklung fördern, so muss man es in dieser Altersperiode und in systematisch-gezielter Weise tun, um das Anregungspotential der Elternhäuser in wichtigen Punkten zu ergänzen.

(H. Heckhausen, 1971)

Da sich die „Leistungsmotivation bis zum gegenwärtigen Einschulungsalter" nach Heckhausen schon „verfestigt" hat, wäre eine Vorverlegung der Einschulung zusammen mit einer gezielten Förderung in der Schule günstiger.

Ebenso wie die Leistungsmotivation wird auch die intellektuelle Leistungsfähigkeit sehr stark vom Elternhaus geprägt. Sie hängt u. a. ab

– von den elterlichen Erwartungen hinsichtlich der intellektuellen Leistungsfähigkeit (des Kindes),
– von den Chancen, die das Kind hatte, seinen Wortschatz zu vergrößern,
– von dem Ausmaß der Bereitschaft der Eltern, Lernsituationen zu Hause zu schaffen,
– von der Bereitschaft der Eltern, Kinder in schulischen und außerschulischen Lernsituationen zu unterstützen.

6

Aufgabe

Diskutieren Sie das „Für" und „Wider" einer frühen Einschulung (vor dem 6. Lebensjahr).

Diskutieren Sie die Feststellung von *K. Mollenhauer* (1971): „Die Schule scheint den kreativen Verhaltenstypus nicht zu fördern."

Gage und *Berliner* (1977) schreiben:

Praktische Beobachtungen und Tests legen die Annahme nahe, dass jeweils die Kinder, für die eine der vier möglichen Kombinationen von Kreativität und Intelligenz zutrifft, bestimmte mit der jeweiligen Kombination im Zusammenhang stehende Merkmale aufweisen:

– Kinder mit hoher Kreativität oder hoher Intelligenz haben die Möglichkeit, ihre Selbstkontrolle und die Freizügigkeit, die sie sich erlauben, zu variieren. Sie können sowohl erwachsenes als auch kindliches Verhalten zeigen.

– Kinder mit hoher Kreativität und niederer Intelligenz erleben einen ärgerlichen Konflikt mit ihren Schulen und häufig mit sich selbst. Sie fühlen sich unzulänglich und wertlos. Unter belastungsfreien Bedingungen können sie die besten Leistungen erzielen.

– Kinder mit niederer Kreativität und hoher Intelligenz sind nach schulischer Leistung süchtig. Sie sind gezwungen, das, was traditionell als hervorragende Leistung in der Schule angesehen wird, anzustreben, und sie leiden sehr unter Misserfolgen.
– Kinder mit niederer Kreativität und niederer Intelligenz führen in ihren Versuchen, sich an die Schulumwelt anzupassen, die für sie von Grund auf verwirrend ist, die verschiedensten defensiven Aktivitäten durch.

Die Schule hat allerdings auch eine andere Funktion: Die bereits im Elternhaus angelegte „männliche" oder „weibliche" Rolle verfestigt sich wahrscheinlich weiter
– durch die unterschiedlichen Erwartungen der Lehrer,
– durch das Verhalten der Lehrer,
– durch das Verhalten der Schüler (z. B. auf dem Schulhof in der Pause; war es in vielen Kindergärten noch üblich, dass Jungen und Mädchen zusammen spielten, so wird auf dem Schulhof der Unterschied der Geschlechter im Spiel schon deutlich hervorgehoben; das schlägt sich im Verhalten der Schüler nieder: „Jungen spielen nicht mit Mädchen", „ein Junge weint nicht", „ein ... zieht sich nicht so an" usw.).

B. J. Kerner hat folgende unterschiedlichen Erwartungen an Mädchen und Jungen bei Lehrern festgestellt:

„gute" männliche Schüler	„gute" weibliche Schüler
aktiv	verständnisvoll
abenteuerlustig	ruhig
aggressiv	gewissenhaft
selbstsicher	rücksichtsvoll
neugierig	kooperativ
energisch	gesittet
unternehmungslustig	ausgeglichen
offen	sensibel
unabhängig	verlässlich
erfinderisch	tüchtig
	reif
	zuvorkommend
	gründlich

Beispiele

In einem Lied kommt ein Marabu vor, der auf einem Bein steht. Tina: „Mein Goldhamster, der kann auch auf einem Bein stehen."

Einige Kinder sollen vom Schularzt untersucht werden. Toni: „Werde ich auch durchsucht?"

Als Jan fertig ist, sagt er im Vorbeigehen: „Jetzt will ich doch mal sehen, ob Frau Meier die anderen Kinder auch schon freilässt."

Die Lehrerin zeichnet Hanne einen Igel. Hanne: „Och, mal ihm doch noch zwei Beine. Dann kann er schneller laufen."

Heute fragte Jürgen nach der zweiten Stunde: „Frau Antor, wie viele Stunden habe ich schon überwunden?"

6

In einem Text der Fibel heißt es: „... und eine Pistole für die Polizei." Christian: „Wat? Die müssen sich alle zusammen eine Pistole teilen?"

Diana fragt die Lehrerin, ob sie denn schon mal zu spät gekommen sei. Lehrerin: „Nein!" Diana: „Versuch es doch mal! Komm einfach mal um neun!"

„Peter, wie heißt die Grundform von ‚kann'?" Peter: „Die Kanne!"

Lehrerin: „Was macht der Müller?" Chris: „Müll!"

(N. Kühne: 30 Kilo Fieber. Die Poesie der Kinder. Zürich, 1997)

6.7.5 Der Jugendliche

In der Rechtsprechung gilt jemand ab 14 Jahren als Jugendlicher. Wir weichen davon ab, doch sind wir nicht der Auffassung, dass jemand exakt mit dem 12. Lebensjahr Jugendlicher ist. Wir verwenden die Bezeichnung „Jugendlicher" hier sozusagen „naiv", d. h. ohne eingehende Herleitung. Das ist allein dadurch gerechtfertigt, dass es sehr unterschiedliche Auffassungen darüber gibt, ab wann jemand „Jugendlicher" ist.

Ab dem 12. Lebensjahr kann sich ein junger Mensch mit anspruchsvolleren Spielen wie Monopol, Skat und Schach beschäftigen; er achtet auf sein Äußeres und kauft sich gegen 14 und 15 häufig seine Kleider selbst. Er ist in Vereinen und Jugendgruppen (nach *Untersuchungen des Ministers für Arbeit, Gesundheit und Soziales in NW* vorwiegend in Sportvereinen). Mit 14 und 15 kann der Jugendliche die Verantwortung für häufig wiederkehrende Arbeiten im Haushalt übernehmen. Er kann auch mit anderen brieflich in Verbindung stehen, verfolgt häufig Tagesereignisse mit 16 Jahren und fährt zu nähergelegenen Orten; er kann Taschengeld sinnvoll einteilen.

Körperliche Veränderungen und Sexualität

Die Veränderung des Körpers findet bei Mädchen zwischen 11 und 15 Jahren statt, die erste Menstruation zwischen 11 und 13 Jahren, bei einigen Mädchen natürlich noch früher. Die körperlichen Veränderungen (Geschlechtsreife, Wachstum, Veränderung der Proportionen; siehe Kap. 8) sind jedoch nicht vor 14, 15 bis 16 Jahren abgeschlossen.

Bei Jungen ist die Pubertät durchschnittlich 1 Jahr später. Sie beginnt etwa mit dem 12. Lebensjahr, zu erkennen am beschleunigten Wachsen. Die Geschlechtsreife, die mit der ersten nächtlichen Ejakulation erkennbar wird, liegt bei Jungen um 13–14 Jahre.

Mehrere Faktoren im Erleben des (...) Jugendlichen erleichtern ihm die Annahme seiner biologischen (heterosexuellen) Geschlechtsrolle:

1. das elterliche Beispiel glücklicher ehelicher Beziehungen,

2. eine starke positive Identifikation mit der Geschlechtsrolle des gleichgeschlechtlichen Elternteils und

3. positive erste Erfahrungen mit Angehörigen des anderen Geschlechts. Die hormonalen Veränderungen verstärken nicht, wie man früher glaubte, die heterosexuellen Impulse. (...) Die Einstellungen der Eltern können einen starken förderlichen Einfluss ausüben. Es ist hilfreich, wenn der gegengeschlechtliche Elternteil auf den Sohn oder die Tochter als auf ein Individuum mit einer biologischen Geschlechtsrolle reagiert.

(D. P. Ausubel, 1971)

Ausubel bemerkt weiterhin, dass eine Mutter etwa ihrem Sohn nicht das Gefühl geben sollte, das Interesse des Mannes an der Sexualität sei für eine Frau abstoßend, „auch sollte sie sich nicht so sehr an ihn klammern, dass er gehindert wird, normale Kontakte zu Mädchen seines Alters herzustellen."

Die Entstehung menschlicher Sexualität kann nicht allein biologisch erklärt werden.

> *Die Sexualhormone sind etwas Psychologisches. Der Sexualtrieb aber ist ein psychischer Zustand (bewusst oder ‚unbewusst'), der den Organismus anregt, sexuelle Erfahrung zu suchen und selektiv aufzunehmen. Unter bestimmten Bedingungen können Sexualtriebe erzeugt werden, da die Keimdrüsen fördernd auf das Nervensystem einwirken. Aber die Umwandlung von Sexualhormonen in Sexualtriebe tritt durchaus nicht notwendig ein (...)*

(D. P. Ausubel, 1971)

Vielmehr trägt unsere (oder überhaupt die) Kultur in spezifischer Weise dazu bei, menschliche Sexualität entstehen zu lassen. Der Einfluss bestimmter Gesellschaften, Gesellschaftsschichten, Kirchen usw. ist bereits untersucht worden.

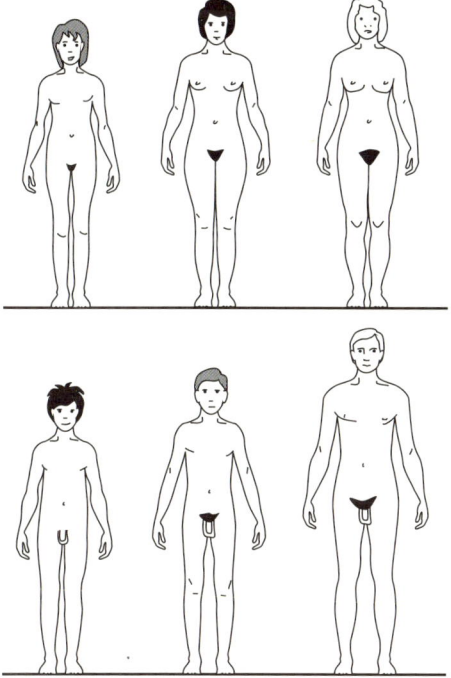

6

Unterschiede im körperlichen Reifungsniveau bei Gleichaltrigen: Alle drei weiblichen Jugendlichen sind 12 3/4 Jahre alt, alle männlichen Jugendlichen 14 3/4 Jahre alt, aber sie befinden sich in verschiedenen Phasen körperlicher Entwicklung, nämlich vor, während und nach der Geschlechtsreife (nach Tanner, J. M.: Growing up; zitiert nach Oerter/Montada, München-Weinheim 1987).

> *Die wichtigste Variable, die dieses Ergebnis beeinflusst, ist eine in der Kultur praktizierte Toleranz gegenüber dem beginnenden Interesse und Begehren, induziert durch das Hormon, das mit verschiedenen Wahrnehmungsreizen zusammenwirkt. Weitere Faktoren, die zur Entstehung erotischer Gefühle beitragen, sind taktile Empfindungen an den Sexualorganen und der Anblick der primären und sekundären Geschlechtsmerkmale anderer. Zu den von heranwachsenden Jungen in einer Fragebogenuntersuchung genannten provokatorischen Reizen gehörten weibliche Nacktheit, Tagträume, obszöne Bilder, Filme, Unterhaltung über Sex, Varietévorstellungen, Tanzen und Aktkunstwerke.*

Ist die Umwelt eines Kindes und Jugendlichen über Jahre hinweg frei von solchen Anregungen, braucht nichts unterdrückt zu werden, bemerkt *Ausubel* weiter.

> *Wenn einem Mädchen 13 Jahre lang eingeprägt wird, dass Mädchen keine Sexualtriebe haben, wird die fördernde Wirkung der Sexualhormone auf das Nervensystem verhindert. Im psychischen Bereich tauchen keine Sexualgefühle auf (...) Wir können nicht etwas wahrnehmen, von dem wir schon wissen, dass es nicht existiert (...) Sowohl Manus-Mädchen als auch puritanisch erzogene Mädchen in unserer eigenen Kultur entwickeln keinen Geschlechtstrieb.*

Ob ein Kind oder Jugendlicher heute ohne sexuelle Anregungen der Umgebung aufwachsen kann, ist fraglich; Schulkameraden und Medien sorgen sicherlich für solche Reize.

6 Formen sexueller Triebbefriedigung bei Jungen

> *In Kreisen der Mittelschicht herrscht heute eine viel liberalere, nüchterne Einstellung gegenüber der sexuellen Betätigung Jugendlicher. Es ist weitgehend eine Folge der Popularisierung biologischer und psychologischer Erkenntnisse, dass man sich gegenüber der psychophysiologischen Sexualbetätigung junger Männer zunehmend toleranter verhält (...) Diese Praxis hat in etwa sogar die Praxis des vorehelichen Geschlechtsverkehrs beeinflusst, wenn sie auch offiziell noch immer geächtet wird. Die zunehmende Verbreitung des vorehelichen Verkehrs ist wohl zurückzuführen auf die weniger strenge Beaufsichtigung der jungen Leute und auf die weitverbreitete Verfügbarkeit von Verhütungsmitteln, die die doppelte Furcht vor Geschlechtskrankheiten und Schwangerschaft herabsetzen.*

Und in Zusammenfassung verschiedener Untersuchungen führt *Ausubel* (1971) weiter aus:

> *Masturbation ist im frühen Jugendalter die hauptsächliche Art der Triebbefriedigung; mit dem Beginn der Pubertät steigt die Häufigkeit merklich an. Petting, das im zunehmendem Alter häufiger wird und zu intimeren Kontakten führt, wird schließlich von 88 % aller Jungen aus-*

geführt. 30 % (…) männlicher Jugendlicher berichteten von Liebesspiel bis zum Orgasmus. Vorehelicher Geschlechtsverkehr macht bei Jungen bis zum Alter von 16 Jahren 25 % der Gesamtbefriedigung aus, zwischen 16 und 20 Jahren 40 %. Bei Jungen der unteren Schichten ist er im späteren Jugendalter fast allgemein eine regelmäßig praktizierte Form der sexuellen Triebbefriedigung; bei Jungen der Mittelschicht kommt er nur sporadisch vor.

Formen sexueller Aktivität bei Mädchen

„Nach vorläufigen Daten (…) erlebt weniger als ein Viertel aller Mädchen, im Vergleich zu 92 % der Jungen, bis zum Alter von 15 Jahren einen Orgasmus." (Ausubel, 1971) Eine regelmäßige sexuelle Betätigung kommt bei Mädchen/Frauen wesentlich später vor. Masturbation etwa kommt auch bei Jungen doppelt so häufig vor wie bei Mädchen. Nach Kinsey (1966) dient das Petting im Wesentlichen der Stimulierung des weiblichen Partners. Nach *Ausubel* (1971) und anderen Autoren haben Mädchen aus gebildeten Familien nur halb so viel Geschlechtsverkehr wie Jungen. „Mehr Mädchen als Jungen glauben, sexuelle Unmoral sei bei Mädchen verwerflicher als bei Jungen." (*Remmers/Drucker/Christensen*, nach *Ausubel*, 1971) Dem jungen Mädchen geht es vorwiegend darum, einen Freund zu haben, und zwar einen „festen", deshalb werden sexuelle Annäherungen von Jungen geduldet. Jungen geht es auch schon um sexuelle Betätigung. Mädchen finden sich mit Petting häufig ab, um sich nicht unbeliebt zu machen; sie sind durchweg vorsichtiger. Sie finden die Sexualität der Jungen häufig auch zu herausfordernd. Das wirkt auf Jungen „gefühlskalt". (Nach *Ausubel*, 1971) „Man ist der Ansicht, das Mädchen sei mehr oder weniger allein dafür verantwortlich, Petting in Grenzen zu halten und seine Jungfräulichkeit zu bewahren" (*Ausubel*, 1971), und der Junge werde lediglich eingeschränkt durch die Wachsamkeit der Partnerin und durch sein Gewissen.

Zusammenfassend gibt *Ausubel* (1971) folgende Gründe für das „Misslingen der heterosexuellen Anpassung" an:

6

Ungünstige Einstellungen der Eltern und schlechte Eltern-Kind-Beziehungen; das Beispiel einer unglücklichen Ehe im Elternhaus, Geringschätzung der Sexualität an sich oder der Sexualität des Jugendlichen durch die Eltern, Sich-Klammern der Eltern an das heranwachsende Kind oder Verhinderung heterosexueller Kontakte mit Gleichaltrigen, Spott der Eltern über frühe heterosexuelle Misserfolge, ungesunde Familienbeziehungen (…)

Persönlichkeitsmerkmale, die verminderten sozialen Umgang zur Folge haben (übermäßige Introversion, Unsicherheit, Angst, verminderte Selbstachtung, Asketizismus und Überintellektualisierung) und mit unangemessener Differenzierung der biologischen Geschlechtsrolle (Narzissmus oder übermäßige Identifizierung mit der Geschlechtsrolle des gegengeschlechtlichen Elternteils) verbunden sind (…)

(…) mangelnde Gelegenheit, aus Erfahrung zu lernen, wegen extremer physischer Hässlichkeit, Isolierung von der Gruppe der Altersgenossen oder von den Angehörigen des anderen Geschlechts und Mangel an sozialem Geschick (…)

Interessen und Freizeitverhalten

Nach *Schenk-Danzinger* (1972) verlieren die Eltern als Vorbild für den Jugendlichen immer mehr an Bedeutung.

Direkte eigene Erfahrungen mit den Schwächen der Autoritätspersonen und mit den Ungereimtheiten und Ungerechtigkeiten vieler sozialer Institutionen verschaffen dem Jugendlichen ein neues, etwas getrübtes Bild von der Gesellschaftsordnung, das sich stark von dem idealisierten Bild unterscheidet, das er naiv aus den Schilderungen im Kindergottesdienst und im Lesebuch übernommen hatte."Weil die Wert- und Interessensysteme von Kindern und Erwachsenen in unserer Gesellschaft fast vollständig voneinander isoliert sind, ist der Jugendliche einer beträchtlichen Diskontinuität und Mühsal ausgesetzt, wenn er plötzlich die in der Kindheit Prestige verleihenden Wertvorstellungen ablegen und sich diejenigen der Erwachsenenwelt aneignen muss. Das ist besonders deswegen schwierig, weil die Jugendlichen noch vor kurzer Zeit als die größten Kinder in der Welt des Spiels im Mittelpunkt standen und diesen Status im Verlauf der Abneigung erwachsener Zielvorstellungen und Verantwortungsnormen nur widerwillig aufgegeben haben. Die unerwartete Zurückweisung von seiten der Erwachsenen fügt dem Schaden auch noch den Spott hinzu. Denn nun muss der Jugendliche seine neue Identifikation mit der Wertwelt der Erwachsenen zugunsten der in der Subkultur der Gleichaltrigen geschätzten Werte zeitweilig zurückstellen und sogar verleugnen. In der Gruppe der Gleichaltrigen fängt er wieder auf der untersten Stufe an. Wenn er aber am Ende des Jugendalters die höchste Stufe erreicht hat, wird er als halbflügger Erwachsener wieder zurückgeworfen und muss von vorn anfangen, sich auf einer neuen Wertskala emporzuarbeiten.

(D. P. Ausubel, 1971)

6 Sich eine feste Position in dieser Gesellschaft zu erarbeiten, einen Platz zu finden, der anerkannt ist, ist für Jugendliche in der Regel eine schwierige Angelegenheit, zumal Ausbildungs- und Arbeitsplatzbedingungen nicht immer förderlich sind für die Persönlichkeitsentwicklung.

Durch übermäßige Spezialisierung sind die meisten Tätigkeiten sehr eintönig und geistlos geworden. Es gibt wenig Gelegenheit zu persönlicher Initiative, und man erlebt nur selten die Befriedigung, die aus dem Anblick einer vollständigen Leistung erwächst. Die verfügbare Arbeit verleiht dem Jugendlichen heute nicht mehr das Gefühl persönlicher Wichtigkeit und gesellschaftlicher Nützlichkeit, das entsteht, wenn der einzelne stärker an der Planung und den produktiven Aspekten der Arbeit teilhat. Da der biosoziale Status im Jugendalter im Vergleich zu anderen Entwicklungsperioden am wenigsten konstant ist, ändern sich die Erwartungen, die die Gesellschaft an den Jugendlichen stellt, relativ leicht, je nach den Erfordernissen der Wirtschaftslage. In Zeiten wirtschaftlicher Not werden die Bedürfnisse Jugendlicher als letzte berücksichtigt, aber wenn plötzlich dringend Arbeitsplätze gebraucht werden, hält man es für selbstverständlich, dass sie ohne viel Vorbereitung mitarbeiten. Man kann daher mit Sicherheit erwarten, dass die psychischen Wirkungen einer Wirtschaftskrise die Jugendlichen am stärksten belasten.

(D. P. Ausubel, 1971)

Die Schwerpunkte der Freizeitaktivitäten lassen sich der Studie „Die verunsicherte Generation" entnehmen, die eine breite Palette möglicher Freizeitaktivitäten abgefragt hat.

Techno bewegt die Jugend
Love Parade

Schlechte Nachrichten für die Minderheit von Unverbesserlichen, die Musik mit harten Beats immer noch für stumpfes Gehämmere hält, denn spätestens seit dem 13. Juli steht fest: Die Republik ist in den Händen der Technoiden. Eine dreiviertel Million halbnackter Jugendlicher demonstrierte in Berlin auf der Love Parade unter dem Motto „We are one familiy" zu den Klängen von DJ-Legenden Westbam, Sven Väth oder Carl Cox zuckend und stampfend „für Friede, Freude, Eierkuchen" (so der Vater der Love Parade, DJ Dr. Motte). Nix Politik, wir wollen Spaß, Spaß, Spaß, war die laute Botschaft der Massen, die in einer Woge des Glücks erstmals nicht auf dem Ku'damm, sondern Unter den Linden Richtung Brandenburger Tor rollten. Aus allen Teilen des Landes hatten die Raver ihre fahrbaren Lautsprecheranlagen im Hausformat zum Volksfest der Tanzwütigen in die Hauptstadt geschickt, die drei Tage lang zum größten Dancefloor der Welt wurde. Einige Bundesbürger bemerkten das Spektakel zum ersten Mal, aber es war bereits die achte „Demonstration" (als solche ist sie offiziell angemeldet), bei der wieder alle Rekorde gebrochen wurden. Es kamen mehr Techno-Jünger als je zuvor, und eine noch gigantischere Medienmeute verbreitete das Spektakel teilweise live bis in den letzten Erdenwinkel. Da echte Szenegänger allergisch gegen events sind, bei denen sie nicht alle Teilnehmer mit Vornamen kennen, war für sie diese Love Parade der Beweis, dass der Untergang des subkulturellen Abendlandes unmittelbar bevorsteht. DJ Dr. Motte plant derweil die Rettung der Menschheit durch mehr Techno und ganz viel Liebe. Sein Ziel: Jeder Kontinent soll eine eigene Love Parade haben.

(DIE ZEIT, 3. 1. 97)

6

6.8 Körper und Bewegung

6.8.1 Die Bedeutung des körperlichen Wachstums und der Bewegungsfreiheit

 **Aufgabe**

Machen Sie ein Partnerspiel: Sie schildern Ihrem Partner gegenüber, wie Ihre körperliche Erscheinung (wohl) auf ihn wirkt, welche Ausstrahlung sie hat, welche Eindrücke sie hervorruft. Der Partner stellt seinen Eindruck – die Korrektur – dagegen.
Stellen Sie sich ein Kind von 5–6 Jahren im Rollstuhl vor. Arbeiten Sie heraus, welche Probleme das Kind mit dieser Tatsache hat. Teilen Sie Ihre Erörterungen ein in Probleme:
– sozialer Art
– psychischer Art
– intellektueller Art und
– körperlich-motorischer Art.

> *Direkt beeinflusst die körperliche Entwicklung eines Kindes auf einer bestimmten Altersstufe, was es zu tun imstande ist. Wenn es für sein Alter gut entwickelt ist, kann es sich in Spiel und Sport mit seinen Altersgenossen auf gleicher Ebene messen; wenn das nicht der Fall ist, kann es im Wettkampf mit seinen Kameraden im Nachteil sein und wird vielleicht von ihren Spielen ausgeschlossen. Wie es sich zu einem bestimmten Zeitpunkt fühlt – ob es ihm gut geht, ob es müde oder krank ist – hat ebenfalls einen direkten Einfluss darauf, wie es auf Menschen und Situationen reagiert.*

(Hurlock, 1973)

E. Hurlock beschreibt hier die Einflüsse der körperlichen Konstitution auf die soziale Rolle, auf die sozialen Erfahrungen, auf die Emotionen.

Auch das Selbstbild des Kindes wird vom Erscheinungsbild des Körpers und von der Geschicklichkeit (Motorik) geprägt. Große und geschickte Kinder haben es auf dem Schulhof allemal leichter, angesehen zu sein, anerkannt zu werden. Kleinen und/oder dicken Kindern wird es in dieser Hinsicht oft schwer gemacht. Ein großer Teil sozialer Erfahrungen in der Kindheit wird also vermittelt über das Aussehen und den Zustand des Körpers – und über die Motorik; gerade bei Jungen ist dies besonders wichtig. Wenn ein Kind von der normalen körperlichen und motorischen Entwicklung abweicht, hat das Konsequenzen für den sozialen Staturs des Kindes, denn es wird in der Kommunikation mit Gleichaltrigen (häufig auch mit Erwachsenen) darauf aufmerksam gemacht:

– ob es „zu klein" zum Mitspielen ist,
– ob es „zu dick und mobbelig" ist,
– ob es ein „langer Lulatsch" ist,
– ob es ungeschickt und linkisch ist

usw.

Weicht ein Kind zu stark ab, ist das oft ein Anlass, es nicht „für voll zu nehmen".

6.8.2 Daten zum Körperwachstum

Um einen Begriff vom körperlichen Wachstum des Menschen zu bekommen, werden im folgenden ein paar ausgewählte Daten präsentiert.

Mädchen		Alter	Jungen	
Länge (cm)	Gewicht (kg)		Länge (cm)	Gewicht (kg)
49,5	3,20	Geburt	50,5	3,40
59,5	5,53	3 Monate	61,0	6,00
66,5	7,48	6 Monate	68,5	8,12
71,0	8,58	9 Monate	73,0	9,37
74,7	9,51	1 Jahr	76,5	10,09
86,5	11,9	2 Jahre	87,0	12,4
95,2	14,3	3 Jahre	96,3	14,6
102,3	16,3	4 Jahre	103,5	16,7
109,2	18,3	5 Jahre	110,2	18,9
115,9	20,6	6 Jahre	116,5	21,0
122,4	23,5	7 Jahre	122,4	23,2
128,2	26,7	8 Jahre	128,0	25,3
133,2	28,8	9 Jahre	133,3	27,5
137,5	31,5	10 Jahre	138,3	30,5
141,8	34,8	11 Jahre	142,7	35,0
148,5	39,0	12 Jahre	147,0	39,5
154,1	44,3	13 Jahre	153,4	44,1
158,2	50,1	14 Jahre	160,6	48,6
161,1	53,2	15 Jahre	166,8	53,1
162,9	55,1	16 Jahre	171,7	57,7
163,8	56,5	17 Jahre	174,3	60,8

Normalmaße des Wachstumsalters (nach Documenta Geigy, 1968, S. 689–696, modifiziert von H. Pohle-Hauss und W. J. Schraml)

Grafisch lässt sich das etwa so darstellen:

6

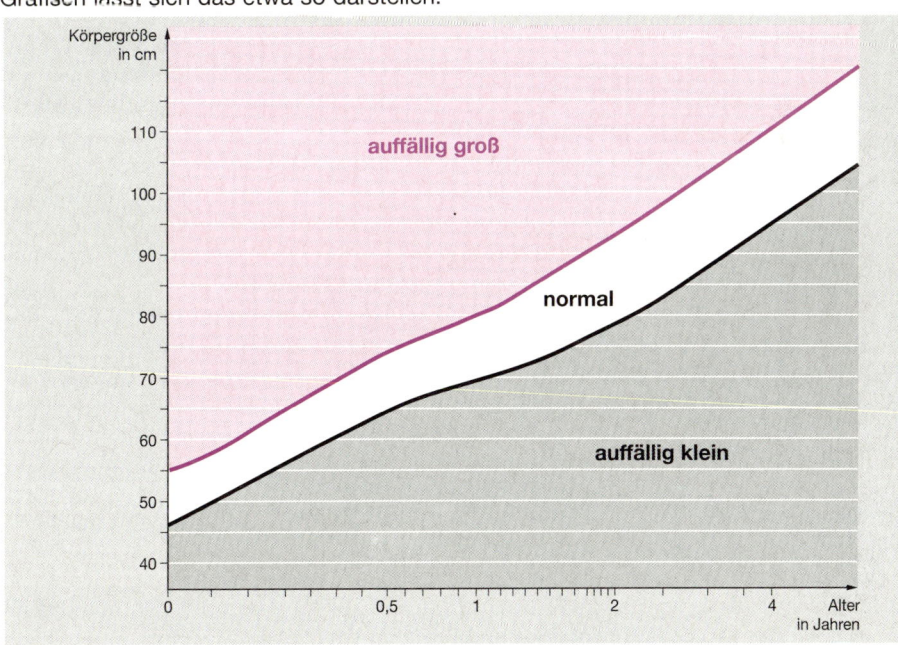

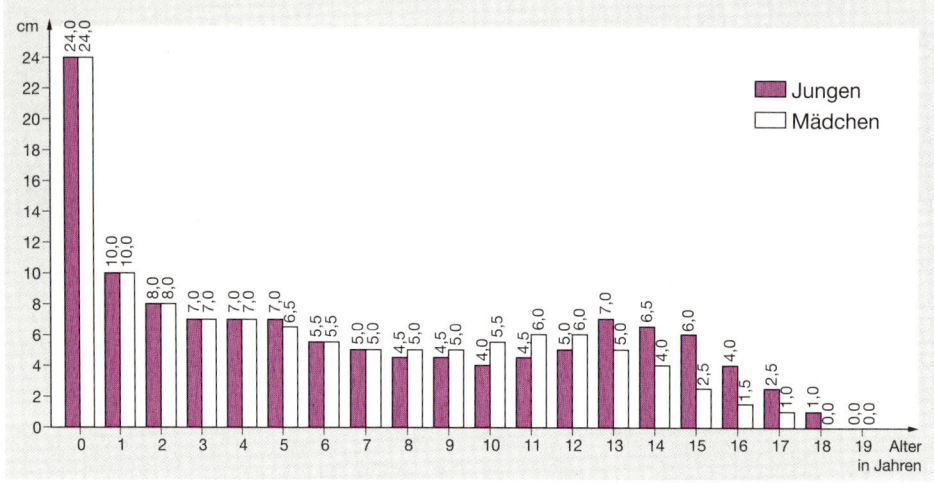

Somatogramm

Abweichungen lassen sich besonders gut auf der Abbildung „Somatogramm" erkennen. In der körperlichen Entwicklung gibt es 2 Phasen schnelleren Wachstums:
– von der Geburt bis zum 2. Lebensjahr,
– während der Pubertät.

6

Wachstumsphasen (Knaben und Mädchen)

Diese Wachstumsphasen können für das Kind/den Jugendlichen folgende Bedeutung haben:
– Schnelles Wachstum erfordert schnellere Anpassung (z. B. der Motorik); das sind höhere Anforderungen, die gelegentlich heftige Emotionen auslösen können.
– Es wird mehr Energie verbraucht. Wenn nicht genug Zeit zum Ausruhen/Schlafen geboten wird, ist das Kind/der Jugendliche leicht reizbar, erregbar und launisch.

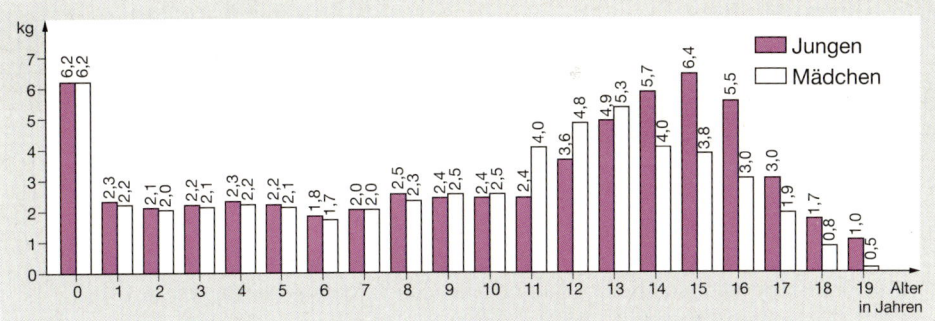

Längenwachstum und Gewichtszunahme von Jungen und Mädchen (nach Shuttleworth)

– Das Wachstum erfordert eine besonders ausgewogene Ernährung (bei Jugendlichen kein Nikotingenuss; mäßiger Genuss von Alkohol).
– Bei einigen Jugendlichen kann auch Angst über den ungewissen Verlauf der körperlichen Veränderungen entstehen.

Alle werden länger – aber Arbeitersöhne bleiben kleiner.

Karlsruhe. (EB) Die Bundesbürger werden heute im Durchschnitt rund neun Zentimeter größer als ihre Großeltern vor 60 Jahren, aber wie groß ein Mensch wird, hängt offenbar auch mit seiner sozialen Herkunft zusammen. Zu diesem verblüffenden Ergebnis, über das die Ärzteschrift Medical Tribune jetzt berichtet, kommt Prof. Kenntner vom Institut für Sport und Sportwissenschaft der Universität Karlsruhe bei einer Untersuchung des Längenwachstums von Studenten.

1924 waren die Karlsruher Studenten im Durchschnitt 171,4 cm groß, 1961 erreichten sie bereits 175,8 cm und 1982 schließlich 180,5 cm. Prof. Kenntner stellte allerdings bei der Auswertung der Zahlen über die Größe von Studenten in den Jahren 1924 bis 1961 und 1982 fest, dass damals wie heute Söhne aus Arbeiterfamilien am kleinsten waren, gefolgt von Söhnen aus Handwer-ker-, Bauern- und Angestelltenfamilien. 1924 waren die Söhne aus Akademikerfamilien noch deutlich größer als ihre Altersgenossen aus Familien von leitenden Angestellten, Lehrern und Geschäftsleuten ohne akademische Vorbildung. Bis 1961

war dieser Abstand aber verschwunden. Die Studenten aus der zweiten Gruppe wurden in der Zeit von 1924 bis 1961 um durchschnittlich 6,7 cm größer und wiesen damit die stärkste Zunahme auf. In der Zeit von 1961 bis 1982 zogen die Arbeitersöhne mit 5,7 cm und die Söhne aus Handwerker-, Bauern- und Angestelltenfamilien mit 5,4 cm nach. Dafür nahm die Größe der früher führenden Söhne von leitenden Angestellten, Geschäftsleuten, Lehrern und Akademikern nur noch um 3,7 bzw. 3,6 cm zu. Geografische Unterschiede gab es dagegen nicht: Norddeutsche und Süddeutsche wurden gleichermaßen größer.

Über die Ursachen des seit Jahrzehnten verzeichneten zunehmenden Längenwachstums weiß die Wissenschaft fast nichts, wenn es auch einige Theorien gibt. So werden unter anderem bessere Ernährung, verbesserte hygienische Verhältnisse, der Wegfall der Kinderarbeit, stärkere intellektuelle Anreize oder auch der Vormarsch des Breitensports als Gründe genannt. Ob und wo die Entwicklung zu immer längeren Menschen einmal aufhören wird, kann heute noch niemand sagen.

(Ruhr-Nachrichten)

6

Aber der Körper wächst nicht nur, auch die verschiedenen Teile/Gliedmaßen des Körpers bekommen ein verändertes Verhältnis zueinander (Veränderung der Proportionen):
Im Verhältnis zur Gesamtlänge des Körpers
– ist der Kopf des Erwachsenen kleiner als der des Kindes,
– ist der Rumpf des Erwachsenen kürzer,
– sind Arme und Beine des Erwachsenen länger als die des Kindes.

In der Pubertät verändert sich der Körper:
– er wird größer und schwerer (s. Phase schnelleren Wachstums),
– die Körperproportionen erreichen ihr endgültiges Verhältnis zueinander (s. o.),
– die Geschlechtsorgane reifen aus,
– es erscheinen die sekundären Geschlechtsmerkmale.

Mit diesen Veränderungen in der Pubertät gehen mindestens einher
– höhere Anforderungen an die körperliche Leistungsfähigkeit,
– höhere Anforderungen hinsichtlich Verantwortung (für sich und andere),
– gesteigertes Interesse am anderen Geschlecht, intensivere Auseinandersetzung mit Partner-Problemen usw.

6.8.3 Ausgewählte Daten zur Entwicklung der Motorik

Die Entwicklung der Motorik hat folgende Kennzeichen:
– Die Entwicklung der Bewegungsfähigkeit hängt sowohl von der Reifung des Körpers als auch von der Gelegenheit zu lernen ab.
– Das Lernen kann nicht beginnen, bevor das Reifen nicht abgeschlossen ist. Lernen vor der abgeschlossenen Reifung (z. B. Laufübungen weit vor dem 1. Lebensjahr) ist ohne Effekt für die motorische Entwicklung (*L. A. Govatos*, 1959; *A. Gesell/H. Thompson*, 1929; *M. B. McGraw*, 1935). Auch die Sauberkeitserziehung sollte man deshalb nicht unnötig forcieren; denn die Blasenkontrolle setzt die Reifung der entsprechenden Nerven und Muskeln voraus. Starker Druck und zu häufiges Üben können Bettnässen, Nägelkauen, Daumenlutschen, Sprachstörungen zur Folge haben (*J. A. L. Macfarlane/M. P. Honzik*, 1954).
– Die motorische Entwicklung erfolgt (a) von innen nach außen und (b) von oben nach unten.
   a) Bewegungen (die Kontrolle von Bewegungen), die der Längsachse des Körpers näher liegen, werden eher beherrscht als solche, die entfernter sind; z. B. Schulter- und Armbewegungen vor der Kontrolle der Finger.
   b) Zuerst kann das Kind den Kopf halten und bewegen, später kann es den Rumpf bewegen, danach die Beherrschung der Bein- und Fußbewegungen.
– Das Eintreten einiger Entwicklungsabschnitte ist vorhersagbar. Das Stehen erfolgt um das 1. Lebensjahr und damit nach dem Krabbeln; das Laufen erfolgt ein wenig später und damit nach dem Stehen usw. (Die Einteilung der Stufen ist allerdings nicht einheitlich.)
– Es gibt individuelle Unterschiede in der Geschwindigkeit der motorischen Entwicklung (je nach Übungsmöglichkeiten, Körperbau und Gesundheitszustand des Körpers).

6

Differenzierung der Motorik

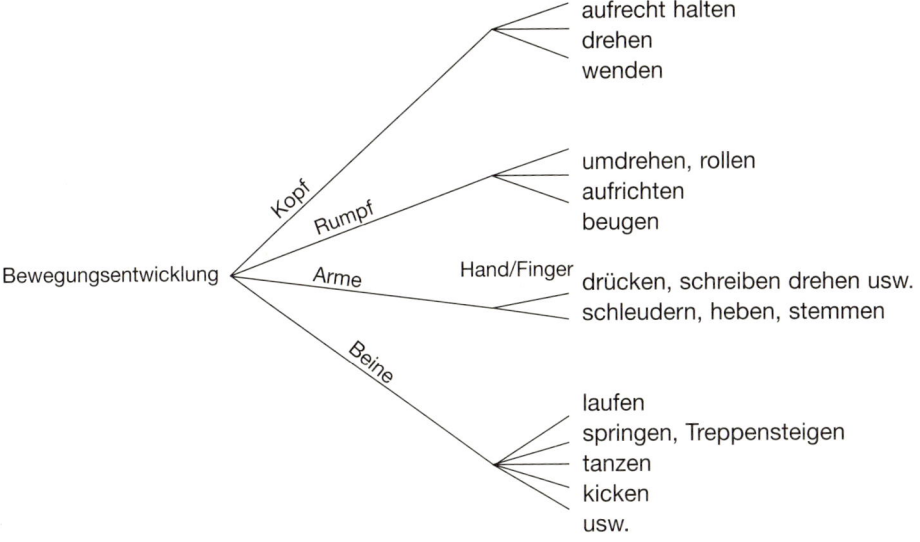

aufrecht halten
drehen
wenden

umdrehen, rollen
aufrichten
beugen

Kopf

Rumpf

Hand/Finger

Bewegungsentwicklung

Arme

drücken, schreiben drehen usw.
schleudern, heben, stemmen

Beine

laufen
springen, Treppensteigen
tanzen
kicken
usw.

0 Monate Fötale Haltung	**1 Monat** Kinn hoch	**2 Monate** Brust hoch	**3 Monate** Hinlangen und verfehlen
4 Monate Aufsitzen mit Unterstützung	**5 Monate** Auf dem Schoß sitzen Objekte greifen	**6 Monate** Im Stühlchen sitzen nach bewegten Objekten greifen	**7 Monate** Frei aufsitzen
8 Monate Mit Hilfe stehen	**9 Monate** Stehen mit Abstützen	**10 Monate** Kriechen	**11 Monate** An der Hand laufen
12 Monate Sich am Tisch hochziehen	**13 Monate** Treppe herauf klettern	**14 Monate** Frei stehen	**15 Monate** Frei laufen

Die Entwicklung von Aufrichtung und Fortbewegung. (Nach M. M. Shirley)

Die Bedeutung der motorischen Entwicklung liegt wahrscheinlich in folgenden Aspekten:
– Ein Kind, das sich frei bewegen kann, ist zufriedener, ausgeglichener und nicht so ängstlich.
– Es kann sich besser selbst beschäftigen, ist deshalb selbstständiger als das motorisch behinderte Kind.
– Der soziale Kontakt zu den Gleichaltrigen wird durch eine gute Motorik ermöglicht, gefördert; das hat wiederum soziale Aktivitäten zur Folge (z. B. intensives Spiel mit anderen), dient der Entwicklung der Sprache und des Verständnisses für soziale Zusammenhänge.
– Ein motorisch geschicktes Kind hat es leichter, ein positives Selbstbild von sich zu entwickeln als ein „Tollpatsch", zumal bei sehr vielen Auseinandersetzungen (etwa auf dem Schulhof) Geschicklichkeit eine zentrale Rolle spielt.

Vermutlich gibt es noch viel mehr Hinweise für die Bedeutung der Motorik im Hinblick auf die Gesamtentwicklung des Menschen.

Bewegung und Fortbewegung vom 18.–36. Monat (nach Kleber, 1978)

6

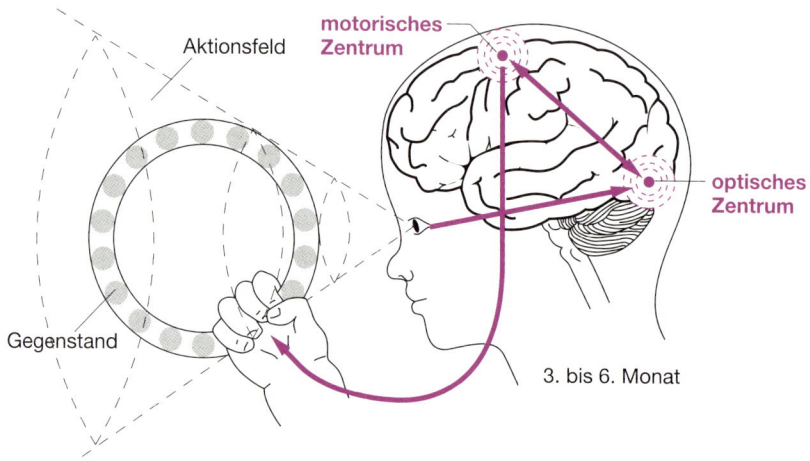

Zwischen 0;3 und 0;6 erwirbt der Mensch die Fähigkeit, seine Hand gezielt über das Auge zu steuern. Die optischen Sinneseindrücke sind nun soweit aktiviert, dass die Gegenstände und die eigene Hand wahrgenommen werden.
Optisches und motorisches Zentrum gehen jetzt eine Verbindung ein, die sich zu einem Regelkreis ausbildet. Dadurch wird das Kind in die Lage versetzt, den Bewegungsvorgang zu steuern und immer genauere motorische Leistungen zu vollbringen.

Wie die motorische Entwicklung bis zum 18. Monat aussieht, zeigt uns eine Aufstellung der *Bundesarbeitsgemeinschaft „Hilfe für das behinderte Kind" e.V.* (Kirchfeldstraße 149, 40215 Düsseldorf); die Aufstellung ist gleichzeitig ein Hinweis dafür, wann Kinder von der normalen Entwicklung abweichen.

Nach der Geburt

Das Neugeborene zeigt auf dem Rücken liegend symmetrische Bewegungen der Gliedmaßen, solange der Kopf in der Mitte liegt. Wird das Neugeborene hingestellt, macht es Schreitbewegungen.
Hände und Füße machen bei Berührung Greifbewegungen.

Bis Ende des 1. Monats

Das Kind beginnt, seinen Kopf aus der Bauchlage für kurze Zeit zu heben. Auch im Sitzen kann es den Kopf einen Moment aufrecht halten. Es beginnt, die Hand unwillkürlich zum Mund zu führen.

Bis Ende des 2. Monats

Wird das Kind zum Sitzen aufgerichtet, ist der Rücken straffer und weniger gerundet. In Rückenlage strampelt es kräftig mit beiden Beinen. Wird es auf den Bauch gelegt, zieht es die Knie nicht mehr an den Bauch, die Streckbewegungen in den Hüften werden häufiger.

Junge, 0;4 Jahre, robbend

6

Bis Ende des 3. Monats

Legt man das Kind auf die Seite, kann es sich auf den Rücken rollen. Aus der Bauchlage werden, auf die Unterarme gestützt, Kinn und Schultern abgehoben.
Es fängt an zu greifen und kann eine Rassel kurze Zeit festhalten.

Bis Ende des 4. Monats

kann sich das Kind in der Rückenlage frei bewegen und strampelt lebhaft. In der Bauchlage hebt es den Kopf kräftig an und stützt sich auf die Unterarme. Dabei sind die Hände locker geöffnet, die Beine leicht gestreckt.
Auch in der Schwebelage wird der Kopf kräftig angehoben, die Beine werden gestreckt.
Wird es zum Sitzen aufgerichtet, bringt es den Kopf mit hoch, hält ihn aufrecht und dreht ihn nach beiden Seiten.
Das Kind kann einen 20 cm entfernten

Mädchen, 0;8 Jahre; sie kann sitzen

Gegenstand mit den Augen verfolgen und beginnt danach zu greifen. Die Nahrungsaufnahme erfolgt ohne Zungenstoß.

Bis Ende des 5. Monats

Richtet man das Kind zum Sitzen auf, ist es selbst bestrebt, sich weiter aufzurichten. Beim Aufstützen aus der Bauchlage fängt es an, sich auf die geöffneten Hände zu stützen. Es steckt Spielzeug in den Mund und kann eine Rassel von der einen Hand in die andere nehmen. Es wendet sich sprechenden Personen zu.

Bis Ende des 6. Monats

sind Haltung und Bewegungen kräftiger geworden. Das Kind rollt sich in Rückenlage von einer Seite auf die andere. Wird es vom Rücken auf den Bauch gedreht, unterstützt es die Bewegung.
Die Beine übernehmen das Körpergewicht, wenn das Kind aufgestellt wird. Die Schreitbewegungen sind verschwunden.
Das Kind zeigt im Sitzen eine verbesserte Kopfkontrolle und die Bereitschaft zum Abstützen. In der Schwebelage sind Beine und Rücken gestreckt, der Kopf wird hochgehalten.
Das Kind greift gezielt, betrachtet die Gegenstände eingehend und führt sie zum Mund. Wird, für das Kind nicht sichtbar, eine Glocke oder Rassel angeschlagen, so dreht es den Kopf in die Richtung des Geräusches. Es plappert vor sich hin, auch wenn es allein ist. Zum Sitzen aufgerichtet, bringt es den Kopf sofort mit hoch und hebt gleichzeitig die Beine von der Unterlage.

Bis Ende des 7. Monats

kann sich das Kind vom Bauch auf den Rücken rollen. Es spielt mit seinen Füßen.
Betrachtet aufmerksam Spielzeug, das es in der Hand hält, schaut hinuntergefallenem Spielzeug nach. Es begreift das Versteckspielen unter einem Tuch.

Bis Ende des 8. Monats

dreht sich das Kind ohne fremde Hilfe vom Rücken auf den Bauch und stützt sich auf die gestreckten Arme mit geöffneten Händen. In jeder Hand wird ein Gegenstand (Klötzchen) gehalten und aneinandergeklopft. Das Kind sitzt mit geradem Rücken und stützt sich sicher zur Seite ab. Es beginnt zu kriechen und kann sich an einem Möbelstück zum Knien hochziehen.

Bis Ende des 9. Monats

Das Kind kann jetzt einige Minuten frei sitzen und sich dabei auch nach vorn beugen, ohne das Gleichgewicht zu verlieren. Fängt an zu krabbeln ohne vorwärts zu kommen.
Erste Formen der „Zusammenarbeit": Das Kind hilft die Tasse zu halten, aus der es trinkt.

Erste Gehversuche

6

Bis Ende des 10. Monats

Mit leichter Unterstützung kann das Kind stehen. Sitzt sicher in seinem Kinderstuhl. Es kann sich in Bauchlage durch Krabbelbewegungen vorwärts bewegen.
Gebärden von Erwachsenen werden sinngemäß mit einfachen nachahmenden Bewegungen beantwortet. Es beginnt Lob zu verstehen und wiederholt, wofür es gelobt wurde.

Bis Ende des 11. Monats

Im Stehen hält es sich fest und kann dabei einen Fuß hochheben, ohne umzufallen. Es krabbelt auf allen Vieren. Zieht sich an Möbeln hoch zum Stehen. Seine Zuwendung kann es z. B. durch Umarmen zeigen.

Bis Ende des 12. Monats

wirken alle Bewegungen leicht, locker und lebhaft. An der Hand geführt, gelingen schon die ersten Schritte. Es zieht sich an Möbelstücken zum Stand hoch, läuft seitwärts an den Möbeln entlang und kann – sich mit einer Hand festhaltend – mit der anderen Gegenstände vom Boden aufheben. Mühelos gelangt es zum Sitzen, über eine Seitwärtsdrehung auf alle Viere. Beim Spiel werden kleine Gegenstände gezielt mit Daumen und Zeigefinger aufgenommen.

13.–15. Monat

Das Kind kann frei stehen, es lernt ohne Hilfe zu gehen, krabbelt eine Treppe hinauf. Es kann noch nicht um Ecken gehen oder plötzlich stehenbleiben.
Die eigene „Babysprache" umfasst mehrere gut verständliche Wörter, die das Kind im Zusammenhang mit konkreten Situationen und Gegenständen gebraucht. Fängt an, Würfel aufeinander zu setzen, einen Ball zu rollen.

15.–18. Monat

Das Kind kann eine Treppe hinauf und hinunter gehen, wenn es sich festhält. Beim Laufen kann es einen Gegenstand tragen oder ein Spielzeug hinter sich herziehen. Es beginnt zu klettern. Das Spiel ist ausdauernder geworden. Dabei zeigt es sich auch, dass es jetzt gezielt loslassen kann. Mit 2 bis 3 Klötzchen wird ein Turm gebaut. Ein Bilderbuch wird aufmerksam betrachtet und durchgeblättert. Ohne Hilfe gelingen das Trinken aus der Tasse und das Essen mit dem Löffel.

Junge, ein Jahr alt

6

Kiphard (1975/76) bietet uns folgende Übersicht bis zum 4. Lebensjahr:

Handgeschick		**Körperkontrolle**
48. Schneidet mit Schere		48. Frei treppab, Fußwechsel
47. Knöpft auf und zu		47. Schlusssprung von Couch
46. Linie zwischen 2 Punkten	48 Monate	46. 5 fortlaufende Schlusssprünge
45. Knetet Kugel und Schlange		45. 1 Hüpfer auf einem Bein
44. Schraubt, dreht Schlüssel		44. Je Bein 2 Sek. balancieren
43. Wäscht und trocknet Hände		43. Geht mit Armschwung
42. Hält Stift mit Fingern		42. Frei treppauf, Fußwechsel
41. Zeichnet Kreis ab		41. Springt 20 cm weit, 5 cm hoch
40. Baut Turm aus 8 Würfeln	42 Monate	40. Geht 3-m-Streifen entlang
39. Wickelt Bonbon aus		39. Trägt Wasserglas 3 m weit
38. Öffnet Zündholzschachtel		38. Kickt Ballon aus der Luft
37. Zieht Kleidung an		37. Fährt Dreirad, Gocart
36. Malt Rundformen		36. Beidbeinsprung von Treppe
35. Anlaufsprung über Strich		35. Gießt von Becher zu Becher
34. Faltet Papier	36 Monate	34. Rennt 15 m ohne Hinfallen
33. Holt Bonbon mit Rechen		33. Fußschlussstand, Augen zu
32. Reiht Perlen auf Draht		32. Frei treppab, nachgesetzt
31. Steckt Kette ins Rohr		31. Geht 3 m auf Zehenballen
30. Baut Turm aus 4 Würfeln		30. Beidbeinsprung am Boden
29. Isst allein mit Löffel		29. Geht balancesicher
28. Wirft Ball über Kopf zu	30 Monate	28. Ersteigt 3 Leitersprossen
27. Kippt Perle aus Flasche		27. Treppab mit Geländer
26. Steckt Stock ins Rohr		26. Frei treppauf, nachgesetzt
25. Blättert Buchseiten um		25. Spielt in Kauerstellung
24. Zieht Kleidung aus		24. Fußballstoß ohne Umfallen
23. Kritzelt auf Papier		23. Ersteigt Stuhl, fasst Lehne
22. Steckt Rosine in Flasche	24 Monate	22. Treppauf mit Geländer
21. Öffnet Reißverschluss		21. Geht rückwärts
20. Baut Turm aus 2 Würfeln		20. Rennt 5 m ohne Hinfallen
19. Steckt Scheiben auf Stab		19. Hebt gehockt Dinge auf
18. Packt Eingewickeltes aus		18. Treppenkrabbeln auf Bauch
17. Trinkt allein aus Tasse		17. Steht ohne Hilfe auf
16. Wirft Dinge weg	18 Monate	16. Hebt im Bücken Dinge auf
15. Zeigt mit Zeigefinger		15. Steht allein, geht allein
14. Schiebt Kinderwagen		14. Räumt Dinge aus und ein
13. Geht mit Halt an Möbeln		13. Schlägt Dinge aneinander
12. Daumen-Zeigefinger-Griff		12. Kniet aufrecht/Krabbelt allein
11. Schüttelt Gegenstand	12 Monate	11. Sitzt gut im Stuhl/Setzt sich allein auf
10. Befühlt, untersucht Dinge		10. Steht an Möbeln/Zieht sich zum Stand
9. Gibt Ding von Hand zu Hand		9. Sitzt länger allein/Robbt auf Bauch
8. Nimmt zwei Dinge vom Tisch		8. Vierfüßlerstand /Rollt in Bauchlage
7. Greift und lässt los		7. Beine tragen Körper/Tänzelt auf Schoß
6. Steckt Dinge in den Mund		6. Hebt Kopf in Rückenlage/Zieht sich zum Sitz
5. Langt in Richtung Objekt		5. Handstütz in Bauchl./Rollt auf Rücken
4. Spielt mit den Händchen		4. Im Sitz Rücken gerade/Schwimmbewegungen in Bauchlage
3. Zupft an seiner Kleidung	6 Monate	3. Unterarmstütz in Bauchlage/Aktiv beim Baden
2. Armbeuge- und Streckbewegung		2. Kontrolle auf Arm/Gleichseitiges Strampeln
1. Schließt Hand um Objekt		1. Kopfheben in Bauchlage/Fußstöße gegen Druck

Entwicklung von Handgeschick und Körperkontrolle

6

 **Aufgabe**

Wie sind Sie mit den körperlichen Veränderungen, die die Pubertät mit sich bringt, fertig geworden?
Wodurch ist Geschicklichkeit in verschiedenen Bereichen (Schreiben, Turnen, Fußball) zu verbessern?

6.9 Die moralische Entwicklung

Am Beispiel der moralischen Entwicklung soll gezeigt werden
– wie Entwicklung auf diesem spezifischen Gebiet verläuft, bzw. wie sie in einem geschlossenen theoretischen Modell dargestellt werden kann,
– dass sie individuell sehr verschieden sein kann, so dass sich beispielsweise verallgemeinerbare Altersfestlegungen innerhalb des Entwicklungsverlaufs nur schwer ableiten lassen,
– dass kognitive Leistungen und Verhalten stark differieren können.
Piagets (1932/1954) umfangreiche Befragungen von fünf- bis dreizehnjährigen Kindern haben viele Forschungen zur Moralentwicklung angeregt. Das bekannteste Ergebnis hat *Lawrence Kohlberg* 1963 vorgelegt.
Kohlbergs Forschungsinteresse gilt weniger den getroffenen moralischen Entscheidungen, als vielmehr der Entwicklung von Begründungen normativer Urteile und den Orientierungen, die diese Urteile leiten, den Mustern der Argumentation. Diese versucht er anhand von moralischen Dilemmata zu ergründen, die Konflikte zwischen zwei moralischen Normen darstellen, die man auf allen Lebensbereichen finden kann.
Beispiele für solche moralischen Dilemmata sind:
– Kriegsdienstverweigerung,
– Aufdeckung oder Vertuschung der Straftat einer nahestehenden Person,
– Gewährung oder Bruch einer beruflichen Schweigepflicht angesichts der Gefahr.

6

Kohlberg verwendet u. a. die nachstehend verkürzt dargestellten Probleme:

„Das ,*Heinz-Dilemma*': Eine todkranke Frau litt an einer besonderen Krebsart. Es gab ein Medikament, das nach Ansicht der Ärzte ihr Leben hätte retten können. Ein Apotheker der Stadt hatte es kurz zuvor entdeckt. Das Medikament war teuer in der Herstellung, der Apotheker verlangte jedoch ein Vielfaches seiner eigenen Kosten. Heinz, der Ehemann der kranken Frau, borgte von all seinen Bekannten Geld, brachte aber nur die Hälfte des Preises zusammen. Nach ergebnislosen Verhandlungen mit dem Apotheker brach Heinz in die Apotheke ein und stahl das Medikament für seine Frau.
An eine solche Vorgabe schließen sich Fragen an: Hätte Heinz das Medikament stehlen sol-

len? Warum? Was ist schlimmer: jemanden sterben zu lassen oder zu stehlen? Warum? Hätte ein Ehemann einen triftigen Grund zu stehlen, auch wenn er seine Frau nicht liebt? Wäre es genauso gerechtfertigt, für einen Fremden wie für die eigene Frau zu stehlen? Warum? Angenommen, Heinz stiehlt das Medikament für ein Haustier, das er sehr gern hat. Wäre es gerechtfertigt, für ein solches Tier zu stehlen? Heinz stiehlt das Medikament und wird festgenommen: Soll der Richter ihn verurteilen? Warum? Der Richter überlegt sich, Heinz ohne Strafe frei zu lassen. Was könnten die Gründe sein? Wenn man einmal daran denkt, dass wir alle in einer Gesellschaft zusammenleben, welche

Gründe hätte der Richter dann, Heinz zu verurteilen?

Das „*Sterbehilfe-Dilemma*': Eine Frau war lebensbedrohlich an Krebs erkrankt. Man kannte keinerlei Behandlung, die sie retten konnte. Der Arzt gab ihr noch etwa sechs Monate zu leben. Sie hatte unterträgliche Schmerzen. Sie bat den Arzt immer wieder um eine Überdosis Morphium, damit sie sterben könne. Sollte der Arzt ihr das Medikament geben, das sie töten würde? Warum? Weitere Fragen schließen sich an."

(Oerter/Montada, 1987)

Kohlberg unterscheidet drei Niveaus der Entwicklung:
– das vormoralische Niveau,
– das konventionell-konformistische Niveau,
– das postkonventionelle Niveau.

Sie weisen jeweils zwei Stadien auf, die sich durch die spezifischen Orientierungspunkte, die bei der Lösungssuche bevorzugt werden, unterscheiden.

Das *vormoralische Niveau* wird durch eine hedonistische Orientierung charakterisiert. Hier werden moralische Entscheidungen entweder durch drohende Strafen und mächtige Autoritäten (Stufe 1) oder mit eigenem Interesse (Stufe 2) begründet.

Für das *konventionell-konformistische Niveau* ist die Orientierung an wichtigen Partnern in Primärgruppen (Angehörige, Freunde) (Stufe 3) oder an der Gesellschaft in ihrer bestehenden Form (Stufe 4) charakteristisch.

Auf *postkonventionellem Niveau* orientiert sich der Befragte an vorherrschenden Prinzipien, die im Sinne eines Sozialkontraktes vereinbart (Stufe 5) oder unter Anlegung bestimmter Gerechtigkeitsgrundsätze autonom konstruiert werden (Stufe 6).

Die nachfolgende Tabelle gibt eine Übersicht über die verschiedenen Stufen der moralischen Entwicklung, das heißt über das, was auf ihnen für richtig gehalten wird, wie es begründet wird und welche sozialen Perspektiven die jeweilige Position beinhaltet.

6

Ebene und Stufe	Was richtig ist	Gründe, das Richtige zu tun	Soziale Perspektive der Stufe
Ebene 1 – Vor-konventionelle Ebene			
Stufe 1 Fremdbestimmte Moral	Breche keine Regeln, wenn Strafe dafür droht; gehorche um des Gehorchens willen; füge anderen keinen körperlichen Schaden zu und beschädige nicht das Eigentum anderer.	Man will Strafe vermeiden und der überlegenen Macht von Autoritäten entgehen.	*Egozentrischer Standpunkt.* Man berücksichtigt nicht die Interessen anderer oder erkennt nicht, dass sie von den eigenen verschieden sind, zwei verschiedene Standpunkte können nicht aufeinander bezogen werden; Handlungen werden eher nach ihren sichtbaren Folgen beurteilt als nach den damit verbundenen Interessen anderer; der eigene Standpunkt wird mit dem Standpunkt von Autoritätspersonen verwechselt.

Ebene und Stufe	Was richtig ist	Gründe, das Richtige zu tun	Soziale Perspektive der Stufe
Stufe 2 Individualismus, Zweckdenken, Austausch	Befolge Regeln nur, wenn du damit unmittelbar jemandem nützt; handle gemäß deinen eigenen Interessen und Bedürfnissen und billige anderen das gleiche Recht zu. Richtig ist, was gerecht ist, ein gerechter Austausch, ein Abkommen, eine Übereinkunft.	Man möchte die eigenen Interessen und Bedürfnisse befriedigen und lebt dabei in einer Welt, in der man auch die Interessen anderer berücksichtigen muss.	*Konkret-individualistische Perspektive.* Man erkennt, dass jeder seine eigenen Interessen im Auge hat, und dass diese miteinander im Konflikt liegen können; Recht ist daher relativ (im konkret-individualistischen Sinn).

Ebene 2 – Konventionelle Ebene

Ebene und Stufe	Was richtig ist	Gründe, das Richtige zu tun	Soziale Perspektive der Stufe
Stufe 3 Gegenseitige Erwartungen im zwischenmenschlichen Bereich, Beziehungen, Konformität mit anderen	Erfülle, was Menschen, die dir nahestehen, von dir erwarten oder was Menschen allgemein von bestimmten Rollen erwarten, die du ihnen gegenüber einnimmst, wie Sohn, Bruder, Freund usw. Es ist wichtig, ein ‚guter Mensch' zu sein, das heißt, gute Absichten zu haben und sich um andere zu kümmern. Es bedeutet auch, gute Beziehungen zu anderen zu unterhalten, die durch gegenseitiges Vertrauen, Treue, Achtung und Dankbarkeit gekennzeichnet sind.	Man möchte vor sich selbst und anderen ein guter Mensch sein. Man will anderen helfen. Man glaubt an die goldene Regel. Man möchte Regeln und Autoritäten wahren, die allgemein für gut befundene Umgangsformen garantieren.	*Perspektiven des Individuums in Beziehung mit anderen Individuen.* Man erkennt, dass man Gefühle, Meinungen und Erwartungen mit anderen teilt, und dass diese über die Interessen der einzelnen gehen. Man berücksichtigt verschiedene Standpunkte, indem man der konkreten goldenen Regel folgt, sich auf den Standpunkt des anderen zu stellen. Man berücksichtigt noch keine allgemein systemübergreifende Perspektive.
Stufe 4: Soziales System und Gewissen	Erfülle die Pflichten, die du übernommen hast. Gesetze müssen befolgt werden, es sei denn in besonderen Ausnahmefällen, wenn sie mit anderen festgelegten sozialen Pflichten in Widerspruch geraten. Richtig ist auch, die Gesellschaft, Gruppen oder Institutionen zu stützen.	Institutionen müssen aufrechterhalten werden; ‚wenn das jeder machen würde', würde das System zusammenbrechen, was verhindert werden muss; das Gewissen gebietet uns, unsere erklärten Pflichten zu erfüllen.	*Unterscheidung des gesellschaftlichen Standpunktes von an Einzelbeziehungen gebundenen Absprachen oder Motiven.* Man nimmt den Standpunkt der Gesellschaft ein, die Rollen und Regeln festlegt. Man beurteilt individuelle Beziehungen nach ihrem gesellschaftlichen Stellenwert.

6

Ebene und Stufe	Was richtig ist	Gründe, das Richtige zu tun	Soziale Perspektive der Stufe
	Ebene 3 – Post-konventionelle oder prinzipielle Ebene		
Stufe 5 Sozialvertrag oder sozialer Nutzen und individuelle Rechte	Mach dir bewusst, dass Menschen verschiedene Werte und Meinungen vertreten, und dass die meisten Werte und Regeln spezifisch für bestimmte Gruppen, also relativ sind. Dennoch sollten diese relativen Regeln gewöhnlich befolgt werden, da sie Gerechtigkeit gewährleisten und weil sie soziale Übereinkünfte darstellen. Einige Werte und Rechte haben eher absoluten Charakter, zum Beispiel Leben und Freiheit; sie müssen in jeder Gesellschaft gelten, unabhängig davon, ob die Mehrheit sie unterstützt oder nicht.	Man fühlt sich auf Grund eines Sozialvertrages an das Gesetz gebunden: Gesetze sind zum Wohle aller da und um die Rechte aller Menschen zu schützen. Man fühlt sich an freiwillige Abmachungen gebunden, an Verpflichtungen, die mit Familien-, Freundschafts-, Vertrauens- und Berufsbeziehungen verknüpft sind. Gesetze und Pflichten sollen auf sinnvolle Erwägungen ihres allgemeinen Nutzens beruhen; es soll der größtmögliche Nutzen für die größtmögliche Zahl von Menschen erreicht werden.	*Der Gesellschaft vorgeordnete Perspektiven.* Die Perspektive eines vernünftigen Menschen, der weiß, dass es Werte und Rechte gibt, die sozialen Bindungen und Übereinkünften vorgeordnet sind. Man integriert unterschiedliche Perspektiven durch die formalen Mechanismen der Übereinkunft, des Vertrage, der Vorurteilslosigkeit und der Beachtung der ordnungsgemäßen Reihenfolge. Moralische und gesetzliche Standpunkte werden berücksichtigt; man erkennt, dass diese in Widerspruch geraten können und es eventuell schwierig ist, sie in Einklang zu bringen.

6.10 Der Spracherwerb

6

Sprachpsychologie und Linguistik hatten in den letzten Jahren neue Erkenntnisse sowie Forschungsergebnisse, die viele der bisherigen Vorstellungen über Sprachentwicklung korrigierten.

Die Fähigkeiten des Kindes beim Erwerb der Sprache werden inzwischen bewundert. Viel hat die Neurologie zu der neuen Entwicklung beigetragen.

Steven Pinker schreibt:

> *Jedes Kind ist ein Sprachgenie.*

(Massachusetts Institute of Technology, in: Psychologie Heute 4/1996)

Beispiel

Lehrerin: „Wie froh bin ich, dass ich Euch zu einer Deutsch-Gruppe zusammenschmelzen konnte."
Kati: „Hast Du mich auch geschmolzen?"   *(Christa Antor)*

„Ich kann erste Hilfe und zweite Hilfe und dritte Hilfe."   *(Christa Antor)*
Lehrerin: „Weiß jemand, was redliche Hirten sind?"
Monika: „Es sind Hirten, die zu viel reden!"   *(A. Bühne)*

„Du, wenn Mama uns jetzt nicht weckt, kommen wir zu spät zur Schule!" *(Kornelia Richter)*

„Mama, Mama! Der Kontrolleur hat Dir ein Äuglein zugekniffen!" *(Josefine Konietzko)*

„Mutti, Sascha hat gesagt, seine Oma ist 100 Jahre alt. Gibt's etwa Menschen, die so lange halten?" *(Cornelia Schmidt)*

Olli: „Mann, ich mag das Wort noch nicht mal in den Mund nehmen – und der hat das alles schon gemacht!" *(Christa Antor)*

(N. Kühne: 30 Kilo Fieber. Die Poesie der Kinder. Kinderanekdoten, Zürich 1997)

 Aufgabe

Sammeln Sie Äußerungen von Kindern in Ihren Praktika, legen Sie sich eine Kartei zu, die die Aussagen der Kinder nach dem Alter ordnet. Notieren Sie sich auch Einzelheiten der Situation, in der die Aussagen entstanden sind.
Später können Sie die Äußerungen analysieren und in Gruppenarbeit anreichern.
Gesichtspunkte der Analyse könnten sein:
– Interessen und Themen des Kindes
– Bearbeitung der Umwelt – in der Sprache ausgedrückt.
– Wie sehen sich Kinder in der Erziehung usw.

6.10.1 Die Sprache und ihre Bedeutung

Von den verschiedenen Systemen der Mitteilung (Kommunikationssysteme), die der Mensch bisher entwickelt hat, ist die Sprache das wichtigste. Man kann auch etwas mitteilen, wenn man nickt, wenn man die Nase rümpft, wenn man sich abwendet. Spricht der Mensch jedoch, kann er wesentlich schwierigere Sachverhalte mitteilen, was er mit Gesten allein nicht mehr schafft.
Mit der Sprache kann ich also bestimmte Wahrnehmungen, Absichten oder Pläne mitteilen. Das kann für andere Personen Konsequenzen haben.

Beispiel

Vater: „Mach bitte das Fenster zu. Es wird kalt." Das Kind erhebt sich vom Spiel und schließt das Fenster.

Die sprachliche Mitteilung (durch den Vater) hat sich direkt auf das Verhalten des Kindes ausgewirkt. Hätte sich das Kind geweigert („Ich muss jetzt spielen!"), hätte die ursprüngliche Sprachäußerung des Vaters auf das Verhalten des Vaters zurückgewirkt. (Vielleicht hätte er selbst das Fenster geschlossen. Unter Umständen hätte er seine Aufforderung lauter/heftiger wiederholt.)
Sprache teilt nicht nur mit (Kommunikation), sie gestaltet auch das menschliche Verhalten in sozialen Situationen. Sehr viele soziale Situationen sind ohne Sprachäußerungen (Kommunikation, Gestaltung durch Sprache) nicht denkbar.

Die Bedeutung der Sprache für den Menschen

Der amerikanische Philosoph Searle (2001, S. 181/182) schreibt zu diesem Sachverhalt:

> *Man muss eine Sprache haben, um den Gedanken zu denken. Ohne Wörter kann ich glauben, dass es regnet, oder Hunger verspüren, aber ich kann nicht glauben, dass es im nächsten Jahr häufiger regnen wird als in diesem oder dass mein Hunger von einer Unterzuckerung und nicht von einem echten Nahrungsbedürfnis herrührt, ohne dass ich über Wörter oder gleichwertige Symbol-Mittel verfüge, mit denen sich diese Gedanken denken lassen. Beim Kind entwickeln sich Denk- und Sprachfähigkeit Hand in Hand.(...) Mit Ausnahme der einfachsten Gedanken gilt: Um einen Sprechakt zu vollziehen, benötigt des Kind eine konventionelle Sprache mit Sätzen, die eine konventionelle Satz-Bedeutung haben.*

Der russische Psychologe Lew Wygostky (Köln 1987; S. 450/451), hebt den Zusammenhang von Sprache und Denkentwicklung hervor, indem er sagt: *„(...) dass die Entwicklung des Denkens (...) eng mit der Entwicklung der Sprache verknüpft ist. Mit der verbalen Formulierung wird das Denken fähig, immer neue und immer präzisere Differenzierungen vorzunehmen."* Sprache und Denken entwickelten sich zu einer Einheit, die die Sprache schließlich intellektualisiere bzw. gedanklich durchdringe (S. 527).

Der Zusammenhang von Sprechen und Denken sei weitgehend automatisiert, sagt Walter Huber (2000, S. 103). Sprachbenutzung selbst könne z. B. Problemlösung sein:

> *(...) wenn ich jetzt den Vortrag halte, findet gleichzeitig innere Problemlösung statt. Ich muss mein Arbeitsgedächtnis hoch aktiviert halten, muss Gedanken und Formulierungen kurzfristig abgleichen, im Kurzzeitspeicher halten und innere Arbeitshypothesen aufstellen und verwerfen. Auch der aufmerksame Zuhörer muss das machen. Sprache ist also ein komplexes supramodales System (...).*

Der neuseeländische Linguist Steven Roger Fischer (S. 191) behauptet, diese Ideen seien sehr alt. Schon vor Jahrtausenden muss einigen Menschen dieser Sachverhalt klar gewesen sein:

> *Bereits die alten Ägypter wussten, dass das Wort der Vater des Gedanken ist und erkannten an, dass die Sprache das Fundament und Baumaterial des sozialen Hauses unserer Gesellschaft ist.*

Das Ehepaar Tausch beschreibt die heilsame Wirkung des Gesprächs (S. 12/13) in ihrem Standardwerk:

> *(...) Es gibt Haltungen und Gesprächsaktivitäten einer Person, die in einem anderen heilsame Vorgänge auslösen können. (...) Aber auch Menschen ohne deutliche seelische Beeinträchtigungen suchen Möglichkeiten, wie sie innerlich mit sich selber besser leben können, sie suchen*

eine Klärung über sich selbst, sie suchen, sich seelisch fortzuentwickeln. Und die hierfür notwendigen Erfahrungen und Vorgänge können sie in förderlichen Einzel- und Gruppengesprächen erhalten. Seelisch förderliche Gruppen- sowei Einzelgespräche sind gleichsam eine sehr günstige Situation der Förderung der Persönlichkeitsentwicklung von Menschen.

Die Bildungsforscher Jürgen Baumert und Hermann Lange (www.zeit.de, 2002) – verantwortlich für die PISA-Studie in Deutschland - äußern über die Bemühungen zur Sprachförderung in Deutschland:

– Der untere Leistungsbereich der Lesefähigkeit ist in Deutschland stark ausgeprägt. Die Lesefähigkeit bei Deutschlands Kindern ist also bemerkenswert schlecht.
– Kinder aus Arbeiterfamilien zählen wie seit Jahrzehnten immer noch zu den Benachteiligten im Bildungssystem. (Die Chancen einen „Oberschichtkindes" für den Besuch des Gymnasiums sind laut PISA-Studie dreimal so hoch wie für ein Kind aus der Arbeiterfamilie.) Man kann u. a. daraus schließen, dass die sprachliche Förderung in Bildungseinrichtungen mangelhaft ist. Ferner ergibt sich daraus, dass die soziale Aussonderung in Deutschland besonders ausgeprägt ist (Baumert) – sie ist sozusagen das Gegenteil von Förderung!
– Baumert argumentiert nämlich: Korea, Finnland und Schweden schaffen es, diese sozialen Unterschiede ausguzugleichen. Lange: „Die passen auf, dass schwächere Schüler in der Grundschule nicht durch den Rost fallen. Sie schauen offenbar genauer hin, wer lesen kann, und wenn er es nicht kann, bekommt er zusätzlichen Unterricht."
– Es fehle sowohl die angemessene Förderung vor der Schule als auch in Grundschule und im SEK-I-Bereich.
– Außerdem fehle es an Förderung in der unterrichtsfreien Zeit (Lange).
– Beim Vergleich der Leistungen aus Migrantenfamilien schneidet Deutschland besonders schlecht ab. Schweden konnte die Unterschiede zwischen Kindern aus Migrantenfamilien und Muttersprachlern wesentlich besser auffangen (Baumert). „70 Prozent der ausländischen Schüler sind in Deutschland eingeschult worden. Sie haben das gesamte deutsche Schulsystem durchlaufen und schneiden bei unseren Tests besonders schlecht ab" (Baumert). Sprächen die Kinder aus ausländischen Familie ähnlich gut Deutsch wie Kinder aus ansässigen Familien, hätten sie gleiche Chancen. Baumert macht darauf aufmerksam, dass Kinder in Norwegen und Schweden erst dann eingeschult werden, wenn sie die Landessprache beherrschen. Laut Lange gibt es in diesen und anderen Ländern auch das entsprechende Angebot im vorschulischen Bereich – nicht so in Deutschland!
– In Deutschland sollten Kindergärten deswegen weniger als sozialpädagogische, vielmehr als Bildungseinrichtungen verstanden werden, damit eine effektive Förderung möglich ist. (Lange)
– Außerdem leiste sich Deutschland den Luxus, nur am Vormittag zu unterrichten.
– Kindergärten und Schulen müssen lesepädagogisch aufgerüstet werden. Dazu gehören mehr Deutschstunden, bessere Schulbibliotheken und vor allem Lehrer, die in den Schützlingen vor allem die Begeisterung für Geschichten zu wecken vermögen (...)." (S. Gaschke, 2002)

(nach N. Kühne, 2003)

6

Aufgabe

Fragen Sie in Ihren Praktika, wie Sprachförderung in den Kindertagesstätten gestaltet oder organisiert wird.

Suchen Sie sich Literatur zur Sprachförderung, die es inzwischen in reicher Auswahl gibt.

6.10.2 Der Erwerb der Sprache

Nach neueren Erkenntnissen einiger Sprachforscher spielen Reifungsvorgänge bei der Sprachentwicklung eine entscheidende Rolle. Man hat bemerkt, dass Sprachverstehen dem Sprachgebrauch vorangeht:

> *Ein Säugling kann im Alter von durchschnittlich 10 Monaten auf einfache Gebote antworten, aber erst einige Monate später wird er das erste Wort sprechen.*

(P. Mussen, 1974)

6

Bevor Lernprozesse einsetzen oder bevor unsere Kultur die Sprache des Kindes zu formen beginnt, arbeitet das Kind mit angeborenen Grundfertigkeiten. Diese Grundfertigkeiten beziehen sich auch auf die Bewältigung der Grammatik – laut *Noam Chomsky*, einem der bekanntesten Vertreter dieser Forschungsrichtung. Für eine „ausreichende Beherrschung" der komplizierten Grammatik der Erwachsenen benötigen Kinder etwa 24 Monate (*Mussen*, 1974).

Nach dieser ersten Phase, in der etwa 40 Grundlaute (Phoneme) spontan (und ohne Vorbild) vom Kind produziert werden, beginnt sich der Einfluss der Muttersprache Geltung zu verschaffen. Zuerst werden einige Grundlaute (Phoneme) zurückgebildet; d. h., sie werden nicht mehr vom Kind geäußert, weil die Muttersprache gar nicht alle Phoneme verwendet. Dann setzen Lernprozesse ein.

6.10.2.1 Vorsprachliche Äußerungen

Vorsprachliche Äußerungen sind stimmliche Äußerungen, die vor dem Beginn des Sprechens liegen: Lallen, Gurren, Schreien, Explosivlaute usw. – also vor dem 11.–15. Monat.

Allgemeiner Überblick

Über den Zeitraum, der vor dem Erlernen der Sprache liegt, schreibt *J. S. Bruner* (1980) in einer neueren Untersuchung:

> *[Kinder wissen] lange bevor sie die Sprache lernen, eine Menge von der Welt. Sie haben bereits das begriffliche Universum in nützliche Kategorien und Klassen eingeteilt. Sie sind schon in der Lage, Handlungen, Handelnde und Objekte zu unterscheiden, bevor sie mit Hilfe der Sprache verbale Unterscheidungen vornehmen können. Der Begriff ist bereits vorhanden (...)*

Herzka (1978) gibt einen Überblick über die ersten Monate der Sprachentwicklung. Wir beenden ihn mit dem 12. Monat – das entspricht ungefähr dem Zeitraum der vorsprachlichen Entwicklung:

1. Monat

Neben den Lautäußerungen sind leise Kehllaute (ähnlich wie ch, gk und gehauchte, h-ähnliche Laute) erkennbar. Das Schreien ist beim Neugeborenen monoton, Ende des ersten Monats lassen sich verschieden Formen des Schreiens mit unterschiedlichee Intensität unterscheiden. Leise, gleichmäßige Geräusche haben oft eine beruhigende Wirkung auf das Kind.

2. Monat

Lautäußerungen, die als ‚Plaudern' bezeichnet werden, sind neben dem Schreien häufiger. Im 2. oder 3. Monat lässt sich erstmals aus dem Plaudern eine Lautverbindung heraushören, die wie ‚erre' oder ‚ekche" klingt. Daneben macht das Kind, vor allem in Rückenlage, R-Laute in Kettenform (‚r-r-r...').
Das Schreien des Säuglings ist kräftiger, wenn er sehr hungrig ist schrill. Es lassen sich bei Schmerz und bei Hunger verschiedene Arten des Schreiens unterscheiden.
Auf Zuspruch durch den Erwachsenen lächelt das Kind oder beruhigt sich, wenn es nicht außerordentlich stark schreit.

3. Monat

Das Plaudern und die Vielfalt der geäußerten Laute nehmen weiter zu. Die oben genannte Lautgruppe (‚erre' oder ‚ekche') wird vom Kind weiter geäußert. Ahmt der Erwachsene im Kontakt mit dem Kind diese (nicht zu stark) nach, so wird dadurch das Plaudern des Kindes angeregt. Im 2. oder 3. Monat treten auch Kettenbildungen gleicher Silben auf, beispielsweise ‚ga-ga-ga-ga'. Oft tritt auch ein besonderer Laut auf, wenn das Kind die Luft zwischen den Lippen auspresst (Blas-Reib-Laut). Beim Saugen an den Fingern treten Schnalzlaute auf. Ferner lassen sich einzelne Lippenverschlusslaute feststellen, die an m, b, w anklingen. Im Plaudern hört das Kind manchmal auf, wenn der Erwachsene spricht. Bisweilen schreit das Kind, wenn es durch lautes Reden oder Schimpfen vom Erwachsenen erschreckt wird.

4. Monat

Auftreten von u- und i-artigen Lauten außerhalb des Schreiens. Die Konsonanten sind vielfältiger und klingen an g, gl, b, m, n an. Vor dem Einschlafen drückt das Plaudern die Mü-

6

digkeit des Kindes deutlich aus. Wiederholungen gleicher Silben sind häufig. Man hat den Eindruck, dass das Kind mit Lautäußerungen selbst spielt.

Das Kind plaudert, vorwiegend wenn es allein gelassen wird und sich in ruhiger Umgebung befindet. Auf Lautäußerungen des Erwachsenen scheint es eher weniger zu reagieren als in den ersten drei Monaten. Seine ganze Aufmerksamkeit gilt jetzt dem Greifen. Die Sprache des Erwachsenen beantwortet es vorwiegend durch Bewegungen: mit Wenden des Kopfes oder indem es den Sprecher mit den Augen sucht.

5. Monat

Die Bildung von Silbenketten wie ‚ge-ge-ge‘, ‚ta-ta-ta‘, ‚pa-pa-pa‘, ‚ma-ma-ma‘, nimmt zu oder tritt jetzt auf. Der Tonfall im Plaudern ist melodiöser und differenzierter. Das Kind plaudert auf verschiedener Tonhöhe. In seinem sprachlichen Verhalten und in seiner Mimik lässt sich ablesen, dass es am Erwachsenen freundlichen oder ärgerlichen Tonfall unterscheidet. Verliert es ein Spielzeug, so äußert es selbst ärgerliche Laute.

Das Plaudern des Kindes wird wieder häufiger durch die Sprache des Erwachsenen angeregt, vor allem wenn er nicht zu laut und kräftig spricht.

6. Monat

Wiederholungen von Silbenketten werden nochmals häufiger und erhalten einen deutlichen Rhythmus. Daneben wird das Plaudern bedeutend vielfältiger. Die Lippenverschlusslaute ‚b, m‘ werden deutlicher. Das Schreien ist viel seltener geworden. Zeitweise Nasallaute. Es lassen sich komplizierte, spielende Bewegungen mit der Zunge beobachten, wie wenn das Kind komplizierte Lautstellungen ausprobieren würde. Diese Zungenspiel-Bewegungen sind jedoch meist stimmlos.

Im Kontakt mit dem Erwachsenen berücksichtigt das Kind deutlich dessen Gebärden und die Art und Weise, wie er mit dem Säugling in körperlichen Kontakt tritt, beispielsweise indem er ihn auf den Arm nimmt.

7. Monat

Größere Vielfalt an Lauten, beispielsweise u-artige Laute und vereinzelt s-artige Laute. Ferner d, t, n, w.

Besonders m- und w-Laute und b- und p-Laute werden in verschiedenen Silbenkombinationen häufiger. Dieselben Laute werden oft tagelang wiederholt.

8. Monat

Das Kind achtet auf seine eigenen Lautäußerungen, wie wenn es sich selbst ‚nachahmen‘ würde (sogenannte Selbstnachahmung). Es verfügt über Ruflaute, mit denen es den Erwachsenen aufmerksam macht oder herbeiruft. Es kommt zu Doppelsilben in der Form von späteren Worten wie ‚Mama‘, ‚Papa‘, ‚Dada‘. Diese Verbindungen haben für das Kind aber noch keine bestimmte Bedeutung und werden nicht in Beantwortung des Erwachsenen geäußert. Tonhöhe und Betonung sind vielfältiger. Spielerische Bewegungen mit der Zungenspitze sind häufig.

9. Monat

Der Lautreichtum nimmt weiter zu und wird differenzierter. Ebenso ist das Weinen und Schreien wesentlich differenzierter als beim jüngeren Säugling. Der Tonfall des Plauderns ist abwechslungsreicher. Das Kind verbindet Plaudern und Gebärden. Falls dies nicht vorher schon der Fall war, so treten jetzt rufende Laute auf, um den Erwachsenen aufmerksam zu machen. Manche Kinder beginnen, Gebärden nachzuahmen wie ‚bitte-bitte-machen‘.

10. Monat

Das Kind versucht den Erwachsenen nachzumachen, was ihm vor allem dann gelingt, wenn dieser Laute verwendet die im Plaudern des Kindes vorkommen. Manche Kinder verwenden ein Wort sinngemäß. Das Kind beginnt auszudrücken, dass es den Sinn mancher Worte versteht, wie ‚nein-nein‘, und es antwortet auf bestimmte Worte, wie etwa ‚ade-ade‘ mit sinngemäßer Gebärde.

11. Monat

Das Kind ahmt eine Anzahl Silben und Laute nach, wenn es vom Erwachsenen dazu angeregt wird. Darunter befinden sich auch Laute, die früher nie aufgetreten sind.

12. Monat

Die sprachlichen Nachahmungen des Säuglings werden häufiger. Oft äußert er sie wie ein Echo (sogenannte Echolalie). Seine Lautäußerungen begleitet das Kind mit Gesten. Manche Kinder erwerben jetzt die ersten Worte, die auch eine bestimmte, wenn auch noch sehr weit gefasste Bedeutung besitzen. Das Kind interessiert sich vor allem für Worte, die mit seinem Tun und seinen Bedürfnissen zusammenhängen. Wenn es allein gelassen wird, so plaudert es in Monologen. Es ahmt bisweilen den Hund, die Glocke, das Muhen der Kuh oder anderes nach, ebenso Ausrufe der Erwachsenen, das Hupen des Autos, Motorengeräusche. Es beginnt auch zweisilbige Worte nachzuahmen.

E. H. Lenneberg hat nachgewiesen, dass vorsprachliche Äußerungen entsprechenden Nachahmungslauten von Erwachsenen nicht ähnlich sind, obwohl sie unserem Gehör nach ähnlich klingen:

> *Eine Mutter, die die Gurr-Laute ihres Kindes nachahmt, bringt ganz andere Laute hervor als das Baby.*

(Lenneberg, 1972)

6

Warum weint das Kind?

Kinder in den ersten Wochen weinen meistens, wenn sie Hunger oder Leibschmerzen haben. Später weinen sie bei Lärmbelästigung (wenn sie etwa im Schlaf gestört werden); sie weinen bei enger Kleidung; wenn ein Spielzeug aus dem Bett/Laufstall fällt; wenn sich der Erzieher mit anderem beschäftigt. Das Kind weint auch, um die Aufmerksamkeit des Erziehers auf sich zu lenken.

Das Lallen

Das Lallen ist wahrscheinlich wichtig als „Stimmgymnastik“. Das Kind übt also schon vor dem eigentlichen Sprechen die Stimmbänder und die Sprechmuskulatur.
Das Kind lallt meist, wenn es zufrieden ist. Es macht ihm offenbar Spaß, seine eigene Stimme zu hören. Oft lallen Kinder, wenn Erwachsene freundlich mit ihnen sprechen. Das bedeutet: Man kann das Kind zum Lallen veranlassen. Damit kann man zur Übung der Stimmbänder/Sprechmuskulatur beitragen.
Taube Kinder beginnen normalerweise mit dem Lallen, hören jedoch bald wieder damit auf.

6.10.2.2 „Kritische Periode" oder „Zeitfenster"

„Kritische Periode" bezeichnet eine Zeit in der Entwicklung des Menschen, die durch eine besondere Sensibilität oder Aufnahmebereitschaft gekennzeichnet ist, deshalb spricht man gelegentlich auch von der „sensiblen Phase".

Die „kritische Periode" beim Spracherwerb ist von besonderer Bedeutung, wenngleich sich solche Zeiträume auch z. B. bei der Entwicklung der Konzentrationsfähigkeit vermuten lassen.

Die pädagogische Bedeutung der „kritischen Periode" liegt in folgendem Sachverhalt begründet:

Wird die Zeit genützt, ist eine gute bis sehr gute Entwicklung – z. B. der Sprache – möglich; ist diese „sensible Zeit" der Sprachentwicklung aber gekennzeichnet durch Sprachlosigkeit der Eltern (der Vorbilder), durch viele und heftige Konflikte in der Familie, durch mangelnde Förderung (der Sprache), durch die Erzieher/innen oder durch Isolation des Kindes usw. kann es zu Schädigungen in der Entwicklung der Sprache kommen, die sehr schwer oder nie mehr aufzuholen sind. Schlimmer noch: Diese schlechte Sprachentwicklung kann verheerende Konsequenzen für die gesamte geistige Entwicklung haben.

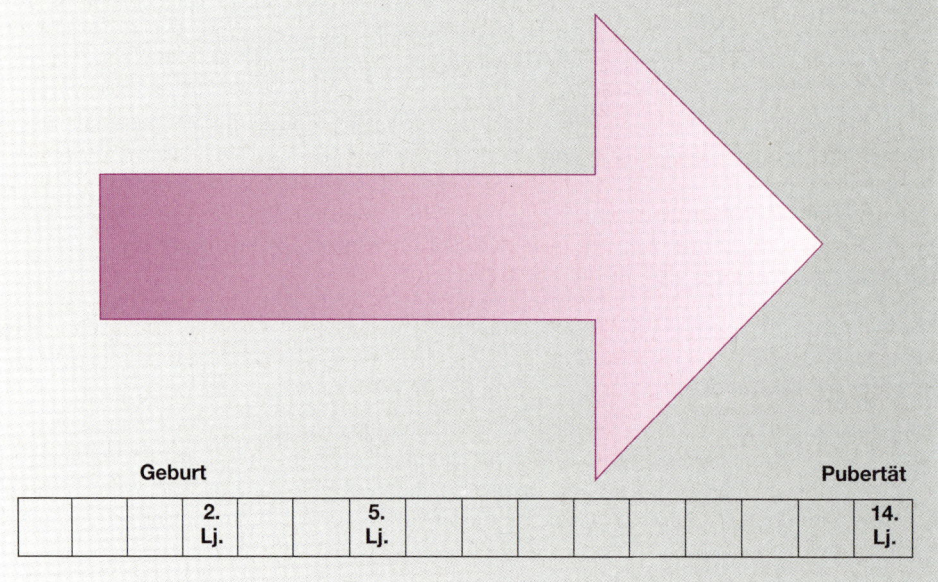

			2. Lj.			5. Lj.								14. Lj.

Geburt — Pubertät

„Kritische Periode": Die Fähigkeit zum Erwerb der Muttersprache lässt mit dem Alter nach. Die Be- oder Verhinderung sprachlicher Interaktion im Kindesalter hat nach der Vorstellung von Eric H. Lenneberg (1972) zur Folge, dass sie nach der Pubertät nur schwer oder überhaupt nicht mehr erlernbar ist. „Lenneberg geht davon aus, dass beim Kleinkind noch eine vollständige Flexibilität besteht; erleiden Neugeborene oder Säuglinge Schädigungen der linken Hemisphäre, so kann sich die Sprache normalerweise mit der rechten Hemisphäre entwickeln. Auch bei Zwei- bis Dreijährigen hat das Nervensystem seine Plastizität noch nicht verloren, so dass bei Verletzungen der zunächst erfolgte Sprachverlust wieder rasch aufgeholt werden kann. Mit fortschreitendem Alter soll die zerebrale Organisation jedoch ihre Flexibilität verlieren und mit Erreichung der Pubertät fixiert und irreversibel sein" (Hannelore Grimm, in Oerter/Montada, 1987; S. 594).

(N. Kühne, Darmstadt 2003)

Eric H. Lenneberg (1972), der diesen Sachverhalt zum ersten Mal ausführlich dargestellt hat, formuliert es wie folgt (S. 220/201/217):

„Wir müssen annehmen, dass das Vermögen des Kindes, Sprache zu lernen, eine Folge der Reifung ist (…)

Primäre Sprache kann nicht auf allen Altersstufen mit gleicher Leichtigkeit erworben werden. Die Grenze für den Erwerb primärer Sprache um die Pubertät zeigt sich auch bei den geistig zurückgebliebenen, die bis zur Pubertät häufig langsame und bescheidene Fortschritte im Erwerb der Sprache machen können; um die Pubertät aber verfestigt sich der Stand ihres Sprech- und Sprachvermögens (…)

Ferner müssen (…) taube Kinder möglichst nahe am Alter von 2 Jahren Lautunterricht und prothetische Hilfe erhalten, um gutes Sprechen erwerben zu können. Bei erworbener Taubheit andererseits zeigt sich, dass schon eine kurze Zeit der Sprachwahrnehmung vor dem Beginn der Taubheit die Prognose für Sprechen und Sprache verbessert, wobei die Aussichten in Proportion zur Länge der Zeit, in welcher der Patient verbale Fertigkeiten beherrschte, besser werden (…)

Wir können daher von einer kritischen Periode für den Spracherwerb sprechen. Ihr Beginn ist durch einen mangelnden Grad der Reifung begrenzt. Ihr Ende scheint mit einem Verlust der Anpassungsfähigkeit und der Fähigkeit zu Neubildungen im Gehirn, insbesondere hinsichtlich der topografischen Ausdehnung neurophysiologischer Prozesse, zusammenzuhängen (…)

Die meisten Individuen mit durchschnittlicher Intelligenz sind nach Beginn des zweiten Jahrzehnts in der Lage, eine zweite Sprache zu erlernen, wenngleich Blockierungen der Spracherlernung nach der Pubertät schnell in erhöhtem Maße auftreten. Auch der automatische Erwerb einer bestimmten Sprache allein dadurch, dass man in ihrem Bereich lebt, scheint nach diesem Altern verloren zu gehen. Fremdsprachen müssen nach der Pubertät mit bewusster und angestrengter Mühe (…) gelernt werden, und fremde Akzente können nicht mehr leicht überwunden werden."

6

Wolf Singer, Direktor des Max-Planck-Instituts für Hirnforschung (im Werkstattgespräch der Initiative McKinsey) schildert den Sachverhalt im Jahr 2001; er spricht vom „Zeitfenster" (SÜDDEUTSCHE ZEITUNG; 28/29.07.01):

Die Nervenzellen sind zum Zeitpunkt der Geburt im Wesentlichen angelegt, aber in bestimmten Bereichen des Gehirns, z. B. in der Großhirnrinde, noch nicht miteinander verbunden. Viele Verbindungen bilden sich erst jetzt aus. Es vollzieht sich ein stetiger Umbau der Nervenverbindungen, wobei nur etwa ein Drittel der einmal angelegten erhalten bleibt. Welche das sind, hängt von ihrer Aktivität ab. Die Ausbildung der funktionellen Architektur der Großhirnrinde wird somit erheblich von Sinnessignalen und damit von Erfahrungen geprägt. (…)

Die erste Bedeutung dieses erfahrungsabhängigen Selektionsprozesses kam aus der Klinik: Früher litten Neugeborene häufig an Augeninfektionen, die sie sich bei der Geburt zugezogen hatten. Die Folge waren Trübungen der Hornhaut oder der Linse. Die Kinder erblindeten und konnten nur noch diffuse Helligkeitsschwankungen wahrnehmen. Als es möglich wurde, Linse und Hornhaut zu transplantieren, dachte man, mit solchen Operationen die Sehflächen wieder herstellen zu können. Entsprechend groß war die Enttäuschung, als die Patienten blind blieben.

Sie hatten jetzt zwar funktionstüchtige Augen, konnten aber mit den neuen Informationen nichts mehr anfangen. Der Grund für diesen Fehlschlag: Das Ausbleiben visueller Signale in bestimmten Entwicklungs-

phasen nach der Geburt führt dazu, dass wichtige Verbindungen als sinnlos interpretiert und unumkehrbar eingeschmolzen werden.(...)
Verbindungen zwischen Neurone, die oft zusammen aktiv sind, werden bestätigt und bleiben erhalten – eine der Grundlagen von assoziativem Lernen. (...)
Selber machen ist entscheidend, weil nur so der interaktive Dialog mit der Umwelt einsetzen kann, der für die Optimierung von Entwicklungsprozessen unabdingbar ist.

Die Interaktion mit der Umwelt in einer bestimmten Zeit ist notwendig, um Gehirnstrukturen zu schaffen, die (auch) eine spätere Sprachentwicklung gewährleistet. Nur so sind die Erwartungen an eine normale Sprachentwicklung und an flexible Lernstrukturen zu erfüllen. Nach dem Motto:

> *Wer früh anfängt, intensiv Geige zu spielen, kann erreichen, dass die Repräsentation der Saiten greifenden Hand in der Großhirnrinde mehr Platz eingeräumt bekommt.(...) Die Zahl der Kontakte zwischen Nervenzellen nimmt zu, die für die geübten Funktionen zuständigen Areale dehnen sich aus und die neuronalen Antworten spezialisieren sich auf die trainierten Inhalte. Während gesichert ist, dass Vernachlässigung zur suboptimalen Ausbildung neuronaler Architekturen führt (...)*

(W. Singer; s.o.)

Ähnlich formuliert es der Neurobiologe Ernst Pöppel (FOCUS, 17.12.2001, S. 42). Werden die ersten zehn Jahre im Leben des Menschen verplempert, würden Chancen unwiederbringlich vertan. Pöppel (in Auswahl):

In dieser Phase wird die Matrix des Gehirns festgelegt. Bei der Geburt sind nur genetische Programme vorhanden. Diese müssen bestätigt werden. Das Gehirn verfügt zunächst über hohe Plastizität. Das Lernen geht leicht und sehr, sehr schnell. Mit der Pubertät ist diese Phase beendet. (...) Niemand spricht z. B. eine Fremdsprache, die er sich nach der Pubertät angeeignet hat, akzentfrei. Beherrscht er z. B. seit seiner Kindheit drei Sprachen, nimmt er später auch seine fünfte oder siebte perfekt an. Die ersten zehn Jahre entscheiden. Je breiter die Basis aus dieser Zeit, desto leichter lernt der Mensch den Rest seines Lebens.
Dann wird das, was genetisch als Möglichkeit angelegt ist, abgeschaltet und kann nur mit Mühe oder gar nicht mehr erworben werden. Konkret bedeutet das, dass wir eine gute vorschulische Erziehung brauchen. Die ist in Deutschland aber katastrophal."

6.10.2.3 Was wird gelernt?

Beim Beginn des Sprechenlernens besitzt die Sprache des Erwachsenen (Eltern, Erzieher) für das Erleben des Kindes eine eigenartige unspezifische Funktion; d. h., die Sprache des Erwachsenen hat neben der Funktion der Mitteilung und der Formulierung von Sachverhalten noch eine schwer fassbare Aufforderungsfunktion. Letztere überwiegt sogar in bestimmten Situationen. Gemeint ist damit der gefühlsmäßige, emotional gefärbte Hintergrund des Sprechens („der Ton macht die Musik"), der sehr unterschiedlich sein kann. Diese Hintergrundgefühle bei sprachlichen Äußerungen wirken sich sehr unterschiedlich aus auf das Verhalten des Kindes (je nach Gefühl und bereits erlernten Verhaltensweisen des Kindes) – sie können aber auch eine schon begonnene Handlung des Kindes intensivieren.

Beispiel

„Gibt man beispielsweise einem Kind von 1;6 Jahren, das damit beschäftigt ist, einen Ring auf einen Stab zu stecken, die ihm verständliche Instruktion: ‚Nimm den Ring herunter!‘, dann setzt es statt dessen die angefangene und dominant gewordene Handlung des Ringaufsteckens fort. Ein Kind im Alter von 1;6 – 1;8, das die Instruktion erhält: ‚Hol die Puppe!‘, während es zu einem Ball läuft, greift nicht etwa nach der unweit liegenden Puppe, sondern strebt nur noch eiliger dem Ball zu".

(Rosemann, 1973)

Nach *H. Bühler* (1974) ist diese Funktion der Sprache noch weit ins Vorschulalter hinein wirksam. Sprache ist also noch stark in bestimmte reale Situationen eingebettet und noch kein „selbständiges System von Signalen".

Je älter ein Kind wird, um so mehr begreift es die Sprache als selbständiges System von Zeichen, um so unabhängiger wird das Kind beim Verstehen der Sprache von der jeweiligen Situation.

Modell: Sprachliche Entwicklungsdynamik

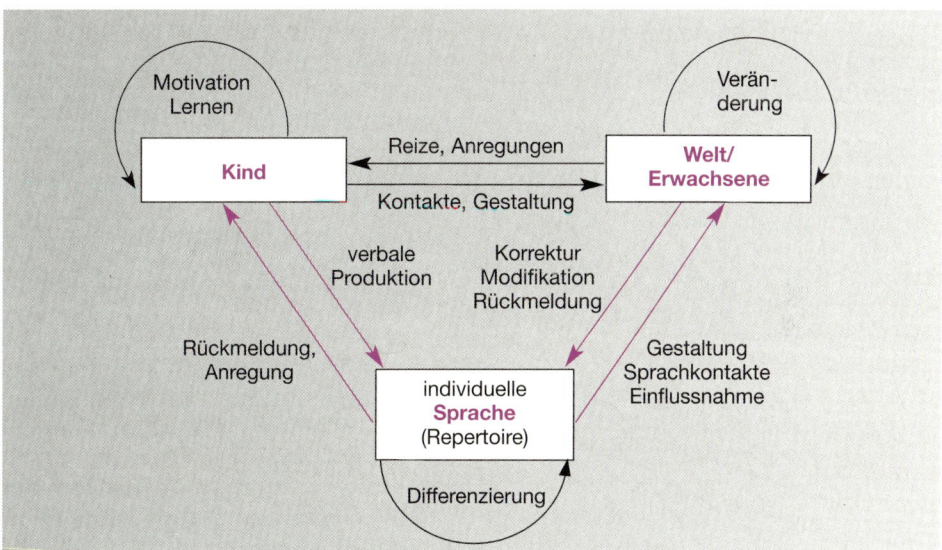

6

So beobachtete Kolzowa, dass ein Kind unter 11 Monaten auf die Aufforderung: ‚Gib's Händchen!‘ sofort reagierte, wenn die äußeren Umstände wie gewöhnlich waren. Diese Reaktion blieb jedoch aus, sobald das Kind aus der für diese Aufgabe üblichen Sitzstellung in eine andere Körperlage gebracht wurde. Die verbale Aufforderung ist hier noch Teil der Gesamtsituation und nur in ihrer Verbindung wirksam.

(Rosemann, 1973)

Wir können mit einigen Ergebnissen aufzeigen, wie die Sprachentwicklung quantitativ aussieht. Smith (1926) wollte wissen, welche Wörter (von 10 000) der Umgangssprache Kindern einer bestimmten Altersstufe bekannt sind. Er kam zu folgenden Ergebnis:

Alter	Zahl der Wörter im Durchschnitt	Zuwachs
0;8	–	–
0;10	1	1
1;0	3	2
1;3	19	16
1;6	22	3
1;9	118	96
2;0	272	154
2;6	446	174
3;0	896	450
3;6	1222	326
4;0	1540	318
4;6	1870	330
5;0	2072	202
5;6	2289	217
6;0	2562	273

Wortschatzentwicklung bis zum 6. Lebensjahr

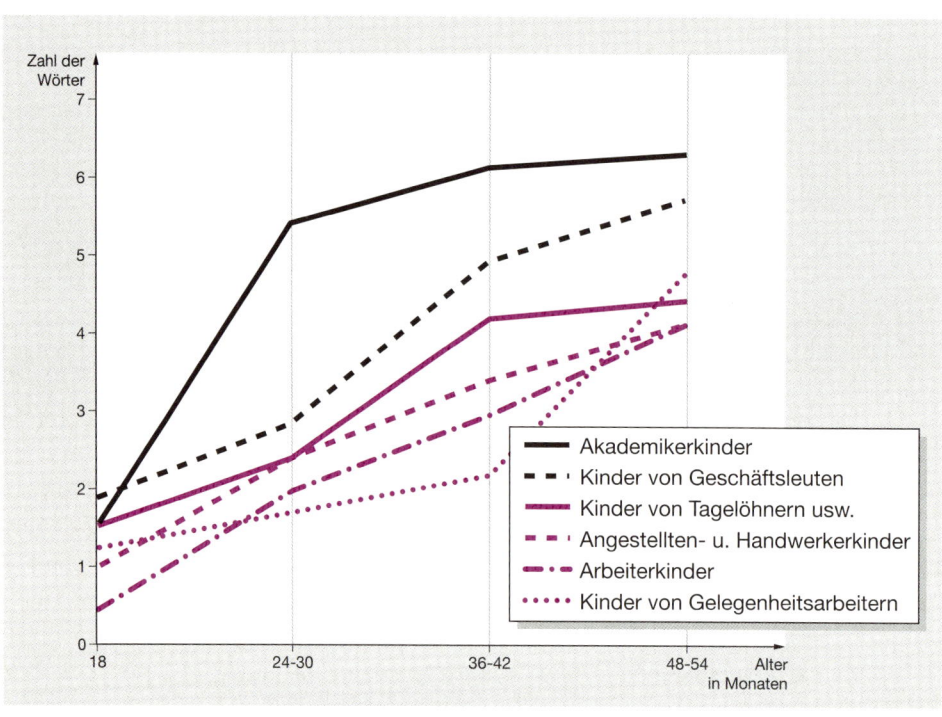

Sprachentwicklung und Beruf des Vaters. (Nach McCarthy, 1930).
Das Diagramm zeigt die Länge der Sätze, die das Kind zu bilden fähig war (gemessen an der Zahl der darin verwendeten Wörter). Die bessere Berufsschulung des Haushaltsvorstandes, bzw. die höhere soziale Stellung, geht mit wesentlich besserer Sprachentwicklung einher.

Man kann vermuten, dass der tatsächliche Wortschatz ein wenig umfangreicher ist, da Smith von einer vorgegebenen Anzahl von Wörtern ausgegangen ist.

An passivem Wortschatz ermittelte *Smith* (1926):
– bei Schülern der 1. Klasse . . . . 23 700 Wörter
– bei Schülern der 12. Klasse . . . . 80 300 Wörter
– bei Studenten in ersten Semestern . . . . .150 000 Wörter

Nach *Delay* und *Pichot* (1966) „beläuft sich die Anzahl der von einem gebildeten Erwachsenen gekannten Wörter in den abendländischen Sprachen von 20 000 bis 250 000".

Die Bedeutung verschiedener Wortklassen (Wortarten) im Verlauf des Spracherwerbs wird mit einer Untersuchung von *Deussing* (1927) angedeutet:

„Prozentualer Anteil verschiedener Wortklassen bei sprachlichen Äußerungen von Kinder verschiedenen Alters".

Alter	bis 1;5	1;5 bis 2;3	3	4	5;5 bis 6;0
Substantive	70,3	57,8	57,3	55,0	56,2
Verben	12,4	21,7	21,6	23,1	24,2
Adjektive	4,5	9,2	10,6	11,8	13,5
Adverbien	8,7	5,0	4,7	5,4	3,3
Pronomen	0,3	2,3	2,7	1,8	1,2
Präpositionen	0,6	1,4	1,6	1,3	0,5

Wortklassen auf verschiedenen Altersstufen

Bevor wir die Entwicklung im Gebrauch des Satzbaus aufzeigen, geben wir an, wie wir die Satztypen unterscheiden:
– der Ein-Wort-Satz: z. B. „Tisch!" – was bei entsprechender Unterstützung durch Gesten heißen könnte: „Lege das doch bitte auf den Tisch!" (dieser Satztyp wird in der folgenden Untersuchung nicht berücksichtigt, weil er für die untersuchten Kinder nicht mehr aktuell ist);
– der einfache Satz: z. B. „Das ist mein Ball";
– die Satzverbindung: z. B. „Das ist mein Ball, und du darfst damit spielen" – zwei selbstständige Sätze werden verbunden zu einer Einheit mit „und";
– das Satzgefüge: z. B. „Du darfst mit dem Ball spielen, wenn du magst." – ist die grammatisch korrekte Verbindung zwischen einem Hauptsatz und einem vom Hauptsatz abhängigen Gliedsatz (mit weil, wenn, damit, um zu usw.); für das Kind schwierig, grammatisch aber die vollkommene Form des Satzbaus; ein reger Gebrauch von Satzgefügen spricht für gute intellektuelle Fähigkeiten.

Beckmann (1927) bietet uns folgendes Untersuchungsergebnis:
„Satzarten in Niederschriften von 6- bis 14-jährigen Kindern in Prozenten"

Schuljahr	1.	2.	3.	4.	5.	6.	7.	8.
einf. Satz	94,4	70,5	61,1	45,5	48,6	33,9	25,4	21,5
Satzverbindung	8,6	20,1	26,5	37,7	34,6	43,9	50,7	49,6
Satzgefüge	–	9,4	12,4	17,3	16,8	22,2	23,9	28,9

Satzformen bei 6–14-jährigen Kindern

6

Interpretieren wir dieses Ergebnis im Zusammenhang mit den oben beschriebenen Satztypen, dann können wir anmerken:

Der *einfache* Satz wird im Verlauf der Entwicklung weniger gebraucht; *Satzverbindungen* und *Satzgefüge* werden tendenziell mehr gebraucht. Das Ergebnis bedeutet somit: im Gebrauch der Satztypen spiegelt sich die fortschreitende geistige Entwicklung des Kindes; das Kind wird fähig, seine Umwelt immer differenzierter in Worte zu fassen – damit nimmt es die Umwelt genauer wahr.

Mit einem Untersuchungsergebnis bestätigt Beckmann (s. o.) die oben dargestellten Tendenzen:

	7.	8.
Komparativsätze	0,4	1,8
Kausalsätze	5,0	12,5
Begründungssätze	3,4	5,6
Bedingungssätze	1,7	2,7
Umstandssätze d. Grundes	0,8	2,4

Zunahme der Gliedsätze vom 7.–8. Schuljahr

Eine Bestätigung gibt O. Ottersleben (1970) – wenn auch mit anderen Schwerpunkten:

> *Im 4. Schuljahr gibt es einen Wandel in der Auffassung vom Satz. Im 3. Schuljahr wird der Satz mehr als eine Sinneinheit denn als grammatische Größe aufgefasst. Das drückt sich derart aus, dass etwa zwei (und mehr) Hauptsätze durch Interpunktion (Komma) zu einem Satzgebilde gemacht werden; besser: zu einem Sinngebilde – wobei weniger grammatische Regeln als vielmehr beobachtete Zusammenhänge ausschlaggebend sind.*
> *Im 5. Schuljahr hat sich er Satz als ‚grammatische Größe' nahezu durchgesetzt, so dass eine weitere Vergrößerung der Sätze nicht durch das Zusammenlegen verschiedener Hauptsätze zustandekommt, sondern durch den richtigen Gebrauch der Gliedsätze.*

McCarthy (1930) hat einen interessanten Aspekt im Gebrauch von Sätzen bei Einzelgeborenen und Zwillingen entdeckt:

	Einzelgeborene	Zwillinge
unverständliche Sätze	6,8	13,3
verständliche, aber unvollständige Sätze	32,0	48,0
Satzgefüge	6,1	1,5
komplexe Satzgefüge	4,5	0,9

Unterschiedlicher Satzbau bei (4-jährigen) Einzelgeborenen und Zwillingen

Eine sehr praktische Aufstellung sprachlicher Fähigkeiten bis zum 4. Lebensjahr bietet *E. J. Kiphard* (1975/76): „Die Alterswerte gelten für Spätentwickler, d. h. 90 % der Kinder erfüllen diese Aufgaben."

48. Nennt 2 Gegensätze
47. Fragt: wer, wo wann, warum
46. Gebraucht Nebensätze
45. Wiederholt Kurzgeschichte **48 Monate**
44. Erklärt, was es spielt
43. Laute: ch/ch, ng, nt, schp, fr

42. Verwendet Vergangenheit
41. Berichtet spontan Erlebnis
40. Nennt 5 Tiere
39. Benennt Tätigkeit im Bild **42 Monate**
38. Verwendet Mehrzahl
37. Sagt: ich, du, mein, dein

36. Laute: r, s, sch, x, z
35. Spricht mit Puppe, Teddy
34. Spricht Dreiwortsatz
33. Fragt: was'n das? **36 Monate**
32. Wiederholt Viersilbensatz
31. Sagt: noch, wieder, viel

30. Verwendet der, die, das
29. Spricht Zweiwortsatz
28. Benennt 2 Eigenschaften
27. Sagt: da, weg, bitte, danke **30 Monate**
26. Nennt sich beim Vornamen
25. Verwendet 10 Worte

24. Benennt 2 Tätigkeiten
23. Benennt 4 Dinge
22. Benennt 3 Personen
21. Verwendet 5 Worte **24 Monate**
20. Laute: n, l, d, t, w, f
19. Einwortsatz als Wunsch

18. Ahmt 2 Worte nach
17. Ahmt 2 Tierlaute nach
16. Sagt 2 sinnvolle Worte
15. Laute: a, o, u, m, b, p **18 Monate**
14. Laute als Wunschäußerung
13. Kaut mühelos feste Nahrung

12. Lallt 4 verschiedene Silben
11. Ahmt Laute nach
10. Äußert Stimmungslaute
9. Spuckt mit Zungenspitze **12 Monate**
8. Trinkt von gehaltener Tasse
7. Leckt Breilöffel gut ab

6. Antwortet durch Laute
5. Schließt Mund, schluckt Spuke
4. Kichert, lacht, quietscht
3. Laute: cha, grr, öh, eku, erre **12 Monate**
2. Andere Laute als Weinen
1. Saugt, schluckt, weint

6

„Sprachliche Fähigkeiten"

Kiphard verwendet diese (und andere ähnliche) Aufstellung(en) als eine Art Entwicklungstest.

Wenn ein Baby endlich anfängt zu babbeln und zu plappern

Hörschäden müssen schon so früh wie möglich behandelt werden,
damit die Sprachentwicklung des Kindes später nicht leidet

Wenn ein Baby zur Welt kommt, hat es vermutlich schon eine Reihe von „Geräuscherfahrungen" hinter sich: Wissenschaftler vermuten, dass das Ungeborene – trotz des Fruchtwassers in seinen Ohren – den rhythmischen Herzschlag der Mutter wahrnimmt, die Darmgeräusche hört und sogar Außengeräusche vernehmen kann.

Nach der Geburt erlebt das Kind dann auch andere Geräusche. Peter Biesalki, Leiter der Mainzer Universitätsklinik für Kommunikationsstörungen (Hör-, Sprach-, Stimmstörungen), hat in der Zeitschrift „Der Kinderarzt" die typischen Reaktionen eines Babys auf Schallreize im ersten Lebensjahr zusammengestellt. Hier sind sie:

Im ersten Monat: Bei einem plötzlichen lauten Geräusch ändert das Baby sein Verhalten. Es läßt sich durch die Stimme der Mutter beruhigen.

Zweiter bis dritter Monat: Das Kind lauscht auf den Ton eines Glöckchens, sucht bei vertrauten Geräuschen mit den Augen nach der Schallquelle und beginnt zu lallen.

Vierter Monat: Jetzt sucht das Kind schon mit leichten Kopfbewegungen nach der Schallquelle, es beginnt, stimmhaft zu lachen.

Fünfter Monat: Auch eine seitlich tiefer liegende Schallquelle kann mit Kopfbewegungen bewusst lokalisiert werden. Das Kind lauscht nach dem Ton einer Stimmgabel und hört manchmal auf zu schreien, wenn Musik ertönt.

Sechster Monat: Zum ersten Mal scheint das Baby zu „antworten", wenn es von Erwachsenen angesprochen wird. Auch hörgestörte Kinder können in diesem Plapperalter mit ihren Lall-Lauten beginnen, stellen sie aber nach wenigen Wochen wieder ein, wenn sie keine Reaktion darauf hören.

Siebter Monat: Das Baby „babbelt" oder „plappert" vier und mehr verständliche Laute und bildet die ersten Zweisilbenworte. Es reagiert deutlich auf Zuruf.

Achter Monat: Nunmehr gebraucht das Kind die Stimme, wenn es Beachtung finden will. Es kann auch seitlich höher liegende Schallquellen lokalisieren und lauscht der Unterhaltung der Erwachsenen.

Neunter Monat: Das Kind lauscht auf das Ticken einer an das Ohr gehaltenen Taschenuhr.

Zehnter Monat: Jetzt versteht das Kind zahlreiche Ausdrücke, auch Verbote, wie „nein-nein", bildet Worte durch Silbenverdoppelung, zum Beispiel „Ma-Ma", „Wau-Wau" usw., und kann einen leisen Sington auf die Entfernung von einem Meter lokalisieren.

Elfter Monat: Das Kind spricht verständlich zwei und mehr Worte, reagiert auf leise Zusprache aus einem Meter Entfernung und versucht, Musik mit seiner Stimme nachzuahmen.

Zwölfter Monat: Jetzt gibt es Babbel-Monologe als Ausdruck der Zufriedenheit, wenn das Kind allein ist.

Leider werden beginnende oder bestehende Hörstörungen von Eltern und selbst von Ärzten häufig übersehen. Ein wichtiger Grund dafür liegt in der Tatsache, dass schwerhörige Babys sehr oft mit Hilfe ihrer anderen Sinnesorgane einen Ausgleich für ihre Behinderung schaffen. Klatscht man zum Beispiel in die Hände, verspüren sie die leichte Luftbewegung und reagieren genauso, als hätten sie den Knall gehört. Oder sie verfolgen den Gesichtsausdruck und die Gebärden der Eltern besonders aufmerksam und versuchen dadurch herauszufinden, was man von ihnen erwartet.

(Frankfurter Rundschau, 20. 6. 91)

Die stetige Erweiterung des Wortschatzes und die fortschreitende Differenzierung des Satzbaus dienen dazu:
– die Umwelt stetig genauer wahrzunehmen, zu erfassen, zu gliedern,
– eigene Bedürfnisse und Pläne immer genauer erkennen, formulieren und anderen mitteilen zu können,
– seinen Platz in sozialen Gruppen (Familie, Gleichaltrige, Kindergarten, Schule) stetig genauer zu erkennen und damit gestalten zu können.

Kinder, die in dieser Hinsicht weiter fortgeschritten sind, haben es in der Regel leichter, soziale und sachbezogene Aufgaben zu lösen (siehe auch 6.1.2).

Erzieher können daraus nur den Schluss ziehen, dass eine gute sprachliche Förderung des Kindes eine äußerst wichtige Voraussetzung ist für einen günstigen Verlauf der Gesamtentwicklung des Kindes.

6.10.2.4 Strategien und Methoden beim Spracherwerb

Wir wollen hier noch einige strategische und methodische Aspekte beim Spracherwerb darstellen, wie sie in neueren wissenschaftlichen Untersuchungen präsentiert werden.

Die Psycholinguistin *B. Zollinger* (Bern-Stuttgart-Wien, 2000) unterscheidet zwischen günstigen und ungünstigen Konstellationen beim Spracherwerb. Es geht vorwiegend um eine Konstellation in der frühen Kindheit. Wir haben aus ihren Angaben eine Grafik entwickelt. Zuerst die günstige Variante.

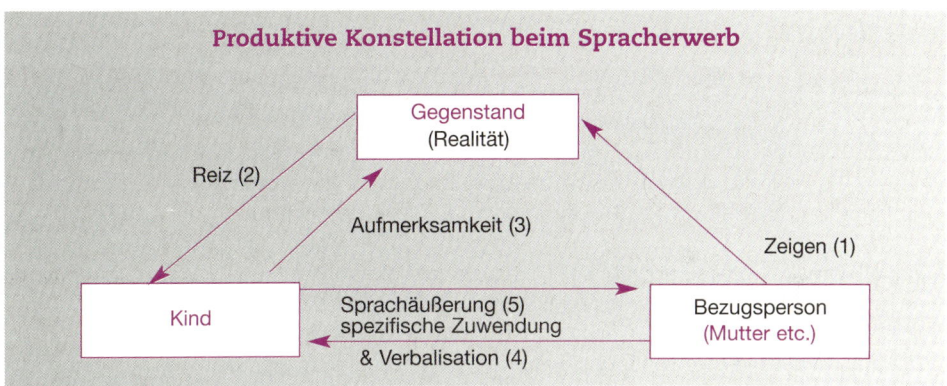

Produktive Konstellation beim Spracherwerb

(1) Die Bezugsperson macht aufmerksam auf einen Gegenstand.
(2) Der Reiz trifft auf die Wahrnehmung des Kindes.
(3) Das Kind richtet seine Aufmerksamkeit auf den Gegenstand.
(4) Die Bezugsperson äußert sich verbal, indem sie sich ganz in die Psyche des Kindes einfühlt.
(5) Das Kind antwortet (bei optimaler Reaktion) verbalisierend und lernt durch Wiederholung die Sprache.

Während wir diese Konstellation für den Spracherwerb des Kindes als optimal kennzeichnen könnten, gibt es Situationen, die für die Sprachentwicklung – vor allem für die Kreativität des Kindes – weniger produktiv genannt werden müssen. Eine geringere Produktivität verspricht die Konstellation:

Unproduktive Konstellation beim Spracherwerb

(1) Die Bezugsperson gibt Hinweise, Anweisungen oder gar Befehle.
(2) Das Kind richtet seine Aufmerksamkeit auf den Gegenstand, die Umgebung.
(3) Der Reiz des „Verordneten" wirkt auf das Kind.
(4) Das Kind reagiert (verbal) – die Bezugsperson kontrolliert.

Im zweiten Fall fehlen die Wärme, die von der Bezugsperson ausgeht, und die Einfühlung sowie die Solidarität gemeinsamer Bearbeitung der Umwelt durch Bezugsperson und Kind. Vor allem ist „Anweisung, die Vorschrift, der Befehl" nicht als Gegenstand des Lernens (Lerninhalt) erwünscht. (Tausch & Tausch, Göttingen 1971, bezeichnen ähnliche Situationen als nicht reversibel – für das Kind nicht nachahmbar, für Lernprozesse also uneffektiv.)
Eine weitere wichtige Komponente für die Bemühungen des Kindes um den Spracherwerb ist die Neugierde.

6

Neugier ist (Meyers Kleines Lexikon Psychologie, 1986, S. 242f) ein „wichtiges Bedürfnis nach gerichtetem, zielstrebigem Aufsuchen von Neuem in bekannter Umgebung. Es regt zu innerem und äußerem Probehandeln an mit dem Ziel, im Ernstfall zweckmäßig zu handeln."

Neugier-Verhalten gibt es sowohl bei Tieren als auch beim Menschen. Man nimmt an, dass es eine Kombination einzelner kurzer Bewegungsabläufe ist, die i. W. genetisch Grund gelegt ist. Neugierverhalten kann in Erziehungssituationen unterdrückt oder gefördert werden; in freien, permissiven Erziehungssituationen wird Neugier mit großer Wahrscheinlichkeit durch Selbstverstärkung gefördert und weiter entwickelt, denn Neues zu entdecken ist spannend und motivierend zugleich – und damit verstärkt die Entdeckungsfreude sich selbst und fortwährend. Ein Erwachsener (ein Erzieher) wird bestenfalls dafür gebraucht, dass er Neues bietet, Situationen variiert oder zu neuen Situationen hinführt. Eine solche pädagogische Herangehensweise ist heutzutage sehr aktuell und wird von wirklich wissenschaftsorientierten Pädagogen und Sozialisationsexperten gestützt (siehe dazu: W. E. Fthenakis & M. R. Textor, Weinheim 2000; die Herausgeber bieten vor allem im 2. Teil einen Überblick über wissenschaftlich gestützte Ansätze der Förderung).

Auf die Dauer ist es für die weitere Entwicklung des Neugierverhaltens problematisch, wenn allzu viele schulische Lernprozesse lediglich extrinsisch motiviert sind, d. h. eben nicht an der natürlichen Neugier der Schüler anknüpfen.

(Köck, 1997; S. 501)

Auch beim Säugling lässt sich Neugierverhalten erkennen. Nach M. Papousek entwickelt sich die *„auditive Aufmerksamkeit des Säuglings"* (S. 148f) wie folgt:
– Säuglinge wenden den Kopf in Richtung Schallquelle
– Sie richten die Aufmerksamkeit selektiv auf die Stimme der Mutter und auf die Muttersprache
– sie wenden die Aufmerksamkeit auf die melodischen Konturen der mütterlichen Sprechweise und auf die Konturen von nichtsprachlichen Sequenzen
– sie integrieren die prototypischen Konturen global und nehmen zunehmend deren Unterschiede und Details wahr
– sie gehen vom globalen zum lokalen Bearbeiten der in den Konturen verpackten Lautsequenzen über.

Steven Pinker spricht sogar von einem Instinkt, der den geschwinden Spracherwerb ermögliche:
Nach Pinkers Vorstellungen (München, 1998) hat der Mensch mit seiner Geburt ein „genetisches Vorwissen" (D. E. Zimmer, S. 17) oder eine Sprachkompetenz, die er nicht in Lernprozessen erwirbt. Er hat die Fähigkeit, Sprachen (syntaktisch) zu strukturieren – für einen Deutschen, einen Japaner oder einen Inuit bleibt lediglich die Aufgabe, solche Regeln seiner jeweiligen und aktuellen Muttersprache dergestalt zu identifizieren, dass er sie verwenden kann. Alle anderen Regeln, die nicht in der deutschen Sprache enthalten sind, wird ein deutsches Kind nicht aktivieren brauchen – es verwendet nur diejenigen, die es im Deutschen identifiziert. Ähnlich geht es dem japanischen Kind oder dem Eskimo-Säugling. Anders kann man sich zum Beispiel, so argumentieren St. Pinker und N. Chomsky, gar nicht erklären, warum Kinder in einer unglaublichen Geschwindigkeit und mit einer Atem beraubenden Leichtigkeit Sprache erwerben und sie strukturieren. Pinker beschreibt den Sachverhalt wie folgt:

6

„Sie müssen nur lernen, ob in ihrer Sprache der Parameterwert ‚Kopf zuerst' wie im Englischen oder ‚Kopf zuletzt' wie im Japanischen gilt. Um das zu tun, brauchen sie lediglich zu registrieren, ob in einem bestimmten Satz ihrer Eltern das Verb vor oder hinter dem Objekt steht. Steht das Verb vor dem Objekt wie in ‚Iss deinen Spinat!', so folgert das Kind, dass die Sprache dem Kopf-zuerst-Muster folgt; steht es dahinter, wie in ‚deinen Spinat iss!', so schließt es auf das Kopf-zuletzt-Muster. Von einem Augenblick auf den anderen erschließt sich dem Kind dann ein weites Feld der Grammatik, als habe es einen Schalter in eine von zwei möglichen Positionen umgelegt. Erweist sich diese Spracherwerbstheorie als richtig, so wäre sie ein Schlüssel für das Geheimnis, warum die Grammatik des Kindes in so kurzer Zeit, geradezu explosionsartig, die Komplexität der Erwachsenengrammatik erreicht. Das Kind erwirbt nicht Dutzende oder Hunderte von Regeln (er nennt sie auch Superregeln) – es legt in seinem Kopf nur einige Schalter um"

(Pinker, 1998, S. 128f)

Nach Bruner ist die Interaktion zwischen Mutter und Kind eine der wichtigsten Grundlagen für das Erlernen der Sprache. J. S. Bruner (zitiert nach H. Grimm, 1999, S. 22) beschreibt eine solche Mutter-Kind-Situation:

„Zwischen Ann (A) und ihrer Mutter (M) spielen sich drei besondere Szenen ab:
Mit neun Monaten hält A die Tasse an den Mund ihrer Puppe. Später hält sie diese auch an den Mund von M, die zu trinken vorgibt. Wieder etwas später, beim Wechseln der

Windeln, hält A ihre Zehen in Erwartung eines Spiels hoch. M nibbelt mit dem Mund an ihnen und A lacht.

Zwei Monate später hat das zehenspiel die Form angenommen, dass M A beim Abtrocknen nach erfolgtem Bad fragt: ‚Wo sind deine Zehen?' A vokalisiert, lacht und hält ihre Zehen hoch, an denen M wieder nibbelt. Mit einem Jahr berührt A ihren eigenen und nach einer Weile den Mund von M. M nibbelt an A's Finger. A berührt wieder ihren eigenen Mund, schaut M an und bildet eine lange Vokalisation. M sagt: ‚Ja, das ist ein Mund!'"

Das Kind wird mit der mütterlichen Sprache konfrontiert, es erhält z. B. Gelegenheit zu imitieren. Außerdem unterzieht sich das Kind – mit diesen Spielen – einem Aufmerksamkeitstraining; es lernt, sich auf Ereignisse zu konzentrieren – eine Grundlage für viele Lernprozesse, jetzt und später. Auch übt es Kommunikation – und wie gut kann es Ann schon (im o. a. Beispiel) im ersten Lebensjahr. Mit welcher Heiterkeit und Leichtigkeit lernt das Kind einen komplizierten Wechsel von Aktion und Reaktion! Wie feinsinnig geht es schon im ersten Lebensjahr auf die „Äußerungen" der Mutter ein!

H. Grimm (S. 23) weiß zu berichten:

> *Je häufiger Mütter gemeinsam mit ihren kleinen Kindern Episoden der geteilten Aufmerksamkeit des Typs ‚Sieh her – das ist!' herstellen, desto größer ist der produktive Wortschatz der Kinder im Alter von 21 Monaten. Entsprechend konnte auch ein positiver Zusammenhang zwischen der Imitation von Sprachlauten im Alter von 14 Monaten und der Größe des produktiven Wortschatzes sechs Monate später empirisch aufgezeigt werden.*

6

Ursula Herdt (E & W, 2002) merkt bei der Diskussion der Ergebnisse der PISA-Studie grundsätzlich zur Frage der Interaktion zwischen Eltern und Kindern an, dass mit zunehmender Interaktion und Kommunikation in der Familie die Bildungserfolge des Kindes – in der Schule – verbessert werden. Diese Art von Lernförderung steigere die Wahrscheinlichkeit schulischen Erfolgs.

Bernd Reiman *(www.mutterspracherwerb.de)* unterscheidet zwischen verschiedenen *Formen der Nachahmung* (Imitation) und ordnet sie auch Altersstufen zu. Besonders häufig sieht Reimann Nachahmungen in alltäglichen Dialogen vorkommen, in denen das Kind neue Sprachstrukturen wahrnehme.

Phase/Alter	Einzelgeborene	Verlauf
ab 1;0 J.	„Unmittelbare Sofortnachahmung"	Kind spricht das Gehörte unmittelbar nach. Das Gehörte wird noch nicht mit früheren Worten verglichen. Das Kind reagiert.
ab 1;9 J.	„Nachahmung mit Zeitverzug"	Kind ahmt nach wenigen Sekunden nach. Reimann sieht darin einen Hinweis auf „bedeutungsanalytische Prozesse".
ab ca. 2;4 J.	„fragende Nachahmung, Nachahmung mit hohem Zeitverzug und Nachahmung mit eigenen Komponenten"	Von diesem Zeitpunkt an wird auch nach gehörten Worten gefragt. Der Zeitverzug kann zwischen Minuten bis Tagen liegen. Es kommen Assoziationen mit lautähnlichen Wörtern vor. Wortfolgen können umgestellt werden.

Bei Säuglingen ist die so genannte Ammensprache der Mütter von großer Bedeutung beim Spracherwerb.

Die Ammensprache, die sich durch *„einfache, klare und deutlich betonte Sätze"*, durch *„einfache Aussagesätze"* und *„wenig zusammengesetzte Verben"*, einen *„hohen Stimmton"* auszeichnet, wird vermutlich von allen Müttern dieser Welt praktiziert. Natürlich kann sie auch von anderen Personen nachgeahmt werden, obwohl Frauen gegenüber Männern wegen ihrer höheren Stimme im Vorteil zu sein scheinen; sogar Kinder mit vier Jahren sind dabei beobachtet worden, wie sie diesen Sprachstil gegenüber jüngeren Kindern hatten. Fünf Aspekte (H. Grimm, S. 43–44) scheinen in diesem Zusammenhang von Bedeutung zu sein:

- Ammenton: Die Mutter spricht mit hoher Stimme (400–600 Hz), denn der Säugling nimmt diese besser wahr als tiefere Stimmlagen. Die hohe Stimme wird später korrigiert, wenn der Säugling geringere Probleme mit der tieferen Stimme hat.
- Satzmelodie: Übertriebene Satzmelodie, Anheben des Tons bei Aufforderungen.
- Akzentverschiebung: Die Mutter macht auf wichtigere Wörter aufmerksam durch Akzentverschiebung. Sie verwendet auch Verkleinerungsformen (der Worte) und wiederholt Satzteile.
- Kontrastbildung: Aufmerksamkeit erregen durch bestimmte Lautverbindungen wie „da-da" und „ba-ba-ba-ba".
- Gerichtete Sprache: Die Mutter richtet ihre Sprache an den Säugling – mit Blickkontakt. Sie ist bemüht, abwechslungsreiche Situationen zu entwickeln, damit der Säugling aufmerksam wird. Sie verbindet in Situationen einen hohen Grad an Vertrautheit mit Neuem. Sie vermeidet damit die Angst vor dem Neuen und lässt gleichzeitig keine Langeweile aufkommen.

Für unproduktiv hält B. Zollinger (1997) folgende Interaktionsmuster der Mütter:
- „sehr wenigen Müttern gelingt es, mit dem Kind gemeinsam zu spielen;
- die am häufigsten beobachteten Handlungsmuster bestehen aus Handlungsvorschlägen;
- verhältnismäßig viele Mütter tendieren dazu, sehr viel, ja fast andauernd zu sprechen;
- die Hauptfunktionen der mütterlichen Äußerungen bestehen aus Aufforderungen zur Benennung und aus Handlungsanweisungen;
- die meisten Paare koordinieren sich so, dass die Mutter spricht und das Kind handelt, wobei es nicht allen gelingt, die sprachlichen Äußerungen dem Kind anzupassen;
- nur in wenigen Interaktionen wird das Kind inhaltlich stimuliert; d. h. es werden kaum Informationen, Gedanken und Gefühle kommuniziert;
- die meisten Interaktionssequenzen bestehen aus zwei bis drei Einheiten (Mutter schlägt vor – Kind führt aus, Mutter fragt nach Namen von Gegenständen – Kind benennt)."

6

Das Fernsehen dagegen scheint wenig lerneffektiv zu sein. Sprache muss in interaktiven Situationen praktiziert werden, damit Kinder etwas daraus lernen können. Die einseitige Berieselung mit Sprache scheint – was die Aufmerksamkeit des Kindes angeht – einschläfernd zu wirken. Die Aufmerksamkeit des Kindes wird in solchen Fällen offenbar nicht mobilisiert. Die Wahrnehmung der Sprache ist damit nicht gewährleistet, das Ausprobieren unterbleibt und der Lerneffekt ist gleich Null. Es fehlt vor allem der aufmerksame Gesprächspartner, der sich ganz individuell auf jede Regung oder Sprachäußerung des Kindes einlässt und sich im Gegenzug auf diese bezieht. Die Kommunikationssituation mit der Mutter ist zweifellos optimal. Ennenmoser, Schiffer und Schneider (2002, S. 245) merken sogar an, dass „Vielseher im Bereich schriftsprachlicher Kompetenzen vielfach schwächere Leistungen erbringen als Kinder mit geringerem Fernsehkonsum." Die Defizite treten sowohl bei jüngeren als auch bei älteren Kindern auf. Sie beeinflussen sowohl Lesegeschwindigkeit als auch das Leseverständnis ungünstig. Mit der Untersuchung würden auch kumulative Effekte nachgewiesen, so schreiben die Autoren, sodass sich die Lesefertigkeit durch fortwährenden Fernsehkonsum fortwährend verschlechtere. (Siehe auch: Kathrin Schiffer, Marco Ennemser & Wolfgang Schneider, 2002.)

Kinder müssen sich „als Handelnde erleben" (E. Kazemi-Veisari, 2001, S. 13), damit sie in der Lage sind, ihre Umwelt und sich selbst – auch ihre Sprache – gestalten zu können – sie müssen sich *„als Initiatoren erfahren können"* und als Partizipierende in einem Gestaltungsprozess (S. auch G. Scholz, oben). Beim Fernsehkonsum ist das Kind nicht Handelnder, es ist so etwas wie ein außen stehender Betrachter. Besonders produktiv scheint zu sein, wenn sich Kinder nicht nur als Handelnde sondern als weitgehend selbstbestimmte Spieler erleben können (siehe auch: 3.4.1).

Aufgabe

Sammeln Sie Informationen aus diesem Kapitel, die Hinweise für eine angemessene bzw. gute Sprachförderung des Kindes geben können.

Beginnen Sie erste Überlegungen zu einem Konzept effektiver Sprachförderung.

Finnland hat in der PISA-Studie ausgezeichnete „Noten" bekommen, d. h. das finnische Bildungssystem scheint sehr gut zu sein. Merja Adenius-Jokivuori (Universität Jyväskylä, Finnland) berichtet in einem Interview (mit N. Kühne, Darmstadt 2003) über die Spracherziehung in Finnland – wir wählen einige Passagen aus:

6

Die Vorschulerziehung hat kein offizielles Bewertungssystem, aber die Entwicklung der Kinder wird sorgfältig überwacht. Besondere Aufmerksamkeit gilt der individuellen Bereitschaft zum Schulbesuch, d. h. der emotionalen, sozialen und kognitiven Entwicklung der Kinder.

Bei der Förderung der Sprache und der Interaktion stehen im Vordergrund:
– das Kind als Hörer (Spiele, Diskussionen, Interaktionsregeln usw.)
– das Kind als Sprecher (verschiedene Interaktionen, Lernumgebung)
– das schreibende Kind (Briefe und Worte, motorische Fertigkeiten usw.)
– das lesende Kind (anregende Umgebung, Lesen, Spiele usw.)

Das Wichtigste ist, dass die Erziehung 3–6-Jähriger bestimmt wird von Spiel, Interaktion und Eigeninitiative des Kindes.

Es ist sehr wichtig Interaktion und Konversation zu praktizieren.

In den meisten Vorschulen, die ich kenne, gehört das linguistische und phonologische Bewusstsein irgendwie zum Tagesprogramm oder vielleicht sogar zu den Tagesschwerpunkten für ein oder zwei Tage in der Woche. Auch die Musik ist normalerweise ein wichtiger Bestandteil des Tages an einer Vorschule, manchmal ist es einfacher zu singen als Sprache auf eine andere Art zu nutzen. Im Laufe des Tages werden alle Arten von Diskussionen durchgeführt.

Wenn das Kind linguistische oder sprachliche Probleme hat, könnte es die Möglichkeit geben im Laufe des Tages sprachtherapeutische Übungen durchzuführen, aber meistens werden therapeutische Maßnahmen von den Eltern nach dem Vorschultag vereinbart. Aber zumindest in Städten und größeren Gemeinden gibt es sogenannte „reisende Speziallehrer", die auch mit dem Kind arbeiten können oder die Mitarbeiter beraten.

Vor dem Mittagessen diskutiert die Gruppe normalerweise darüber, was es zu essen gibt. Die Kinder können ein paar Wortschildchen an der Wand befestigen und mit den Wörtern spielen, die ihren Tag betreffen. Es können vielleicht auch einige Reime oder Gedichte benutzt werden, um zum Mittagessen zu rufen.

Kindergartenlehrer absolvieren eine 3-jährige Ausbildung an einer Universität (seit 1995). Kinderpfleger absolvieren eine 2 1/2- jährige berufliche Ausbildung an einer höheren Schule. Ich würde sagen, dass Sprache, ihre Erziehung und Förderung ein sehr wichtiger Teil der Ausbildung finnischer Vorschullehrer ist. Sie studieren auch spezielle Pädagogik und die so genannte „Vor- und Anfangsschulpädagogik". Diese beiden Gebiete vermitteln gute Fertigkeiten um Sprachentwicklung zu fördern.

Die Mehrheit der Vorschullehrer möchte sich unbedingt weiterbilden. Die Gruppen z. B., die ich leite, waren sehr leicht zu bilden, da es ganz viele freiwillige Teilnehmer gab, obwohl der ganze Prozess ein Jahr dauert und viel Arbeit erfordert. Viele Lehrer haben in den letzten paar Jahren auch in Kursen zur Vor- und Anfangsschulpädagogik Qualifikationen erworben. Manche zahlen diese Ausbildung selbst, andere bekommen die Gebühr von ihrem Arbeitgeber (ca. EUR 2000). Ich halte Weiterbildung für sehr wichtig, um einen hohen Standard der Vorschulerziehung zu sichern. Aber dies sollte vom Arbeitgeber oder vom Staat finanziert werden.

6.10.3 Sprache und Denken

Das Wichtigste, was wir über die Entstehung von Denken und Sprechen beim Kind wissen, ist die Tatsache, dass um das 2. Jahr die Entwicklungslinien des Denkens und des Sprechens zusammenfallen und eine neue, für den Menschen charakteristische, Verhaltensform einleiten.

6

(L. S. Wygotzki, 1974)

Das bedeutet, dass Sprechen und Denken jeweils einen eigenen Ursprung haben. „Das Schreien, das Lallen und sogar die ersten Wörter des Kindes sind evidente vorintellektuelle Stadien in der Sprachentwicklung. Sie haben mit der Entwicklung des Denkens nichts gemein" (*Wygotzki*, s. o.).

Ebenso lassen sich beim menschlichen Kind – wie auch bei höheren Affen – intellektuelle Leistungen feststellen, die nicht an die Sprache gebunden sind bzw. nie sprachlich formuliert werden. *K. Bühler* (1929) nennt solche intellektuelle Leistungen „Werkzeugdenken", „d. h. das Erfassen mechanischer Zusammenhänge zu mechanischen Endzwecken". Vor dem Sprechen und in den Anfängen des Sprechenlernens kann sich Werkzeugdenken beim Kind etwa so äußern:

sinnvolles Planen beim Spiel; Gestalten einfacher Situationen; Überblicken von Zusammenhängen und die entsprechende Ausrichtung des Verhaltens usw.

Wenn sich nun die Entwicklungslinien von Sprechen und Denken etwa im 2. Lebensjahr treffen, „wird die Sprache intellektuell und das Denken sprachlich" (*Wygotzki*, 1974). Neuere Untersuchungen an Kindern, die in ihrer Sprachentwicklung gegenüber Gleichaltrigen zurück waren, bestätigten diese Zusammenhänge:

Unseren Knaben waren Leistungen verwehrt, wie sie das normale Kind dieser Altersstufe mittels der Sprache zuwege bringt; die Verallgemeinerung von Gegenständen anhand konkreter Ähnlichkeiten.

(Luria/Judowitsch, 1973)

Die beobachteten Züge ihrer Sprachentwicklung hatten zu einer erheblichen Verzögerung aller geistigen Vorgänge geführt, die mit der Sprache verknüpft sind, besonders der Abstraktions- und Generalisationsprozesse.

Weil ich den Gedanken beim Wort nehme, kommt er.

(Karl Kraus, 1924)

Diesen Sachverhalt könnte man in folgendem Modell darstellen:

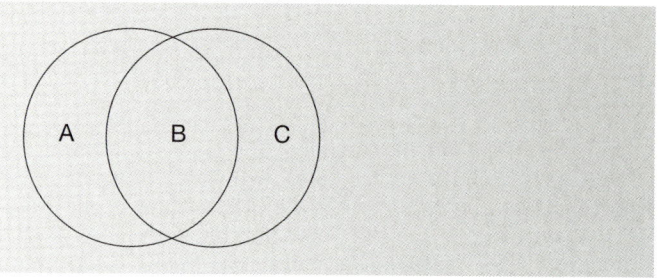

A = *Werkzeugdenken, sprachfreies Denken*
B = *Denken mit Hilfe der Sprache bzw. „Sprachdenken" (U. Erckenbrecht, 1974); „Die Sprache ist ein Weg des Denkens" (Erckenbrecht, 1974); bzw. denkendes Sprechen*
C = *vor- bzw. außerintellektuelles Denken*

Werkzeugdenken – Sprachdenken – außerintellektuelles Denken; ein Erklärungsmodell

Im 2. Lebensjahr wird das Sprechen und Denken das spezifisch menschliche „Sprachdenken". Von diesem Zeitpunkt an wird die Sprache stark durch das Denken geprägt und das Denken durch den aktiven Gebrauch der Sprache. Ein qualitativ hervorragendes Denken ist kaum ohne Sprache denkbar, so wie die menschliche Sprache auf das Denken angewiesen ist.

Auch im Hinblick auf die Zusammenhänge von Sprache und Denken vertritt Steven Pinker (1996) eine abweichende Auffassung:

Psychologie Heute: Eine komplexe Sprache unterscheidet den Menschen vom Tier. Brauchen wir Sprache, um denken zu können?
Steven Pinker: Nein, ich glaube, Sprache und Denken sind voneinander getrennt. Vermutlich könnte man menschenähnliche Roboter nie ohne jeweils separate Software für Denken und Sprache bauen. Es gibt dafür verschiedene Anhaltspunkte: Taubstumme, die nie eine Zeichensprache gelernt haben, können zum Beispiel sehr gut ihre Lebensgeschichte mimen oder ein Fahrradschloß reparieren, obwohl das einer ziemlich entwickelten Vorstellungsgabe bedarf. Tiere ohne komplexe Sprache wie zum Beispiel Affen haben ein hoch entwickeltes Denken. Selbst Säuglinge, die noch nicht sprechen können, registrieren Objekte, Mengen und Kausalitäten.

Die Entwicklungspsychologin Karen Wynn hat dazu sehr interessante Experimente gemacht: Man zeigt einem fünf Monate alten Säugling eine Puppe. Er sieht sie eine Zeitlang an und wendet sich dann gelangweilt ab. Man verdeckt die Puppe mit einem Wandschirm, lässt auffällig eine zweite Puppe hinter dem Wandschirm verschwinden und zieht anschließend die Abdeckung wieder weg. Wenn zwei Puppen hinter dem Wandschirm auftauchen, ist der Säugling eher desinteressiert. Taucht aber wider alle Logik nur eine Puppe auf oder gar drei, starrt er sehr lange auf die Szene. Auch Säuglinge müssen also schon irgendeine Vorstellung von Addition und Substraktion haben. (...)

(Psychologie Heute, April 1996)

6

Persönlichkeitspsychologie

7.1 Der Begriff „Persönlichkeit"

In der Umgangssprache wird der Begriff Persönlichkeit unterschiedlich verwendet. Von einer starken Persönlichkeit wird gesprochen, wenn jemand seine Meinung nachhaltig vertritt, sich durchsetzen und mutig Missstände kritisieren kann, auch wenn er dafür Ärger riskiert.

Manchmal sagt man auch von einem Kind, es sei schon eine kleine Persönlichkeit. Man meint damit: Das Kind ist schon ungewöhnlich selbständig und urteilsfähig. Auch bei Politikern, Schauspielern, Schriftstellern, Sportlern und anderen Personen, die in der Öffentlichkeit bekannt werden, spricht man von Persönlichkeiten.

> *Jeder Mensch ist in gewisser Hinsicht*
> *a) wie jeder andere*
> *b) wie mancher andere*
> *c) wie kein anderer.*

Kluckhchn & Murray (1953) nach Pervon (1981)

Unter Persönlichkeit versteht man die besondere Eigenart des Verhaltens und Erlebens eines Menschen. Diese Eigenarten sind verhältnismäßig beständig und bestimmen die typische Art und Weise der Bewältigung der Lebensprobleme.

7.2 Freud und die Tiefenpsychologie

Eine der bekanntesten und am meisten beachteten Persönlichkeitstheorien ist die Tiefenpsychologie – begründet von *S. Freud*.

Im *Mittelpunkt der Tiefenpsychologie* steht die Auseinandersetzung des Menschen mit seinen *persönlichen Bedürfnissen* und einer meist als lustfeindlich angesehenen Umwelt, die die Befriedigung der Bedürfnisse mehr oder weniger stark unterbinden möchte. Die Menschen werden mit ihren Bedürfnissen in unterschiedlicher Art und Weise fertig, das heißt, sie passen sich unterschiedlich an.

Um Persönlichkeitsschwierigkeiten im Rahmen einer psychotherapeutischen Behandlung zu begegnen, muss der Therapeut einmal in die *Tiefe der Person* und die nicht bewußten Bereiche sowie in die *Tiefe der Vergangenheit* vordringen. Daher die Bezeichnung Tiefenpsychologie.

In der Tiefenpsychologie ist besonders die Kindheit des Menschen wichtig. Man glaubt, in ihr den Schlüssel zum Verständnis des Verhaltens zu finden.

Freud war Arzt in Wien. Er wurde 1856 geboren und starb 1939 in London, nachdem er als Jude Wien verlassen hatte. Er beschäftigte sich zunächst mit nervlichen Störungen, insbesondere mit der Hysterie. *Freud* glaubte später, dass häufig sexuelle Probleme Ursachen für Neurosen seien, und dass bereits der kindlichen Sexualität eine wichtige Bedeutung für die spätere Persönlichkeitsentwicklung beigemessen werden muss.

Viele Gelehrte und auch die Öffentlichkeit reagierten geschockt auf die Freudschen Überlegungen, da man das Triebleben des Menschen als etwas Niedriges ansah und insbesondere bei Kindern sexuelle Bedürfnisse nicht gelten lassen wollte. Mehr und mehr setzten sich *Freuds* Gedanken aber durch.

Die Lehre *Freuds* ist sehr umfangreich und an vielen Stellen schwer verständlich. Wir greifen uns für unsere Darstellung nur einige Aspekte heraus, die uns ein Verständnis der Theorie am ehesten zu ermöglichen scheinen.

7.2.1 Die Struktur der Persönlichkeit

Freud geht davon aus, dass menschliches Verhalten durch ein Wechselspiel verschiedener Kräfte der Person bestimmt ist. Diese Kräfte entstehen in verschiedenen Bereichen (oder Regionen) der Person/Persönlichkeit: Im Es, im Über-Ich und im Ich.

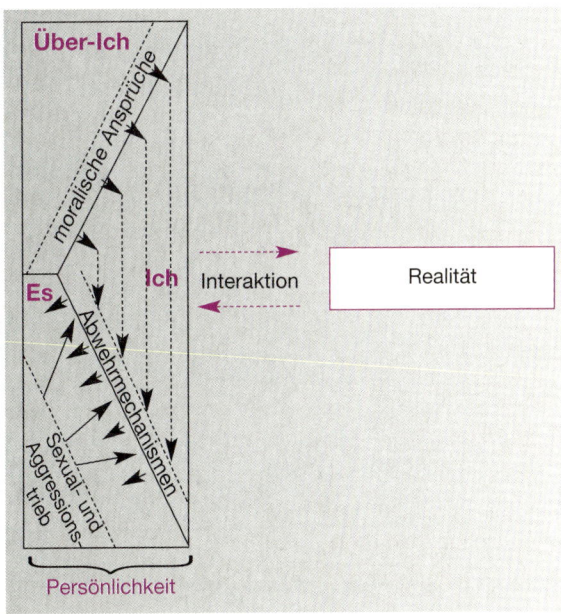

207

7.2.1.1 Das Es

Das Es ist der Bereich der Triebe oder der Instinkte. Es ist der älteste Persönlichkeitsbereich des Menschen, also auch beim Kinde vorhanden.

Freud nimmt zwei Grundtriebe an:
- die sogenannten Lebensinstinkte, die im Dienste der Selbst- und Arterhaltung stehen (Hunger, Durst, Sexualität)
- die sogenannten Todesinstinkte, die auf die Vernichtung des Lebens drängen (Aggression).

Im Vordergrund steht jedoch die Sexualität, deren Energie Freud auch Libido nennt.

Das Es handelt nach dem Lustprinzip und strebt immer nach sofortiger Bedürfnisbefriedigung.

Ganz praktisch heißt das, dass ein Mensch mit einem starken Es bei einem Bedürfnis oder Wunsch sofortige Befriedigung braucht, er kann nicht warten. Bei Säuglingen und Kleinkindern ist dies zum Teil selbstverständlich. Ein Säugling schreit bei Hunger und kann nicht bis zur Essenszeit warten, wie dies ein mehr vernunftbestimmter Mensch tun würde.

Verhältnis Es zu Über-Ich und Ich (H. Biedermann, 1982)

7.2.1.2 Das Ich

> *Man könnte das Verhältnis des Ich zum Es mit dem des Reiters zu seinem Pferd vergleichen. Das Pferd gibt die Energie für die Lokomotion her, der Reiter hat das Vorrecht, das Ziel zu bestimmen, die Bewegung des starken Tieres zu leiten. Aber zwischen Ich und Es ereignet sich allzu häufig der nicht ideale Fall, dass der Reiter das Roß dahin führen muss, wohin es selbst gehen will.*

(Freud, 1966)

> *Im Vergleich mit seiner Forschungsarbeit über das Funktionieren des Es und das Unbewußte beschäftigte sich Freud relativ wenig mit dem Ich. Er zeichnete das Ich als eine schwache Struktur, eine armselige Kreatur, die drei Herren dienen muss – dem Es, der Realität und dem Über-Ich. Das ,arme' Ich hatte es schwer, deren Ansprüche und Forderungen in Einklang zu bringen. Besondere Bedeutung hat die Beziehung zwischen dem Ich und dem tyrannischen Es.*

(Pervin, 1981)

Das Ich ist der Bereich der Vernunft. Das Ich handelt nicht nach dem Lustprinzip, sondern nach dem Realitätsprinzip.

Bedürfnisbefriedigung wird bei einem ich-starken Manschen erst dann angestrebt, wenn die praktischen Lebensumstände dies erlauben, wenn keine größeren Schwierigkeiten zu erwarten sind. Ein Erwachsener, der nicht nur ein Es, sondern auch ein Ich besitzt, hat zwar auch ein Streben nach Bedürfnisbefriedigung, er wird aber nicht gleich ungeduldig, wenn das Bedürfnis nicht sofort befriedigt werden kann.

Die Vernunft würde also einem Erzieher, der etwa mitten in der Arbeit im Kindergarten ein starkes Bedürfnis nach einem Stadtbummel bekommt, sagen, dieses Bedürfnis ist jetzt nicht zu befriedigen, die äußeren Umstände bzw. die Verantwortung für die Kinder lassen es nicht zu. Die Wunscherfüllung muss auf einen späteren Zeitpunkt verschoben werden.

7

Das Ich hat unter anderem die Aufgabe, die Bedürfnisse aus dem Es mit den *Verwirklichungsmöglichkeiten (Realität)* in Einklang zu bringen.

Die neuere Entwicklungspsychologie sieht die Entwicklung des Ichs in einer Stufenfolge. Auf jeder Stufe hat das Ich eine andere Beziehung zur Realität. *R. Oerter* und *L. Montada* beschreiben die Stufen wie folgt (München – Weinheim, 1987):

„Stufe I – konkrete Handlungen:
Hier beschreibt das Kind den kompetenten Erwachsenen als einen in seiner Umwelt Handelnden, wobei der Akteur und seine Handlungen sich noch nicht von der Umwelt abheben. Person und Umwelt sind in der Konzeption begrifflich noch nicht geschieden.

Stufe II – sich engagieren,
persönliche Kosten investieren:
Der kompetente Erwachsene steht nun der Umwelt bereits gegenüber, er muss sich mit ihr auseinandersetzen …

Stufe III a – Umweltkontrolle
und Selbstkontrolle:
Das Person-Umwelt-Verhältnis wird nun gekennzeichnet durch die Möglichkeit der Steuerung und Einflußnahme …

Stufe III b – reflexive Selbstbestimmung
Die Distanz zwischen Ich und Umwelt hat ihr Maximum erreicht. Das Individuum wird als

prinzipiell andersartig konzipiert und sehr viel stärker als die Umwelt gewichtet. Die Auseinandersetzung mit sich selbst wird als entscheidend für das Erwachsenwerden (und -sein) angesehen.

Stufe IV – Reflexion der Beziehungen zwischen Ich und Umwelt:
… Identität definiert sich hier strukturell aus dem System der Umweltbeziehungen und dem Wissen um sie sowie dynamisch aus der stetigen Ausbalancierung des Person-Umwelt-Verhältnisses durch das Nachdenken über die Umwelt und durch reflektiertes Handeln.“

Konflikte mit dem Über-Ich als lernhemmender Faktor

Eine Über-Ich-Problematik liegt vor bei Selbstbestrafungstendenzen, die zu Misserfolgen im Lernen führen. Die Psychoanalyse konnte aufdecken, dass sich manche Neurosen in Selbstbestrafungstendenzen äußern. Diese Mechanismen wirken behindernd auf die Entfaltung der Intelligenz und der Aktivität des Kindes. Ein solches Kind hat dann nicht vor den Eltern Angst, sondern vor den von ihnen innerlich übernommenen Verbots- und Gebotsschranken. Diese übernommenen elterlichen Maßstäbe verfolgen es als strenges Über-Ich, was sich in einem schlechten Gewissen äußert. Schlechtes Gewissen haben

bedeutet für das Kind, Strafe verdient zu haben. Diese Strafe muss es sich selbst auferlegen, um zeitweilig vom Gewissensdruck befreit zu werden. So kann es vorkommen, dass ein Schüler Situationen provoziert, durch die ihm Strafen widerfahren: Er leistet bei Prüfungen Schlechtes oder fällt durch: er lässt sich von Mitschülern quälen; er setzt sich dem Lehrer gegenüber ständig ins Unrecht. Unbewusstes Ziel ist das seelische oder körperliche Leiden, das durch sein Verhalten ausgelöst wird.

(Kurt Singer: Psychologie des
20. Jahrhunderts, München 1980, Bd. 12)

7

7.2.1.3 Das Über-Ich

Der dritte Bereich der Persönlichkeit ist das Über-Ich.

> Das Über-Ich stellt den inneren *in uns wohnenden Vertreter der traditionellen Werte und Ideale* der Gesellschaft dar, das Gewissen. Mit eingeschlossen sind *Idealvorstellungen* vom eigenen Selbst.

> **Hauptaufgaben des Über-Ichs sind einmal die Hemmung *von Triebwünschen* aus dem Es, dann ein Perfektionsstreben, um dem *eigenen Ideal näherzukommen,* und schließlich die *moralische Beurteilung von Handlungszielen* und die mögliche *Ersetzung von Triebwünschen* durch moralisch höher zu wertende Handlungen.**

Über-Ich (H. Biedermann, 1982)

Um zu verdeutlichen, in welchem Ausmaß noch im 19. Jahrhundert das Über-Ich dazu aufgerufen war, die Kräfte des Es bzw. die Sexualität einzudämmen, zitieren wir ein paar gängige Anweisungen (aus *Oest* und *Campe*: Schwarze Pädagogik, Frankfurt 1977) für Erzieher – in Auswahl (gekürzt):

„– Man lasse nicht die Kinder so frühzeitig ins Bett gehen oder so spät aufstehen, dass sie ... eine zeitlang wachend im Bett liegen.
– Man verhindere von früh an bei Knaben, dass sie sich (nicht) angewöhnen, die Hände in den Hosen zu halten.
– Man lasse nicht zwei Kinder, sowenig von einerlei, als von verschiedenem Geschlecht, beisammenschlafen.
– Man suche überhaupt, ihnen alles zu untersagen und sie von allem zu entfernen, wobei eine Reibung der Geschlechtsteile möglich ist. In dieser Absicht müssen die Beinkleider der Kinder nicht zu eng sein.
– Man lasse nie Kinder von einerlei oder verschiedenem Geschlecht miteinander allein.

– Man präge der Jugend früh die Regeln der Schamhaftigkeit ein. Die geschieht durch Lehren und Beispiele. Kleine Kinder entblößen sich ohne Scheu und reden von heimlichen Teilen ihres Körpers. Man verbiete ihnen das, aber nicht mit einem Lächeln, nicht mit schalkhaftem Drohen, wie gewöhnlich geschieht, sondern mit Ernst und, wenn der Fehler wieder begangen wird, mit Unwillen.
– Man entferne von der Jugend alle Anblicke, die auf die Imagination (Einbildung) nachteilig wirken ... Statuen, die Nacktheit darstellen, besonders wenn der Ausdruck verführerischer Reize die Absicht des Künstlers dabei war.
– Man sorge für die Reinlichkeit der Kinder, und lasse sie daher im Sommer täglich baden, im Winter aber sich täglich durch

7

Hilfe eines Schwammes die geheimen Teile mit kaltem Wasser waschen.
- Alle die höchstschädlichen und unbesonnenen Tändeleien mit Kindern beiderlei Geschlechts, wodurch man ihnen Anleitung gibt, Braut und Bräutigam oder Mann und Frau zu spielen, müssen durchaus vermieden werden.
- Man gewöhne die Kinder von zarter Jugend an, nie auf dem Rücken, sondern beständig auf der Seite liegend zu schlafen. Jenes nämlich verursacht, besonders in erhitzenden Federbetten und nach starken oder späten Abendmahlzeiten jene nächtlichen Zufälle, welche den Körper ... als willkürliche Schändung schwächen.
- Man belehre die Jugend, und zwar so früh wie möglich, über die schrecklichen Folgen eines jeden Mißbrauchs der Zeugungsglieder."

Dass uns solche strengen Anweisungen in Mitteleuropa fremd zu sein scheinen, kann nicht darüber hinwegtäuschen, dass die Funktion des Über-Ichs in vielen Teilen der Welt auch heute noch ähnlich definiert wird, in denen alte Religionen noch eine herausragende Stellung einnehmen. Dass Freud die Sexualität um 1900 als wesentliche Triebkraft menschlichen Handelns herausgestellt und beschrieben hat, kann noch in vielen Teilen der Welt ein Ärgernis sein – wie es in Europa Anfang bis Mitte dieses Jahrhunderts ein außerordentliches Ärgernis gewesen war.

Ein Mensch mit einem starken Über-Ich würde also viele seiner Wünsche und Bedürfnisse unterdrücken, ängstlich bemüht sein, nichts falsch zu machen und möglichst im Sinne gesellschaftlicher Ideale handeln. Perfektionsstreben, Zwanghaftigkeit, übertriebene Gewissenhaftigkeit und – damit verbunden – geringere Spontaneität und Lebensfreude wären das Resultat.

7.2.1.4 Die Entwicklung von Ich und Über-Ich

Die Energie oder der Antrieb wird nach *Freud* von den Trieben geliefert. Jeder Mensch hat eine bestimmte Energiemenge, die erhalten bleibt bzw. immer wieder neu entsteht. Ursprünglich besitzt das Es alle Energie. Allmählich aber wird immer mehr Energie an das Ich und das Über-Ich abgegeben. Das kann man sich etwa so vorstellen:

Mit zunehmender Denkfähigkeit lernt das Kind von den Erwachsenen, wie diese erfolgreich mit Problemen und Spannungen fertig werden. Spannungen werden bei Kindern durch die körperlichen Wachstumsprozesse, Frustration, Konflikte usw. hervorgerufen. Es kommt nun meistens bei Kindern zu einer Identifizierung mit Erwachsenen, d. h., das Kind ahmt Erwachsene nach und bemüht sich, so wie sie zu sein. Dadurch bildet sich mit Hilfe des Nachahmungslernens die Vernunft bzw. das Ich mit seinem Realitätsprinzip aus.

Das *Ich übernimmt Energie/Kraft* von den Trieben und verwendet sie (eigentlich) zweckentfremdet für seine *eigene Tätigkeit*, die, wie schon erwähnt, im Ausgleich der Gegensätze zwischen Es und Über-Ich bestehen und im intensiven Einsatz von Wahrnehmung, Motorik und Denken.

Nach *Freud* ist also die Energie, die ein Mensch für die Bewältigung seiner Lebensaufgabe bzw. Anpassung an seine Lebensbedingungen zur Verfügung hat, abgezweigt und unabhängig von der Stärke seiner Triebe.

Die Entwicklung des Kindes besteht demnach aus der Verlagerung von Energien aus dem Es heraus und der Bildung von Ich und Über-Ich.

Freud beschreibt es so: „Wo Es war, soll Ich werden.“
Wo auf sofortige Befriedigung ausgerichtete Triebe bestanden, sollen diese zugunsten der Anpassung an die Realität eingeschränkt werden. Die Triebenergie soll für soziale und moralisch höher einzuschätzende Handlungen verwendet werden. Der Mensch soll seine Triebe kontrollieren und vernünftig handeln lernen.

Große menschliche Leistungen kommen durch Veränderung ursprünglich triebhafter Ziele zugunsten anderer Ziele zustande. Kultur entsteht durch Triebverzicht.

7.2.2 Die Entwicklungsphasen

Nach *Freud* ist „das Kind der Vater des Menschen“.
Für die Entwicklung der Persönlichkeit, also einer guten Ich- und Über-Ich-Stärke, sind insbesondere die frühen Lebensjahre von entscheidender Bedeutung. Da bei Kindern das Es mit dem Triebleben vorherrschend ist, bezieht sich die psychoanalytische Phasenlehre auf die jeweils altersentsprechenden Triebsituationen. Phasen sind Zeitabschnitte im Leben eines Menschen. Die Tiefenpsychologie nimmt an, dass folgende Phasen die kindliche Triebsituation kennzeichnen:

Orale Phase (0–1 Jahre)
In der ersten Phase wird der Mund als Hauptquelle der kindlichen Lust betrachtet. Saugen, Essen und Zärtlichkeit im Zusammenhang mit Körperberührung der Bezugsperson stehen im Vordergrund kindlicher Bedürfnisse.

7

Ein Kind nimmt gerne etwas in den Mund

Werden diese Bedürfnisse nicht ausreichend befriedigt, kann es zu schweren psychischen Schäden kommen. Die bekannten Hospitalismusschäden sind hierfür ein Beispiel.

Störungen im oralen Bereich als Bedingungsfaktoren der Lernhemmung

Im ersten Lebensjahr – in der oralen Phase – ist der Mund die bevorzugte Lustquelle des Säuglings. Mit ihm trinkt er an der Brust der Mutter oder an der Flasche. Mit dem Mund entdeckt er seinen Körper; indem er zum Beispiel an den Fingern lutscht und Dinge in den Mund steckt, um sie zu erforschen.

Der Zusammenhang zwischen Essen und Lernen. Für das spätere Leben ist es mit entscheidend, ob eine Mutter ihrem Kind ständig verwehrt, Dinge in den Mund zu stecken – oder ob sie es unbehindert mit dem Mund forschen und seine Zubeiß-Impulse entfalten läßt. – Es ist bedeutsam, ob die Mutter die Milch einflößt, ohne dass sich der Säugling anstrengen muss – oder ob das Kind beim Saugen aktiv sein muss. Im ersten Fall kann der Keim für eine Bequemlichkeitshaltung gelegt werden, im zweiten zur Aktivität.

Die Bereitschaft, Nahrung aufzunehmen, kann mit der Bereitschaft, Wissen aufzunehmen, verglichen werden. Wir sprechen davon, dass jemand Bücher „verschlingt", wissens-„durstig", von Stoff-„Hunger" erfüllt und wiss-"begierig" ist. Manche Menschen „fressen" Romane in sich hinein, andere sind erkenntnis-„hungrig". Wir nehmen Wissen in uns auf und müssen uns durch einen schwierigen Stoff „durchbeißen"; manchmal können wir einen Lernstoff nicht „schlucken" oder nicht „verdauen".

Alle diese Beziehungen und Redewendungen stammen aus dem Bereich des Essens und haben mit dem Lernen zu tun. In ihnen drückt sich die Tatsache aus, dass Essen und Lernen eng miteinander verbunden sind.

Lernunlust und Lernpassivität durch verwöhnend-überfütternde Mütter. Es gibt Mütter, die – meist aus unbewussten Schuldgefühlen heraus – ihren Säugling überfüttern. Sie übergehen ständig den Punkt, an dem das Kind aufhören würde, zu saugen oder zu essen, und regen es weiter zur Nahrungsaufnahme an. Aber nicht nur zur Essenszeit wird gefüttert. Jede Unlust, die der Säugling kundtut, beantworten diese Mütter mit Stillen. Schreit das Kind, weil es vielleicht schlecht liegt, deutet dies die Mutter als Hunger und kommt mit der Flasche. Sind diese Kinder größer, werden ihnen die Essmengen vorgeschrieben – und natürlich immer zu große. Sie dürfen nicht selbst aus der Schüssel herausnehmen und ihre Essmenge bestimmen; daher müssen sie ständig angehalten werden, den Teller leer zu essen.

So wird das Essen zur Pflicht, der man nachkommen muss, wenn man die Liebe der Mutter nicht verlieren will. Für die Entwicklung des Lernens ist es bedeutsam, täglich zu erleben, daß man eine „Leistung" nicht bewältigt. Dem Kind, das bei jeder Mahlzeit etwas auf dem Teller lässt, weil es schon vollgestopft ist, bleibt die Erfahrung zurück: Ich werde mit nichts fertig. Dieses Erlebnis wirkt sich auf das Arbeits- und Lernverhalten bestimmend aus. (...)

(Kurt Singer: Psychologie des 20. Jahrhunderts, München 1980, Bd 12, 423)

Auch später noch haben Menschen, deren Bedürfnis in der oralen Phase nicht befriedigt wurden, stark orale Bedürfnisse, das heißt Bedürfnisse, die eigentlich einem Säugling zukommen, nämlich sofortige Bedürfnisbefriedigung zu erlangen, immer im Mittelpunkt zu stehen und überaus häufig Zärtlichkeit zu erfahren. Ein Mensch kann in dieser oralen Phase steckenbleiben, wenn die entsprechenden Bedürfnisse nicht genügend befriedigt wurden.

Anale Phase (2–3 Jahre)

Die Tiefenpsychologie nimmt an, dass sich die Interessen des Kindes in diesem Altersabschnitt auf die eigenen Ausscheidungsorgane und Ausscheidungen richten. Die Freude an den Ausscheidungen wird allerdings getrübt durch die Reinlichkeitserziehung der Eltern.

Ist die Erziehung der Eltern sehr streng, wird das Kind im Wortsinn Zurückhaltung lernen und das dann später auch in anderen Lebensbereichen zeigen.

Ist die Reinlichkeitserziehung nicht so streng und strafend, wird das Kind nicht so früh zu einer Kontrolle der Ausscheidung gezwungen und weniger zurückhaltend sein. Es wird sich auch als Persönlichkeit ungezwungener und freier entfalten können.

Öpidale und phallische Phase (3–5 Jahre)

Ab dem 3. Lebensjahr etwa richtet sich das Interesse des Kindes im Regelfall auf den gegengeschlechtlichen Partner. Die Geschlechtsorgane rücken in den Mittelpunkt kindlicher Neugier. Es ergibt sich oft eine Abneigung gegen den gleichgeschlechtlichen Elternteil. Dieser wird sozusagen als Rivale erlebt. Jungen werden dann eifersüchtig auf den Vater, Mädchen eifersüchtig auf die Mutter.

Es entsteht der Ödipuskomplex, das heißt eine Abneigung gegen den gleichgeschlechtlichen Elternteil und eine Zuneigung zum gegengeschlechtlichen Elternteil. Diese Neigungen sind mit Schuldgefühlen verbunden, da sie ja eigentlich verboten sind.

Tillmann (1989) beschreibt die ödipale (phallische) Phase bei Jungen und Mädchen folgendermaßen:

„Verlaufslinie beim Knaben

Die intensive Beziehung zur Mutter hat der Knabe (wie das Mädchen) bereits früh erworben, diese libidinös besetzte Beziehung dauert an. In der oralen Phase hat er den Umgang mit dem Körper der Mutter als triebbefriedigend erfahren. Mit diesen Erfahrungen tritt er in die phallische Phase ein, sein Triebbedürfnis drängt auf Befriedigung der genitalen Sexualität. Das männliche Kind beschäftigt sich deshalb ausgiebig manuell mit seinem Genital und macht die Erfahrung, daß die Erwachsenen damit nicht einverstanden sind: ‚Es tritt mehr oder minder deutlich, mehr oder weniger brutal, die Drohung auf, daß man ihn dieses von ihm hochgeschätzten Teiles berauben werde' (Freud, 1982). Die Orientierung des Knaben auf seinen Penis und der damit verbundene Wunsch auf genitale Sexualität mit seiner Mutter geht an dieser Kastrationsdrohung zugrunde ... Allerdings nicht sofort und nicht ohne daß weitere Einwirkungen dazukommen. Denn der Knabe schenkt der Drohung zunächst keinen Glauben und keinen Gehorsam ... Die Beobachtung, welche den Unglauben des Kindes endlich bricht, ist die des weiblichen Genitales. Irgend einmal bekommt das auf seinen Penisbesitz stolze Kind die Genitalregion eines kleinen Mädchens zu Gesicht und muß sich von dem Mangel eines Penis bei einem ihm so ähnlichen Wesen überzeugen. Damit ist auch der eigene Penisverlust vorstellbar geworden, die Kastrationsdrohung gelangt nachträglich zur Wirkung ... Der Ödipuskomplex bot dem Kinde zwei Möglichkeiten der Befriedigung, eine aktive und eine passive. Es konnte sich in männlicher Weise an die Stelle des Vaters setzen und wie er mit der Mutter verkehren, wobei der Vater bald als Hindernis empfunden wurde, oder es wollte die Mutter ersetzen und sich vom Vater lieben lassen, wobei die Mutter überflüssig wurde. Worin der befriedigende Liebesverkehr bestehe, darüber mochte das Kind nur sehr unbestimmte Vorstellungen haben; ge-

7

wiß spielte aber der Penis dabei eine Rolle, denn dies bezeugten seine Organgefühle (...) Die Annahme der Kastrationsmöglichkeit, die Einsicht, daß das Weib kastriert sei, machte nun beiden Möglichkeiten der Befriedigung aus dem Ödipuskomplex ein Ende. Beide brachten ja den Verlust des Penis mit sich, die eine, männliche, als Straffolge, die andere, weibliche, als Voraussetzung. Wenn die Liebesbefriedigung auf dem Boden des Ödipuskomplexes den Penis kosten soll, so muß es zum Konflikt zwischen dem narzißtischen Interesse an diesem Körperteile und der libidinösen Besetzung der elterlichen Objekte kommen. In diesem Konflikt siegt normalerweise die erstere Macht' (Freud, 1982).

Welche psychischen Konsequenzen ergeben sich daraus? Zunächst wird die libidinöse Objektbesetzung zur Mutter aufgegeben und das Inzesttabu internalisiert. An die Stelle der Objektbesetzung tritt dann die Identifikation mit dem Vater, seine Autorität wird in das Ich übernommen und bildet dort ‚den Kern des Über-Ichs, welches vom Vater die Strenge entlehnt (...)' Schließlich: ‚Der ganze Prozeß hat einerseits das Genital gerettet, die Gefahr des Verlustes von ihm abgewendet, andererseits ihn lahmgelegt, seine Funktion aufgehoben. Mit ihm setzt die Latenzzeit ein, die nun die Sexualentwicklung unterbricht'. (Freud, 1982).

Nach Freud ist dies für den Knaben ein äußerst einschneidendes, bedrohliches und dramatisches Erlebnis, das allerdings in wesentlichen Teilen unbewußt verläuft. Der ödipale Wunsch auf die Mutter wird nicht ‚einfach verdrängt, er zerschellt förmlich unter dem Schock der Kastrationsbedrohung' (Freud, 1982). Dabei ist für den Erwerb der Geschlechtsidentität wichtig: Von diesem Augenblick an identifiziert sich der Knabe mit dem übermächtigen Vater – er will ihn nicht mehr beiseite schieben, sondern er will nun so sein wie er. Zugleich ist mit dem Über-Ich eine Instanz ‚des Gewissens und der Moral' (ebd.) errichtet worden, in die die gesellschaftlichen Normen (und damit auch die Normen der Geschlechterrolle) innerpsychisch übernommen werden können. Dieses Durchlaufen der ödipalen Situation beim Knaben läßt sich aufzeigen; der entsprechende Prozeß beim Mädchen wird dort ebenfalls dargestellt und im folgenden erläutert.

Verlaufslinie beim Mädchen

Während die ödipale Situation beim Knaben von Freud ausführlich und relativ eindeutig beschrieben wird, stellt er die Entwicklungslinie beim Mädchen weit weniger klar dar. Freud hat mehrfach eingestanden, daß ihm die Analyse der weiblichen Entwicklung erhebliche Schwierigkeiten bereitet habe.

Der Einstieg in die ödipale Situation ist für Knaben und Mädchen weitgehend gleich. Bei beiden ist die Mutter das erste Liebesobjekt, beide befinden sich nun in der genitalen Phase, beide ziehen in dieser Zeit besonders großen Lustgewinn aus der Beschäftigung mit den Geschlechtsorganen. Während der Junge bei der mütterlichen Objektbesetzung bleiben kann, muß das Mädchen hingegen den Vater begehren, um in die ödipale Phase zu gelangen. Beim Mädchen muß also ein ‚Wechsel im Geschlecht des Objekts' (Freud, 1982) erfolgen. Ausgangspunkt des nun ablaufenden Prozesses ist auch beim Mädchen die Erkenntnis des anatomischen Geschlechtsunterschiedes. Das Mädchen ‚bemerkt den auffällig sichtbaren, groß angelegten Penis eines Bruders oder Gespielen, erkennt ihn sofort als überlegenes Gegenstück seines eigenen, kleinen und versteckten Organs und ist von da an dem Penisneid verfallen' (ebd.). Was mit Penisneid gemeint ist, faßt Freud in die plastischen Sätze: ‚Sie hat es gesehen, weiß, daß sie es nicht hat, und will es haben (...) Die Hoffnung, doch noch einmal einen kleinen Penis zu bekommen und dadurch dem Manne gleich zu werden, kann sich bis in unwahrscheinlich späte Zeiten erhalten' (ebd.).

Für Mädchen ist mit der Entdeckung der anatomischen Unterschiede somit keine Kastrationsdrohung verbunden, denn ein zu kastrierender Penis ist ja nicht vorhanden. Für das Mädchen ergibt sich aus dem anatomischen Unterschied vielmehr ein Kastrationskomplex. Es empfindet sich als verstümmeltes, als minderwertiges Wesen. Dies hat u. a. die Abwendung von der Mutter zur Folge; denn auch die Mutter ist ein penisloses und also minderwertiges Geschöpf, sie wird von dem Mädchen sogar für den Penismangel verantwortlich gemacht: ‚Mit der Einsicht in die Allgemeinheit dieses negativen Charakters stellt sich eine große Entwertung der Weiblichkeit, also auch der Mutter, her‘ (Freud, 1982).

Damit ist die Voraussetzung geschaffen, daß das Mädchen sich von der libidinösen Objektbindung zur Mutter lösen und sich dem Vater zuwenden kann. An dieser Stelle macht Freud auf den fundamentalen Unterschied im Ablauf der ödipalen Situation bei Jungen und Mädchen aufmerksam: Während der Ödipuskomplex des Knaben (also der Wunsch, die Mutter zu lieben) an der Kastrationsdrohung zugrunde geht, wird der Ödipuskomplex des Mädchens (also der Wunsch, den Vater zu lieben) durch den Kastrationskomplex erst eingeleitet.

Wie vollzieht sich die libidinöse Hinwendung zum Vater? Das Mädchen gibt den (unerfüllbaren) Wunsch nach einem Penis auf und setzt an diese Stelle den Wunsch nach einem Kind. In dieser Absicht nimmt es ‚den Vater zum Liebesobjekt. Die Mutter wird zum Objekt der Eifersucht, aus dem Mädchen ist ein kleines Weib geworden‘ (ebd.). Aus dieser Situation ergibt sich eine sehr ambivalente Beziehung zur Mutter (und zur Weiblichkeit generell). Weil das Mädchen für den Vater als Liebesobjekt attraktiv sein will, identifiziert es sich mit der Mutter; denn es will die Eigenschaften einer erwachsenen Frau besitzen. Somit ist auch bei dem Mädchen die ödipale Situation mit einer Identifikation mit dem gleichgeschlechtlichen Elternteil verbunden. Diese Identifikation (d. h. der Wunsch, eine Frau sein zu wollen) bedeutet den Erwerb der weiblichen Geschlechtsidentität. Zugleich ist damit aber der Penisneid und eine Abwertung von Weiblichkeit generell verbunden. Kurz: Die Identifikation des Mädchens mit dem eigenen Geschlecht ist weit gebrochener als beim Jungen. Hieraus wird ein weiterer wichtiger Unterschied abgeleitet: Während bei Knaben aufgrund der Kastrationsdrohung das Über-Ich gleichsam schockartig aufgerichtet wird und damit die ödipale Situation abrupt verläßt, findet beim Mädchen eine solche ‚Zertrümmerung‘ nicht statt. Die ödipale Situation ‚kann langsam verlassen, durch Verdrängung erledigt werden, seine Wirkung sich weit in das für das Weib normale Seelenleben verschieben‘ (Freud, 1982). Vor allem daraus leitet Freud Folgerungen für psychische Geschlechtsunterschiede ab.“

Genitale Phase (Pubertät)

Nach einer sogenannten Latenzphase (Ruhephase) in den ersten Schuljahren kommt es mit der Pubertät dann zur genitalen Phase. Hier ist erst eine echte Sexualität des Menschen möglich. In den vorhergegangenen Phasen war das Interesse des Kindes noch mehr oder weniger selbstbezogen oder narzisstisch. Erst in der genitalen Phase kann es zu sexuellen Begegnungen kommen, in denen Partnerschaft vorherrscht und nicht orale, anale oder ödipale Strebungen.

Voraussetzung für eine reife Sexualität und für eine reife Persönlichkeit ist das Durchlaufen der verschiedenen Phasen der psychosexuellen Entwicklung, ohne dass zu starke Zwänge oder Freiheiten der Eltern ungünstig beeinflussend wirken.

7

7.2.3 Konflikte und Persönlichkeitsstörungen

Alle Konflikte innerhalb einer Person werden auf die Beziehungen zwischen Triebkräften und zurückhaltenden Kräften zurückgeführt. Triebkräfte stammen im Allgemeinen aus dem Es, zurückhaltende Kräfte aus dem Ich und Über-Ich. Kann das Ich seine Vermittlerrolle zwischen Es, Über-Ich und Realität nicht wirkungsvoll ausüben, so kann es zu Schwierigkeiten verschiedenster Art kommen.

Die Stärke des Über-Ich ist mit der Gewissensbildung eng verbunden. Personen mit schwach ausgeprägtem Über-Ich werden sich insgesamt weniger Zwang antun als Menschen mit starkem Über-Ich. Bei ihnen wird es weniger Widerstand gegen Es-Kräfte geben. Personen mit einem starken Ich werden besser mit Triebwünschen aus dem Es, Vorschriften aus dem Über-Ich und praktischen Lebensproblemen fertig als Personen mit einem schwachen Ich.

> **Die *Entwicklung eines starken Ich* steht im Mittelpunkt der Reifung der Persönlichkeit. Ein ich-starker Mensch hat Vernunft und Willensstärke bei gleichzeitiger Möglichkeit zu Lebens- und Sinnesfreude.**

Gewissenskonflikt (H. Biedermann, 1982)

7.2.4 Die Abwehrmechanismen

Wird das Ich mit der Bewältigung von Triebwünschen aus dem Es mit den normalen Mitteln nicht fertig, so kommt es zu neurotischer Angst.
Das Ich braucht dann Hilfe, die die sogenannten Abwehrmechanismen bringen können. Abwehrmechanismen als Stützen des Ich brauchen aber viel psychische Energie und bringen immer nur vordergründig und vorläufig Hilfe. Zu den Abwehrmechanismen zählen unter anderem:

Projektion. Das ist die Neigung, unerwünschte eigene Triebregungen anderen Personen zuzuschreiben.

So könnte es sein, dass beispielsweise ein junges Mädchen einen verheirateten Mann verehrt, dies aber nicht eingestehen möchte oder kann und nun auf einmal diesem Mann vorwirft, er interessiere sich auffällig für sie, er möge dies doch bitte bleiben lassen. Ein eigener verbotener Wunsch wurde also praktisch auf eine andere Person abgewälzt. Man braucht dann selbst keine Schuldgefühle mehr zu haben.

Regression. Das ist ein Rückfall in frühkindliches Verhalten.

Regression (H. Biedermann, 1982)

Dieser Rückfall bietet einem Menschen in schwierigen Situationen Schutz, da er als Kind ja hilflos ist und nicht ganz verantwortlich für seine Handlungen betrachtet wird. So könnte etwa ein Mensch in einer schwierigen Lage plötzlich weglaufen oder zu weinen anfangen. Er kann dann damit rechnen, dass man ihn besonders rücksichtsvoll behandelt und nicht zu viel von ihm an reifem Verhalten verlangt.

> *Verdrängung.* Verbotene Wünsche werden verleugnet.

Unerwünschte Bedürfnisse werden wieder ins Es abgeschoben. Die betreffende Person tut dann so, als habe sie gar kein Problem. In sogenannten Fehlhandlungen und Träumen tauchen später dann immer wieder verdrängte Inhalte auf. Es kommt dann auch zu einem verstärkten Druck aus dem Es; das Ich muss immer mehr Energie aufwenden für diese Verdrängungsarbeit.

> *Reaktionsbildung.* Eine Person kehrt einen verbotenen Wunsch in auffälliger Weise in das Gegenteil um.

So kann man sich vorstellen, dass die unerwiderte Liebe und Zuneigung eines Menschen in Hass gegen die geliebte Person umschlagen kann. Oder ein Mensch verhält sich aus Schuldgefühlen einer Person gegenüber besonders freundlich.

Abwehrmechanismen – wir haben nur einige genannt – sind meistens unbewusst, das heißt die betroffene Person weiß nicht, dass ihr Verhalten durch Abwehrmechanismen bestimmt oder beeinflusst ist.

> Abwehrmechanismen stellen insgesamt mehr oder weniger Leugnungen der wirklichen Probleme eines Menschen dar. Sie sind aber in bestimmtem Rahmen durchaus üblich und normal. Ein Mensch, der jedoch so wenig mit seinen Problemen fertig wird, dass er ständig zu den letztlich nur vorübergehend entlastenden Abwehrmechanismen Zuflucht nimmt, ist auf Dauer in seiner Anpassung derart gestört, dass man dann von einer *Neurose* spricht.

7

Eine gute Anpassung ohne zu viele Abwehrmechanismen garantiert eine gute Arbeits- und Liebesfähigkeit.

7.2.5 Die Behandlung von Persönlichkeitsstörungen

In der Therapie sollen (bisher) unbewusste Motive bewusst gemacht werden. Abwehrmechanismen und Es-Kräfte werden im Allgemeinen als unbewusst angesehen; d. h., man nimmt sie in der Regel nicht bewusst zur Kenntnis. Deshalb kann der Therapeut zunächst mit dem Patienten nicht offen über vermutete Ursachen von Störungen reden, da er beim Patienten auf Unglauben und Abwehr stoßen würde. Das schwache Ich des Patienten möchte nicht die Abwehrmechanismen aufgeben und wehrt sich deshalb gegen Aufklärungsversuche. Dies nennt man den Widerstand. Der Therapeut muss den Widerstand langsam und behutsam durch Ich-Stärkung überflüssig machen.

Da nach *Freud* die Wurzeln der meisten Probleme in der Kindheit liegen, soll der Therapeut in der therapeutischen Situation ein Klima schaffen, das der schwierigen Kindheitssituation ähnelt.

Im günstigen Falle erlebt der Patient die schlimmen oder traumatischen Kindheitssituationen in der Vorstellung mit dem Therapeuten noch einmal.

Beispiel

Psychoanalyse
(nach Freud)
Patient: Ich könnte jetzt ein Roggenbrötchen mit Schinken gebrauchen; aber ohne Senf.
Therapeut: Offensichtlich ist hier ein Quantum libidinöser Energie auf ein regressives Objekt verschoben worden. Dazu kommt eine gleichzeitige relative Fixierung in anal-sadistischer Weise.
P: Was empfehlen Sie?
T: Vielleicht Verdrängung und Stimmungsaufhellung.

(R. S. Hoffmann, 1986)

Bei Kindern kann man sich (im Gegensatz zum Erwachsenen) weniger auf die Sprache und das Gespräch mit dem Therapeuten stützen. Das Kind kann seine Probleme noch nicht so gut benennen oder analysieren. Der Therapeut kann zurückgreifen auf Spiele/Rollenspiele, Zeichnungen usw. Die Behandlung (Therapie) bei Kindern zielt darauf ab, unbefriedigte Bedürfnisse zu befriedigen, um so die Grundlage für Ängste, Hemmungen, Aggressionen und andere Verhaltensstörungen zu beseitigen.

7.3 Persönlichkeitsentwicklung durch Lösung von Entwicklungsaufgaben

7

Bei dem im Folgenden Dargestellten geht es nicht um eine geschlossene Theorie, sondern um eine weitere mögliche Auffassung der Persönlichkeitsentwicklung. Im Vordergrund stehen weniger Merkmale der Person als vielmehr Merkmale der Umwelt, die eine entsprechende Entwicklung der Person herausfordern. Diese entwicklungsherausfordernden Merkmale werden nach *Havighurst* (1974) Entwicklungsaufgaben genannt.

Havighurst geht von der Annahme aus, dass jeder Mensch im Laufe seines Lebens eine Reihe von Fähigkeiten und Merkmalen erwirbt, die durch Auseinandersetzungen mit Aufgaben entstehen. Diese Anforderungen oder Aufgaben entstehen durch:

- die biologischen Veränderungen des Körpers (etwa: Auseinandersetzung mit den körperlichen Veränderungen während der Pubertät),
- die Anforderungen der Kultur und die Erwartungen der Gesellschaft (etwa: Erwerb der Kulturtechniken in der Schule),
- die ganz persönlichen Erwartungen und Wertvorstellungen (etwa: einen Lebensstil finden im frühen Erwachsenenalter).

Die Entwicklung der Persönlichkeit wird also zentral geprägt durch die Bearbeitung von Anforderungen. Je nach Art und Weise der Lösung der Entwicklungsaufgaben in den verschiedenen Phasen der Biographie formt sich die individuelle Eigenart des Menschen. Die

Entwicklungsaufgaben werden von den Menschen sehr unterschiedlich wahrgenommen bzw. sehr unterschiedlich als Anforderung an andere herangetragen.

Entwicklung im Sinne einer günstigen Weiterentwicklung mit voller Entfaltung der eigenen Möglichkeiten gelingt nur unter bestimmten Bedingungen. Werden zu viele und zu schwierige Entwicklungsaufgaben gestellt, so ist der einzelne in seiner Entwicklung gefährdet, da er sich unter dem Eindruck von Misserfolgserlebnissen nicht mehr so sehr um Aufgabenbewältigung bemüht. Wichtige Fähigkeiten zur Lebensbewältigung werden eventuell nicht erworben.

Eine optimale Entwicklung ist möglich, wenn es eine dosierte Mischung von Aufgaben und bereits verfügbaren Lösungsmöglichkeiten gibt.

Entwicklungsaufgaben verschiedener Perioden der menschlichen Biographie nach *Havighurst* (1974)

Entwicklungsperiode	Entwicklungsaufgaben
Frühe Kindheit (0–2 Jahre)	1. Abhängigkeit 2. Objektpermanenz 3. Sensomotorische Intelligenz und schlichte Kausalität 4. Motorische Funktionen
Kindheit (2–4 Jahre)	1. Selbstkontrolle (vor allem motorisch) 2. Sprachentwicklung 3. Phantasie und Spiel 4. Verfeinerung motorischer Funktionen
Schulübergang und frühes Schulalter (5–7 Jahre)	1. Geschlechtsrollenidentifikation 2. Einfache moralische Unterscheidungen treffen 3. Konkrete Operationen 4. Spiel in Gruppen
Mittleres Schulalter (6–12 Jahre)	1. Soziale Kooperation 2. Selbstbewusstsein (fleißig, tüchtig) 3. Erwerb der Kulturtechniken (Lesen, Schreiben, Rechnen etc.) 4. Spielen und Arbeiten im Team
Adoleszenz (13–17 Jahre)	1. Körperliche Reifung 2. Formale Operationen 3. Gemeinschaft mit Gleichaltrigen 4. Heterosexuelle Beziehungen
Jugend (18–22 Jahre)	1. Autonomie von den Eltern 2. Identität in der Geschlechtsrolle 3. Internalisiertes moralisches Bewusstsein 4. Berufswahl
Frühes Erwachsenenalter (23–30 Jahre)	1. Heirat 2. Geburt von Kindern 3. Arbeit/Beruf 4. Lebensstil finden
Mittleres Erwachsenenalter (31–50 Jahre)	1. Heim/Haushalt führen 2. Kinder aufziehen 3. berufliche Karriere
Spätes Erwachsenenalter (51 und älter)	1. Energien auf neue Rollen lenken 2. Akzeptieren des eigenen Lebens 3. Eine Haltung zum Sterben entwickeln

7

Grafische Darstellung des Modells der Entwicklungsaufgabe

Ausgangspunkt
(Geburt)
↓

1. Abschnitt:
↓

erste Entwicklungsaufgabe bewältigt
Übergang zum 2. Abschnitt

2. Abschnitt
↓

zweite Entwicklungsaufgabe bewältigt
Übergang zum 3. Entwicklungsabschnitt

3. Abschnitt

„Ehrenrunde"

↓

dritte Entwicklungsaufgabe nicht bewältigt
trotz fortschreitenden Alters: erneuter Versuch der Bewältigung
(oder Resignation)

4. Abschnitt
↓

vierte Entwicklungsaufgabe bewältigt
Übergang zum nächsten Entwicklungsabschnitt

usw.
↓

fortschreitende „Reifung" der Persönlichkeit

7

Ein paar Erläuterungen zum Modell
Mit dem Modell sind verschiedene Arten bzw. Prämissen verbunden. Einige davon seien genannt:
- *Die Folge der Abschnitte strebt eine Vervollkommnung der Persönlichkeit im Sinne gesellschaftlicher Vorstellungen an.*
- *Die Abschnitte bauen – im Erwerb der Fähigkeiten und Kompetenzen – aufeinander auf. Scheitert jemand, ist die Wiederholung der Entwicklungsaufgabe angeraten (die „Ehrenrunde").*
- *Die Aufgaben sind so gestellt, dass in bestimmter Bandbreite auch sehr individuelle Lösungen der Entwicklungsaufgaben (von der Gesellschaft) gebilligt werden. Die „offiziellen Lösungen" werden natürlich automatisch akzeptiert – und haben es in der Regel einfacher.*
- *Die Anzahl der Entwicklungsaufgaben ist umstritten. Es gibt keine allgemein anerkannte Anzahl der Entwicklungsaufgaben vom Säugling bis zur Greisin/zum Greis.*

 **Aufgabe**

Beschreiben Sie eine Entwicklungsaufgabe bzw. mehrere Entwicklungsaufgaben, die Sie zur Zeit am meisten beschäftigt bzw. beschäftigen.

Oerter und Montada (1987) schreiben, dass sich gerade im Jugendalter etwas zeige, das deutlich mache: Entwicklung vollzieht sich nicht von selbst. Vielmehr sehe sich der Jugendliche vielfältigen Entwicklungsaufgaben gegenüber und der Erwachsene (Erzieher) sorge dafür, dass solche Aufgaben auch bewältigt würden. In Anlehnung an Havighurst (1972) und Dreher/Dreher (1985) nennen Oerter und Montada folgende Entwicklungsaufgaben, die sich dem Jugendlichen heute stellen:

1 Akzeptieren der eigenen körperlichen Erscheinung und effektive Nutzung des Körpers: Sich des eigenen Körpers bewusst werden. Lernen, den Körper in Sport und Freizeit, aber auch in der Arbeit und bei der Bewältigung der täglichen Aufgaben sinnvoll zu nutzen.

2 Erwerb der männlichen bzw. weiblichen Rolle: Der Jugendliche muss seine individuelle Lösung für das geschlechtsgebundene Verhalten und für die Ausgestaltung der Geschlechtsrolle finden.

3 Erwerb neuer und reiferer Beziehungen zu Altersgenossen beiderlei Geschlechts: Hierbei gewinnt die Gruppe der Gleichaltrigen an Bedeutung.

4 Gewinnung emotionaler Unabhängigkeit von den Eltern und anderen Erwachsenen: Für die Eltern ist gerade diese Entwicklungsaufgabe schwer einsehbar und oft schmerzlich. Obwohl sie ihre Kinder gerne zu tüchtigen Erwachsenen erziehen wollen, möchten sie die familiäre Struktur mit den wechselseitigen Abhängigkeiten möglichst lange aufrecht erhalten.

5 Vorbereitung auf die berufliche Karriere: Lernen im Jugendalter zielt direkt (bei berufstätigen Jugendlichen) oder indirekt (in weiterführenden Schulen) auf die Übernahme einer beruflichen Tätigkeit ab.

6 Vorbereitung auf Heirat und Familienleben: Sie bezieht sich auf den Erwerb von Kenntnissen und sozialen Fertigkeiten für die bei Partnerschaft und Familie anfallenden Aufgaben. Die Verlängerung der Lernzeit bis häufig weit in das dritte Lebensjahrzehnt macht im Zusammenhang mit dem säkularen Wandel allerdings auch neue Lösungen notwendig.

7 Gewinnung eines sozial verantwortungsvollen Verhaltens: Bei dieser Aufgabe geht es darum, sich für das Gemeinwohl zu engagieren und sich mit der politischen und gesellschaftlichen Verantwortung des Bürgers auseinanderzusetzen.

8 Aufbau eines Wertsystems und eines ethischen Bewusstseins als Richtschnur für eigenes Verhalten: Die Auseinandersetzung mit Wertgeltungen in der umgebenden Kultur soll in diesem Lebensabschnitt zum Aufbau einer eigenständigen „internalisierten" Struktur von Werten als Orientierung für das Handeln führen.

9 Über sich selbst im Bilde sein: Wissen, wer man ist und was man will. Diese Aufgabe ist zugleich allen übrigen übergeordnet und wird von Erikson (1968) als zentrales Thema des Jugendalters angesehen (Identität versus Rollendiffusion).

10 Aufnahme intimer Beziehungen zum Partner (Sexualität, Intimität). Diese Entwicklungsaufgabe ist Voraussetzung für die Vorbereitung auf Heirat und Familienleben und dürfte den Jugendlichen zunächst näher liegen als Ehe und Familie.

11 Entwicklung einer Zukunftsperspektive. Sein Leben planen und Ziele ansteuern, von denen man glaubt, dass man sie erreichen kann. Diese Aufgabe ist inhaltlich mit der Vorbereitung auf eine berufliche Karriere (Aufgabe 5) und auf Heirat und Familienleben (Aufgabe 6) sowie mit der Gewinnung von Unabhängigkeit (Aufgabe 4) verknüpft.

Berg (zitiert nach Oerter und Montada, 1987) untersuchte (1962), welche Entwicklungsaufgaben von Jugendlichen am meisten genannt werden. Danach standen die schulische und berufliche Ausbildung im Vordergrund. An zweiter Stelle folgten die Beschäftigung und Probleme mit sich selbst.

Nach einer weiteren von Oerter und Montada zitierten Studie werden Entwicklungsaufgaben auf verschiedenem Bearbeitungsniveau angegangen:

Stufe I: *Konkrete Handlungen*
Vorwiegend im Alter von 8 bis 9 Jahren beschrieben Kinder das Erwachsenenalter durch konkrete Handlungen, z. B. „gut lesen und schreiben können", „kochen und nähen" und allgemeiner, „gut arbeiten".

Stufe II: *Sich engagieren, persönliche Kosten investieren*
10- bis 12-jährige führten aus, dass man sich anstrengen müsse, um erwachsen zu werden, und dass ein Erwachsener auch Schwierigkeiten in seiner Umwelt zu überwinden hätte. Die Probanden gebrauchten Ausdrücke wie, „etwas durchstehen", „mit anderen Leuten fertig werden, sonst tun sie, was sie wollen", „gute Entscheidungen treffen". Später mit 12 bis 14 Jahren betonten die Probanden zusätzlich Selbstsicherheit und das Durchsetzen des eigenen Interesses, z. B. bei der Berufswahl. Insgesamt sahen die Probanden das Erwachsenenalter als Auseinandersetzung mit der sozialen und physikalischen Umwelt.

Stufe III: *Autonomie*
Auf dieser Ebene erscheint es notwendig, zwischen zwei Teilstufen zu unterscheiden. Stufe IIIa kann überschrieben werden als: Umweltkontrolle und Selbstkontrolle. Vorzugsweise im Alter von etwa 14 bis 16 Jahren hoben die Jugendlichen eindeutig die persönliche Kontrolle als das zentrale Ziel des Erwachsenenalters hervor. Selbständig mit dem Leben fertig werden, eine eigene Meinung haben, Selbstsicherheit und Stabilität besitzen sind Beispiele für solche Zielvorstellungen. Die Beziehungen zwischen dem persönlichen Willen und dem Entwicklungsziel wurde artikuliert. Beispiel: „Wenn du etwas wirklich willst, erreichst du es auch".
Auf Stufe IIIb ist das Thema Autonomie zusätzlich durch reflexive Selbstbestimmung gekennzeichnet. Die Jugendlichen hoben hervor, dass es wichtig ist sich zu akzeptieren, wie man ist, und sie wünschten, dass auch andere sie akzeptieren, wie sie sind. Die gesteigerte Selbstreflexion führt zu dem Ergebnis, dass man selbst nahezu unbegrenzte Möglichkeiten der Selbstverwirklichung in seiner Umwelt erblickt.

7

Stufe IV: *Reflexion der Beziehung zwischen Ich und Umwelt*
Auf dieser Ebene erkannten die Probanden ihre Abhängigkeit von der umgebenden Kultur. Sie hatten den Eindruck, dass ihre Persönlichkeit sehr stark durch die Kultur geprägt wird und dass sie diesem Einfluß nicht entrinnen können. Die Auseinandersetzung mit dieser reflektierenden Person-Umwelt-Beziehung erfolgte wiederum auf mehreren Ebenen, von denen die letzte ein Gleichgewicht bei Aufrechterhaltung von widersprüchlichen Sachverhalten und Umweltbeziehungen herzustellen versucht.

In dieser Zeit (der Jugend) werde – nach Oerter und Montada – dem Jugendlichen etwas bewusst, was ihn vorher in dieser Deutlichkeit nie beschäftigte:
Er selbst muss etwas für seine Entwicklung tun.
Charakteristisch für das Jugendalter ist demnach auch die Bearbeitungsstufe III: Das Streben nach Selbständigkeit, Selbstverwirklichung und Autonomie.

7.4 Die Entwicklung des Selbst nach Kegan

R. Kegan schuf 1982 einen neuen entwicklungstheoretischen Ansatz, in dem er verschiedene bekannte Persönllichkeits- und Entwicklungstheorien zusammenfasste bzw. einzelne Gedanken aus ihnen aufgriff und weiterentwickelte. Es sind dies vor allem
- die kognitive Entwicklungstheorie Jean Piagets (vgl. hierzu: 4.3 Entwicklung der Intelligenz) und als Erweiterung dieses Ansatzes die Theorie der moralischen Entwicklung *Lawrence Kohlbergs* (vgl. hierzu: 6.9).
- die psychosoziale Theorie *Erik H. Eriksons*.

Kegan bezeichnet seine Theorie als neo-Piagetschen Ansatz. Er will mit seinem Ansatz zeigen:
- wie wir zu dem werden, was wir sind, was uns scheitern lässt oder auch Anlass zur Hoffnung gibt;
- wie Bedeutungssysteme funktionieren und wie sie erlebt werden;
- inwieweit das Verständnis des Bedeutungssystems eines Menschen hilft, den Menschen selbst zu verstehen.

7.4.1 Bedeutungsbildung als grundlegender Entwicklungsfaktor

Kegan kennzeichnet die Persönlichkeitsentwicklung mit den Begriffen „Konstruktion" und „Entwicklung", wobei er Ichentwicklung in Anlehnung an Piaget als die Entwicklung der Bedeutungen versteht (J. Piaget, 1936):
Mit dem Begriff Konstruktion meint Kegan, dass Menschen auf Reize unterschiedlich reagieren, das heißt, dass zwischen einem Ereignis und der Reaktion darauf ein Bereich liegt, der für das Menschsein typisch ist, in dem das Ereignis also persönlich verarbeitet wird. In dieser Zone der Vermittlung bekommt das Ereignis Bedeutungen, hier wird es erst wirklich zum Ereignis für diese Person. Es gibt keine Gefühle, keine Erfahrungen, keine Gedanken und keine Wahrnehmungen, die von dem Prozess der Bedeutungsbildung unabhängig wären. Erst durch ihn wird etwas zu Gefühlen, Erfahrungen, Gedanken und Wahrnehmungen. Realität wird also nicht einfach vorgefunden, sondern sie wird von den Menschen selbst gestaltet. Menschsein ist demnach eine Aktivität, die intellektuelle und affektive Komponenten zugleich umfasst. Der Mensch ist ein „meaning-making-animal"; Menschsein heißt, Bedeutungen schaffen bzw. konstruieren.
Wie der Begriff Konstruktion versteht *Kegan* den Begriff Entwicklung unstatisch. Er soll auf die Ursprünge und Prozesse aufmerksam machen, aus denen die Persönlichkeit des Menschen hervorgegangen ist bzw. durch die sie sich verändert und zu einer neuen Gestalt wird. Was aber ist Entwicklung – wo findet sie statt, was treibt sie an? In welcher Beziehung stehen psychische und soziale Faktoren, Vergangenheit und Gegenwart, Fühlen und Denken? *Kegan* sieht in der Entwicklung der Aktivität der Bedeutungsbildung den Grundprozess der Persönlichkeit.

> *Das Kind, das nach einem Gegenstand greift, tut etwas, was es – in anderer Form – sein ganzes Leben lang tun wird (Dinge begreifen); auch wenn es um Aufmerksamkeit wirbt, tut das Kind etwas, was es sein ganzes Leben lang versuchen wird (zu erkennen und erkannt zu wer-*

den) – im Grunde handelt es sich in beiden Fällen um das gleiche: um die Aktivität der Bedeutungsbildung. Bedeutung ist in ihrem Wesen
– körperliche Aktivität (greifen, sehen),
– soziale Aktivität (es bedarf einer anderen Person) und
– lebenserhaltende Aktivität (indem wir Bedeutungen bilden, leben wir).
So verstanden ist Bedeutung der grundlegendste Vorgang im Menschen; ein Vorgang, der auf nichts weiter zurückführbar ist. Er kann weder vom Körper noch von sozialer Erfahrung, ja nicht einmal vom Überleben des Organismus getrennt werden. Bedeutung haben wir nur dann, wenn wir von anderen anerkannt werden. Keine Bedeutung haben heißt, wie wir es definieren, völlig einsam sein. Auch wenn wir wohlgenährt, warm und körperlich gesund sind, können wir dennoch zugrunde gehen, wenn wir nichts ,bedeuten'.

(Kegan, 1986)

7.4.2 Subjekt-Objekt-Gleichgewicht

Beispiel

„Eine Mutter von zwei Kindern war wegen des ständigen Quengelns ihres Sohnes am Ende ihrer Geduld angelangt. Diesmal ging es um die Verteilung des Nachtischs. Die Mutter hatte ihrem Zehnjährigen zwei Stückchen Kuchen gegeben, ihrem Vierjährigen nur eines. Dem betrübten jüngeren Sohn hatte sie erklärt, er bekäme nur eins, weil er kleiner sei; wenn er größer ist, wird er auch zwei bekommen. Wie man sich vorstellen kann, war der Kleine mit dieser Logik nicht einverstanden und fuhr fort, sein Schicksal zu beklagen. Die Mutter verlor die Geduld. In einem Anflug von Sarkasmus griff sie seinen Teller und sagte: „Du willst zwei Stücke? Gut, du sollst zwei Stücke haben. Hier!" – wobei sie seinen Kuchen in der Mitte durchschnitt. Sofort war Ruhe; der kleine Junge dankte seiner Mutter ernsthaft und machte sich zufrieden an seinen Nachtisch. Die Mutter und der ältere Bruder waren beide überrascht. Sie schauten den Kleinen an, als hätten sie einen Geist vor sich, dann schauten sie sich gegenseitig an; in diesem Augenblick teilten sie eine eben gewonnene Einsicht in die Realität des Sohnes und Bruders, eine Realität, die von der ihren recht verschieden war."

(Kegan, 1986)

7

Kegan geht davon aus, dass die seltsame Art, wie Kinder Dinge sehen, nicht Ergebnis zufälliger Phantasien oder einer unvollständigen oder undeutlichen Wahrnehmung einer Realität ist, wie wir sie sehen, sondern dass sich im Denken der Kinder eine bestimmte andere Realität offenbart, die eine eigene Logik, eine eigene Beständigkeit und eine eigene Integrität besitzt. Er sieht in ihr den Ausdruck eines bestimmten Bedeutungssystems, eines bestimmten Moments in der Bedeutungsentwicklung.

Wir sehen die Erscheinungsform eines bestimmten Subjekt-Objekt-Gleichgewichts, wie es für diese Entwicklungsstufe typisch ist. Es ist ein Gleichgewicht, das als solches erst mit dem Wissen um die Welt entstehen kann. Auf jeder Entwicklungsstufe wird das Verhältnis von Subjekt und Objekt neu bestimmt.

(Kegan, 1986)

Das vierjährige Kind aus unserem Beispiel hat seinen „Fehler" nicht bemerkt, es kann ihn nicht bemerken, weil es sich nicht von seinen Wahrnehmungen lösen kann. *Kegan* sagt dazu:

> *Das Kind ist bei seiner Organisation der materiellen Welt seine Wahrnehmungen, (...) es kann sie nicht zum Objekt seiner Aufmerksamkeit machen. Das Kind besitzt seinen Wahrnehmungen gegenüber keine eigenständige Position; es ist in sie eingebunden. Seine Wahrnehmungen bestimmen die Struktur seiner Aufmerksamkeit. Für das ‚voroperative' Kind sind es niemals nur die Wahrnehmungen, die sich ändern, sondern die Welt ändert sich mit ihnen.*

(Kegan, 1986)

Kegan versteht *Piagets* Stufen der kognitiven Entwicklung als Ergebnis bestimmter Subjekt-Objekt-Gleichgewichte. Die Entwicklung von einer Stufe zur anderen erfolgt durch Dezentrierung (*Piaget*) und Rezentrierung, das heißt Verlust des alten und Finden eines neuen Zentrums. Entwicklung bedeutet deshalb sowohl Differenzierung, Lösen aus dem Eingebundensein, als auch Integration: „Was früher Subjekt war, wird zum Objekt, dem sich das neue Subjekt zuwenden kann. (...) Damit beginnt eine Geschichte von Transformationen. Mit jeder neuen Stufe, die der Mensch erreicht, nimmt er die Welt etwas mehr als eine von ihm unabhängige Einheit wahr, (...) um Beziehungen mit ihr einzugehen." (*Kegan*, 1986) Diese Aktivität der Entwicklung ist sowohl ein kognitiver als auch ein affektiver Prozess. „Wir sind diese Aktivität, und wir erfahren sie. Affekte sind Erscheinungen des Erlebens, sie sind die erlebte Erfahrung eines Bewegungsvorgangs (daher: E-motion)." (*Kegan*, 1986)

Zu Beginn der sensumotorischen Stufe ist das Kind noch nicht fähig, zwischen sich selbst und anderen Dingen in der Welt zu unterscheiden. In den ersten Lebensmonaten lebt es in einer völlig undifferenzierten Welt, in der es nichts anderes als es selbst gibt. Es kann nicht unterscheiden, ob ein Reiz aus seinem Körper kommt (Hunger) oder ihn von außen erreicht (Licht, Lärm). Erst wenn sich die Objektpermanenz herausbildet, ist das Kind fähig, eine eigenständige „objektive" Welt zu konstruieren. „Das Kind ist nicht mehr länger Sklave seiner Reflexe, Bewegungsabläufe und Empfindungen, sondern es entwickelt sich allmählich zu einer Person, die Reflexe, Bewegungsabläufe und Empfindungen hat." (*Kegan*, 1986)

Auf der vor-operativen Stufe werden die Handlungen und Empfindungen des Kindes Teil einer höher entwickelten psychischen Struktur. Die sensumotorischen Vorgänge werden zum Objekt, und ein neues Subjekt, die „Wahrnehmungen" entsteht. Das Kind ist nun beim Bilden seiner Bedeutungen in seine Wahrnehmungen eingebunden (siehe das Beispiel des vierjährigen Jungen).

In der konkret-operativen Stufe wird das Kind fähig, seine Wahrnehmungen selbst zu sehen, das heißt, es entwickelt eine neue psychische Struktur, die einzelne Wahrnehmungen zueinander in Beziehung setzen und sie koordinieren kann, die Reversibilität. „Die Welt, die vorher so leicht veränderlich war, gewinnt langsam an Beständigkeit; sie wird konkret. Gleichzeitig ist das zehnjährige Kind seiner eigenen Ichbezogenheit unterworfen. Es ist in eine neue Struktur eingebunden, in den Bereich des Konkreten." (*Kegan*, 1986)

Auf der formal-operativen Stufe werden die Reversibilitätsoperationen selbst vom Subjekt zum Objekt. Es entsteht eine neue Struktur, die „invers-reziproke" Beziehungen bilden kann. Nun kann das Kind über seine Gedanken nachdenken und seine Welt mittels Behauptungen, Hypothesen, Schlussfolgerungen und Abstraktionen konstruieren. „Einfach gesagt, auf dieser Ebene sieht das Subjekt das ‚was ist', als Einzelfall dessen an, ‚was sein kann'. (*Kegan*, 1986)

Weitere anschauliche Beispiele zu den verschiedenen Stadien der kognitiven Entwicklung nach *Piaget* bieten die Versuche, die im Kapitel 4.3.1.3 „Entwicklung der begrifflichen Intelligenz" geschildert werden.

Die nachfolgende Matrix fasst die Analyseergebnisse des Subjekt-Objekt-Gleichgewichts in Piagets Stufen der geistigen Entwicklung noch einmal zusammen.

Stufe	Subjekt („Struktur")	Objekt („Inhalt")
sensumotorisch *vor-operativ*	Handlungs-Empfindungs-Reflexe Wahrnehmungen	keins Handlungs-Empfindungs-Reflexe
konkret-operativ	reversible Operationen (das „Gegenwärtige")	Wahrnehmungen
formal-operativ	„hypothetisch-deduktive" Operationen (das „Mögliche")	reversible Operationen (das „Gegenwärtige")

(Kegan, 1986)

Kegan versteht die Stufen der moralischen Entwicklung, die *Lawrence Kohlberg* vorgestellt hat, als Ergebnisse des gleichen Prozesses der Bedeutungsentwicklung. Die Wahrnehmungsgebundenheit ist universell. Sie ist nicht nur auf die materielle Welt bezogen, sondern bestimmt auch, in welcher Art Menschen soziale Objekte erfassen, was sie als Recht und Unrecht erachten, was sie als Gerechtigkeit empfinden.

Beispiel

„Einem kleinen Jungen war von der Mutter verboten worden, ihre besonders zerbrechlichen Tassen anzufassen. Er aber nahm eine der Tassen in die Hand und ließ sie absichtlich fallen, so dass sie zersprang. Ein anderer kleiner Junge hatte kein solches Verbot erhalten: um seiner Mutter zu helfen, wollte er ein Tablett mit zwölf Tassen zu ihr bringen. Aus Versehen ließ er das Tablett fallen, und alle Tassen gingen kaputt."

7

Kinder, die sich in der Stufe des vor-operativen Denkens befinden, halten gewöhnlich den Jungen, der die zwölf Tassen zerbrach, für den schlimmeren Übeltäter. Dagegen entscheiden sich Kinder, die sich auf der konkreten Ebene befinden, für das Kind, das die Tasse absichtlich zerbrach. Das vor-operationale Kind muss so entscheiden, weil es unfähig ist, die eigene Wahrnehmung zurückzustellen und den anderen nach seinen Eigenschaften zu beurteilen.

Der nachfolgenden Matrix kann entnommen werden, welches Subjekt-Objekt-Gleichgewicht nach Kegans Verständnis Kohlbergs Stufen der moralischen Entwicklung zugrunde liegt:

Stufe	Subjekt („Struktur")	Objekt („Inhalt")
(1) Orientierung an Reflexe, Empfindungen, Strafe und Bewegungen Gehorsam	soziale Wahrnehmungen	Reflexe, Empfindungen, Bewegungen
(2) Zweckdenken	einfache Rollenübernahme, Austausch	soziale Wahrnehmungen

Stufe	Subjekt („Struktur")	Objekt („Inhalt")
(3) Orientierung an, Übereinstimmung mit anderen	wechselseitige Beziehungen und wechselseitige Rollenübernahme	einfache Rollenübernahme, Austausch
(4) Orientierung an der Gesellschaft	gesellschaftliche Gruppe, Gesellschaft als Institution	wechselseitige Beziehungen und wechselseitige Rollenübernahme
(5) Orientierung an allgemeingültigen Prinzipien	gesamte menschliche Gemeinschaft, Rechte, Überindividualität	Gesellschaft als Institution

(Kegan, 1986)

7.4.3 Die Entwicklungsstufen

Ausgehend von dem Entwicklungsprozess als bedeutungsschaffende Aktivität unterscheidet *Kegan* folgende Organisationsfomen des Selbst:

Stufe 0: Einverleibendes Selbst

Stufe 1: Impulsives Selbst

Stufe 2: Souveränes Selbst

Stufe 3: Zwischenmenschliches Selbst

Stufe 4: Institutionelles Selbst

Stufe 5: Überindividuelles Selbst

Auf jeder Entwicklungsstufe werden die Gleichgewichtsverhältnisse neu organisiert, so dass die einzelnen Stufen qualitative Differenzierungen darstellen. Sie sind Ergebnisse eines Anpassungsprozesses, verstanden als aktive Auseinandersetzung zwischen Selbst und Umwelt, der zu einem zunehmend besser organisierten Verhältnis zwischen ihnen führt. Das Selbst löst sich auf jeder Spur mehr von der Welt, und das Objekt, mit dem Beziehungen eingegangen werden können, wird ständig größer.

Kegan sieht die *Entwicklung der Persönlichkeit* als spiralförmigen Prozess an, der zwischen den beiden grundlegendsten Bedürfnissen des Menschen verläuft, die sich in einem *lebenslangen Spannungsverhältnis* zueinander befinden:

– dem Verlangen nach Zugehörigkeit und

– dem Verlangen nach Unabhängigkeit.

> *Das eine dieser Bedürfnisse kann man vielleicht als Verlangen nach Zugehörigkeit bezeichnen, als Verlangen nach Beteiligung, Nähe, Bindung, als Verlangen, von anderen gehalten, aufgenommen, begleitet zu werden. Das andere Bedürfnis kann man Verlangen nach Unabhängigkeit oder Selbständigkeit nennen; es ist unser Verlangen, verschieden zu sein, unsere eigene Richtung zu bestimmen, die eigene Integrität zu wahren.*

(Kegan, 1986)

Mit jeder Entwicklungsstufe wird nur eine vorübergehende Lösung des Konflikts zwischen dem Verlangen nach Zugehörigkeit und dem Verlangen nach Unabhängigkeit erzielt, wobei sich ein ständiger Wechsel zwischen Lösungen ergibt, die zugunsten der Zugehörigkeit und denen, die zugunsten der Unabhängigkeit ausfallen. Das erworbene Gleichgewicht einer bestimmten Entwicklungsstufe ist „immer ein bisschen im Ungleichgewicht, ... für jedes Selbst besteht die Gefahr, dass es umkippt." (*Kegan*, 1986)

Kegan misst der frühen Kindheit innerhalb der Entwicklung eine besondere Bedeutung zu, weil sie als Ausgangspunkt der Entwicklungsgeschichte die bedeutungsbildende Aktivität des Menschen formt und nachhaltig beeinflusst.

Stufe 0: Das einverleibende Selbst

Kegan nennt diese Entwicklungsstufe „einverleibendes Selbst", weil das Kind hier noch nicht zwischen sich und anderen Dingen unterscheiden kann. Im Verlauf dieser Stufe findet jedoch der erste qualitative Umstrukturierungsprozess statt: das Kind entwickelt Objektbeziehungen und eine neue Form der Subjektivität.

Mit der Geburt endet der vorgeburtliche Zustand, in dem die Bedürfnisse des Fötus vollkommen befriedigt wurden. Dieses dramatische Erlebnis führt dazu, dass der Organismus danach strebt, Organisationsformen zu finden, die den schwierigeren Bedingungen zu komplexeren Erfahrungen gerecht werden können. Er „sucht nicht nach der Rückkehr zu der alten Realität, sondern er bemüht sich, ... eine Bedeutung für gegenwärtige Realität zu finden, diese Realität zu verstehen." (*Kegan*, 1986)

Dieser Prozess ist langwierig und opferreich, denn der Organismus erleidet in diesem Prozess den Verlust seiner selbst.

Das Thema des Findens und Verlierens ist nach der Anschauung des neo-Piagetschen Ansatzes während des ganzen Lebens aktuell. Es ist einerseits ein Prozess, der Gewinn bringt, einen Triumph darstellt, der andererseits aber auch mit Verunsicherung und Angst verbunden ist. Für die Stufe des einverleibenden Selbst soll seine Bedeutung an den Beispielen Objektpermanenz (Beziehungsaufbau zu einem Gegenstand/Menschen) und Trennungsangst erläutert werden:

Den Prozess des Beziehungsaufbaus zu einem Gegenstand haben *Urguris* und *Hunt* (1968) in einem Film dokumentiert, in dem die gleichen Kinder über einen Zeitraum gezeigt werden, der sich von ihren ersten Lebensmonaten bis über ihren zweiten Geburtstag hinaus erstreckt. Der Film hat folgende Handlung:

> *Ein Versuchsleiter lenkt die Aufmerksamkeit des Kindes auf einen kleinen Gegenstand, den er dann vor den Augen des Kindes versteckt – eine Perlenkette verschwindet unter einem Tuch, ein Ball wird unter einen Stuhl gerollt. Bevor der Gegenstand verschwindet, kann sich das vier oder fünf Monate alte Kind mit ihm beschäftigen: es folgt ihm mit den Augen und Händen, hält ihn, führt ihn zum Mund. Wenn der Gegenstand aber verschwunden ist, kümmert sich das Kind nicht mehr um ihn (...) Mit etwa acht bis zehn Monaten versuchen die Kinder allmählich, den versteckten Gegenstand zu finden (...) Im Alter von zwei Jahren haben sie gewöhnlich keine Schwierigkeiten mehr, den versteckten Gegenstand zu finden, auch wenn der Versuchsleiter verschiedene Verstecke benutzt.*

(Kegan, 1986)

Die für Kinder zwischen dem 10. bis 21. Lebensmonat typischen Trennungsängste, die viele Forscher beschreiben, können ein Beispiel für den oben genannten Prozess des Findens und Verlierens geben. Sie sind im Sinne des neo-Piagetschen Ansatzes Ausdruck des Übergangs von einem undifferenzierten Zustand zu einer ersten Form des Gleichgewichts. Das Kind hat dann Trennungsängste, wenn es die Beziehung zu einem Gegenstand erst aufbaut, sie aber noch nicht ganz aufgebaut hat. Für das Kind in dieser Situation existiert ein Objekt noch nicht vollständig, so dass es nicht den Verlust eines Gegenstandes oder

7

die Trennung von einem Menschen, sondern den Verlust seines eigenen Zentrums befürchten muss (Dezentrierung). Erst wenn für das Kind Objekte vollständig existieren, wenn es zu ihnen Beziehungen aufnehmen kann, hören die Angstreaktionen auf.

Stufe 1: Das impulsive Selbst

In der Stufe des impulsiven Selbst hat das Kind Reflexe, anstatt sie zu sein. Jetzt bilden die Wahrnehmungen und die Impulse die Struktur, in die es eingebunden ist. Sie sind unmittelbar gegeben, das Kind ist von ihnen abhängig, sie sind nun das selbst des Kindes. Für das Kind in dieser Entwicklungsstufe verändert sich mit der veränderten Wahrnehmung das Objekt selbst. Es kann sich nicht von ihnen lösen, dass heißt zwei Wahrnehmungen miteinander vergleichen. Ebenso verhält es sich mit den Impulsen:

> *Wenn das Vorschulkind seine Impulse so schlecht kontrollieren kann, so ist dafür nach meinem Verständnis nicht das Fehlen einer quantitativ ausreichend starken Gegenkraft verantwortlich, Ursache ist vielmehr seine qualitativ anders strukturierte ‚biologische' Organisation (die lebende Logik, die das Kind ist). (...) Wenn die Impulse das Subjekt sind, wenn ich von ihnen abhängig bin, so bedeutet es eine Bedrohung meiner selbst, wenn ich sie nicht ausdrücke, ich setze damit mein eigenes Sein aufs Spiel.*

(Kegan, 1986)

Im Alter zwischen fünf und sieben Jahren setzt ein Veränderungsprozeß ein, an dessen Ende das Kind die Fähigkeit entwickelt hat, seine Impulse und Wahrnehmungen zum Objekt seiner Bedeutungsbildung zu machen. Es entwickelt das souveräne Gleichgewicht.

Stufe 2: Das souveräne Selbst

Kennzeichen des souveränen Gleichgewichts ist die Fähigkeit, eine Rolle übernehmen zu können. Anstatt ein mit anderen verwobenes Impulsleben zu sein, kann das Kind nun den Eltern in der Rolle des Kindes gegenübertreten. Es entwickelt eine erste Form eines Selbstkonzepts, es weiß, *was* es ist.

> *Ein typisches Merkmal dieser Stufe ist, dass das Kind sich gewissermaßen ‚abkapselt', es entwickelt eine bisher nicht vorhandene Form der Selbstgenügsamkeit. Es kommt nun seltener vor, dass der Erwachsene plötzlich mitten in ein Gespräch gezogen wird, dass das Kind für sich allein begonnen hat; das Kind lebt nicht mehr in der Annahme, die Eltern könnten seine privaten Gefühle lesen. Das Kind hat jetzt eine private Welt, die es vorher nicht hatte.*

(Kegan, 1986)

Dieser mehr oder weniger stimmige Begriff von sich selbst ist verbunden mit einem Gefühl der Freiheit, der Unabhängigkeit, Macht und von Einflussvermögen. Er bedeutet für das Kind aber auch, selbst für den Verlauf der Dinge verantwortlich zu sein. Der andere Mensch ist deshalb in erster Linie jemand, der zur Befriedigung der eigenen Bedürfnisse, zur Erfüllung unserer Wünsche und zur Verwirklichung unserer Interessen beiträgt oder nicht. Das souveräne Selbst sieht durch seine Bedürfnisse, anstatt die Bedürfnisse zu sehen. Es ist souverän, weil es noch nicht die eigenen Bedürfnisse mit denen anderer kombinieren kann, weil es keine gemeinsame Realität mit anderen Menschen kennt. Das heißt, dass das Kind sich in seinem Handeln nicht an einer Beziehung zu einem anderen Menschen orientiert, sondern allein daran, welche Vor- und Nachteile für es selbst entstehen.

Beispiel

Dies lässt sich an einer Szene aus dem Film „Peppermint Soda", der vom Leben zweier 14- und 17-jähriger Schwestern erzählt, erläutern:
„Bei einem gemeinsamen Spaziergang mit der Mutter stiehlt die jüngere Schwester einen Apfel von einem Karren. Der Mutter ist das peinlich. Als sie abends in ihrem Zimmer sind, fragt das ältere Mädchen die jüngere Schwester: ‚Wie konntest du das Mama antun?' Die Schwester antwortet: ‚Ich dachte nicht, dass ich erwischt würde!'

(Kegan, 1986)

Während das jüngere Mädchen allein die Folgen der Handlung berücksichtigt, hat die ältere Schwester ein Verständnis von Stehlen entwickelt und kann ermessen, dass die Handlung ihre Beziehung zur Mutter verletzt. Sie kann wechselseitige und einfühlsame Beziehungen aufbauen und sich an gegenseitigen Verpflichtungen orientieren. Diese Fähigkeit setzt das Lösen aus dem Eingebundensein in die eigenen Bedürfnisse, also das Erreichen einer neuen Entwicklungsstufe, voraus. Mit dem Wechsel der Bedürfnisse von der Subjekt- auf die Objektseite kann der Mensch im zwischenmenschlichen Bereich verschiedene Bedürfnissysteme und im innerpsychischen Bereich verschiedene Standpunkte innerhalb der eigenen Person koordinieren. In der Übergangsphase kann der Jugendliche diese Veränderung als unerwünschten Eingriff in die unabhängige Welt der persönlichen Kontrolle und Einflussnahme erleben.

Stufe 3: Das zwischenmenschliche Selbst

Die Gefühle, die auf der Stufe des zwischenmenschlichen Gleichgewichts im Selbst entstehen, sind von vornherein dadurch gekennzeichnet, dass wir sie mit anderen teilen; von Anfang an gehört nun ein anderer dazu. Das Selbst ist ‚umgänglich' (conversational) geworden. Wir können sagen, dass Selbst wurde Teil einer zwischenmenschlichen Struktur, was heißen soll, dass es eine Vielzahl von Stimmen verkörpert. Seine Stärke liegt nun in der Fähigkeit zum Umgang mit anderen, die für die vorangegangene Stufe typischen, panikhaften Versuche, ständig herauszufinden, was die Stimme des anderen wohl sagen wird, werden eingestellt. Die Grenzen dieses Selbst liegen in seiner Unfähigkeit, über die nun gemeinschaftliche Realität zu reflektieren. Das kann nicht gelingen, weil das Selbst diese gemeinschaftliche Realität ist.

(Kegan, 1986)

Typisch für das Selbst dieser Entwicklungsstufe ist es,
– dass es in eine Vielzahl wechselseitiger Beziehungen zerfällt; es fehlt ihm der Zusammenhalt, die Identität;

– dass es nicht mit anderen geteilt wird, sondern die anderen braucht, um sich zu vervollständigen, ja um überhaupt existieren zu können;
– dass es durch jede Auseinandersetzung, jeden Ärger im zwischenmenschlichen Bereich existentiell gefährdet wird, weil es sich nicht als von anderen unabhängig erleben kann;
– dass es durch die mit den zwischenmenschlichen Beziehungen verknüpften Verpflichtungen, Erwartungen, Wunscherfüllungen, Absichten oder Einflüsse beherrscht wird;
– dass es die anderen daran misst, ob sie die strengen Bedingungen der Gegenseitigkeit anerkennen und bereit sind sie einzugehen.

Stufe 4: Das institutionelle Selbst

In der Entwicklungsstufe des institutionellen Gleichgewichts erlangt das Selbst Identität, es entwickelt eine eigene Autorität. Der Mensch hat nun Beziehungen, anstatt sie zu sein. Ein neues Selbst koordiniert und reflektiert die Beziehungen: eine Art psychischer Institution. Wenn die zwischenmenschlichen Beziehungen vom Subjekt zum Objekt werden, so wird der Mensch fähig,
– die durch Beteiligung an verschiedenen wechselseitigen Beziehungen entstehenden Konflikte, die bisher Teil der Außenwelt waren, zu verinnerlichen;
– zwei widerstreitende Gefühle gleichzeitig zu empfinden, die er vorher nur nacheinander erleben konnte;
– Gefühle zu kontrollieren, weil er über seine Gefühle reflektieren kann; an die Stelle der Unmittelbarkeit der Gefühle tritt ihre Steuerung;
– Gefühle als vorläufige, durch das Selbstsystem vermittelte Erfahrungen aufzufassen.

> *Das „Selbst" wird nun mit der Organisation gleichgesetzt, deren störungsfreies Funktionieren es zu garantieren sucht; es ist diese Organisation. Das ‚Selbst' der Ich-Stufe 4 ist im wahrsten Sinne des Wortes ein Verwaltungsbeamter; auf dieser Stufe leitet der Mensch seine Bedeutung aus der Organisation her, anstatt die Organisation aus seinen Bedeutungen/Prinzipien/Absichten/Wirklichkeiten abzuleiten. Auf Stufe 4 gibt es kein ‚Selbst', keine ‚Basis', keine ‚Wahrheit', die die Einschränkungen dieser Organisation beurteilen könnte, weil das ‚Selbst', die ‚Basis', die ‚Wahrheit', eben diese Organisation mit ihren Einschränkungen ist.*

(Kegan, 1986)

Damit ist das Selbst dieser Entwicklungsstufe eindeutig ideologisch gefärbt. Es verkörpert die Wahrheit einer bestimmten Gruppe, Klasse und trägt die Gefahr übertrieben starker Kontrolle in sich, weil ein übergeordneter Bezugsrahmen fehlt, dem gegenüber etwas zu begründen bzw. zu rechtfertigen wäre.
Die nachfolgenden Aussagen Rebekkas (Mitte dreißig) sollen das „institutionelle Selbst" erläutern:

Beispiel

„Ich weiß, dass ich ganz bestimmte Grenzen habe, und dass ich sie sorgsam schütze. Ich will nicht die geringste Kontrolle aufgeben. Bei jeder Beziehung entscheide ich, wer hereingelassen wird, wie weit und wann."

„Wovor fürchte ich mich? Früher habe ich gedacht, ich würde mich davor fürchten, dass die anderen herausfinden, wer ich wirklich bin, und sie mich dann nicht mögen würden. Aber ich glaube, das ist nicht mehr so. Jetzt fühle ich – ‚das bin ich. Das gehört zu mir. Das macht meine Person aus.' Und ich habe Macht. Vielleicht ist das meine negative Seite, aber es gehört auch zu meinen positiven Zügen – und ich habe viel davon. Was es auch ist, bin ich, es ist mein Selbst – und wenn ich andere hereinlasse, nehmen sie es mir vielleicht weg, vielleicht benutzen sie es – und dann gibt es mich nicht mehr."

„Am wichtigsten ist für mich Respekt. Man braucht mich nicht zu mögen. Man braucht sich nicht einmal um mich zu kümmern, aber man muss mich respektieren."

„Dieses ‚Selbst‘, wenn ich es beschreiben sollte, fallen mir zwei Dinge ein: entweder eine Stahlschneide, die alles durchdringen kann, also ein ganz hartes Material, oder eine Art Kugel, die die Mitte bildet, etwas ganz Geschlossenes. Was man auf keinen Fall sein darf, ist schwach."

„Ich war nicht immer so. Früher hatte ich zwei Garnituren Kleidung – die eine für meinen Mann, die andere für meine Mutter, die uns oft besuchen kam. Zwei Garnituren Kleidung, aber keine davon für mich. Jetzt trage ich meine Kleider. Einige davon sind in dem Stil, den meine Mutter bei mir sehen möchte, aber das ist etwas ganz anderes."

„Wie anstrengend es wird, das alles zusammenzuhalten. Und bis vor kurzem habe ich nicht einmal gewusst, dass ich das tue."

(Kegan, 1986)

Stufe 5: Das überindividuelle Selbst

Erst wenn sich das Selbst von der Institution löst, entsteht mit dem „Individuum" ein neues Subjekt, das die Gesetzte und Regeln des psychischen Verwaltungsapparats zum Objekt machen und über sie reflektieren kann. Damit ist eine Basis, eine Theorie des institutionellen Rahmens geschaffen, die ihn beurteilen und lenken kann.

Auf dieser Gleichgewichtsstufe betrachten wir andere Menschen „als Individuen – wir begreifen sie als Menschen, die sich selbst und andere als fähig erleben oder erleben können, Werte zu setzen, Systeme zu schaffen, Geschichte zu machen. Die Gemeinschaft wird zum erstenmal ‚universal‘, sie wird zu einer Gruppe, der alle Menschen allein aufgrund ihres Menschseins zugehören." (Kegan, 1986)

Das neue Selbst kann sich dem anderen zuwenden, anstatt aus ihm hervorzugehen, so dass jeder Partner seine Identität wahren kann (Überindividualität). Es koordiniert die psychische Institution und gibt dem Innenleben des Menschen „Freiheit", die ihn befähigt, emotionale Konflikte zu erkennen und zu tolerieren. Nun kann der Mensch mit sich selbst intim sein.

7

Individualität fördert nicht Abgeschlossenheit und Selbstkontrolle, sondern sie ermöglicht, dass wir uns anderen ‚hingeben‘ können; wir können nun ‚Kontrapunkte von Identitäten‘ bilden, wie Erikson es nennt, das heißt, wir können mit anderen Erfahrungen teilen, ohne dabei die Eigenständigkeit anzutasten. (...) Mit jeder neuen Gleichgewichtsstufe erringen wir einen qualitativen Sieg über unsere Isolation.

(Kegan, 1986)

7.4.4 Die Funktion der einbindenden Kultur

Die oben dargestellten Gleichgewichtszustände der einzelnen Entwicklungsstufen sind un-statisch. Sie haben Prozesscharakter, es sind Phasen relativen Gleichgewichts, und sie entstehen in Auseinandersetzung mit der Welt. Sie nehmen dabei die Form von konkreten menschlichen Beziehungen und sozialen Systemen an.

Die Veränderungen dieser Entwicklung vollzieht das Kind nicht allein, sondern es erhält Hilfe durch die psychosoziale Umwelt, die „haltende Umwelt" *(Winnicott)*, in die das Kind eingebun-den ist und aus der es bei jeder Entwicklungsstufe neu geboren wird. Kegan nennt diese grund-legenden Entwicklungsbedingungen einbindende Kultur. Im Verlauf der Entwicklung sind dies

Stufe 0: Mütterliche Kultur   Stufe 3: Kultur der Wechselseitigkeit
Stufe 1: Elterliche Kultur   Stufe 4: Kultur der Identität oder Selbstgestaltung
Stufe 2: Kultur, die Rollen anerkennt   Stufe 5: Kultur der Intimität

Die Hilfestellung der einbindenden Kultur bei der Entwicklung des Selbst vollzieht sich in allen Phasen durch drei Funktionen:

– Bestätigung (Festhalten)
– Widerspruch (Loslassen)
– Fortdauer (zur Reintegration in der Nähe bleiben).

Bestätigung

Die erste Funktion der einbindenden Kultur ist, dass sie das Kind annehmen, es bestätigen, es halten, ihm eine dauerhafte Bindung ermöglichen muss. Dabei ist es von entscheiden-der Bedeutung, *wie* diese Funktion erfüllt wird. Ein Mangel an Bindung führt dazu, dass das Kind leidet und sich dem Entwicklungsprozess widersetzt. Gleichzeitig muss die Bindung aber durch Vertrauen in die Entwicklung so gestaltet werden, dass sie die zunehmende Selbständigkeit des Kindes, seine Lösung von der Bezugsperson unterstützt.

Widerspruch

Die zweite Funktion der einbindenden Kultur ist das Loslassen, das zeitgemäße Unterstüt-zen des kindlichen Ablösungsprozesses.

7

> *Die Art und das Ausmaß eines Autonomiegefühls, das Eltern ihren kleinen Kindern gewähren können, hängt von der Würde und dem Gefühl persön-licher Unabhängigkeit ab, das diese aus ihrem eigenen Leben ziehen.*

(Erikson, 1970)

Gelingt es der einbindenden Kultur nicht, die Funktion des Loslassens angemessen zu er-füllen, z. B., weil die Mutter das Baby benutzt, um ihre eigene Einsamkeit zu bekämpfen, damit seine Abhängigkeit fördert, sein Selbständigkeitsstreben entmutigt, so ergibt sich für das Kind eine Zwangslage. Einerseits will es selbständig, unabhängig sein, andererseits er-lebt es sehr deutlich, dass Unabhängigkeit Ende der Befriedigung darstellt, dass Trennung Unsicherheit bedeutet. Dieser Widerspruch ist schwer auszuhalten.

Fortdauer

Die dritte Funktion erfüllt die einbindende Kultur dadurch, dass sie während der Über-gangsphasen von einer Entwicklungsstufe zur nächsten, wenn das Kind sich ablöst, wenn es der einbindenden Kultur Widerstand leistet, in der Nähe bleibt. Sie begleitet, unterstützt und beschützt die Entwicklung des Kindes. Dies ist nötig, um Wachstum zu ermöglichen.

Im Prozess der Bedeutungsentwicklung heißt Wachstum nicht nur Trennung, sondern auch: „Versöhnung, heißt Finden und Wiedererkennen dessen, was vorher mit dem Selbst verschmolzen war." (*Kegan*, 1986)

Gleichgewichtsstufe und psychologisches Eingebundensein.	(0) EINVERLEIBEND Eingebunden in: Reflexe, Empfindungen und Bewegungen.	(1) IMPULSIV Eingebunden in: Impulse und Wahrnehmungen.	(2) SOUVERÄN Eingebunden in: beständige Disposition, Bedürfnisse, Interessen, Wünsche.
Einbindende Kultur	Mutter oder Hauptbezugsperson(en). Mütterliche Kultur.	Gewöhnlich die Dreierbeziehung der Familie. Elterliche Kultur.	Kultur, die Rollen anerkennt. Schule und Familie als Institutionen der Autorität und Rollendifferenzierung. Gruppe der Gleichaltrigen, die Rollenübernahme verlangt.
Funktion 1: Bestätigung (Festhalten)	Körperliches Halten: körperliche Nähe, Fürsorge, Schutz, Blickkontakt. Der Säugling wird anerkannt. Abhängigkeit von und Verschmelzung mit Kultur.	Akzeptiert und kultiviert Phantasievorstellungen, enge Beziehungen und Rivalitäten.	Akzeptiert und kultiviert Zeichen der Eigenständigkeit, der Kompetenz und Rollendifferenzierung.
Funktion 2: Widerspruch (Loslassen)	Die Ablösung des Säuglings aus dem Eingebundensein wird anerkannt und gefördert. Es wird nicht mehr jedes Bedürfnis des Kindes befriedigt; es wird weniger häufig getragen; Zeichen von Unabhängigkeit und eigensinniger Weigerung werden akzeptiert.	Die Ablösung des Kindes von seinem selbstbezogenen Eingebundensein in Phantasie und Impulse wird anerkannt und gefördert. Dem Kind wird die Verantwortung für seine Gefühle übertragen; es wird von der Ehebeziehung, vom Bett der Eltern und, während der Schulstunden, von zu Hause ausgeschlossen; es wird als eigenständig anerkannt und die eigene Unabhängigkeit wird betont.	Die zu Beginn des Jugendalters (oder im Jugendalter) stattfindende Ablösung aus dem Eingebundensein in isolierte Eigenständigkeit wird anerkannt und gefördert. Die Auffassung, man soll nur die eigenen Interessen berücksichtigen, wird als unangemessen abgelehnt, es werden wechselseitige Beziehungsformen verlangt. Man erwartet Zuverlässigkeit.
Funktion 3: Fortdauer (zur Reintegration in der Nähe bleiben)	Die Bezugsperson erlaubt, dass sie selbst Teil einer umfassenden Kultur, der Familie, wird. Hohes Risiko: eine längere Trennung vom Kind während der Übergangsphase (6 Monate – 2 Jahre).	Das Ehepaar lässt zu, dass es Teil einer umfassenden Kultur wird, zu der Schule und Altersgenossen gehören. Hohes Risiko: Auseinandergehen der Ehe oder der Familie während der Übergangsphase (ungefähr 5–7 Jahre).	Familie und Schule lassen zu, dass sie gegenüber Beziehungen, die auf gemeinsamen, inneren Erfahrungen beruhen, zweitrangig werden. Hohes Risiko: Ortswechsel der Familie während der Übergangsphase (frühes Jugendalter, ungefähr 12–16 Jahre).
Einige für Übergangsphasen typische natürliche „Subjekt-Objekte" (Brücken)	Hilfsmittel der Übergangsphase 0–1: Decke, Teddybär usw. Ein weicher, kuscheliger, befriedigender Gegenstand, der die undifferenzierte Subjektivität repräsentiert, diesen Zustand gleichzeitig herstellt und „objektiviert".	Hilfsmittel der Übergangsphase 1–2: imaginärer Freund. Ein Sammellager für Impulse, die vorher ich waren und bald Teil von mir werden, die aber im Augenblick noch ein wenig von beidem sind. Z. B. nur ich kann sie sehen, aber sie sind nicht ich.	Hilfsmittel der Übergangsphase 2–3: Freund/Freundin. Ein anderer Mensch, der mir gleicht und wirklich existiert, dessen Bedürfnisse und Selbstsystem aber genau den Bedürfnissen entsprechen, die früher ich waren und bald Teil von mir werden, die aber jetzt noch in einem Zwischenstadium sind.

Formen und Funktionen der einbindenden Kulturen (Kegan, 1986)

7

Gleichgewichtsstufe und psychologisches Eingebundensein.	(3) ZWISCHENMENSCHLICH Eingebunden in: wechselseitige Beziehungen, zwischenmenschliche Übereinstimmung.	(4) INSTITUTIONELL Eingebunden in: persönliche Unabhängigkeit, Identität des Selbstsystems.	(5) ÜBERINDIVIDUELL Eingebunden in: Durchdringung der Systeme.
Einbindende Kultur	Wechselseitige Eins-zu-eins-Beziehungen. Kultur der Wechselseitigkeit.	Kultur der Identität oder Selbstgestaltung (in Liebe oder Arbeit). Typisches Kennzeichen: Zugehörigkeit zur Berufsgruppe, Schritt ins öffentliche Leben.	Kultur der Intimität (im Bereich der Liebe und Arbeit). Typisches Kennzeichen: echte erwachsene Liebesbeziehungen.
Funktion 1: Bestätigung (Festhalten)	Akzeptiert und kultiviert die Fähigkeit, kollaborative Selbstopfer in auf Wechselseitigkeit beruhenden zwischenmenschlichen Beziehungen zu bringen. Orientiert sich an inneren Zuständen, gemeinsamen subjektiven Erfahrungen, ‚Gefühlen‘, Stimmungen.	Akzeptiert und kultiviert das Streben nach Unabhängigkeit, Selbstbestimmung, Autoritätsfunktion; Betonung auf persönlicher Steigerung, Ambition oder Leistung, ‚Karriere‘ statt ‚Job‘, ‚Lebenspartner‘ statt ‚Beziehung‘ usw.	Akzeptiert und kultiviert die Fähigkeit zur Interdependenz, Selbstaufgabe und Intimität, zur interdependenten Selbstbestimmung.
Funktion 2: Widerspruch (Loslassen)	Die Ablösung des heranwachsenden Jugendlichen oder des Erwachsenen aus seinem Eingebundensein in zwischenmenschliche Beziehungen wird anerkannt und gefördert. Menschen oder Umwelt dieser Kultur wollen nicht mehr mit dem anderen verschmelzen, sind aber weiter an Beziehungen interessiert. Es wird verlangt, dass der andere die Verantwortung für seine Entscheidungen übernimmt. Die Unabhängigkeit des anderen wird bestätigt.	Die Ablösung des Erwachsenen aus dem Eingebundensein in unabhängige Selbstbestimmung wird anerkannt und gefördert. Vermittelte, an Intimität mangelnde, formalisierte Beziehungen werden abgelehnt.	
Funktion 3: Fortdauer (zur Reintegration in der Nähe bleiben)	Die Partner zwischenmenschlicher Beziehungen erlauben, dass die Beziehung relativiert oder in den umfassenderen Rahmen einer ideologischen und psychologischen Selbstdefinition gestellt wird. Hohes Risiko: der Partner verlässt uns gerade dann, wenn wir uns aus dem Eingebundensein lösen. (Es gibt keine festen Altersnormen).	Ideologische Werte werden relativiert, um ein Wechselspiel zwischen ihnen zu ermöglichen. Hohes Risiko: Verlust der ideologischen Unterstützung (z. B. Verlust des Arbeitsplatzes) gerade dann, wenn man sich aus diesem Eingebundensein löst. (Es gibt keine festen Altersnormen.)	
Einige für Übergangsphasen typische natürliche „Subjekt-Objekte“ (Brücken)	Hilfsmittel der Übergangsphase 3–4: Umgebungswechsel durch Universitätsbesuch, vorübergehende Anstellung, Wehrdienst. Möglichkeiten, vorübergehend Identität zu finden, wobei man die vertraute zwischenmenschliche Umgebung verlässt, sie aber unbeschädigt bewahrt, um zurückzukehren; zeitlich begrenzte Teilnahme am institutionellen Leben (z. B. vierjähriges Studium, Dienstzeit beim Militär).	Hilfsmittel der Übergangsphase 4–5: ideologische Selbstaufgabe (religiös oder politisch); Liebesbeziehungen werden geschützt, wenn Partner nicht verfügbar. Man gibt die Identifikation mit ideologischen Werten auf, während man sie gleichzeitig bewahrt.	

Formen und Funktionen der einbindenden Kulturen (Kegan, 1986)

7

7.5 Exkurs zur Identität

7.5.1 Der Begriff „Identität"

Persönlichkeitsentwicklung führt zu dem, was man Identität nennt – oder sie sollte dazu führen, falls man sie als gelungen bezeichnen darf.

L. Krappmann hat („Neuere Rollenkonzepte als Erklärungsmöglichkeit für Sozialisationsprozesse" in: „Seminar: Kommunikation, Interaktion, Identität", Hg.: M. Auwärter u. a., Frankfurt 1976, S. 315) den schwierigen Begriff einfach definiert – in Anlehnung an E. Goffman:

(...) die Erwartungen, mit denen sich das Individuum bei seiner Selbst-Präsentation (Selbstdarstellung) in Interaktion auseinanderzusetzen hat, in zwei Dimensionen ordnen:

die vertikale Zeitdimension, in der die Ereignisse im Leben des Individuums zu einer ‚personal identity' (personale Identität) zusammengefaßt werden, und die horizontale Dimension, in der die zu einem gewissen Zeitpunkt nebeneinander aktualisierten Rollen zu einer ‚social identity' (soziale Identität) zusammengefasst werden. (...) Sie stehen zueinander im Widerstreit, denn in der biografischen Dimension der ‚personal identity' wird vom Individuum verlangt, zu sein wie kein anderer. In der horizontalen Dimension der ‚social identity' dagegen wird das Individuum betrachtet, als ob mit den vorgegebenen Normen voll zur Deckung zu bringen sei. In dieser Dimension wird ihm folglich zugeschrieben, zu sein wie alle anderen.

Diese ausschließenden Anforderungen verlangen dennoch sämtlich Berücksichtigung.

Zwischen ihnen zu balancieren, ist die Leistung des Individuums, die als Ich-Identität bezeichnet werden soll.

Eine gelungene Identitätsbalance bewirkt, dass das Individuum einerseits trotz der ihm angemessenen Einzigartigkeit sich nicht durch Isolierung aus der Kommunikation und Interaktion mit anderen ausschließen lässt und andererseits sich nicht unter die für es bereitgehaltenen sozialen Erwartungen in einer Weise subsumieren lässt, die es ihm unmöglich macht, seine eigenen Bedürfnispositionen in die Interaktion einzubringen. Das Individuum verhält sich einerseits ‚als ob' es einzigartig und andererseits ‚als ob' es wie alle anderen Menschen wäre (...)"

7

Hermann L. Gukenbiehl hat diese Erläuterung grafisch dargestellt:

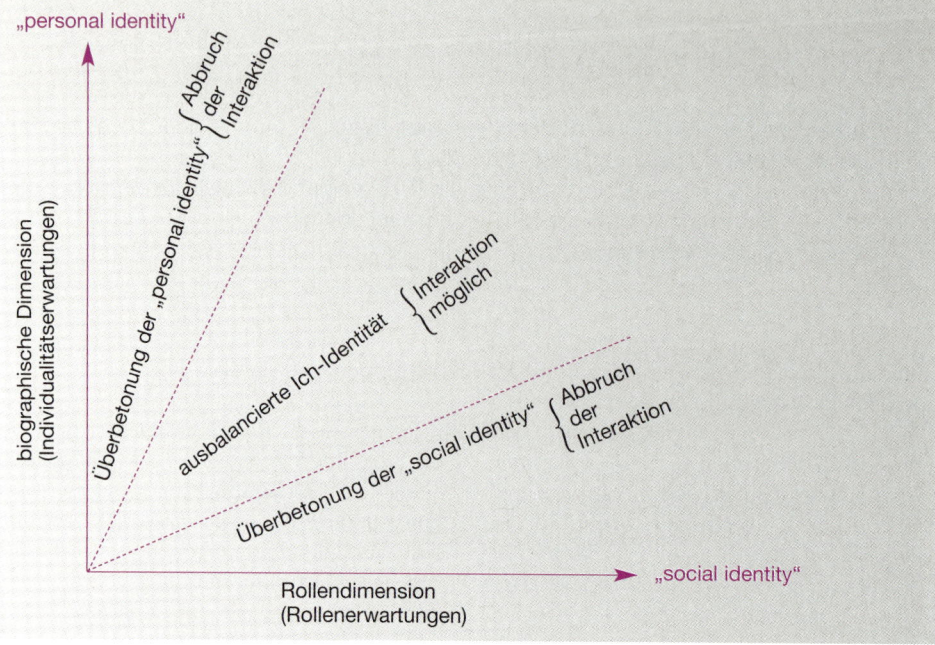

(aus Hermann L. Gukenbiehl; Felder der Sozialisation. Braunschweig 1979, S. 76)

Aufgabe

Überprüfen Sie Ihre Identität als Schüler.
Inwiefern berücksichtigen Sie in Ihrer Berufsausbildung die Erwartungen anderer (Eltern, Mitschüler, Freunde usw.) und ihre eigenen Erwartungen. Wie verhalten Sie sich zwischen beiden „Fronten"? Können Sie beiden Erwartungen genügen? Neigen Sie mehr zur einen oder anderen Seite?
Notieren Sie Details und reflektieren Sie sie.

7.5.2 „Identität" aus der Sicht der Euthymen Therapie

Die „Euthyme Therapie" (ET) ist ein therapeutisches Konzept, das sich aus der Verhaltenstherapie entwickelt hat (Universität Marburg).

> *Entsprechend der griechischen Wortbedeutung wird unter euthymen Erleben und Handeln all das verstanden, was der ‚Seele' bzw. dem Gemüt gut tut: Euthymes Erleben und Handeln ist mit positiven Emotionen verknüpft wie Spaß oder Freude. Entspannung oder Ausgeglichenheit, immer ist es mit Wohlbefinden verbunden.*

(Rainer Lutz: „Gesundheit und Genuss: Euthyme Grundlagen der Verhaltenstherapie", in: J. Margraf (Hg.): „Lehrbuch der Verhaltenstherapie" Bd. 1, Berlin 1996)

R. Lutz geht von einem alternativen Krankheits-Gesundheits-Verständnis aus:

Gesundheit und Krankheit sind zwei voneinander unabhängige Fakto-
ren. Jeder Mensch verfügt über gesundes und krankes Verhalten, das
unabhängig voneinander, z. B. in situativer Abhängigkeit, hervorgerufen
werden kann."
„Das Gesundheitsmodell (...) legt zum Beispiel die Erwartung nahe,
dass Patienten gesunde Anteile haben und führt zu der Forderung, dass
wir nach diesen Anteilen zu fahnden haben und sie therapeutisch för-
dern sollen. (...) Es relativiert aber auch die Sichtweise, derzufolge Ge-
sundheit das Gegenteil von Krankheit sei oder Gesundheit dadurch zu
erreichen wäre, dass man Krankheiten beseitigt. Patienten sind dann
nicht mehr krank, aber wie gesund sind sie?

Dass sich Euthyme Therapie mit der Fähigkeit zu genießen auseinandersetzt, wird der Kranke folgerichtig auch als derjenige definiert, der nicht mehr genießen kann, der sich Genuss nicht mehr leisten will. Lutz verwendet nicht den Begriff der Identität, doch wenn wir die Überlegungen dieser Therapie auf dem Hintergrund unserer Gedanken zur Identität interpretieren, so lässt sich sagen:

Ein Klient, der nicht mehr genießen kann, hat das Gleichgewicht aus
Erwartungen an sich selbst und den Erwartungen, die andere an ihn
richten (siehe 7.5.1), aus dem Auge verloren. Er traut sich nicht mehr,
seinen ureigenen Erwartungen an Wohlbefinden und Lebensgenuss
zu entsprechen.

„Das euthyme Verhaltensrepertoire reicht in der Normalbevölkerung von ‚Musik-hören' bis zu ‚gut essen', von der Mitarbeit im Feuerwehrverein bis zum Fensterputzen. Nahezu jeder Befragte kannte mehrere Verhaltensweisen, mit denen er es sich gut gehen lassen konnte. (...) In Therapien wiederholt sich das Motiv, zu kurz gekommen zu sein. Der Vorwurf, nicht genügend Zuwendung, Liebe oder Fürsorge erhalten zu haben, richtet sich an die Eltern, an die Zustände oder an das Leben." (R. Lutz)
Nach unserem Verständnis ist es das Ziel der Therapie, gesunde Verhaltenstendenzen zu stärken, dem Menschen also zu helfen, genießen zu lernen bzw. eine Identität zu finden, die souveräne Entscheidungen ermöglicht und in ihm wieder ein Gleichgewicht (s. o.) herstellt. R. Lutz („Euthyme Therapie" in: J. Margraf, s. o.) drückt es folgendermaßen aus:

- *Ein Patient lernt, autonom und selbstständig über sich verfügen.*
- *Er soll erfahren, wie man Wohlbefinden initiieren kann (...)*
- *Ein Patient soll lernen, Wohlbefinden zulassen zu können (...)*
- *Wohlbefinden muss reguliert werden können. Selbstfürsorge heißt*
  hier, Zeiten des Wohlbefindens und Zeiten der Belastung gegeneinan-
  der stellen zu können.

Identität würde dadurch hergestellt, dass der Mensch (wieder) eine Sicht der Welt erhält, die seine Bedürfnisse (Erwartungen) akzeptiert und deren Befriedigung zulässt.

7

Konfliktmanagement

8.1 Definition und Erkennbarkeit

Laut Meyers Kleines Lexikon Psychologie (Mannheim/Wien/Zürich, 1986) ist ein Konflikt

> „allgemein der Gegensatz zwischen verschiedenen Verhaltenswei-
> sen bzw. Interessen und u. U. die daraus entstehenden in unter-
> schiedlicher Form und Stärke auftretenden Auseinandersetzungen
> mit diesen selbst bzw. diese repräsentierenden Personen (...)"

Über Konflikte anderer redet man gerne, so könnte man salopp sagen. Doch bei Konflikten, in die man selbst verwickelt ist, würde man manches Mal lieber davonlaufen, denn sie
sind unangenehm bis unerträglich; sie passen einem nie „in den Kram" oder stören zumindest den geliebten Tagesablauf.

Regina Mahlmann („Erziehung beschreiben und verändern", Troisdorf 2002, S. 88):

„Um Konflikte erkennen zu können, müssen Menschen Konflikte erkennen *wollen*. Wir verfügen prinzipiell über zwei Möglichkeiten: Wir können eine Art Frühwarnsystem ausbil-den. Das heißt, wir sensibilisieren uns für An-zeichen von Konfliktgeschehen. Konkret for-muliert, bezieht sich diese Wachsamkeit auf folgende Situationen:

– Unser Radar ist permanent im Einsatz, so dass wir frühzeitig bemerken, wenn ein Konflikt herannaht. Wir programmieren uns in diesem Fall präventiv. Wir achten auf die Bedingung der Möglichkeit, auf Konfliktpotenziale in den (strukturellen, sozialen und persönlichen) Rahmenbedin-gungen und bemühen uns um Prophylaxe.

– Unser Radar registriert kleinste Anzeichen eines Konfliktes. Salopp: Wir hören die Nachtigall trapsen. In diesem Fall pro-grammieren wir uns auf Latenz. Das heißt, wir merken bereits auf, wenn ein Konflikt vorhanden ist, sich aber noch un-ter der wahrgenommenen Oberfläche be-wegt. Der Konflikt existiert bereits, ver-bleibt aber noch unthematisiert.

Die beiden Optionen beziehen sich auf die in-nere Bereitschaft, Konflikte erkennen zu wol-len. Diese Bereitschaft auszubilden und zu aktivieren, setzt etwas voraus: den Ent-schluss, Konflikten offensiv zu begegnen und sie als Chance für Verbesserung zu begrei-fen."

R. Mahlmann (2002) unterscheidet zwischen dem latenten und dem manifesten Konflikt:

„Wir bemerken, dass ein Konflikt im Schwange ist, daran, dass sich etwas zum Negativen hin verändert. Insbesondere daran, dass das eigene Verhalten und/oder das Verhalten anderer Personen anders ausfällt als gewohnt. Latent ist ein Konflikt dann, wenn er unterhalb der Oberfläche wirkt und „die Atmosphäre vergiftet". Der Konflikt existiert, aber niemand redet darüber oder spricht ihn an. Manifest ist ein Konflikt, wenn er offen zu Tage liegt. Jeder, der damit zu tun hat, weiß um ihn; denn er ist angesprochen und zeigt sich offen im Verhalten."

Konfliktuelles Geschehen (nach R. Mahlmann)	
latent: „vergiftete Atmosphäre", niemand redet über Hintergründe, Ausweichen voreinander, usw.	manifest: Interessen prallen heftig aufeinander, (verbale und/oder gewalttätige) Auseinerdersetzungen um Ziele oder um die Verteilung von Privilegien oder Dominanz usw.

Mahlmann (2002) hält folgende Arten von Konflikten für die häufigsten:

Interessenkonflikt	unterschiedliche Bedürfnisse, Motive prallen unvereinbar aufeinander.
Zielkonflikt	Interessen verweisen auf nicht vereinbare Ziele
Beurteilungskonflikt	trotz Übereinstimmung in Interessen und Ziel wird der Weg zur Realisierung different beurteilt.
Verteilungskonflikt	hier streitet man um knappe (materielle oder immaterielle) Ressourcen
Rollenkonflikt	dissonante Rollen (Funktionen) konfligieren (z. B.Vorgesetzte und Kollegin oder Freundin)
Strukturkonflikt	organisatorische, formale Regularien führen in praxi zu Konflikten
Beziehungskonflikt	Konflikte auf der sozialen Ebene, in denen Gefühle die Hauptrolle spielen
Wertkonflikt	hier sind es unterschiedliche Werthaltungen, Glaubenssätze, Überzeugungen, die miteinander konfligieren.

Wir vernachlässigen an dieser Stelle den so genannten „internen Konflikt", der sich in Menschen abspielt und verweisen auf Kapitel 7.2 „Freud und die Tiefenpsychologie". Es geht uns in diesem Teil des Buches also nur um interpersonale oder Gruppenkonflikte.

8

8.2 Strukturierung des Konfliktpotentials

Der Allerweltsbegriff „Konflikt", der jedem leicht von der Zunge geht, wird dann sehr schnell zum Problem, wenn der Konflikt gekonnt oder professionell bearbeitet oder gar systematisch gelöst werden soll. Um das zu können, muss man einen strukturierten Überblick darüber haben, was man Konfliktpotential nennen könnte. Man muss in der Lage sein, den Konfliktstoff zu ordnen. Das sollte nicht nur der Konfliktmanager oder Mediator – wie man ihn heutzutage nennt – beherrschen. Auch alle Beteiligten sollten – mindestens – im Verlaufe der Regulierung des Konflikts „durchblicken". Andernfalls ist die Mediation (Konfliktregulierung) wenig erfolgreich.

Wir werden die Strukturierungsmöglichkeit des Konfliktpotentials am Beispiel einer Gruppensituation in einer fiktiven Kindertagesstätte verdeutlichen. Wir sprechen in diesem Zusammenhang von den verschiedenen pädagogischen Orientierungen der Erzieherinnen in einer Einrichtung.

Beispiel

Schon seit einiger Zeit spielen sich in der Einrichtung merkwürdige Dinge ab. Die beiden Erzieherinnen in der Gruppe „blauer Elefant" sprechen kaum noch miteinander: das sind Annegret Aberfrau und Berta Block. Statt dessen reden sie lieber mit Erzieherinnen der Nachbargruppen über die jeweils andere in der Gruppe. Schon banale Konfliktsituationen von Kindern, Mehmet und Thorsten streiten z. B. wegen eines mitgebrachten Autos, ist der Anlass, dass sich Annegrat und Berta bösartig angiften. Die Leiterin, Chris Colorado, stand neulich zufällig in der Türe zum „blauen Elefanten" und konnte nur den Kopf schütteln. Sie kennt die beiden schon lange – quasi aus den ersten Tagen des neuen Kindergartens. Doch nie hat es eine solche und lang anhaltende Konfliktsituation gegeben. Zu allem Überfluss wurde dieser Gruppe vor zwei Monaten eine Jahrespraktikantin (Berufspraktikantin) zugeteilt: Dora Dimpelmoser – eine fähige Praktikantin, wie die Schule meint. Als Anleiterin wurde Annegret ausgewählt, ohne dass sie gefragt worden wäre. Aber auch Berta wusste davon nichts.

In der Einrichtung bilden sich bereits Parteien: Die Annegret-Clique sieht Berta nicht mehr an, der Berta-Clan spricht nicht mehr mit Annegret.

Die Leiterin sieht bisher nur zu – macht gelegentlich einen hilflosen Eindruck und begnügt sich damit, die beiden Streithähne links liegen zu lassen. Sie hat auch anderes im Kopf, denn sie hat eine gute Chance, in einen anderen Kindergarten überzuwechseln, der besser ausgestattet sein soll. Davon schwärmt sie gelegentlich.

Die Eltern der Kinder in der Elefanten-Gruppe sind es leid, sich mir Annegret und Berta auseinander zu setzen. Selbst die Elternpflegschaftsvorsitzende hat nichts erreicht.

Eine gute Kennerin der Einrichtung – die Fachberaterin Elke Eder – sieht folgende Konfliktpunkte:

Die verschiedenen Orientierungen der beteiligten Erzieherinnen – in diesem Beispiel:

	Annegret A	Berta B	Dora D
Wahrnehmung der Situation 1	Sieht, dass Berta ein langes Gesicht macht. Berta sucht oft Streit. Weiß nichts von der Bewerbung der Leiterin.	Nimmt wahr, dass Annegret die Praktikantin betreuen soll, sie wurde nicht gefragt. Hat erfahren, dass Chris gehen will.	Sie streiten sich fortwährend, ansonsten reden sie nicht miteinander.

8

	Annegret A	Berta B	Dora D
Berwertung der Situation 2	„Auf die Kinder kommt es Berta offenbar nicht mehr an. Sie streitet sich ohne Rücksicht auf die Kinder. Was ist bloß in sie gefahren?" Empfindet Dora als Konkurrenz; ist eifersüchtig auf sie. „Wie toll sie mit den Kindern umgeht!"	„Mir traut Chris offenbar nicht zu, die Praktikantin anzuleiten. Annegret soll wohl als neue Leiterin forciert werden. Das ist total hinterhältig von Chris." Weiß nicht, wie sie Dora einordnen soll, weil sie so zurückhaltend ist.	Dora käme besser mit Berta aus, weil sie sich mehr engagiert. Ich habe hier keine guten Karten, wenn ich mich auf die Seite eines Konfliktpartners stelle. Stürzt sich in die Arbeit, redet kaum in Teamsitzungen…
Handlungsplanung 3	„Ich sollte mal mit Chris über Berta reden. Die Lage wird immer schlimmer."	„Wenn das so weiter geht, bewerbe ich mich in der A-Klink des Landschaftsverbandes."	Soll sie sich zurückhalten oder ihre Sympathie für Berta offen zeigen?
Handeln und Verhalten 4	Kommt manchmal unpünktlich, weil ihr alles „stinkt". Weicht Fragen der Praktikantin aus. Ist manchmal unfreundlich zu Kindern.	Ist besonders sorgfältig. Dominiert die Planung in der Gruppe, indem sie viel organisiert.	Ist zurückhaltend gegenüber beiden Erzieherinnen. Macht ihre Arbeit sehr selbstständig und zur vollen Zufriedenheit der Schule.
Effekte aus dem Handeln 5	Verliert allmählich die Motivation.	Hat Probleme mit dem Freund, denn sie redet ständig über den Konflikt.	Dora ist verunsichert, zweifelt an der Richtigkeit ihrer Berufswahl.

Das ist eine Situation, wie sie in jeder x-beliebigen Kindertagesstätte hierzulande vorkommen kann. Die Situation

– gefährdet den Erziehungsauftrag
– reduziert die Motivation der Beteiligten
– verschlechtert die Aussichten, genügend Anmeldungen für das nächste Jahr zu bekommen, denn es spricht sich rum, dass der Kindergarten wohl miserabel ist
– erschwert die Arbeit des pädagogischen Personals und verhindert eine langfristige pädagogische Planung, weil der Konflikt zum „ersten und umfassenden" Thema wird usw.

Aus diesem Grunde sollte eine professionelle Konfliktregulierung in die Wege geleitet werden. Denn das Konfliktpotential ist nicht mehr bei Kaffee und Kuchen zu beseitigen. Der Träger der Kita sollte sich etwas einfallen lassen.

Wir haben zentrale Aspekte des Konflikts geordnet, um aufzuzeigen, „an welcher Stelle" der Situation etwas bereinigt oder modifiziert werden sollte. Diese zentralen und übergeordneten Strukturen sind:

– die Wahrnehmung, die jemand von einer Situation hat (nicht jeder sieht alles oder nimmt es wahr; unsere Wahrnehmung ist selektiv)
– die Bewertung einer Situation (jede Wertung ist subjektiv und sehr persönlich, also individuell sehr unterschiedlich)
– Handlungsplanung: Welche Pläne oder Handlungsalternativen hat jemand im Kopf (hier spielen Gewohnheiten, Hoffnungen, Ängste, Zukunftsvorstellungen eine Rolle)
– Was tut er dann tatsächlich (hier geht es um Gewohnheiten und Steuerung des Verhaltens nach bestimmten Erwartungen und Bewertungen)
– Effekt: Was kommt u. a. dabei heraus

Damit können wir ein System schaffen, das den Konflikt Glieder, wie wir oben gesehen haben. Wir können die einzelnen Felder bezeichnen, zwischen denen es „kracht". Nehmen wir ein paar Beispiele:

8

- Felder 1/A und 1/B: Annegret und Berta nehmen Unterschiedliches wahr und wissen es noch nicht einmal, dass jede von beiden subjektive Wahrnehmungsinhalte hat. Eine einfache Abgleichung der Informationen könnte so vieles klären!
- Felder 2/B und 2/D: Dora findet Berta sympathisch, Berta weiß das einmal nicht und ist auch irritiert von Doras Zurückhaltung. An sich ein leicht zu lösendes Problem – aber in diesem komplexen Konflikt kommt keine von beiden auf die Idee, Eindeutigkeit herzustellen.
- Felder 4/A und 2/D: Annegret hält sich zurück, weil sie nicht genau weiß, weil sie sich von der guten Arbeit der Berufspraktikantin an die Wand gedrängt fühlt. Deshalb weicht sie der Praktikantin aus – und ist eifersüchtig, was sie sich ungern eingesteht. Das ist freilich ein Problem, das nicht so leicht zu lösen ist. Wenn man jedoch nicht darüber spricht, wird es nicht einfacher werden.

Aufgabe

- Zeigen Sie weitere Konfliktfelder in unserem Beispiel auf.
- Beschreiben Sie selbst einen Konflikt aus dem Praktikum ausführlich. Schreiben Sie ihn am besten auf, damit andere Schülerinnen/Praktikantinnen nachvollziehen können, was sie erlebt haben. Systematisieren Sie den Konflikt, wie wir es oben gemacht haben und zeigen Sie Konfliktfelder auf.
- Oder nützen Sie folgenden Konflikt, den eine Berufspraktikantin, Melanie Iseringhaus, aufgeschrieben hat:

Die Leiterin motzte

Die neue Kindergartenleiterin, gleichzeitig Leiterin der Käfergruppe, hat wohl Probleme mit uns und wir mit ihr.

Wir, die Mitarbeiter der Igelgruppe, waren bei der Vorbereitung des 35-jährigen Jubiläums, bei dem der Kindergarten einen Namen kriegen sollte, für Arbeiten zuständig, die den ganzen Kindergarten betreffen – und für die unserer Gruppe natürlich auch. Wochen lang haben wir geschuftet – neben dem normalen Erziehungsalltag. Meine Arbeiten für die Schule und auch die Kinder der Gruppe kamen dabei zu kurz. Die aus der Käfergruppe konnten gemütlich ihre Angelegenheiten klären und den Raum vorbereiten. Wir waren offenbar zuständig für alles.

Na und dann bekamen wir nicht ein Mal ein Dankeschön. Die Leiterin motzte noch über unsere angeblich nicht vorhandene Dekoration. Wir aber sagten ihr, wie wir uns fühlten: Wir wollten unsere Bereitschaft zur Mitarbeit einschränken. Jedenfalls machen wir das nicht mehr in dem Umfang mit.

Sie meinte, wir seien ja zu dritt in der Gruppe (ich bin Berufspraktikantin). Aber die zweite Erzieherin kommt nur zwei Mal die Woche.

Wir sind noch nicht einmal dazu gekommen, die Gruppe zu putzen.

8

Ein Konflikt der Art, wie wir ihn anfangs geschildert haben, muss gelöst werden, sonst wird die Einrichtung Schaden nehmen – das haben wir bereits deutlich gemacht. Natürlich kann jedes Team einen Konflikt selbst regulieren – mit jedem regulierten Konflikt wächst auch die Kompetenz eines Teams.

Effektiver aber und sicherer ist häufig die Mediation durch einen neutralen Beobachter, der niemandem im Team – auch nicht dem Träger der Einrichtung verpflichtet ist. Der Preis für die Mediation durch einen Neutralen schreckt viele Einrichtungen zurück, doch häufig ist es die beste Variante, die sich eine Einrichtung wünschen kann, weil damit professionell reguliert wird. Die Einrichtung kann bald wieder effektiv arbeiten.

Konflikte kündigen sich nach R. Mahlmann (Weinheim, 2000) an durch – ein Überblick:

Grüppchen-bildung	Freund-Feind-Spaltung	gegenseitiges Herabsetzen
Mauern, Blockieren	Bereitschaft reduzieren	wenig Vertrauen
knisternde Atmosphäre	selektive Information	Koordination aufwendig

Den Teufelskreis der Eskalation von Konflikten beschreibt R. Mahlmann („Konflikte lösen", Troisdorf 2002) wie folgt:

„Im „Eifer des Gefechts":

– werden eigene Vorstellungen höher, wichtiger und besser beurteilt als die der anderen
– die Bereitschaft, den Konfliktpartnern Aufmerksamkeit zu widmen und sie zu verstehen, nimmt ab, je anstrengender die Auseinandersetzung erlebt wird und je mehr sich die Parteien persönlich attackiert fühlen
– die Kontrahenten werden zunehmend zu den Bösen, Ungerechten und Unverschämten, während man selbst zu den Guten, Gerechten und Maßvollen zählt
– je stärker Schwarz-Weiß gemalt wird, desto mehr entfernen sich Parteien voneinander, desto einschneidender arbeiten sie mit Vermutungen übereinander, Unterstellungen und anderen destruktiven Phantasien – und stürzen dadurch in den Prozess der Self-fulfil-ling-prophecy (jeder tut das, was nötig ist, um die schlechte Vorhersage über den Gegner zu erfüllen; das geschieht meistens unbewusst)
– die Kompromissbereitschaft nimmt in dem Maße ab, in dem der Kontrahent das Selbst-wertgefühl und Selbstbild beschädigen kann bzw. beschädigt
– Fortschritte werden mit wachsender Anstrengung, Zermürbung und Ungeduld eher tor-pediert als begrüßt, sobald man von eigenen Zielen Abstriche machen muss.

8.3 Regulierung – Mediation

Es gibt inzwischen sehr gute, praktische Bücher, die die Bearbeitung von Konflikten im Team erleichtern oder ermöglichen. Es lohnt sich also, sich kundig zu machen, bevor man sich an die Regulierung wagt. (Z. B. können wir empfehlen: N. Kühne/Dr. R. Mahlmann/P. Wenzel: „Konflikte lösen", Bildungsverlag 1, Troisdorf 2002) Im Rahmen dieses Lehrbuchs aber müssen wir uns beschränken – und präsentieren deshalb ein solides, fast klassisches Verfahren der Autoren Schwäbisch und Siems, das man bei Einhaltung der Regeln und bei günstigen Bedingungen versuchen kann. Einen Neutralen könnte in diesem Fall vom Team selbst verpflichtet werden.

Vor allem Anfang des Regulierens aber ist es wichtig:

Jeder Beteiligte muss mit der Konfliktregulierung und den konkreten Bedingungen des Regulierungsverfahrens einverstanden sein!

Ansonsten brauchen Sie gar nicht erst anzufangen.

Beispiel

1 Anmeldung der Störungen

Ein Gruppenmitglied spricht davon, was es in der Gruppe stört. Es soll dabei seine Gefühle direkt ausdrücken und den anderen Gruppenmitgliedern keinen Vorwurf und kein schlechtes Gewissen für seine Störung machen.

2 Summierung der verschiedenen Meinungen zu dem Punkt

Die anderen Gruppenmitglieder stellen nun ihre Meinung dar. Dabei sollen alle diese verschiedenen Einstellungen zu dem Konfliktpunkt additiv nebeneinandergestellt werden, das heißt mit der Haltung: „Du bist der Meinung und ich bin dieser Meinung." Die Gruppenmitglieder sollten darauf achten, dass sie nicht das Spiel spielen: „Meine Meinung ist besser als deine."

3 Herausarbeiten der Hintergrundbedürfnisse

Das Gruppenmitglied, das zunächst seine Störung geäußert hat, erhält die Gelegenheit, seine Bedürfnisse weiter zu klären und alle seine Gefühle zu äußern, die mit dem Punkt zusammenhängen. Auch die anderen Gruppenmitglieder sollten ihre Hintergrundbedürfnisse klären können. Wichtig ist dabei, dass zunächst nicht an Lösungen gedacht wird und es in dieser Phase nur darum geht, erst einmal zu hören und zu verstehen, was denn die verschiedenen Motive und Interessen sind. Dabei ist es das Beste, wenn alle Gruppenmitglieder partnerzentriert reagieren, wenn ein Gruppenmitglied sich exploriert. Falls einige Gruppenmitglieder immer wieder ihre eigene Meinung darstellen, ohne richtig gehört und verstanden zu haben, was ihr Vorredner meint, dann kann die Gruppe die Regeln des „Kontrollierten Dialogs" einführen.

4 Formulierung von Wünschen

Alle Gruppenmitglieder formulieren ihre Störungen und ihren Ärger in Wünsche um. Diese Wünsche müssen ganz konkret sein, so dass die anderen auch Stellung dazu nehmen können. Auf den Wunsch: „Ich wünsche mir, dass du netter zu mir wirst", kann man zum Beispiel schwerer reagieren als auf den Wunsch: „Ich wünsche mir, dass du nicht mehr ironisch lachst, wenn ich von meinen Eltern erzähle."

5 Brainstorming über mögliche Lösungen

Alle Gruppenmitglieder nehmen an einem Brainstorming teil, bei dem alle möglichen Lösungsmöglichkeiten aneinandergereiht werden, ohne dass sie auf ihre Praktizierbarkeit untersucht werden. Es soll also kein Vorschlag kritisiert werden, und es sollen so viele Vorschläge wie möglich aufgezählt werden. Diese können lustig sein oder unsinnig; dadurch wird die Phantasie angeregt. Die Gruppe erlebt, dass es auch bei unterschiedlichen Interessen lustig und entspannt zugehen kann – und auf diese Weise können kreative Lösungen gefunden werden.

6 Bemühungen, eine Lösung zu finden, die alle zufriedenstellt

Die Gruppe bemüht sich, sich auf eine Lösung zu einigen, die alle oder die meisten Gruppenmitglieder befriedigt. Die Wahrscheinlichkeit für ‚gute' Lösungen ist recht groß, da die Gruppenmitglieder sich verstanden fühlen und im Laufe des Konfliktgesprächs gemerkt haben, dass die anderen ihre Interessen wichtig nehmen und darüber nachdenken. Sie sind deswegen auch selbst bereit, sich auf Kompromisse zu einigen – zumal jetzt die sachlichen Gesichtspunkte realistischer aufgenommen werden können.

(Schwäbisch, Lutz und Siems, Martin, Reinbek 1974, S. 152–153)

8.4 Kinderkonflikte

Vorsichtig gesagt: Die Konflikte der Kinder sind anders als die der Erwachsenen:
- die Inhalte sind andere
- sie sind in der Regel wesentlich kürzer und weniger grundsätzlich
- der Wechsel vom Ernst zum Spielerischen ist gut möglich
- sie werden häufig mit Hilfe körperlicher Auseinandersetzungen ausgetragen
- die verbale Konfliktfähigkeit kann bei entsprechender Erziehung zunehmen und gezielt entwickelt werden
- Jungen scheinen häufiger zu Gewaltanwendung zu neigen als Mädchen.

Damit wir wissen, worüber wir nachdenken, sehen wir uns die Beispiele an, die die Berufspraktikantin Denise Dienstel (2002) aufgeschrieben hat:

Beispiel

Die Tasche in der Kiste
Chris (2;4) hatte eine Tasche. Mit ihr lief sie umher. Dieter saß auf der Couch und sah, dass Chris die Tasche hatte, mit der er kurz vorher ein paar Minuten gespielt hatte. Chris ging dann zum Maltisch und nahm Bauklötze, die auf dem Tisch lagen. Sie steckte sie in die Tasche.
Dieter (2;8) ging auch zum Tisch und nahm einen Bauklotz in die Hand. Chris ging daraufhin in die Küche und schloss die Türe hinter sich. Dieter ging ihr nach und öffnete sie. Chris sagte zu ihm:
„He, ne Dieter. Geh raus!"
Chris verließ die Küche wieder. Dieter folgte ihr. Sie schaute sich im Gruppenraum um und ging erneut in die Küche. Dieter folgte ihr wieder. Sie wollte die Tasche in eine Schublade stecken. Doch Dieter reißt sie ihr aus der Hand. Doch ihr gelingt es, die Tasche wieder an sich zu nehmen. Danach rennt sie in den Gruppenraum. Dieter wartet einen Augenblick – und folgt ihr.
Chris ist inzwischen auf die Ebene des eingezogenen Zwischenbodens gestiegen. Sie versteckt dort die Tasche in einer roten Kiste. Dieter sucht nach Chris im Gruppenraum. Dann sieht er sie. Er geht die Treppe hinauf und bleibt auf der letzten Stufe stehen. Chris gibt ihm einen Stoß, dass er fast die Treppe hinunter fällt. Dieter bleibt aber stehen. Beide schauen sich an.
Für ein paar Augenblicke passiert nichts. Dann bewegt sich Chris und setzt sich auf die Kiste. Sie sagt: „Die Tasche!"
Sie steigt wieder von der Kiste. Dieter geht einen Schritt auf sie zu. Chris schiebt die Kiste in Richtung Dieter, der beinahe wieder die Treppe hinunter fällt. Dann schiebt er die Kiste

8

in Richtung Chris. Chris wird dabei an die Wand gedrückt. Sie fängt an zu weinen.
Dieter nimmt dann die Tasche aus der Kiste und flüchtet die Treppe hinunter in die Küche.
Chris rennt hinter ihm her. Als Chris ihre Mutter in der Küche sieht, sagte sie zu ihr: „Dieter hat die Tasche. Meine Tasche!"
Ihre Mutter reagiert nicht darauf und schiebt beide aus der Küche. Chris setzt sich zu einer Erzieherin auf die Couch, die ein Buch vorliest. Sie bleibt dort und hört zu.
Dieter spielt etwa zwei Minuten mit der Tasche und lässt sie dann auf den Boden fallen.

„Schlafen, Dieter!"

Lena (2;7) hat es sich auf der Couch im Gruppenraum gemütlich gemacht. Sie hat sich eine Bettdecke und ein Kopfkissen geholt. Sie legt sich hin.
Dieter (2;8) kommt, sieht Lena, geht zu ihr und schlägt ihr auf den Kopf. Er geht weiter.
Die Erzieherin geht in Büro, um Kerzen zu holen. Lena steht auf und geht ihr nach. In der Zeit legt sich Dieter auf Lenas Platz. Als sie zurück kommt, sagt sie zu Dieter: „Meins! Meins, Dieter!"
Lena fängt an zu weinen, hört aber sofort wieder auf. Sie sagt zu Dieter: „Schlafen, Dieter!"
Dabei streicht sie mit der Hand über seinen Kopf, deckt ihn richtig zu und geht. Dieter bleibt noch einen Moment liegen.

Aufräumen

Ida (5;10) und Maria (6;2) stehen am Bücherregal, um es aufzuräumen. Ida ordnet die obere Reihe, Maria die untere. Als Ida mit ihrer Reihe fertig ist, hilft sie Maria. Ida ordnet die linke Seite, Maria die rechte.
Dabei greifen beide nach demselben Buch und wollen es hochkant ins Regal stellen. Aber es ist zu groß, um es zu stellen.
Maria: „Ich will es hinlegen. Ich hatte es zuerst."
Ida: „Nein, ich!"
Maria: „Lass los, Ida, lass los!"
Ida. „Ich will es hinlegen, Maria!"
Sie halten nun beide das Buch in der Hand.
Maria: „Wir legen es beide hier hin!"
Ida: „Ja!"
Dann tun sie es.

 Aufgabe

Vergleichen Sie diese Kinderkonflikte mit denen von Erwachsenen, die Sie sich bitte vorher konkret aussuchen.

Erzieherinnen sind formal und faktisch dafür verantwortlich,
– dass Kinderkonflikte sozial akzeptabel – hier und jetzt – geregelt werden, selbst wenn die Regulierung durch die Kinder gemanagt wird,
– dass Kinder auf lange Sicht so etwas wie Konflikt-Kompetenz erwerben.
Die Frage ist natürlich auch: Sind Erzieherinnen dazu in der Lage? Wir werden sehen, dass es komplizierter ist, als es auf den ersten Blick aussieht. Nach Untersuchungen haben Erzieherinnen – durch ihre spezifische Sozialisation als Frauen – geregelte Probleme z. B. mit handgreiflichen Auseinandersetzungen von Jungen.

– Erzieherinnen haben offenbar ein Körpergefühl, das ihnen körperliche Auseinandersetzungen – besonders der Jungen – verdächtig macht. „Viele Erzieherinnen können körperliche Auseinandersetzungen unter Kindern nur schwer aushalten, weil sie selbst als Mädchen damit keine Erfahrungen gesammelt haben, oder wenn, dann nur als Opfer." (Dittrisch, Dörfler, Schneider, DJI, 1997). Relativ schnell sind sie aus diesen Gründen bei der Bewertung: Das ist eine gewalttätige, gefährliche, moralisch verwerfliche Auseinandersetzung. Dittrich, Dörfler und Schneider (DJI 1996) stellen fest, dass Erzieherinnen zwischen „ernsthaften Konflikten und lustvollem Toben" eben auch nicht unterscheiden können. Mehr (innere) Distanz zu den eigenen kindlichen Erfahrungen mit Konflikten wäre aber von Vorteil, da sie eine günstigere Voraussetzung für die Einfühlung der Erzieherin in aktuelles kindliches Handeln ermöglicht. Erzieherinnen reagieren bei solcher Unsicherheit mit „rigiden Verboten" oder mit „hilflosem Gewähren lassen" (DJI 1996).
– Erzieherinnen haben ein ausgeprägtes Harmoniebedürfnis, das besonders körperliche Auseinandersetzungen unter Kindern (meist Jungen) mindestens als völlig unnötig und in der Regel als überflüssig einordnet (s. o.). Es kommt hinzu, dass häufiges Konfliktverhalten der Kinder von Erzieherinnen in der Gruppe ausschließlich als Störung des sozialen Friedens eingeordnet und entsprechend moralisch behandelt wird.
– Die positiven Auswirkungen konfliktueller Auseinandersetzungen für die Sozialisation werden nicht wahrgenommen. In der Regel bedeutet es auch: Das (mögliche) positive Resultat aus dem Konfliktverhalten der Kinder wird negiert, z. B. der Erwerb von soziales Kompetenz.

(Eine ausführliche und ergiebige sowie Praxis orientierte Darstellung dieser Hintergründe finden Sie in Dittrisch, Dörfler, Schneider, DJI, 1997.)

Eine kurz gefasste Darstellung von Handlungsalternativen bei Kinderkonflikten stellen wir in der folgenden Grafik dar – eine ausführliche Variante der Bearbeitung von Kinderkonflikten bietet N. Kühne/R. Mahlmann/P. Wenzel: Konflikte lösen, Troisdorf 2002:

Konfliktbearbeitung: Strategieübersicht

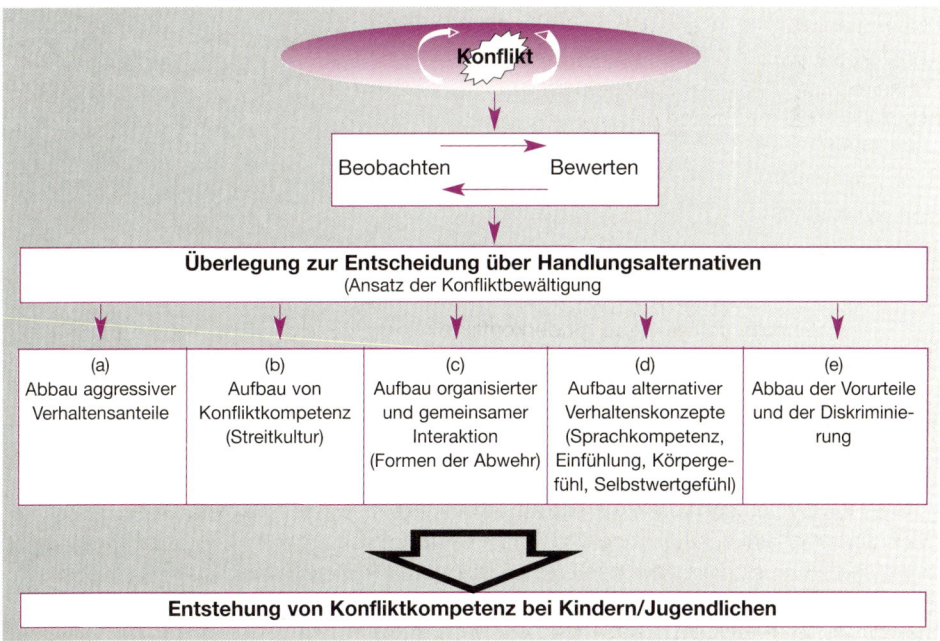

8

Anmerkungen zur Grafik:
Beobachten – Bewerten:
– In der neueren Diskussion zum Umgang mit Konflikten von Kindern wird immer wieder betont: Er-
    zieherinnen/Sozialpädagoginnen müssen sich selbst beobachten, um beurteilen zu können, was die
    Konflikte der Kinder in ihnen auslöst (siehe dazu: 2.1 und 2.3).
– Wir wollen nicht behaupten, ohne Systematik gäbe es keine Erfolge. Doch geordnetes Vorgehen in
    schwierigen Situationen ist effektiver und – auf lange Sicht – befriedigender. Professionalität ohne
    Systematik ist schließlich kaum denkbar. Es macht Sinn festzustellen: In welcher Form entstehen
    Konflikte – wer ist beteiligt – welche Anlässe gibt es usw.

1 Situationen beschreiben: Das ist eine nahe liegende Möglichkeit, wenn sie auch nicht wenig mü-
    hevoll ist; inhaltlich können Sie damit vieles festhalten und haben z. B. die Möglichkeit, dies als
    Grundlage für Gespräche bei Elternabenden zu verwenden. Einen Ansatz von Systematik kön-
    nen Sie einführen, indem sie Kategorien verwenden, die Sie bei jeder Notiz beachten: Wer ist be-
    teiligt? Wie häufig gibt es Konflikte? Welche Anlässe sind erkennbar? Wie wird er ausgetragen
    und wie geht der Konflikt aus? Immer das Datum angeben – unter Umständen die Uhrzeit – ge-
    legentlich auch den Wochentag. Legen Sie sich stets ein Blatt bereit, das Sie in einen Ordner
    heften können – oder eine Kladde.

2 Einfacher ist es jedoch, wenn Sie einen Beobachtungsbogen – oder mehrere je nach Bedarf –
    entwerfen, der Ihren jeweiligen Wünschen oder Anforderungen genügt, eine Strichliste ist gele-
    gentlich sehr aufschlussreich – z. B.:

Beispiel

Konfliktverhalten von Thorsten, Mehmet, Swen				
Wochentag Datum	Körperl. Ausei- nandersetzungen	Verbal aggr. Aus- einandersetzung	Prosoziale Regulierungen	Weitere Beteiligte
Montag				
Dienstag				
Mittwoch				
Donnerstag				
Freitag usw.				
Summe:				

Bei diesem Beispiel können Sie etwa die Entwicklung drei verschiedenener Arten konfliktueller Auseinandersetzung beobachten; Sie halten z. B. auch fest, welche Kinder gelegentlich noch hinzukommen.

Vielleicht kommen Sie auf der Grundlage dieser Ergebnisse zu der Auffassung, dass z. B.
Interventionen gar nicht sinnvoll sind. Unter Umständen überlegen Sie auch, mit der o. a.
Dreiergruppe prosoziale Regulierungen mit Hilfe von Rollenspiel-Situationen zu üben.

Sie bestimmen, was Sie beobachten möchten! Danach entwerfen Sie den Beobachtungsbogen.

Überlegungen zur Entscheidung über Handlungsalternativen (Ansatz der Konfliktbearbeitung):

Zu wissen, dass es Handlungsalternativen gibt, ist allein schon von unschätzbarem Wert:

(a) Abbau aggressiver Verhaltensanteile	(b) Aufbau von Konfliktkompetenz (Streitkultur)	(c) Aufbau organisierter und gemeinsamer Interaktion (Formen der Abwehr)	(d) Aufbau alternativer Verhaltenskonzepte (Sprachkompetenz, Einfühlung, Körpergefühl, Selbstwertgefühl)	(e) Abbau der Vorurteile und der Diskriminierung

Wobei wir nicht den Eindruck erwecken möchten, als ob die Interventionsvarianten damit erschöpft seien.

Die Kenntnis der Alternativen aber ermöglicht zum einen die Orientierung und begünstigt die Klarheit der Entscheidung, zum andern hilft sie bei der Formulierung von Zielkompetenzen, die bei den Kindern angestrebt werden. In Anlehnung an die o. a. Grafik könnten wir den Ablauf des Vorgehens folgendermaßen beschreiben:

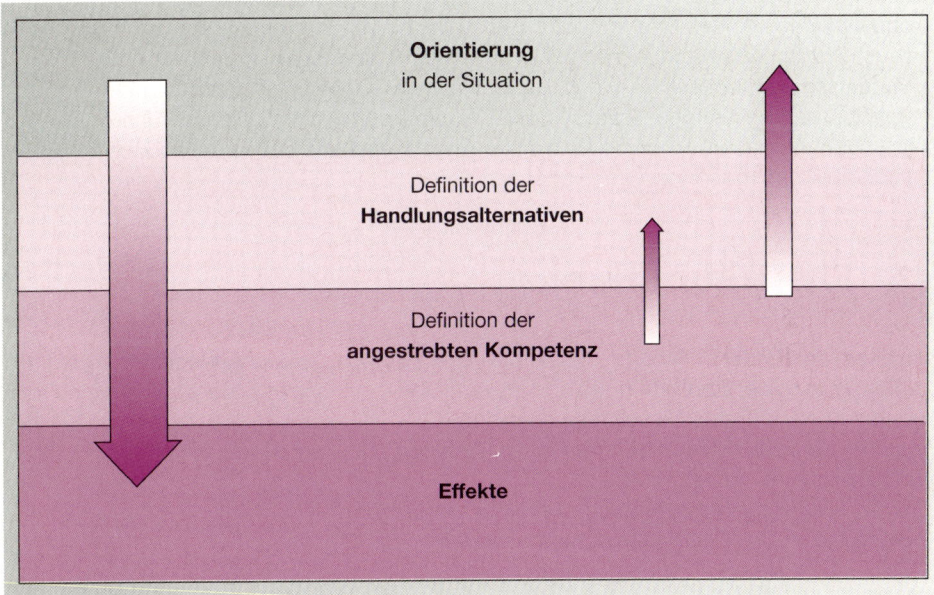

Zur Ihrer Orientierung benötigen Sie die Informationen, die Sie aus den Beobachtungen erhalten haben.

Anmerkungen zu den Handlungsalternativen:

– Sie können nicht davon ausgehen, dass Entscheidungen über Handlungsalternativen immer eindeutig zu treffen sind. Im Team können sie umstritten sein. Lassen Sie sich jedoch nicht zu sehr davon irritieren; wählen Sie eine Formulierung oder treffen Sie eine Entscheidung. Sie erkennen sehr bald, wie effektiv sich die Möglichkeiten in der Verwirklichung darstellen. Treffen Sie u. U. nach erneuter Orientierungsphase eine alternative Entscheidung.

- Die dargestellten Möglichkeiten verstehen sich nicht als einander ausschließende; der Abbau aggressiver Verhaltensanteile (a) kann z. B. gekoppelt werden mit dem Aufbau von Abwehrverhalten (c) bei wenig selbstbewussten Kindern. Die meisten Formen der Konfliktbearbeitung gehen in der Regel sogar von Kombinationsmöglichkeiten aus (siehe dazu 2.3).
- Jede Vorgehensweise (a–e) hat ihre spezifischen Vor- und Nachteile. Finden Sie diese heraus. Es scheint uns nicht sinnvoll, alle aufzählen zu wollen – falls das überhaupt möglich sein sollte. Sie hängen mit der Ausgangssituation und den angestrebten Kompetenzen zusammen. So werden Sie bemerken, dass es in einer komplexen Ausgangssituation, die schwer überschaubar ist, kaum möglich sein wird, isoliert aggressive Verhaltensanteile abbauen zu wollen, wie es etwa die Nicht-Beachtung aggressiven Verhaltens (innerhalb des Verstärkungslernens) vorsieht; die Aggression stabilisierenden Reize gehen eben nicht nur von der Erzieherin sondern auch von einzelnen Kindern mit unterschiedlichem sozialen Status aus. (Aufmunternde Ausrufe der Kinder wie „klasse!", „mach weiter!" usw. sind Aufmunterung zur Fortsetzung von Gewalttätigkeit und eine ordentliche Stabilisierung der Aggressivität!) Andererseits kann man einem schüchternen, körperlich labilen Kind nicht weismachen, dass es Erfolg versprechend sei, die aggressive Konfliktregulierung des Stärkeren gnädig zu belächeln.
- Die anzustrebenden Kompetenzen sind auf die Individualität und den Entwicklungsstand des Kindes/Jugendlichen abzustimmen. Häufig ergeben sie sich zwingend aus Ihren Beobachtungen. Andernfalls müssen Sie Kolleginnen, Eltern hinzuziehen oder sogar psychologische Beratung – nach Rücksprache mit den Eltern – erbitten.
- Bedeutsame Orientierungen in der Auseinandersetzung um ein bestimmtes Problem, Beschlüsse über Vorgehensweisen und Formulierungen von Zielen werden grundsätzlich schriftlich fixiert. Über die Grundlage eines Vorgehens darf es keine Zweifel geben; andernfalls ist irgendwann Zeit vertan worden.

8.5 Elternkonflikte

Den Eltern der Kinder in der Kita können Sie keine Konfliktregulierung/Mediation verordnen. Die Bearbeitung der Konflikte muss anders verlaufen – mit Fingerspitzengefühl, denn Eltern sind Ihre Kunden (Peter Wenzel, München 1999).
Peter Wenzel (in: N. Kühne: Konflikte lösen, Troisdorf 2002) empfiehlt im Kontakt mit Eltern grundsätzlich und vorbeugend:

- Es ist schwer für Sie zuzuhören, wenn Sie selbst reden!
- Signalisieren Sie, Elterngespräche sind gewünscht!
- Zeigen Sie, dass Sie zuhören wollen!
- Elterngespräch geht vor Kolleginnengespräch
- Die Welt aus Sicht der Eltern sehen
- Das Tempo der Eltern ist entscheidend
- Empfindlichkeit ist nicht angesagt
- Reagieren ohne Vorwürfe und Kritik
- Signalisieren Sie den Eltern Interesse
- Elterngespräche sind keine Frage der Sympathie

8

Für das Konfliktgespräch mit Eltern kann man empfehlen:
- Gefühle des Gesprächspartners akzeptieren, keine Urteile fällen
- Sich in die Vorstellungskraft und in die Lebenssituation des gegenüber hineinversetzen und ihn in Auseinandersetzungen unterstützen
- Kompromisse, Alternativen oder Vereinbarungen anstreben, die die Eltern akzeptieren können
- Sich über mögliche Folgen klar werden
- Verzicht auf Drohungen und Abwertungen
- Zurückhaltung mit der Selbstdarstellung der Erzieherin
- Bemühung um das Hier und Jetzt – weniger um das Damals
- Bemühungen um Gemeinsamkeit und zukünftiges handeln
- Verzicht auf Ratschläge – auch wenn es schwer fällt

Für die erfolgreiche Zusammenarbeit mit Eltern sieht Peter Wenzel (in: N. Kühne: Erziehung beschreiben und verändern, Troisdorf 2002) folgende Grundsätze als zentral an – womit deutlich wird, was Erzieherinnen tun können, um möglichen Konflikten mit professionellem Verhalten zu begegnen:

Grundsätze für den Erfolg

Vertrauen (A)
Die Eltern werden Ihnen vertrauen, wenn sie glauben, dass Sie sie verstehen, und wenn Sie ihnen helfen können, einerseits die Kinder zu fördern und zu betreuen und andererseits in der Lage sind, die Eltern darüber hinaus in ihrer Aufgabe zu entlasten.
Schließlich kann mit Elternkonflikten nur umgegangen werden, wenn auch innerhalb des System der Umgang mit Unzufriedenheiten geübt und besprochen wird.
Es darf nicht vergessen werden, dass Vertrauen nur in einem geschützten Raum wachsen kann. Dies schließt aus, den Kindergarten als Quatsch- und Tratschterminal zu fördern. Vertrauliche Gespräche müssen selbstverständlich in einer seriösen Atmosphäre unter Ausschluss der Eltern- und Kinderöffentlichkeit erfolgen.

Empathie (B)
Vertrauen ist abhängig vom Auftreten des jeweiligen Erziehers und der Empathie, die Eltern entgegen gebracht wird. So wendet man sich selbstverständlich mit seinen Bedürfnissen in der Regel an Menschen, die die Hintergründe oder Sorgen verstehen und sich in die Situation hineinversetzen können. Oftmals gehen Mütter mit ihren Problemen geradewegs auf die Kolleginnen zu, die selbst Kinder haben, weil sie meinen, dort mehr Empathie in Bezug auf ihre Mutterrolle erwarten zu können, obgleich das überhaupt nicht so sein muss und sich in der Realität oft umgekehrt darstellt.
Zur Empathie gehören nicht unbedingt gleiche Lebenslagen, sondern emotionale wie kognitive Fähigkeiten der pädagogischen Mitarbeiterinnen. Einerseits müssen Gefühle erkannt und benannt werden; andererseits muss die Sichtweise der Nutzer verstanden werden. Hierzu bedarf es der Fähigkeit, soziale Hinweise und soziale Einflüsse auf Verhalten zu erkennen und deuten zu können.

Freundlichkeit (C)
Wer will das nicht: Aufmerksamkeit, Anerkennung und Freundlichkeit erfahren. Deshalb darf und kann die Freundlichkeit der pädagogischen Mitarbeiterinnen nicht davon abhängig sein, ob die Eltern sympathisch sind oder nicht. Zum professionellen Arbeiten gehört, nicht nur darauf zu achten, ob der Inhalt der Sachinformation korrekt wiedergegeben ist,

8

sondern auch, wie diese Information verpackt wird. Wie selbstverständlich genießen wir oft, dass in Geschäften die Verkäuferin, der Kinokartenverkäufer oder im Stau die Autofahrerin auf der zweiten Spur uns anlächeln. Dieses Lächeln ist nicht begründet in einer lang anhaltenden partnerschaftlichen Beziehung, sondern ist einfach eine Chance, uns wohl zu fühlen. Freundlichkeit ist eine persönliche Äußerung – die auch als kürzeste Verbindung zwischen Menschen betrachtet werden kann und für pädagogische Mitarbeiter, deren Hauptwerkzeug die Kommunikation darstellt, somit als Instrument ein Muss.

Interesse an Rückmeldungen (D)

Im Allgemeinen sehen die meisten pädagogischen Mitarbeiterinnen in Kindergärten Rückmeldungen als Bestätigung ihres Misstrauens, dass Eltern Wege suchen, sich in die Abläufe des Kindergartens einzumischen. Letztendlich sind gerade aber diese Rückmeldungen wesentlich, um zu erkennen, welche individuellen Themen und Anliegen die Eltern im Moment beschäftigen. Erst wenn man um Unzufriedenheit oder enttäuschte Erwartungen weiß, besteht die Möglichkeit das eigene Verhalten zu erläutern oder sein Angebot oder seine Leistungen zu verbessern. Insofern ist eine kritische Rückmeldung eher ein Geschenk für die Einrichtung, weil sie dadurch in die Lage versetzt wird, eigenes Tun zu reflektieren oder zu verändern.

8.6 Die Konfliktstruktur-Analyse – Umgang mit Lernstörungen

8.6.1 Soziales Lernen und Lernstörungen

Soziales Lernen ist das Lernen aus dem Umgang mit der Realität des eigenen Ich und seiner Umwelt; das Ziel sozialen Lernens ist der Erwerb der Fähigkeit (Kompetenz), mit mir und dieser Umwelt umzugehen, mich und diese zu gestalten, damit ich ein Mensch werde oder bin, der einen Platz in dieser menschlichen Gemeinschaft auf dieser Welt sein eigen nennen kann.

Dass viele Gesichtspunkte für die Erfassung des Lerngeschehens im Sozialbereich von Bedeutung sind,

> *(...) wird jedem deutlich, der nur ein paar Minuten einer Mutter zuschaut, die ihrem Kind etwas beizubringen versucht. Wer solche Szenen Satz für Satz und Handlungsschritt für Handlungsschritt analysiert (...), entdeckt jedesmal geradezu ein Soziodrama, das Kämpfe um Rollen, Entfaltung von Strategien, Belohnungen und Bedrohungen, Krisen und Entspannungen, Enttäuschungen und Erfolg enthält.*

(L. Krappmann, 1974)

Ein wichtiger Aspekt des sozialen Lernens ist die Einbettung der Lernprozesse in soziale Situationen und deren konkrete Auswirkungen auf das Kind oder den Schüler. *Dieter Betz* (Gesamthochschule Essen) hat sich über lange Jahre mit den Lern- und Leistungsstörungen von Kindern befasst und konnte bei diesen Forschungen verschiedene Stadien der genannten Störungen unterscheiden. Für uns ist wichtig, dass sich diese Lern- und Leistungsstörungen im Wesentlichen aus verschiedenen Voraussetzungen und Bedingungen sozialer Gefüge entwickeln. Damit wird gleichzeitig die „Kehrseite" sozialer Lernprozesse erkennbar: Auch Defizite oder Probleme, die Kinder im Leben (in der Schule oder unter Freunden) haben, entwickeln sich in einem Gefüge aus individuellen und sozialen (oder auch materiellen) Bedingungen.

Mit der Darstellung der Entstehung einer Lern- und Leistungsstörung aber wollen wir auch versuchen, die komplizierten Sachverhalte sozialen Lernens am konkreten Beispiel klar und übersichtlich, und damit auch für die soziale Arbeit handhabbar zu machen. Am Beispiel „Fritzi" (siehe unten) lässt sich deutlich ablesen, dass nicht nur Sozialverhalten im engen Sinne erlernt wird; vielmehr werden Einstellungen erworben – Einstellungen einer Person zur Umwelt und zu sich selbst; es werden überdies Persönlichkeitszüge entwickelt, die sich in manchen Fällen für das Leben einer Person hinderlich oder gar schmerzlich erweisen können.

Beispiel

am Fall „Fritzi" (nach *D. Betz*, 1987)

1. Stadium

Im Mittelpunkt steht das Erleben eines permanenten Defekts. Fritzi drückt es so aus: „Ich bin nicht normal, ich kann das nicht". Die Klassenkameraden/Lehrer/Eltern äußern unter Umständen: „Fritzi ist faul". Von Seiten der Lehrer erfolgen die ersten Repressionen wie etwa Bloßstellen oder Disziplinieren.

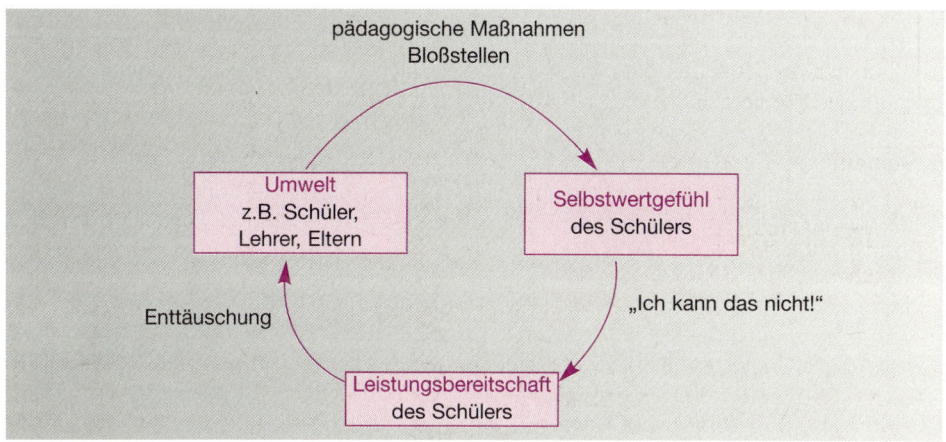

1. Stadium einer Lern- und Leistungsstörung: Ein Defizit beginnt zu wirken; mit den Pfeilen werden Wirkungen angedeutet, die von beteiligten Institutionen (Umwelt, Selbst, Leistung) ausgehen und auf beteiligte Institutionen wirken.

2. Stadium

Versagen löst Angst aus. Die Reaktionsbildung beim Schüler auf die (in Stadium 1 geschilderten Umstände) könnte sein: „Ich will gar nicht lesen!" oder: „Lesen interessiert mich nicht."

Das eigene Versagen wird als Nicht-Wollen interpretiert. Das Nicht-Wollen wird zum Programm der Verweigerung. Das Kind gerät immer mehr unter Druck. Der Lehrer und die Eltern sind vielleicht ungehalten und zeigen es; die Klassenkameraden frotzeln, hänseln und lachen Fritzi aus. Das Kind steht nun subjektiv und objektiv außerhalb der Klassengemeinschaft. Die fehlende Anerkennung wird durch Ersatzhandlungen zu erreichen versucht

(Kompensation). Es kompensiert durch Stören (was kurzfristige Anerkennung durch die Mitschüler zur Folge hat) – ist aber nicht längerfristig erfolgreich.

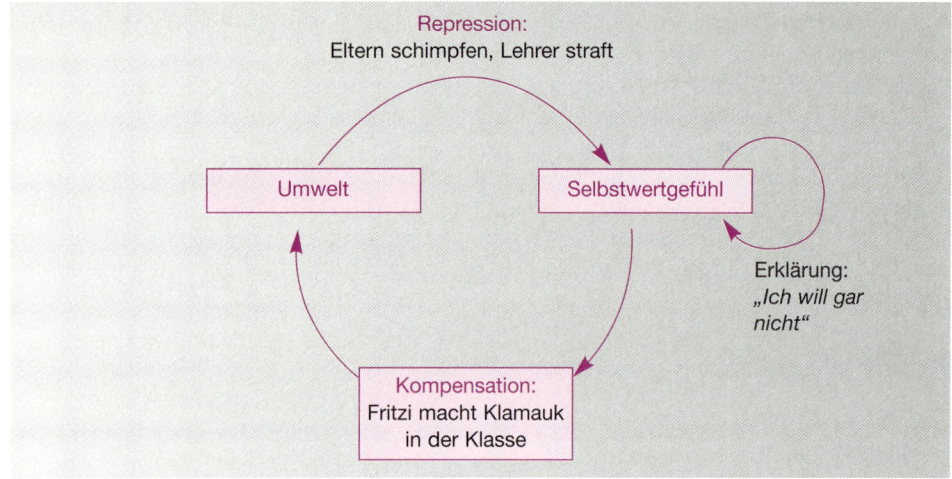

2. Stadium der LLS: *Stadium der Kompensation.*

Der in der Grafik angedeutete „Teufelskreis" (D. Betz, 1987) entsteht, der schon von der ursprünglichen Leistungsschwäche unabhängig ist (im 1. Stadium). Das heißt: Der Teufelskreis würde vielleicht sogar dann noch funktionieren, wenn das Leistungsproblem von Fritzi behoben wäre. Auch genügt nicht mehr die Beseitigung der ursprünglichen Lernschwäche, um das Problem zu lösen.

3. Stadium
Die vorhandenen Lücken führen zwangsläufig zu Misserfolgen. Die Minderleistung erzeugt Angst, die zu weiterem Versagen führt. Die Leistungsstörung entwickelt sich zur Lernstörung.

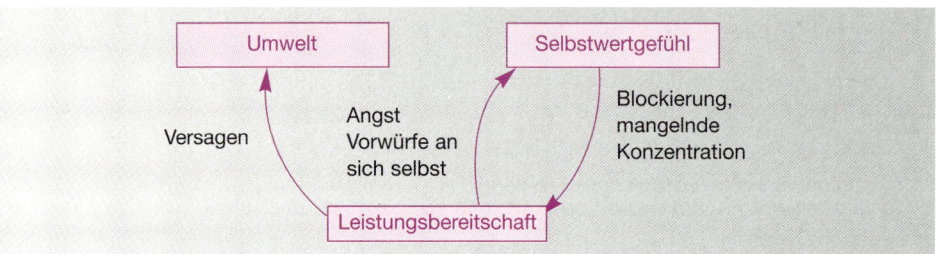

3. Stadium der LLS: *die Lücken im Lernstoff wirken auf das Selbstgefühl zurück; Angst wird zum vorherrschenden Gefühl.*

Selbstvorwürfe machen das Lernen und das Aufholen von Lernstoff unattraktiv – man müsste lernen, doch man lernt nicht. Es entsteht ein Wechselspiel aus Versagen und Lernausfällen. Zum ursprünglichen Defizit kommen weitere dazu: Minderleistungen aufgrund von Lücken.

„Um die Angst herum baut sich die gesamte Struktur der LLS auf (...) und kann sich auf die gesamte Schulleistung ausdehnen." (*D. Betz*)

4. Stadium

Es entwickeln sich Schuldgefühle. Der Misserfolg wird bereits vorweggenommen – und auf sich selbst zurückgeführt. Die Einstellung verhindert das Erlebnis von Erfolgen, begünstigt das Eingeständnis des Unvermögens. Auch die Umwelt (Lehrer, Schüler, Eltern) erwartet den Misserfolg. Das führt zur
– Minderung der Lernbereitschaft,
– Reduktion des Selbstwertgefühls.

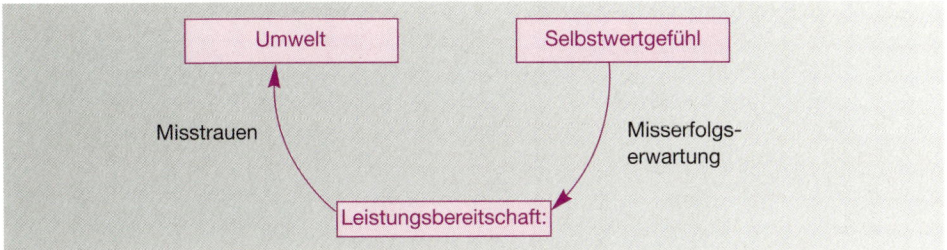

4. Stadium der LLS: *Teufelskreis Lern-Leistungsstörung, der sich im Wesentlichen zusammensetzt aus Misstrauen gegenüber der Umwelt (dem Lehrer, den Mitschülern und/oder den Eltern).*

Das 4. Stadium der Lern- und Leistungsstörung machen folgende Maßnahmen erforderlich, damit Fritzi geholfen wird:
– eine Vorbehandlung, die den Klienten erst handlungsfähig macht, Fritzi muss erst wieder das Lernen lernen;
– eine Nachbehandlung zur Beseitigung des mittelbaren Symptoms (Lernlücken),
– unter Umständen weitergehende Maßnahmen zur Veränderung des sozialen Umfeldes.

Allein daran wird erkenntlich, dass Lern- und Leistungsstörungen komplexe Sachverhalte sind, die den betroffenen Kindern bzw. Schülern enorme Schwierigkeiten machen. Sie begründen den „Teufelskreis", aus dem sich die wenigsten Kinder bzw. Schüler selbst befreien können.

Das Gefüge „Teufelskreis" muss durchbrochen werden, z. B. durch therapeutische Interventionen/Eingriffe. Es kann an einer Stelle beeinflusst werden, an der es aus der Situation heraus am einfachsten zu sein scheint. Bei Fritzi könnte es dadurch passieren, dass der Lehrer, statt zu strafen, einen positiven Beitrag von Fritzi, auch wenn er noch so geringfügig ist, akzeptiert und/oder positiv hervorhebt. Damit geriete der „Teufelskreis" an einer Stelle ins Wanken. So könnte man auf die Suche nach weiteren Möglichkeiten (der Intervention) gehen, um den negativen Lernkreis zu verändern.

Um die positive Variante eines Lernkreislaufs aufzuzeigen, analysieren wir das Lern- und Leistungsgefüge der „flinken Katrin".

Beispiel

Katrin (7 Jahre) ist im Sportunterricht sehr gut. Auch bei Spielen in der Pause rufen selbst die Jungen: „Katrin, komm und spiel mit uns!" Es macht ihr Spaß sich zu bewegen. Sie ist in anderen Fächern nicht gerade eine überragende Schülerin, aber kommt gut mit im Unterricht. Was sie im Kindergarten bereits prophezeit hat, trifft zu: Ich gehe gerne in die Schule. Sie kennt aber auch ihre Stärke, den Sport. Sie konnte ihre Eltern überreden, sie in einem nahen Turnverein anzumelden; in diesem Rahmen nimmt sie seit ein paar Monaten einmal (die Woche) am Kinderturnen teil. Auch im Verein sagte man ihr: Du bist sehr sportlich! Das weiß Katrin inzwischen auch. Sie liebt sogar komplizierte Spiele auf dem Schulhof und in der Turnhalle, was die anderen Kinder schätzen.

Daraus lässt sich der Wirkkreis (Wirkungen und Gegenwirkungen) der „flinken Katrin"erarbeiten:

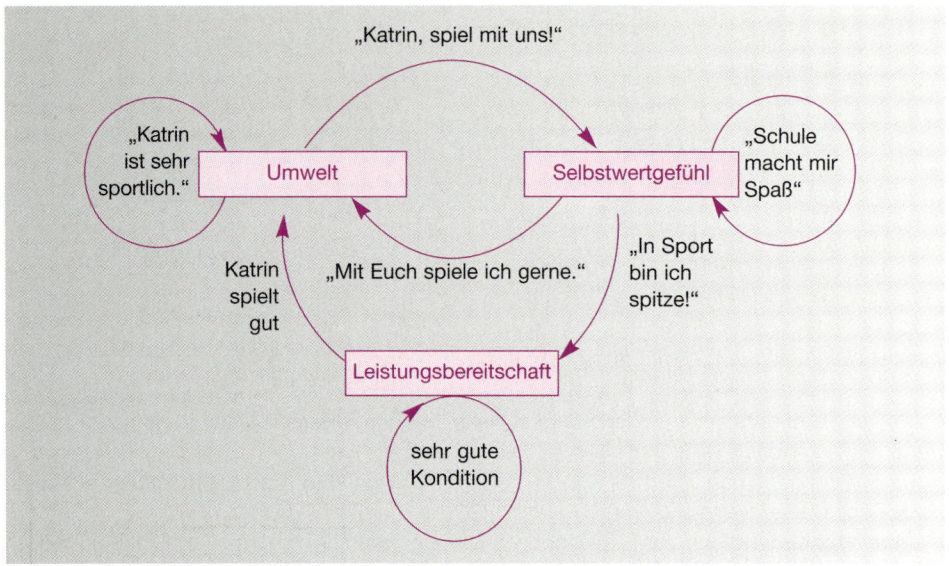

8.6.2 Anwendung der Konfliktstruktur-Analyse (KSA)

Mit den Beispielen „Fritzi" und „Katrin" in 8.6.1 wurde bereits begonnen, in komplexe soziale Situationen eine Struktur einzubringen, so dass sie für die Analyse und die Diskussion, etwa im Erzieher-Team, überschaubar wird.

Im zweiten Schritt sei hier in die Arbeit mit der KSA eingeführt. Zuerst ein paar Erläuterungen zu den Elementen der KSA:

– Die KSA ist in der Arbeit mit Kindern entwickelt worden, die wegen Lern- und Leistungsstörungen zur Beratung kamen oder geschickt wurden. Ziel der Vorgehensweise ist:

   1 Sammeln und Gliedern/Strukturieren von Daten aus dem situativen Kontext, in dem die Lernstörung entstand;

   2 die Planung von Interventionen zur Veränderung der Lernsituation (also nicht nur die Modifikation von unangemessenem Verhalten des Klienten im klassischen Sinne der Verhaltenstherapie).

Die KSA ist insofern kein neuer theoretischer Ansatz, als sie keine neue wissenschaftstheoretische Vorgehensweise bietet. Sie ist ein Ansatz, der es ermöglicht, bekannte (bzw. erprobte) wissenschaftliche Ansätze integrativ in die Diskussion einzubringen (Lerntheorie, Interaktionismus, die Diskussion um die Erziehungsstile usw.).

– Die Elemente der KSA (die man der Einfachheit halber auch „Lernkreis" nennen könnte): Die **Wirkung,** die man in diesem Modell mit einem Richtungspfeil kennzeichnet: ⟶

Die Wirkung hat per definitionem einen Ausgangspunkt und einen Punkt (Instanz), auf den sie trifft. Im Zweifelsfall kann eine Wirkung im sozialen Feld als solche definiert (und später mit Hilfe der Intervention erprobt) werden.

Es gibt Wirkungen,

– die von einer Instanz zur anderen gehen oder
– innerhalb derselben Instanz verbleiben.

Die „Instanz", die man als Rechteck darstellt: z. B.

das Selbst

Weitere „Instanzen" könnten sein: die Klasse, der Lehrer, die Eltern, die Leistung (einer Person), die Umwelt (Schüler und Lehrer und Eltern zusammen) usw.

Die Instanz nimmt die Wirkung auf und verändert sie spezifisch – je nach ihrer spezifischen Beschaffenheit oder Eigenart (bzw. ihren strukturellen Vorgaben). Von der Instanz gehen ebenfalls Wirkungen aus. Es gibt auch Wirkungen, die innerhalb einer Instanz verbleiben (z. B. Im Selbst des Schülers: „Ich bin eben ein Versager"); zumindest lässt sich diese Information als interne Wirkung definieren.

Die beiden Elemente werden zu einem Gefüge kombiniert, die den Lernkreis entstehen lassen (siehe unten). Betz/Breuninger schlagen vor, höchstens drei Instanzen zu verwenden (siehe: Übersichtlichkeit). Will man mehr Informationen in der Grafik der KSA unterbringen, kann man schon mal eine weitere Instanz anfügen oder ein zweites Lernkreismodell mit alternativen Instanzen dagegen setzen (kombiniertes Vorgehen). Die neue Qualität der grafischen Darstellung besteht in der Veranschaulichung der Vernetzung aller Lerndaten: Die Wirkung an einer Stelle des Lernkreislaufs hat Auswirkungen für viele/alle Sachverhalte in diesem Modell; anhand von Interpretationen/Vermutungen lässt sich diese Behauptung durchspielen. Letztendlich werden auf der Grundlage (später) auch die Interventionen diskutiert/geplant.

D. Betz hat den Lernkreis – das Modell der Konfliktstruktur-Analyse (KSA) – grundsätzlich wie folgt dargestellt:

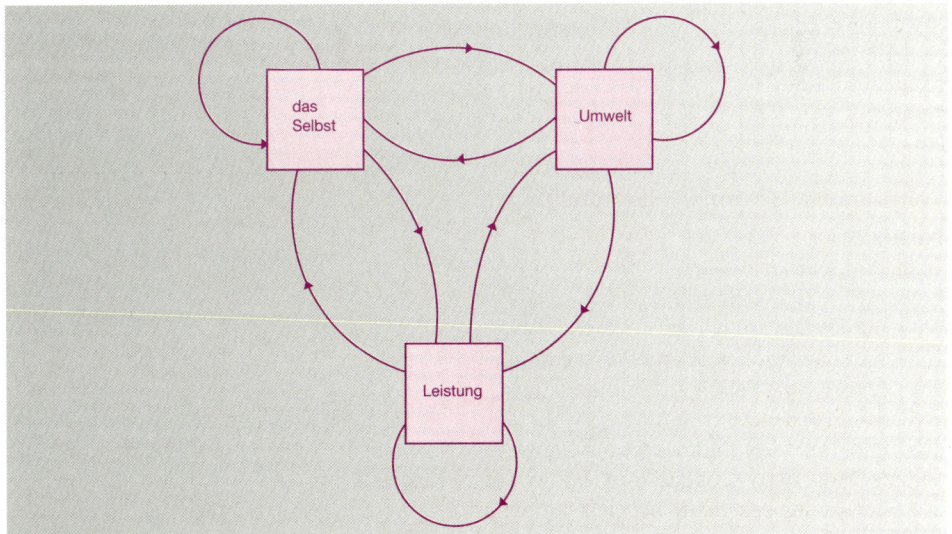

(Betz/Breuninger: „Teufelskreis Lernstörung" München/Weinheim 1987)

8

– Vorgehensweise

Man ordnet die Informationen aus einem Fallbeispiel den Wirkungen (Pfeilen) oder Instanzen zu, schreibt sie in die Grafik. Wichtige Regel: Eine Information darf immer nur einmal verwendet werden, damit keine Schwerpunktbildung in der Diskussion des Falles entsteht, die in der Schilderung des Falles nicht angelegt ist. Zur Überprüfung der Zuordnung kann man sich fragen: Von welcher Instanz geht die Wirkung aus – und auf welche Instanz wirkt sie sich aus; damit wäre die Zuordnung nachvollziehbar. Gibt es Zweifel beim Zuordnen, sollte man sich (mit Argumenten) entscheiden.

– Nutzung

1 Mit Hilfe der Zuordnung der Informationen aus dem Text zum Fall wird die Lernsituation der Person A. veranschaulicht.

2 Auf dieser Grundlage kann interpretiert werden: Schwerpunkte des Problems, Zusammenhänge usw. Schließlich können

3 Hypothesen für Interventionen gebildet werden, die sich an konkreten Stellen des Modells (an den Wirkungspfeilen) festmachen lassen. Interventionen kann man als „Interventionspunkte" kennzeichnen:

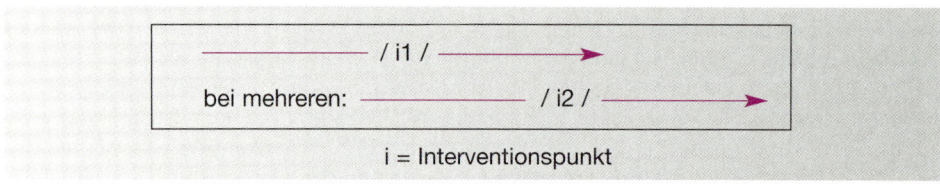

i = Interventionspunkt

4 Die vermuteten/wahrscheinlichen Auswirkungen auf den Gesamtkreislauf können erörtert werden.

8.6.3 Beispiel zur Arbeitsweise der KSA

Zur Veranschaulichung der Darlegungen in 3.5.2 nun ein Fall und dessen Bearbeitung durch D. Betz:

Beispiel

1. Bestandsaufnahme/Falldarstellung

Fall Ulrich
Schüler: Ulrich
Lehrer: Herr Schulzemeier
Th = Supervisor.
Stellen, die wörtlich wiedergeben werden, sind kursiv.
Die Darstellung ist stark zusammengefasst.

Herr Schulzemeier unterrichtet als Referendar Katholische Religion und Englisch an einer Hauptschule. Ulrich, 15 Jahre alt, ist Schüler in Klasse 9.
Herr Schulzemeier möchte ein nicht-autoritär Lehrer und seinen Schülern ein Vorbild sein. Er fühlt sich verunsichert. Vor allem kommt er mit Ulrich schlecht zurecht.
Ulrich boykottiert den Unterricht. Er *hängt im Stuhl hingeflegelt* und kümmert sich nicht um das Geschehen. Er demonstriert Langeweile und Unlust. Oder er stört, kramt in seinen Sa-

chen, holt Comichefte heraus, malt Männchen ... meistens so, dass seine Klassenkameraden es sehen müssen.

Dieses Verhalten ist allerdings nicht durchgehend: wenn der Stoff ihn packt, dann wird er solidarisch mit Herrn Schulzemeier und ruft dann seinerseits zur Ordnung.

Herr Schulzemeier appelliert manchmal an diese Solidarität, um Ulrich zum Eingreifen zu bringen, wenn die Klasse zu laut ist *("das interessiert Dich doch auch ...")*. Damit hat er aber nur selten Erfolg.

Wenn Ulrich stört, gerät Herr Schulzemeier in Wut und stellt ihn vor die Tür *("das ist ihm aber ganz recht!")* oder straft ihn sonst, z. B. durch *„Ignorieren"* oder *Übungsarbeiten*.

Persönlich mag Herr Schulzemeier den Ulrich, hat aber den Eindruck, dass Ulrich das Gegenteil glaubt. Er sieht im Verhalten Ulrichs einen Angriff auf seine Person *("Der will mir was")* und eine Gefahr für die Disziplin in der Klasse. Er meint, Ulrich glaube, bei ihm (Herr Schulzemeier) *„könne man es machen"*.

Herr Schulzemeier versucht, gerade in dieser Klasse und auch wegen Ulrich, einen besonders guten Unterricht zu machen, ist aber enttäuscht und glaubt zu versagen. In einigen Fällen hatte er richtige Angst und war blockiert, so dass er auf Stillarbeit zurückgreifen musste.

In solchen Fällen hat er mehr und mehr mit dem Gefühl der Ohnmacht zu kämpfen, will sich aber weiter besonders anstrengen.

Ulrich ist in der Klasse gut gelitten, er ist nicht der Star, aber mit an der Spitze und hat Freunde. Seine Leistungen sind trotz allem befriedigend, was besonders im Schriftlichen herauskommt. Mündlich hält sich Ulrich bis auf die genannten Ausnahmefälle zurück. Wenn er aber etwas beiträgt, sind es vor allem sozialkritische Beiträge, an denen man merkt, dass er selbständig denken kann. Er scheint sich sehr für Umweltprobleme wie Wasserverschmutzung und Waldsterben zu interessieren und *„schiebt einen Hass auf die Industrie und Behörden"*, weil diese auf Kosten der nächsten Generationen wirtschaften.

2. Geordnetes Zusammenstellen der Informationen zum Fall Ulrich

Einordnen der Aussagen in das Strukturmodell

Wichtige Aussagen

Herr Schulzemeier:

ist noch Referendar,

möchte nicht-autoritär und Vorbild sein (Erwartungen),

möchte besonders guten Unterricht machen (Erwartung),

Ulrich hängt im Stuhl hingeflegelt (Formulierung),

appelliert an Solidarität, Hilfeersuchen,

gerät in Wut,

straft: Ignorieren, Übungsaufgaben,

mag Ulrich,

„Der will mir was"

Gefahr für die Disziplin

enttäuscht,

glaubt zu versagen,

hat Angst,

ist blockiert.

8

Ulrich
boykottiert,
hängt im Stuhl hingeflegelt (Tatbestand),
demonstriert Langeweile und Unlust,
stört,
manchmal solidarisch,
glaubt, Herr S. möge ihn nicht,
glaubt „mit dem kann man es machen",
Leistungen zufriedenstellend.

Zusatzinformationen
Fächer von Herrn Schulzemeier treffen nicht die Hauptinteressen von Ulrich
Ulrich ist kein Außenseiter, sondern wohl gelitten
denkt selbstständig,
interessiert sich für Umweltprobleme,
hat Wut auf Industrie und Politiker und Sorge um die Lebensmöglichkeiten der nächsten Generationen.

Insgesamt ist mehr Information über Herrn Schulzemeier als über Ulrich vorhanden. Außerdem haben einige Aussagen über Ulrich den Charakter von Mutmaßungen (Herrn Schulzemeiers). Wir legen zur Übung zwei Modelle an, die im Ernstfall durch weitere Beobachtungen geprüft würden: *Mutmaßungen sind kursiv.*

3. Darstellung des Falles in zwei Strukturen

Struktur 1
Blöcke: U = Herr Schulzemeier, S = Ulrich, L = Interesse für Umwelt.
Das pädagogische Angebot passt nicht auf die dringenden Sorgen von Ulrich. Er boykottiert bis auf solche Diskussionen, in denen seine Interessen angesprochen werden, und stört den Unterricht. Herr Schulzemeier interpretiert das Verhalten als Angriff auf seine eigene Person, reagiert mit Wut und Strafen.
Die Gefühle von Herrn Schulzemeier sind Zusatzinformationen, die als Randbedingungen den Block oben beeinflussen.

Struktur Ulrich 1: Der Unterricht und die Interessen

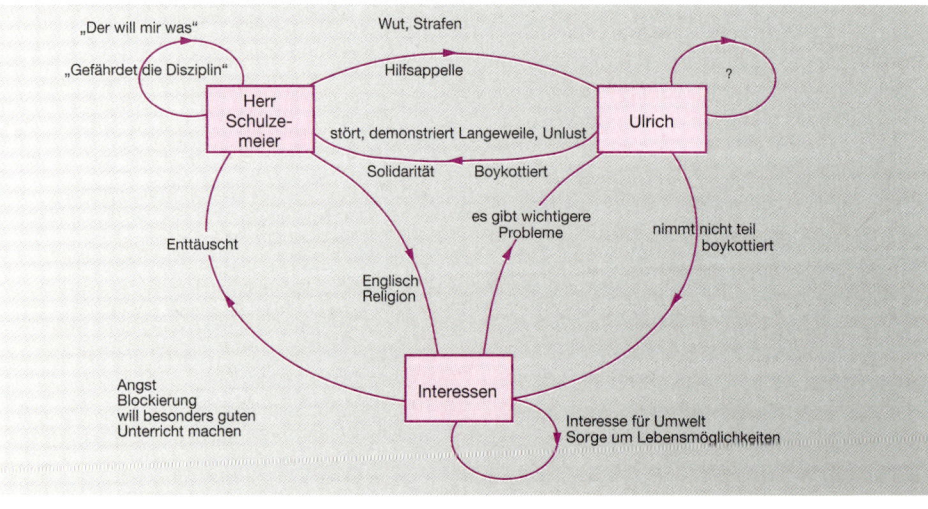

Struktur 2

Blöcke: U = Ulrich, S = Herr Schulzemeier, L = Pädagogische Leistung von S.

Der soziale Kreislauf ist gleich. Besser zur Geltung kommt das „Innenleben" des Lehrers, der als Referendar noch unsicher ist, aber große Erwartungen hat. Da sein Angebot bei Ulrich nicht „ankommt", ist Herr Schulzemeier enttäuscht und gekränkt, glaubt zu versagen und hat unter dem Eindruck des Verhaltens von Ulrich Angst, die ihrerseits zur Blockierung führt (Leistungsstörung).

Er fürchtet um die Disziplin, die ohnehin nicht allzu vorbildlich ist (die Klasse ist auch ohne Ulrichs Beteiligung laut!). Seine Reaktion (Wut, Strafe) ist nicht geeignet, Ulrichs Verhalten zu ändern. Die gelegentlichen Hilfsappelle an den Schüler untergraben eher seine Autorität und sein Ansehen. Insofern könnte das Gefühl „Ulrich glaubt, mit mir könne man es machen" richtig sein.

Ulrich 2: Die Angst des Lehrers vor seinem Schüler

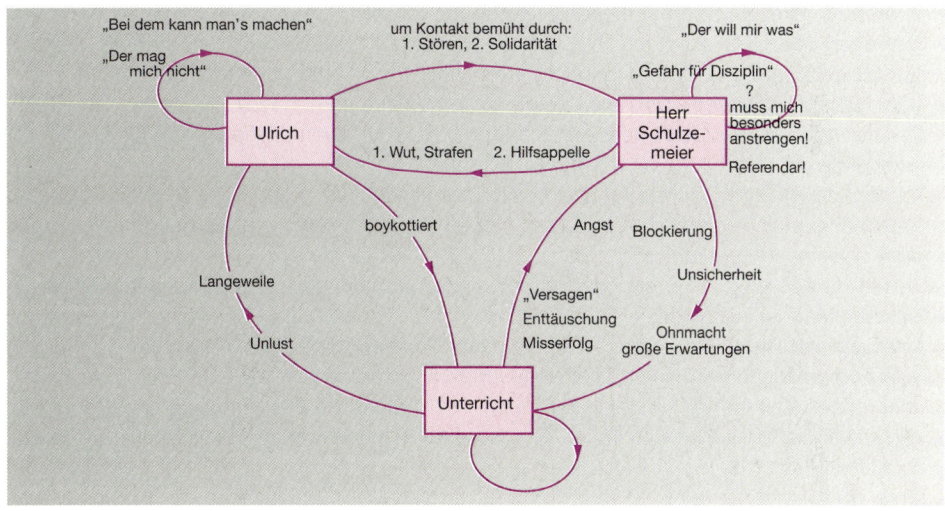

 **Aufgabe**

Schildern Sie ausführlich eine (komplexe) Konfliktsituation z. B. aus dem letzten Praktikum.

Bearbeiten Sie diese, wie eben dargestellt am Fall „Ulrich".

8

Beispiel

Mutter und Tochter

– Frau Abel (künftig A genannt) hat eine Tochter von 15 Jahren (künftig B genannt). Das Zusammenleben gestaltet sich in den letzten Monaten schwierig, so schwierig wie nie zuvor. Es gibt fortwährend Zoff.

– B kommt in der letzten Zeit nach Hause, wann sie will. Absprachen, die A ihr aufdrängt, hält die Tochter selten ein. A lebt nachts in ständiger Erwartung ihrer Tochter – und das für Stunden. Kommt sie schließlich nach Hause, gibt es heftige Szenen. Dabei wirkt B cool und abgeklärt; A aufgeregt und manchmal völlig aufgelöst.

– Schon als B das erste Mal mit ihrem Freund antanzte, war die Mutter entsetzt. Der Typ hatte grünblaugelbe Haare und Ringe durch das Ohr. Seine Kleidung entsetzte die Mutter. Es dauerte nicht lange, dann näherte sich das sogenannte Outfit der Tochter dem ihres Freundes auffällig an. Nicht dass sie damals gekommen wäre, um den Neuen vorzustellen: Nein, sie kam rein, verschwand mit ihm auf ihr Zimmer. Die Geräusche in den folgenden drei Stunden schienen A eindeutig zu sein. Ihre ganzen missglückten Liebschaften fielen Frau Abel ein. Wie konnte so einer mit ihrer Tochter ...! Ohne ein Wort mit ihr zu wechseln! Sie kannte ihn nicht einmal. Und sie kennt ihn heute noch nicht.

– Der Haushalt, in dem A und B seit einigen Jahren zusammen leben, wird von ihrer Tochter nur noch als Bleibe behandelt: B bringt keinen Abfalleimer mehr weg, sie spült nicht mehr, sie tut überhaupt nichts mehr! A grämt sich aber vor allem deswegen, weil sie schamlos von ihrer Tochter ignoriert wird. Das einzige Gesprächsthema ist die Höhe des Taschengeldes, registriert ihre Mutter. Neben diesem Thema gibt es nur Streit und heftige Auseinandersetzungen.

– A hat gerade eine Art Freundschaft mit einem angehenden Alkoholiker hinter sich gelassen. Männer könnte sie an die Wand klatschen. Sie scheinen ihr unfähig, ignorant und wenig einfühlsam. Die Freundschaft mit ihrer Tochter war bis vor einem Jahr ein wichtiger Fixpunkt in ihrem Leben. Die Scheidung von ihrem Mann (vor 6 Jahren) kommt ihr in der letzten Zeit immer wieder in den Sinn. Nicht, dass sie der Trennung nachtrauerte!

– Finanziell hat sie keine Probleme. Glaubt aber, keine Zeit mehr für intensivere Freundschaften – mit Männern oder Frauen – zu haben.

– Ihre Tochter, bisher eine fleißige und sehr erfolgreiche Schülerin an der hiesigen Realschule, hat neulich zum ersten Mal einen blauen Brief erhalten: In 5 Fächern steht sie auf der Kippe. Das hat es in ihrer Familie noch nie gegeben. Sie weiß nicht, wie sie damit umgehen soll. Sie ist völlig ratlos. Zum ersten Mal in ihrem Leben hat sie neulich ihrer Tochter eine Ohrfeige gegeben, weil sie verzweifelt war. Seitdem haben die beiden sich noch nicht einmal morgens gegrüßt.

– Neulich hat A vom Fenster aus die Clique gesehen, in der der Freund von B – und jetzt natürlich auch B selbst – verkehrt. Alles verkrachte Typen, wie sie meint.

– A kommt aus einem strebsamen Elternhaus, in dem auch Frauen-Karrieren beachtet wurden. Söhne hatten keine besonderen Vorrechte. Doch die Strebsamkeit wurde von Vater und Mutter immer gepriesen, auch wenn Vater nur ein besserer Bankangestellter gewesen war. Er war früh gestorben.

– Die jetzige Situation bringt das Leben von A völlig durcheinander. Das gemeinsame Einkaufen mit ihrer Tochter, das sie an Samstagen pflegten, entfällt. Der gemeinsame Freitag Abend in der Pizzeria nebenan wurde schon Wochen nicht mehr wahrgenommen. Sie weiß nicht, wie sie ihre Tochter ansprechen soll. Alles ist bedrückend und auch bedrohlich. Manchmal denkt sie sogar: Ich weiß gar nicht mehr, warum ich noch lebe. Dabei war A selten in ihrem Leben depressiv gestimmt. Diesmal aber scheint es ernst.

8

– In den Gesprächen mit ihrer Mutter vermeidet es A, über das Problem zu sprechen. Das Leben ist dazu da, gemeistert zu werden, würde Mutter dazu sagen – das vermutet A (zu Recht übrigens, denn ihr konnte sich A noch nie anvertrauen).
– Denkt sie aber an die Zukunft ihrer Tochter, sieht sie nur noch schwarz.

 **Aufgabe**

Bearbeiten Sie den Text „Mutter und Tochter" nach der Arbeitsweise der KSA. Diskutieren Sie Möglichkeiten von Interventionen in dem von Ihnen entwickelten „Lernkreis" dieses Falles.
Erörtern Sie mögliche Folgen Ihrer Interventionen.

8

Definitionen und Begriffe

Wir haben eine kleine Auswahl von Begriffen zusammengestellt, um Ihnen das schnelle Nachschlagen zu erleichtern. Konkurrenz zu psychologisch-pädagogischen Fachlexika wollen wir natürlich nicht anstreben.

Wenn Sie sich intensiver mit Psychologie oder Pädagogik befassen wollen, empfehlen wir Ihnen folgendes Lexikon:

Peter Köck/Hannes Ott: Wörterbuch der Erziehung und Unterricht, Auer-Verlag, Donauwörth

Das Buch pflegt eine klare Sprache, auch wenn einzelne Beiträge etwas länger sein sollten. Es gehört zu den wenigen Publikationen, die viele und ausführliche Grafiken bieten – womit sie dem Leser sehr entgegen kommen. Es bearbeitet zur Zeit 3100 Begriffe.

9

Glossar

A

Aggression: Aktivität, Personen (oder – stellvertretend – Gegenstände) zu verletzen (bzw. zu schädigen) – oder der Versuch, andere zu verletzten bzw. zu schädigen. Aggression kann mit Hilfe körperlicher Gewaltanwendung – aber auch zum Beispiel mit Worten erfolgen. Es gibt unterschiedliche Theorien über die Entstehung der Aggression beim Menschen (und beim Tier).

Akkomodation: Hier: Angleichungsprozess des Individuums an die Umwelt, indem vorhandene ungeeignete Verarbeitungsmittel abgelegt oder verändert werden.

Anlage: Sie ist der durch Vererbung grundgelegte Anteil an der Entwicklung (siehe: Umwelt). Körperliche Reifung etwa führt man in der Regel hauptsächlich auf Anlagefaktoren zurück, während der Wissenserwerb sehr stark von Umwelteinflüssen geprägt wird (aber auch hier ist der Umfang des Einflusses umstritten).

Anspruchsniveau: Höhe des Anspruchs, den jemand an seine Leistungsfähigkeit stellt. Das Anspruchsniveau wird geprägt von Erfolgs- und Misserfolgserlebnissen.

Apathie: Teilnahmslosigkeit, Gleichgültigkeit gegenüber Menschen und Umwelt. Sie tritt auf als Reaktion auf erschütternde Ereignisse, bei Nerven- und Geisteskrankheiten.

Artikulation: Alle Bewegungen, die zur Hervorbringung eines Lautes notwendig sind.

Assimilation: Hier: einen neuartigen Erfahrungsinhalt mit dem bereits vorhandenen Wissen in Verbindung bringen.

auslösende Reize: Reize, die eine Reaktion hervorrufen.

Außenkriterium: Hier: Beurteilungsmaßstab, der außerhalb des Tests liegt.

autoritäre Persönlichkeit: Von Adorno geprägter Begriff für Personen mit einer Reihe von zusammengehörigen Einstellungen, insbesondere zu den Themen Antisemitismus, Ethnozentrismus, Faschismus und politisch-ökonomischer Konservatismus.

B

Begriffslernen: Lernform, die man gewöhnlich zu den „höheren Lernformen" rechnet. Der Mensch lernt Begriffe überwiegend mit Hilfe sprachlicher Formulierungen.

Bestrafung (Strafe): Aus der Sicht der Lerntheorie ein unangenehmes Erlebnis, das vom Erzieher gezielt herbeigeführt wird, um ein bestimmtes Verhalten beim Kind/Jugendlichen zu unterbinden.

Bezugsperson: Diejenige Person, mit der sich ein Individuum besonders auseinandersetzt und identifiziert, deren Normen, Einstellungen und Verhaltensweisen es schließlich übernimmt.

Bezugssystem: Vergleichsgrundlage bei der Wahrnehmung und Beurteilung von Sachverhalten. Urteile beziehen sich auf eine Reihe von Normen, die sich aufgrund individueller Erfahrung und im Verlauf der Entwicklung gebildet haben.

C

Code: Begriff für den Sachverhalt des Verschlüsselns von Nachrichten oder Botschaften. Hier im Sprachkapitel wird von einem restringierten (eingeschränkten) und von einem elaborierten (ausführlichen) Code oder Sprachgebrauch gesprochen. Ein Code kann verhindern, dass jemand aus einer anderen Gruppe eine Botschaft/Nach-

9

richt versteht. Der Code müsste entschlüsselt werden, um verstanden zu werden.

D

deduktiv: Ableitend, vom Allgemeinen ausgehend.

Delinquenz: Neigung gegen Normen der Gesellschaft zu verstoßen.

Denken, divergentes: Zu einem Problem wird eine Vielzahl möglicher Lösungen gesucht.

Denken, konvergentes: Zu einem Problem wird eine mögliche Lösung gesucht.

Depression: Niedergeschlagenheit. Neben einer normalen Depression als Folge von Frustrationen gibt es noch eine krankhafte Depression. Depressive zeigen kaum Interesse an Handlungen und an der Umwelt und können im ungünstigsten Fall zum Selbstmord neigen.

Determinanten: Bedingungen, Faktoren, Ursachen, die ein Ereignis oder eine Entwicklung bestimmen.

Diskrepanz: Unstimmigkeit, Abweichung, Widerspruch.

Deutscher Bildungsrat: Beratungsgremium von Wissenschaftlern, das Empfehlungen zur Reform des Bildungswesens erarbeitet.

Diagramm: Schaubild, zeichnerische Darstellung von Zahlen oder anderen Werten.

E

Emotion: Gefühl; Gefühle sind komplexe Erlebnisse wie Freude, Ärger, Liebe, Mitleid und andere und werden von Atem-, Drüsen- und Kreislaufveränderungen begleitet.

empirisch: Erfahrungsgemäß; aus der Erfahrung, Beobachtung, dem Experiment entnommen.

empirische Untersuchungen: Sie beruhen auf nachprüfbaren, systematischen und wiederholbaren Beobachtungen (standardisierte Bedingungen).

Entwicklung: Der Begriff E. wird in verschiedenen Wissenschaften geführt (z. B. Biologie, Geschichtswissenschaft usw.). In der Psychologie gibt es unterschiedliche Definitionen von E. Einig ist man sich allerdings, dass mit E. ein Verlauf bezeichnet wird, in dem sich ein Gebilde (Organismus) aus sich heraus und unter dem Einfluss der Umwelt verändert, meist in Richtung auf einen vollkommeneren oder qualitativ höherwertigen Zustand hin. Der Mensch z. B. erlernt mehr Fertigkeiten, die er auch noch weiter verfeinert und fortentwickelt. E. hat häufig ein Ziel oder einen Endzustand: aus dem Kind wird ein Erwachsener, der in unserer Gesellschaft einen Platz einnimmt, der nach seiner Ausbildungszeit bestimmte Aufgaben zu erfüllen hat oder Leistungen erbringt.

Entwicklung, abweichende: Meist nicht vorhergesehener Verlauf der Entwicklung (des Verhaltens oder Erlebens), der von der normalen Entwicklung abweicht. Als normal kann man eine Entwicklung bezeichnen, wenn sie nach Vergleich mit den Individuen gleichen Alters einen ähnlichen Entwicklungsstand vorweist. Die Bezeichnung „E., a." wird häufig im Zusammenhang mit Verhaltensstörungen verwendet.

Entwicklung, motorische (Entwicklung der Motorik): Entwicklung der Bewegungsfähigkeit. Man unterscheidet

– die Entwicklung der Grobmotorik (Bewegung der Arme, Beine und des Rumpfes) von

– der Entwicklung der Feinmotorik (Hände, Finger; z. B. mit dem Löffel essen können, schreiben können, mit der Schere schneiden).

Entwicklungsbereich: Bezeichnung für eine wissenschaftlich abgrenzbare Einheit des Entwicklungsgeschehens, z. B. Bereich der körperlichen Entwicklung oder Bereich der intellektuellen Entwicklung. Man nimmt an, dass sich Entwicklungsbereiche auch gegenseitig beeinflussen (in unterschiedlichem Ausmaß). Das lässt sich auch teil-

9

weise nachweisen. So hat etwa die Entwicklung der Sprache einen Einfluss auf die Entwicklung der Intelligenz.

Entwicklungspsychologie: Forschungsrichtung, die sich hauptsächlich mit Fragen der Entwicklung des Menschen beschäftigt. Berufe, die u. a. mit solchen Fragen zu tun haben: Erzieher, Lehrer, Schullaufbahnberater usw.

Entwicklungsquotient: In Analogie zum IQ gebildete Beziehung zwischen Entwicklungsalter und Lebensalter.

Entwicklungsstörung: Bezeichnung für Unregelmäßigkeiten im Entwicklungsverlauf; der normale Entwicklungsverlauf wird gestört durch bestimmte einmalige Ereignisse oder länger andauernde ungünstige Bedingungen (z. B. Behinderung der motorischen Entwicklung durch ausgedehnte Bettlägrigkeit; Behinderung der geistigen Entwicklung durch eine reizlose bzw. monotone Umgebung).

Entwicklungsverzögerung: Verlangsamung der Entwicklung. Dieser Sachverhalt hat häufig Ursachen, die mit Hilfe von Untersuchungen nachweisbar sind. Die Verzögerung der motorischen Entwicklung kann darauf zurückgehen, dass das Kind wenig Möglichkeiten hat, sich angemessen zu bewegen; gegenüber den anderen Kindern gleichen Alters tritt damit eine Verzögerung der Entwicklung ein. Entwicklungsverzögerungen kann man ausgleichen:

– durch die Beseitigung der Bedingungen, die zu der Verzögerung führten oder

– durch Therapie.

Epilepsie: Fallsucht, Anfallserkrankung, bei der es unregelmäßig zu Bewusstlosigkeit und Krämpfen kommt.

Erziehungsstil: Bündel von Erzieherverhaltensweisen, die immer wieder zusammen vorkommen (laisser-faire, überbehütend, autoritär, demokratisch, antiautoritär).

Es (das): Die Instanz der Person, die unbewusst ist und in der der Sexualtrieb entsteht (siehe Kapitel „Persönlichkeitspsychologie").

Euphorie: Gesteigertes Wohlbefinden, Lebensgefühl, unangemessener Optimismus, heitere Stimmung.

Experiment: Sonderfall einer Beobachtung unter kontrollierten Bedingungen.

experimentell: Beobachtungen, die unter maximal kontrollierten Bedingungen stattfinden und den Zusammenhang zweier oder mehrerer Merkmale herausfinden.

Extraversion: Begriff für den Sachverhalt, dass jemand sehr interessiert ist, „Außenkontakte" zu pflegen.

F

Fähigkeit: Allgemeine Bezeichnung für die Bereitschaft, eine Leistung bestimmten Grades zu zeigen, wobei das Leistungsniveau entweder auf Erziehung und Übung oder auf eine Anlage zurückgeführt wird.

Faktorenanalyse: Statistische Forschungsmethode zur Ermittlung der mitbestimmenden Ursachen (Faktoren), die einer großen Menge verschiedener Eigenschaften zugrundeliegen.

Fehlhandlung: Handlung, die vordergründig sinnlos wirkt, aber als Ausdruck eines unterdrückten oder übergangenen Konfliktes gelten kann.

Fokaltherapie: Psychoanalytisch orientierte Kurztherapie, in der sich der Therapeut, stärker als sonst in der Psychoanalyse üblich, auf das Problemverhalten des Klienten bezieht.

Formel: Hier: Ein durch mathematische Symbole dargestellter mathematischer Satz oder Ausdruck.

Frustration: Zustand, der nach wiederholtem Misserfolg auftritt.

9

G

Geisteskrankheit: Auch Psychose genannt. Äußert sich in schweren Persönlichkeitsstörungen, bei denen Menschen häufig nicht mehr in der Lage sind, eigenverantwortlich zu handeln. Es kommt zu Wahrnehmungsstörungen und Störungen in den Beziehungen zur Umwelt. Als Außenstehender kann man sich nur schwer in die Erlebniswelt eines Geisteskranken hineinversetzen. Es fehlt die Unterscheidungsfähigkeit, Wirklichkeit und Vorstellung zu trennen.

Generalisation: Man unterscheidet zwischen Reiz- und Reaktions-Generalisation. Ähnliche, nicht ganz identische Reize sind in der Lage, die gleiche Reaktion hervorzurufen. Nach dem Erlernen einer Reaktion können nach der ursprünglichen Reaktion ähnliche Reaktionen auftreten, die nicht ganz mit der ursprünglichen identisch sind.

Gesprächspsychotherapie: Therapie-Form, die im wesentlichen von C. Rogers entwickelt wurde; im deutschsprachigen Raum von R. Tausch bearbeitet (siehe Literaturangaben zu diesem Autor). Ihr Vorgehen wird non-direktiv oder klientzentriert genannt. Das bedeutet, dass sich diese Therapie stark auf die Beteiligung des Klienten (Patienten) stützt.

Graphologie: Handschriftenkunde. Die Handschrift wird untersucht und auf ihren psychologischen Gehalt hin gedeutet.

Großhirn: Teil des Gehirns, der bewusste Vorgänge wie Sinneswahrnehmungen, Denken und Wollen ermöglicht.

Gruppentherapie: Therapie mehrerer Personen, auch zum Teil durch die Gruppe.

H

Hirnstamm: Stammesgeschichtlich alter Teil des Gehirns mit Bedeutung für die lebenswichtigen körperlichen Vorgänge.

Hypnose: Veränderung der Bewusstseinslage, die durch eine andere Person herbeigeführt werden kann. Schlafähnlicher Zustand, In dem der Mensch besonders beeinflussbar ist und meistens durch Konzentration auf die Stimme des Hypnotiseurs erreicht wird.

Hysterie: Bezeichnung für eine Reihe von Verhaltensstörungen mit den Merkmalen gesteigerter Empfindlichkeit und körperlicher Störungen ohne organische Grundlagen.

I/J

Ich (das): Die Instanz der Person, die zwischen Es, Über-Ich und Realität vermittelt. Das Ich ist der bewusste Bereich der Person (anfangs von Freud auch „das Bewusste" genannt).

induktiv: Vom Einzelnen zum Allgemeinen hinführend.

Information: Signal, Wahrnehmung, Mitteilung, die den Kenntnis- oder Wissensstand des Empfängers vermehrt.

Instinkt: Angeborenes Verhaltensmuster, das durch Schlüsselreize ausgelöst wird. Begriff aus der Ethologie = Tierverhaltensforschung.

Intelligenz: Kann man als die Fähigkeit bezeichnen, aus seinen Erfahrungen zu profitieren – auch die Fähigkeit, immer wieder hinzuzulernen. Es gibt sehr unterschiedliche Definitionen von Intelligenz, die im Wesentlichen im Kapitel 4 diskutiert werden. Man unterscheidet auch verschiedene Formen von Intelligenz.

Intelligenzniveau: Summe bzw. Durchschnitt aller Ausprägungen der einzelnen intellektuellen Fähigkeiten.

Introversion: Begriff für den Sachverhalt, dass jemand nach „innen" gekehrt ist („stilles Wasser"), zurückgezogen (schüchtern).

K

Kathartischer Effekt: Begriff aus der Psychoanalyse. Bezieht sich auf die Möglichkeit, aufgestaute und unterdrückte Bedürfnisse in einer meist heftigen Art und Weise zu befriedigen.

9

klassisches Konditionieren: Eine Lernform, die von der Gleichzeitigkeit des konditionierten und unkonditionierten Reizes ausgeht. Denken Sie etwa an Pawlows Hund, dem ein Fressen gezeigt wurde, während eine Glocke ertönte.

kognitive Prozesse: Erkenntnisvorgänge. Bezieht sich auf Wahrnehmung und Denken.

kognitive Schemata: Hier: Ordnungsgesichtspunkte des Denkens, die es ermöglichen, neue Erfahrungen widerspruchsfrei dem Wissen zuzuordnen.

Konditionierbarkeit: Fähigkeit, konditionierte Reaktionen zu bilden. Siehe Kapitel Lernen.

konditionierte Reaktion: Siehe Kapitel Lernen.

Konflikt: Innerer Zustand eines Menschen, der bei einander entgegengesetzten und unvereinbaren Motiven auftritt. Es kommt dabei zu starken Spannungen.

Konstitution: Körperliche Verfassung.

Kindersprache: Gelegentlich auch Babysprache genannt; das ist die unbeholfene, unkorrekte Sprache von Kindern, die noch nicht gut sprechen können (Blüli – statt Blümchen; Lokotive – statt Lokomotive); sie wird auch von Erwachsenen nachgeahmt in der Absicht, Kindern das Sprechenlernen zu erleichtern.

Kommunikation: Mitteilung, Mitteilungssystem.

Kreativität: Definieren die Psychologen als eine Fähigkeit, sehr unterschiedliche Lösungen (auch ungewöhnliche) aus schwierigen Situationen zu entwickeln. Kreativität hat wahrscheinlich etwas mit Intelligenz zu tun, ist aber nicht dasselbe. Man könnte sagen: Wer kreativ ist, wird in der Regel auch intelligent sein; wer aber intelligent ist, muss noch lange nicht kreativ sein.

L

Längsschnittuntersuchung: Beobachtung einer/mehrerer Personen über einen längeren Zeitraum; Methode der Entwicklungspsychologie.

Leistungsmotiv: Motiv, das dazu führt, etwas Herausragendes zu vollbringen, unter Umständen in Konkurrenz zum Mitmenschen; diesen kann man z. B. übertrumpfen wollen. Leistung erfordert Zähigkeit über längere Zeit.

Lernen: Die Veränderung des Verhaltens mit Hilfe von Erfahrungen, im Gegensatz etwa von Verhaltensveränderungen durch Reifung (biologische Reifungsprozesse): Laufen. Menschen und Tiere können ihr Verhalten durch Erfahrungen verändern, die sie tagtäglich machen – Menschen in größerem Umfang als Tiere. Die Menschwerdung könnte man als einen Lernprozess von lebenslanger Dauer bezeichnen. Es gibt Lernbehinderungen geistiger und emotionaler Art. Je mehr ein Mensch lernen kann oder zu lernen bereit ist, um so besser kann er auf die verschiedenen Anforderungen der Umwelt eingehen bzw. sich auf diese einstellen.

Lernen durch Einsicht: Auch Problemlösen genannt; lernen, Probleme zu lösen. Eine „höhere Lernform".

Lerntheorie(n): Erklärungsversuche von Lernprozessen.

Libido: Sexualtrieb (Bezeichnung von S. Freud).

Löschung: Bezeichnet den Vorgang, der einen Lernprozess wieder rückgängig macht. Es gibt verschiedene Erklärungsmöglichkeiten für Löschungsvorgänge.

M

Methoden, statistische: Wissenschaftliche Methoden zur zahlenmäßigen Erfassung, Untersuchung und Darstellung von Massenerscheinungen.

Mittelschicht (siehe auch: Unterschicht): Soziologischer, sozialpsychologischer Begriff für die Schicht der Angestellten, Beamten, Selbstständigen.

9

Motiv: Ist (nach Heckhausen) ein „wiederkehrendes Anliegen", ein Beweggrund, der für eine Person kennzeichnend ist. Motive sind nicht sichtbar. Sie können aber in der Regel gemessen werden, auch wenn einige Messverfahren umstritten sind. Man kann biologische (primäre) und soziale (erlernte) Motive unterscheiden, obwohl sie in der Regel miteinander verwoben auftreten (z. B. Essgewohnheiten sind sozial abgestimmt).

Motivation: Sachverhalt, der die Aktivität eines Organismus „ankurbelt" (R. Oerter).

Motorik: Bewegungsabläufe im menschlichen Körper; Lehre von Bewegungen/der Bewegungsfähigkeit.

N

Narzißtisch: Selbstliebend.

Nervenerregung: Bei Reizung einer Nervenzelle kommt es zu einer Veränderung der Durchlässigkeit der Zellmembran. Bei entsprechender Reizstärke entsteht ein Aktionsstrom, der sich über die Länge der Nervenfaser ausbreitet. Die elektrischen Impulse werden von einer Nervenzelle auf andere weitergeleitet.

Neugier(de): Von vielen als Trieb bezeichnete Bestrebung, sich immer wieder mit der Umwelt zu beschäftigen, sich mit ihr auseinanderzusetzen – und Daten über sie (im Gedächtnis) zu speichern.

Neurose: Psychische Erkrankung. Der Begriff kommt aus der Tiefenpsychologie von S. Freud. Es gibt weitere vergleichbare Begriffe aus anderen theoretischen Ansätzen (Verhaltensstörung, Verhaltensauffälligkeit), die aber nicht genau den Sachverhalt treffen, den die Neurose bezeichnet.

Normalverteilung: Begriff aus der Statistik. Bezieht sich darauf, dass sich bestimmte Merkmale normal verteilen. Das heißt, es gibt am meisten durchschnittliche Werte und am wenigsten abweichende Werte. Die Normalverteilungskurve hat die charakteristische Glockenform.

O

Ödipus-Konflikt: Nach S. Freud eine wichtige Situation in der Entwicklung des Kindes – um das 3.–4. Lebensjahr. Der Sohn ist eifersüchtig auf den Vater. Aus der Nicht-Bewältigung des Konfliktes können krankhafte Entwicklungen entstehen.

operantes Konditionieren: Methode des Lernens am Erfolg bzw. Misserfolg. Siehe Kapitel Lernen.

P

Parapsychologie: Teilgebiet der Psychologie, das sich mit der Untersuchung paranormaler (okkulter) Phänomene beschäftigt.

Persönlichkeit: Bezeichnet die Besonderheiten einer Person, seine besonderen Fähigkeiten oder Eigenschaften. Diese Eigenarten sind beständig und dienen der Bewältigung der Anforderungen des Lebens.

Persönlichkeitstheorie: Theorie über das Zustandekommen von Persönlichkeiten, d. h. besonderer Eigenschaften und Fähigkeiten.

Physiologie: Sie beschäftigt sich mit Teilsystemen innerhalb eines Individuums, mit dem Aufbau und der Funktionsweise von Organen und Organgruppen, sowie mit dem endokrinen und nervösen Geschehen.

Proportionen: Größenverhältnis; hier: Verhältnis der einzelnen Körperteile zueinander; dieses Verhältnis ändert sich z. B. in der Pubertät. Arme und Beine werden länger und der Kopf wird im Verhältnis zur Gesamtlänge des Körpers kleiner (im Verlauf der Entwicklung).

Psychiatrie: Sie beschäftigt sich mit Geisteskrankheiten, psychischen Störungen, deren Diagnose, Ursachen, Behandlung und Maßnahmen der Vorbeugung.

Psychoanalyse: Andere (aber sinngemäß nicht deckungsgleiche) Bezeichnung für die Theorie und Therapierichtung Freuds: Tiefenpsychologie. Aus dem Ansatz von Sig-

9

mund Freud sind wiederum viele tiefenpsychologische Denkrichtungen (Schulen) hervorgegangen. Die psychoanalytische Literatur könnte heute mehrere Bibliotheken füllen.

Die Psychoanalyse hat die Bedeutung des Unbewussten hervorgehoben. Man verbindet diesen Begriff des Unbewussten bildlich mit der „Tiefendimension" einer Person; ins Unbewusste hinabsteigen könnte bedeuten: In die Tiefe gehen. Die Vorstellung von der Tiefe hat noch eine weitere Bedeutung: Tief in die Kindheit zurückgehen; die Psychoanalyse hat alle Persönlichkeitszüge auf irgendein Ereignis in der Kindheit zurückgeführt.

Psychoanalyse heißt dann in diesem Zusammenhang: Die verschiedenen Kräfte erkennen können, die eine Person im Laufe der Zeit gebildet haben.

Psychoanalyse und Tiefenpsychologie werden in der Regel gleichbedeutend verwandt; es sind beides Theorien, die im Wesentlichen von *Freud* formuliert wurden.

Psychogalvanische Reaktion (PGR): Bei emotionalen Erregungen verändert sich u. a. der elektrische Hautwiderstand, der gemessen werden kann.

Psychopathie: Persönlichkeitsstörungen mit Fehlentwicklungen im Bereich der Gefühlsbildung und des Willens. Psychopathen haben kaum Selbststeuerungsmöglichkeiten. Es kommt häufig zu schweren Störungen zwischenmenschlicher Beziehungen vor allem durch starke Aggressionen und Gefühlskälte.

Psychotherapeut: Jemand, der eine Ausbildung in Psychologie und einer psychotherapeutischen Technik hat – und damit beruflich arbeitet: er heilt Neurosen, beseitigt Verhaltensauffälligkeiten.

Pubertät: Die Zeit in der Entwicklung des Menschen, in der starke körperliche (Geschlechtsreife), emotionale und geistige Veränderungen stattfinden.

Q

Querschnittsuntersuchung: Gleichzeitiges Testen mehrerer verschiedenaltriger Versuchspersonengruppen, man testet z. B. jeweils eine Gruppe von 3-, 5- und 10jährigen Kindern zum gleichen Zeitpunkt.

R

Regression: Rückfall auf eine überwundene Verhaltensstufe; etwa ein Kind, das wieder anfängt einzunässen (bei der Geburt eines Brüderchens), obwohl es schon „sauber" war.

Regellernen: Lernform, die man gewöhnlich zu den „höheren Lernformen" rechnet. Ist im Wesentlichen das Erlernen von Beziehungen zwischen Dingen und Sachverhalten (Regeln). Beim Erlernen von Regeln spielt die Anwendung eine herausragende Rolle.

Regel höherer Ordnung: eine „neu-ausgedachte" Regel, die zuvor erlernte Regeln in spezifischer Weise kombiniert.

Reife: In der Psychologie kann man darunter verstehen:

– Vollendung und Abschluss körperlicher Entwicklung oder einzelner Organe (z. B. Körperbau, Geschlechtsorgane)

– Vollendung geistiger Entwicklung, wobei es allerdings sehr unterschiedliche Auffassungen darüber gibt, wann jemand „geistig reif" zu nennen ist. (In dieser allgemeinen Form ist der Begriff auch kaum brauchbar; man sollte zuerst die Merkmale geistiger Reife festlegen.)

Reifung: Entwicklungsverlauf, der zur Reife (s. o.) führt.

Rolle: Stellung eines Menschen in einer Gruppe, an die bestimmte Verhaltenserwartungen geknüpft werden.

Rückenmark: An das Gehirn anschließender fingerdicker Strang aus Nervenzellen und -fasern, der bis zu den Lendenwirbeln (1./2.) hinabreicht. Vermittelt Nervenimpulse zwischen Gehirn und Körperteilen.

9

S

schichtspezifisch: Einer Schicht zugehörig; im Zusammenhang mit einer Schicht verwendbar.

Selbstbild: Vorstellungen, die man über sich selbst hat; das Bild, das man sich von sich selbst macht. Mit der Herausbildung eines Bildes von sich selbst beginnt der Mensch allmählich, seine Erfahrungen bewusst zu registrieren und zu beurteilen. Ein positives Selbstbild ist in der Regel gekoppelt mit Selbstwertgefühl (Selbstbewusstsein).

Selbststeuerung: Sie kann neben Anlage (s. o.) und Umwelt (s. u.) als wichtiger Bestandteil der Entwicklung angesehen werden. S. ist der eigenständige Beitrag des Menschen zu seiner Entwicklung. Damit ist S. auch die Grundlage für Eigenverantwortlichkeit und Selbständigkeit.

Sozialisationsprozess: Vorgang des Erwerbs sozialer Verhaltensweisen, die das Leben in einer Gemeinschaft ermöglichen.

soziale Interaktion: Gegenseitige Beeinflussung zwischen Personen oder Gruppen hinsichtlich ihrer Verhaltensweisen oder Einstellungen.

Sprache: System von Zeichen, das der Verständigung zwischen Individuen dient. Es gibt die gesprochene und die als Schrift niedergelegte Sprache. Das Erlernen der Sprache (einer Sprache) ist ein langwieriger Prozess, der eigentlich nie zu Ende ist, auch wenn es günstige und ungünstige Zeiten für den Spracherwerb gibt („kritische Periode"). Es gibt auch günstige oder ungünstige Lernbedingungen. Es scheint gesichert, dass Kindheit und Jugendzeit bei Spracherwerb und Sprachgebrauch eine ganz wichtige Rolle spielen. Es gibt auch Verzögerungen in der Sprachentwicklung – und viele Formen von Störungen (Stottern, Stammeln usw.).

Sprachmilieu: System von sozialen Bedingungen, die das Sprechen oder die Sprechmotivation entweder a) fördern und anregen oder b) behIndern.

Sprechmotivation: Einfach ausgedrückt: Lust am Sprechen haben (siehe: Kapitel „Motivation"); besser: motivationale (emotionale) Bedingungen, die Sprechen veranlassen können.

Stress: Jede organische oder psychische Belastung oder Überforderung, die als solche erlebt wird.

Stufenfolge: Viele Psychologen sind der Auffassung, dass die Entwicklung eine Aufeinanderfolge verschiedener Stufen ist (z. B. Stufe der frühen Kindheit, Schulalter, Reifejahre). Stufen sind voneinander relativ abgeschlossene Abschnitte. Die früheren Stufen bilden die Grundlage für die späteren.

Stufentheorie: Sie die ist Theorie für die Annahme, die Entwicklung (s. o.) sei eine Abfolge von Stufen (siehe auch: Stufenfolge und 9.3.3).

Suggestion: Vorgang der Einflussnahme auf einen Menschen mit der Absicht, den Willen des Betreffenden auszuschalten oder einzuschränken.

Symptom: Anzeichen für eine Störung. In der Psychoanalyse wird dieser Begriff auf Verhaltensstörungen angewandt, hinter denen man tieferliegende Ursachen vermutet.

T

Tachistoskop: Ein Gerät, das Bilder für Sekundenbruchteile auf einen Bildschirm projiziert.

Temperament: Eigenart eines Menschen. Bezieht sich auf körperliche Energie, Antriebsstärke und Vitalität (Lebenskraft).

Therapie: Ein Heilverfahren. Verschiedene psychologische Richtungen haben sehr unterschiedliche Therapien entwickelt, die heute in großer Vielfalt vorhanden sind. *Freud* hat die (lange Zeit) bekannteste Therapierichtung entworfen (s. Psychoanalyse); die Verhaltenstherapie (*H. J. Eysenck/ Rachman*) ist ein völlig anderes Heilungskonzept. Heute gibt es noch die Gesprächspsychotherapie, die Existenzialtherapie, Gestalttherapie usw.).

9

Tiefenpsychologie: Die von *Freud* begründete Disziplin, die eine Persönlichkeitstheorie, ein Therapieverfahren und viele kulturelle Theorien beinhaltet. Der Begriff „Tiefe" bezieht sich einmal auf die „Tiefe" des Unbewussten, überdies auf das Zurückgehen der Erklärungsansätze für Verhalten bis „tief" in die Kindheit (siehe auch Psychoanalyse und das Kapitel Persönlichkeitspsychologie).

traumatisch: Sich auf ein schmerzliches Kindheitserlebnis beziehend.

Typ: In der Persönlichkeitspsychologie die Bezeichnung für die Ausprägung einer ganz bestimmten Persönlichkeit – mit spezifischen Merkmalen, Eigenschaften und Eigenheiten. Man stellt sich vor, dass man Menschen einigen sehr verschiedenen Grundtypen zuordnen kann, wenn sie auch nicht mit ihnen identisch sind. Ein Typ ist ein gewisses Idealbild.

U

Über-Ich: Der Bereich der Person, in dem Normen und Regeln der sozialen Umgebung gespeichert sind. Das Über-Ich bewertet Verhalten und Denkweisen – nach seinen Normen, die im Erziehungsprozess entstanden sind.

Umwelt: Sie wird in der Entwicklungspsychologie als ein wichtiger Einflussfaktor für die Entwicklung des Menschen angesehen. Das Ausmaß des Einflusses der Umwelt auf die Entwicklung wird unterschiedlich beurteilt. „Umwelttheoretiker" betonen gegenüber den „Anlagetheoretikern" den wichtigeren Einfluss der U. auf die menschliche Entwicklung (siehe auch: Anlage).

Unterschicht: soziologische, sozialpsychologische Bezeichnung für die Schicht der Arbeiter und „Hilfsarbeiter". Die Merkmale der Schicht sind: geringeres Einkommen, unselbstständigere Arbeit, weniger Wohnraum usw. Der Begriff ist aus verschiedenen Gründen umstritten (siehe auch: Mittelschicht).

V

Verdrängung: Nach Freuds Vorstellung das Abdrängen des Sexualtriebes in das Unbewusste.

Verhaltensauffälligkeit: Begriff für den Sachverhalt, dass ein Verhalten nicht der Norm entspricht (wie auch immer eine Norm aussehen mag). Eine Verhaltensauffälligkeit bei einem 12jährigen Kind wäre etwa fortgesetztes Daumenlutschen (es entspricht nicht der Altersnorm). Der Begriff hat eine entscheidende Schwäche: die Schwierigkeit, eine allgemein akzeptierte Norm festzulegen (für bestimmte Verhaltensbereiche) (siehe auch Verhaltensstörung).

Verhaltensstörung: Bezeichnung für eine Störung von Verhaltensabläufen, die man sich anders vorstellt. Eine Störung wäre etwa das regelmäßige Einnässen (in der Nacht etwa) bei einem Schulkind. Man setzt voraus, dass ein Schulkind seine Blase regulieren können muss. Es gibt eine große Vielfalt von Störungen – und eine ebenso große Vielfalt von Erklärungen für die Entstehung von Verhaltensstörungen (siehe vor allem das Kapitel 7. „Persönlichkeitspsychologie").

Verhaltenstherapie: Therapeutische Methoden. Häufig mit Anwendung von Erkenntnissen aus der Lerntheorie. Siehe Kapitel Lernen.

Verstärker: Positive Erlebnisse (des Erfolges). Verstärker haben nach der Auffassung vieler Psychologen den Effekt, dass sie Verhaltensweisen verfestigen, sofern sie mit einem Erfolgserlebnis verbunden sind. Verstärker kann man (als Erzieher etwa) gezielt einsetzen, um das Kind zu einem bestimmten Verhalten zu führen. Sie wirken in der Regel nicht plötzlich und abrupt – ehe allmählich und langfristig.

Verstärkung: Ist der Ablauf der Stabilisierung von Verhalten durch Verstärker (siehe Kapitel Lernen).

9

Versuch- und Irrtums-Lernen: Bezeichnung für die Tatsache, dass ein Lebewesen auch eine bislang unbekannte Situation zunächst mit einer Vielzahl von Reaktionen antwortet, aus denen sich allmählich die zum Erfolg führenden (z. B. belohnten) herausschälen.

Verwahrlosung: Durch Vernachlässigung der Erzieher bedingtes asoziales Verhalten bei Kindern und Jugendlichen.

W

Wachstum: Fortlaufende Vergrößerung (Veränderung) des menschlichen Körpers bis hin zu einem Endpunkt (Reife). Die verschiedenen Organe des Körpers können sehr unterschiedliche Wachstumsgeschwindigkeiten aufweisen.

Wachstumsphasen: Phase schnelleren Körperwachstums; beim Menschen kann man um das 2. Lebensjahr und vor der Pubertät Wachstumsphasen feststellen.

Wahrnehmung: Bewusster Vorgang der Informationsaufnahme von Reizen aus der Umwelt und dem eigenen Körper. Siehe Kapitel Wahrnehmung.

Werkzeugdenken: Lässt sich definieren als ein Denken, das weitgehend ohne die Beteiligung der Sprache abläuft. Man geht davon aus, dass dieses Denken eben sprachfrei ist. Das schließt auch die Annahme ein, dass die meisten Denkprozesse beim Menschen von einem bestimmten Alter an in der Regel unter Beteiligung der Sprache (versprachlichter Gedanken) verlaufen. Werkzeugdenken ist typisch für Kinder, die die Sprache noch nicht oder noch schlecht beherrschen (siehe Kapitel Sprache).

Wille (Selbststeuerung): Meint die Fähigkeit, widerstrebende Regungen des Menschen auf ein Ziel hin und über längere zeit miteinander so zu koordinieren (zu steuern), dass die Erreichung des Zieles ermöglicht wird.

Wortschatz: Anzahl der Worte, über die jemand verfügt, die jemand kennt. Der aktive Wortschatz zeigt sich im eigenständigen Benennen von Dingen. Der passive Wortschatz beruht auf dem Wiedererkennen von Worten, nachdem diese irgendwie (von einem Untersucher) angeboten werden. Der passive Wortschatz ist allgemein umfangreicher.

Z

Zentralisation: Übernahme der Steuerung verschiedener Abläufe und Prozesse durch eine zentrale Instanz; damit ist eine zentrale Steuerung möglich (= Gegensatz zu einer Steuerung von verschiedenen Stellen aus; diese birgt die Gefahr in sich, dass sich verschiedene Prozesse/Abläufe behindern oder gegeneinander laufen).

Zentralnervensystem: Gehirn und Rückenmark.

Zwangserscheinungen: Man unterscheidet zwischen Zwangshandlungen und Zwangsvorstellungen. Bei Zwangshandlungen fühlt man sich gezwungen, bestimmte Dinge zu tun, ohne dass dies sinnvoll ist. Bei Zwangsvorstellungen drängen sich einem immer wieder Vorstellungen auf, ohne dass man dies bewusst verhindern kann.

9

Literaturverzeichnis

ADAC-Motorwelt 11/1995, S. 141
Allwörden, M. von: in: Theorie und Praxis der sozialpädagogischen Erziehung, Bielefeld 4/1995
Angermeier, M. (Hg.): Legasthenie, Fischer TB, 1976
Angermeier, W. F. / Peters, M.: Bedingte Reaktionen, Berlin – Heidelberg – New York 1973
Angermeier, W. F.: Motivation, Kurs 1, Fernuniversität Hagen, 1973
Angleitner, A.: Einführung in die Persönlichkeitspsychologie, Stuttgart 1980
Argelander, H.: Das Erstinterview, in: Psyche, Stuttgart 1967
Arnold, W.: Bildungswilligkeit der Eltern im Hinblick auf ihre Kinder, in: Begabung und Lernen, Deutscher Bildungsrat, Gutachten und Studien der Bildungskommission, Bd. 4, Stuttgart 1971
Attesberger, M. / Hahn, E.: Probleme der Schulreife, Schwäb. Gmünd 1970/71
Ausubel, D. P.: Das Jugendalter, Fakten – Probleme – Theorie, München 1971
Axline, V. M.: Kinderspieltherapie im nicht-direktiven Verfahren, München 1972
Ayres, A. J.: Bausteine der Entwicklung, Berlin/Heidelberg/New York, 3. Auflage, 1998

Bachman, C. H.: Psychoanalyse und Verhaltenstherapie, Frankfurt/M. 1972
Baldridge, M.: Three decades of language Study, Childh. Educ. 1949/26
Bandura, A.: Principles of Behavior Modification, London 1970
Bandura, A. / Walters, R. H.: Adolescent aggression, New York 1959
Bandura, A. / Walters, R. H.: Social Learning and personality development, New York 1963
Bandura, A.: The role of Imitation in Personality Development, Journ. of Nursey Education, Vol. XVII Nr. 3 April 1963 (zit. nach Gage/Berliner, 1977)
Barres, E.: Das Vorurteil von Theorie und Praxis, Opladen 1974
Beckmann, H.: Ein Beitrag zur grammatischen Entwicklung der schriftlichen Darstellung im Schulalter, Zeitschrift f. päd. Psychologie, 28/1927
Bell, G. B. / Hall, H. E.: The relationship between leadership and latency, Journal abn. soc. Psychol., 1954/49
Bellak, L. / Small, L.: Kurzpsychotherapie und Notfallpsychotherapie, Frankfurt/M. 1972
Bernstein, B.: Der Unfug mit der kompensatorischen Erziehung, in: Familienerziehung, Sozialschicht und Schulerfolg, Weinheim 1973
Betz, D.: Teufelskreis Lernstörung – Theoretische Grundlegung und Standardprogramm; München-Weinheim 1987
Biedermann, H.: Die Drillinge des Sigmund Freud, Heidelberg 1982
Bischof, L. J.: Persönlichkeitstheorien I und II, Paderborn 1983
Blumenberg, F. J. / Kury, H.: Herder-Lexikon Psychologie, Freiburg 1975
Bonney, M. E.: Social behavior differences between grade children of high and low sociometric status, Journal educ. Res., 1955/48
Bornemann, E.: Das Patriarchat, Frankfurt 1980[2]
Bower / Clark / Winzenz / Lesgold, 1969 (zitiert nach Gage/Berliner, 1977)
Brand, P.: Schulreife und Milieu, Frankfurt 1955
Bremer, U. / Gruschka, A. / Trefz-Winter, E.: Das revidierte Erzieher-Curriculum stellt sich vor, Landesinstitut für Schule und Weiterbildung / Überregionale Fachgruppe Erziehungswissenschaften, Neuss (heute: Soest) 1981
Bridges, K. M. B.: Emotional development in early infancy, Child Development, 1932/3

Brosch, A.: Die Wirkung abrupter Unterbrechung auf das Gedächtnis bei Kindern, Wr. Arch., Psych. Neurol., 3, 1953

Bruner, J. S.: Spiel ist mehr als Spielerei, in: PSYCHOLOGIE HEUTE 11/1975, Weinheim

Bruner, J. S.: Mutter-Sprache, in: PSYCHOLOGIE HEUTE, Nr. 9/1980

Bründel, H. / Hurrelmann, K.: Gewalt macht Schule. Wie gehen wir mit aggressiven Kindern um, München 1994

Bühler, H. / Mühle, G. (Hg.): Sprachentwicklungspsychologie, Weinheim 1974

Bühler, K.: Die geistige Entwicklung des Kindes, Jena 1918

Bühler, K.: Abriß der geistigen Entwicklung des Kindes, Leipzig 1929

Bundesminister für Jugend, Familie und Gesundheit: Kindesmißhandlung, Bonn 1981

Burger, R.: Liegt die Höhere Schule richtig, Freiburg 1963

Busemann, A.: Krisenjahre im Ablauf der Jugend, Ratingen 1953

Cartwright, C. A. / Cartwright, G. P.: Determining the motivational system of indiv. children (nach Gage / Berliner, 1977)

Christiansen, U.: Obdachlos weil arm, Gießen 1973

Claßen, F. / Grohnes, K. H. / Kühne, N. / Notzen, G. / Peek, Ch. / Rückels, W. / Sudhues, M. / Tønessen, J.: Überlegungen zum Gegenstand Lernen in der FSP, in: Beiträge zum Psychologieunterricht, Lehrerfortbildung: Tagungsberichte 75, Landesinstitut für Curriculum-Entwicklung, Lehrerfortbildung und Weiterbildung, Görlitzerstr. 3, 41460 Neuss

Cohn, R.: Das Thema als Mittelpunkt interaktioneller Gruppen, in: Zweitschrift für Gruppenpsychotherapie und Gruppendynamik, 1971

Correll, W.: Lernen und Verhalten, Frankfurt 1971

Crystal, D.: Die Cambridge Enzyklopädie der Sprache, Ffm/New York 1993

DeCharms, R. / Moeller, G. H.: Values expressed in American Children readers: 1800–1950; Journal of Abnormal and Social Psychology, 64, II (S. 136–142) (nach Gage/Berliner, 1977)

Delay, J. / Pichot, P.: Medizinische Psychologie, Köln 1966

Dennis, W.: Causes of the retardation among institutional children, Iran Journal genet. Psychol., 96/1960

Deussig, H.: Der sprachliche Ausdruck des Schulkindes, Jenaer Beiträge zur Jugend- und Erziehungspsychologie, Langensalza, 3/1927

Deutscher Bildungsrat: Empfehlungen der Bildungskommission: Strukturplan für das Bildungswesen, Stuttgart 1972

Dietrich, K.: Intelligenz läßt sich lernen, Stuttgart 1972

Dittrich, G.; Dörfler, M.; Schneider, K.: Konflikt, Aggression, Gewalt in der Welt von Kindern unter dem Blick der Wissenschaft, Deutsches Jugendinstitut, München 1996

Dittrich, G.; Dörfler, M.; Schneider, K.: Konflikte unter Kindern – Erzieherinnen berichten aus ihrem Alltag, Deutsches Jugendinstitut, München 1997

Dittrich, G.; Dörfler, M.; Schneider, K.: Konflikte unter Kindern beobachten und verstehen, Deutsches Jugendinstitut, München 1998

Dorsch, F.: Psychologisches Wörterbuch, Hamburg 1970

Douglas, J. W. B.: „The Home and the School", London 1966

Dreger, R. M.: Spontaneous conversation and story-telling of children in a naturalistic setting, Journal Psychol., 1955/40

Drever, J. / Fröhlich, W. D.: Wörterbuch zur Psychologie, München 1970 und 1971

Duncker, K.: Zur Psychologie des produktiven Denkens, Berlin 1935

Ebbinghaus, H.: Über das Gedächtnis, Leipzig 1885

Erckenbrecht, U.: Sprachdenken, Kronberg 1974

Erikson, E. H.: Kindheit und Gesellschaft, Stuttgart 1961

Erikson, E. H.: Jugend und Krise, Stuttgart 1970

Erikson, E. H.: Identität und Lebenszyklus, Frankfurt 1971/1973

Escher, M. C.: in: GEO 9/81, Hamburg

Eysenck, H. J.: Die Experimentiergesellschaft, Hamburg 1973

Eysenck, H. J. / Rachmann, S.: Neurosen – Ursache und Heilmethoden, Berlin-Ost 1968

Fischel, W.: Grundzüge des Zentralnervensystems des Menschen, Leipzig 1960

Fischer, S. R.: Eine kleine Geschichte der Sprache, Campus Verlag, Frankfurt/New York 1999; S. 39

Florin, I. / Tunner, W.: Behandlung kindlicher Verhaltensstörungen, München 1974

Fölsing, A.: Mädchen in Schule, Ausbildung und Beruf, in: 3 wie Schule, 4/1980, Kultusminister von NW

10

Foppa, K.: Lernen, Gedächtnis, Verhalten, Köln 1968
FORSCHUNGSGRUPPE SCHULISCHE SOZIALISATION, Konstanz, b : e, 1975, S. 45
Frederici, A. / Max-Planck-Institut für neuropsychologische Forschung, DIE ZEIT 27/1997; 27. 06. 1997
Freire, P.: Politische Alphabetisierung, in: betrifft: erziehung 7/1973, Weinhem
Freud, A.: Heimatlose Kinder, Frankfurt 1971
Freud, S.: Gesammelte Werke Bd. 1–17, Frankfurt 1966, 1972
Freud, S.: Sexualleben (Studienausgabe), Frankfurt/M. 1982
Freyre, G.: Die iberische Zeitvorstellung, in: Arbeitsunterlagen 5 zur Lateinamerikaforschung, Sozialforschungsstelle a. d. Universität Münster 1967
Fromm, E.: Die Kunst des Liebens, Stuttgart 1980
Fthenakis, W. E. / Textor, M. R.: Pädagogische Ansätze im Kindergarten, Weinheim 2000
Funkkolleg Erziehungswissenschaft, Frankfurt 1972

Gage, N. L. / Berliner, D. C.: Pädagogische Psychologie, München 1977
Gagné, R. M.: Die Bedingungen des menschlichen Lernens, Hannover 1970
Gahagan, D. M. / Gahagan, D. A.: Talk Reform, London 1970
Gardner, H.: in: PSYCHOLOGIE HEUTE, 2/85 (S. 20–31)
Gates: 1917 (nach Gage/Berliner 1977)
Gesell, A. / Thompson, H.: Learning and growth in identical twins; an exp. study of co-twin control, Genet. Psychol. Monogr. 6/1929
Ginsburg, H. / Opper, S.: Piagets Theorie der geistigen Entwicklung, Stuttgart 1975, 1982
Götte, R.: Sprache und Spiel im Kindergarten, Weinheim 1979
Goetz / Jaede: Die nicht-direktive Spieltherapie, München 1974
Goffmann, E.: Stigma, Frankfurt 1967
Goffmann, E. / nach H. L. Gukenbiehl: Felder der Sozialisation, Braunschweig 1979, S. 76
Goodenough, F. L.: The measurement of the mental growth in Childhood, in: Carmichael: Manual of Child Psychology, New York 1954
Govatos, L. A.: Relationships and age differences in growth measures and motor. skills, Child Development 30/1959
Grauer, G.: Die Entwicklung des Leistungsstrebens, in: Familienerziehung, Sozialschicht und Schulerfolg, Weinheim 1973
Grauer, G.: Leitbilder und Erziehungspraktiken, in: siehe oben
Graumann, C. F.: Grundzüge der Verhaltensbeobachtung, in: Graumann, C. F. / Heckhausen, H.: Pädagogische Psychologie, Grundlagentexte 1. Fischer TB, Frankfurt 1973
Grimm, H.: Störungen der Sprachentwicklung, Göttingen 1999
Gruschka, A.: Wie aus Schülern Erzieher werden, Wetzlar 1985
Gstettner, P.: Dimensionen der Pädagogik, Bd. 6, Düsseldorf 1975
Guilford, J. P.: Persönlichkeit, Weinheim 1971
Gurlang, M.: Von der Aufnahmeprüfung bis zum Abitur, DIE DEUTSCHE SCHULE, 57/1965

Hartmann, H.: Psychologische Diagnostik, Pullach München 1970
Hartong, K.: Schülerbewegung und Schulerfolg in den weiterführenden allgemeinbildenden Schulen, Lingen 1961
Havighurst, R. J.: Development tasks and Education, New York 1974
Heckhausen, H.: Förderung der Lernmotivierung und der intellektuellen Tüchtigkeit, in: Begabung und Lernen, Deutscher Bildungsrat, Gutachten und Studien der Bildungskommission, Bd. 4, Stuttgart 1971
Heckhausen, H.: Motive und ihre Entwicklung, in: Pädagogische Psychologie, Reinbek 1975
Heckhausen, H.: Einflußfaktoren in der Motiventwicklung, in: siehe oben
Heimann, J.: Die Erbse unter der Prinzessin und was sonst noch erregt, in: PSYCHOLOGIE HEUTE 1/1976
Hellwig, G.: Zitate und Sprichwörter, Gütersloh 1978
Herdt, U.: Familiäre Lebensverhältnisse und Schülerleistungen, in: ERZIEHUNG & WISSENSCHAFT; Frankfurt 3/2002
Hermann, M.: Spiele zur Sprachförderung, Usingen 1984
Herrmann, T.: Lehrbuch der empirischen Persönlichkeitsforschung, Göttingen 1972
Herzka, S. H.: Das Kind von der Geburt bis zur Schule, Basel 1978
Hess, R. D. / Shipman, V. C.: in: „Pädagogische Psychologie", Frankfurt 1973
Hetzer, H.: Kind und Jugendlicher in der Entwicklung, Hannover 1961
Hetzer, H. / Tent, L.: Die Schulreifeuntersuchung, Düsseldorf 1962
Hitpaß, J.: Abiturientennachwuchs in der Realschule, Ratingen 1967

10

Hoffmann, R. S.: Was der Patient erlebt – Varianten der Psychotherapie mit Perspektiven für die Zukunft, FRANKFURTER RUNDSCHAU 22. 2. 1986

Hoffmann, N. / Frese, M.: Verhaltenstherapie in der Sozialarbeit, Salzburg 1975

Hofstätter, P.: Psychologie, Fischer-Lexikon, Frankfurt 1964

Hofstätter, P.: Differentielle Psychologie, Stuttgart 1971

Hofstätter, P.: Einführung in die Sozialpsychologie, Frankfurt 1971

Holland, J. C. / Skinner, B. F.: Analyse des Verhaltens, München 1971

Holzkamp, Chr.: Die Entwicklung kognitiver Fähigkeiten, in: Familienerziehung, Sozialschicht und Schulerfolg, Weinheim 1973

Holzkamp, H.: Kritische Psychologie, Frankfurt 1972

Huber, W.: Sprachliche Spezialisierung des menschlichen Gehirns. Schlussfolgerungen für die Therapie von Sprachstörungen. Sprache Stimme Gehör 2 (1978), S. 69–75

Huch, K. J.: Einübung in die Klassengesellschaft, Frankfurt 1973

Hundertmarck, G.: Soziale Erziehung im Kindergarten, Stuttgart 1972, 1978

Hunt, J. M.: Intrinsic motivation and its role in psychological development, in: D. Levine (Hg.): Nebraska Symposion on Motivation 1965, Univ. of Nebraska Press, Lincoln 1965

Hurlock, E.: Die Entwicklung des Kindes, Weinheim 1972

Huxley, A.: Schöne neue Welt, Reinbek 1980

Iben, G.: Kompensatorische Erziehung, München 1974

Joerger, K.: Einführung in die Lernpsychologie, Freiburg 1976

Jones, H. E.: The environment and mental development, in: L. Carmichael: Manual of Child Psychol., New York 1954

Jugend in Nordrhein-Westfalen, Situation – Leistungen – Tendenzen, 4. Jugendbericht des Landes NW, Düsseldorf 1982

Jung, C. G.: Psychologische Typen, Zürich 1960

Kania, P.: Das Durchschnittsalter von Fixern harter Drogen sinkt langsam ab, Protokoll Drogenkonferenz 8. 1. 80, Düsseldorf (Landesregierung)

Kasakos, G.: Zeitperspektive, Planungsverhalten und Sozialisation, München 1971

Kazemi-Veisari, E.: Elternbrief Nr. 36/2001, Bundesvereinigung Evangelischer Tageseinrichtungen, 70184 Stuttgart, Stafflenbergstr. 76

Kegan, R.: Die Entwicklungsstufen des Selbst – Fortschritte und Krisen im Menschlichen Selbst; München-Weinheim, 1986

Keniston, K.: Student activism, moral development and morality, in: American Journal of Orthopsychiatry 40, 1970

Kemer, B. J.: A study of the relationship between the sex of the student and the assigument of marks by secondary school teachers, Michigan State University 1965 (nach Gage/Berliner, 1977)

Kinsey, A. C.: Das sexuelle Verhalten des Mannes, Berlin/Frankfurt 1966

Kiphard, E. J.: Wie weit ist ein Kind entwickelt, Dortmund 1975/76

Kleber: Abriß der Entwicklungspsychologie, Weinheim 1978

Klein, M.: Psychoanalyse des Kindes, München 1971

Kmölniger, in: KARICARTOON 1987, Berlin 1986

Knoell, D. R.: Motivation, in: Kritisches Lexikon der Erziehungswissenschaft und Bildungspolitik, Reinbek 1975

Knopf, H.: Aggressives Verhalten und Gewalt in der Schule, Prävention und konstruktiver Umgang mit Konflikten, München 1996

Kobelt-Neuhaus, D.: Bist Du doof – oder was?, in: THEORIE UND PRAXIS SOZIALPÄDAGOGIK 4/95, Bielefeld

Köck, P. & Ott, H.: Wörterbuch für Erziehung und Unterricht, Donauwörth 1997

Köhler, W.: The mentality of apes, New York 1927

Kohlberg, L. / Gilligan, C.: The adolescent as a philosopher; the discovery of the self in a postconventional world; in: DAEDALUS 100, 1971

Kohlberg, L. / Candee, D.: The relationship of moral judgment and moral action, in: Kurtines, W. M. / Gerwirtz, J. L.: Moral behavior and moral development, New York 1984

Krappmann, L.: Neuere Rollenkonzepte als Erklärungsmöglichkeit für Sozialisationsprozesse, in: M. Auwärter (Hg.): Seminar für Kommunikation, Interaktion, Identität, Ffm 1976, S. 315

Kraus, Karl: Beim Wort genommen, München 1965

Krech, D. / Crutchfield R. S.: Grundlagen der Psychologie, Bd. 2, Weinheim 1973

Kretschmer, E.: Körperbau und Charakter, Berlin 1955

Kroh, O.: Die Phasen der Jugendentwicklung, Württemberg, Schulwarte 1926

10

Kühne, N. (u. a.): Überlegungen zum Gegenstand Lernen in der FSP (...) (siehe Claßen, F., u. a.)

Kühne, N.: Neue Psychologie, Gießen 1974

Kühne, N.: Der restringierte Code ist gar nicht restringiert (Rezension über Neuland, 1975), in: PSYCHOLOGIE HEUTE 12/1975

Kühne, N.: Lerntheorie, in: Kritisches Lexikon der Erziehungswissenschaft und Bildungspolitik, Reinbek 1975

Kühne, N. / Peek, Ch. / Priester, J. / Wessler, P.: Der Gegenstand Lernen in der Fachschule für Soz. Päd., in: Beiträge zum Psychologie-Unterricht, Lehrerfortbildung: Tagungsberichte (siehe: Claßen F.)

Kühne, N. / Puzberg, G.: Rollenspiele, Spielkartei, Usingen 1979

Kühne, N.: Schulrollenspiele, Spielkartei, Usingen 1981

Kühne, N.: 30 Kilo Fieber. Die Poesie der Kinder, Zürich 1997

Kühne, N. / Hoffmann, P.: Farbmischung, Bitterfeld 1997

Kühne, N.: Wie Kinder Sprache lernen, Darmstadt 2003

Kultusminister von Niedersachsen: Freispielbeobachtung, aus: Empfehlungen zur pädagogischen Arbeit im Kindergarten, Hannover 1979

Kultusminister des Landes NW: Aller Anfang ist neu, eine Informationsschrift für Eltern von Schulanfängern, Düsseldorf, Juli 1980

Lamsky, M. / Kerndl, W. / Lehner, L.: Stochastische Spracherzeugung als Lernsystem, in: Grundlagen aus Kybernetik und Geisteswissenschaft, Dortmund 1/85

Learning English, Modern Course 1, Stuttgart 1974

Lechmann, C.: Guck mal, was ich kann, PSYCHOLOGIE HEUTE 2/94, S. 54

Lefrancois, G. R.: Psychologie des Lernens, Berlin 1976

Legewie, H. (Hg.): Knaurs moderne Psychologie, München 1972

Lenneberg, E. H.: Die biologischen Grundlagen der Sprache, Frankfurt 1972

Lersch, P.: Aufbau der Person, München 1962

Lewin, K.: Die Lösung sozialer Konflikte, Nauheim 1953

Lewin, K.: Feldtheorie in den Sozialwissenschaften, Stuttgart 1963

Liepmann, L.: Sehen, hören, riechen, tasten, Olten 1975

Likona, T. (Hg.): Moral development and behavior, New York 1976

Luhmann, N.: Die Gesellschaft der Gesellschaft, Ffm 1997 / nach Hauke Brunkhorst: Abschied von Alteuropa, DIE ZEIT

Luria, A. R.: Experimentelle Analyse der Entwicklung willensmäßiger Handlungen bei Kindern, in: Brengelmann, J. C. / David, H. P. (Hg.): Perspektiven der Persönlichkeitsforschung, Bern/Stuttgart 1961

Luria, A. R. / Judowitsch, F. J.: Die Funktion der Sprache in der geistigen Entwicklung des Kindes, Düsseldorf 1973

Lüdecke, B. / Schultz-Wild, L.: Unser Baby im ersten Lebensjahr, München 1974

Lutz, R.: Gesundheit und Genuss: Euthyme Grundlagen der Verhaltenstherapie, in: J. Margraf: Lehrbuch der Verhaltenstherapie, Bd. 1, Berlin 1996

Macfarlne, J. L. A. / Honriz, M. P.: A development study of the behavior problems of the normal children between twentyone months und fourteen years, Berkeley 1954

Mahlmann, R.: Konflikte managen – Psychologische Grundlagen, Modelle und Fallstudien; Weinheim 2000

Mahlmann, R.: N. Kühne u. a.: Konflikte lösen, Troisdorf 2002

Ministerium für Arbeit, Gesundheit und Soziales (MAGS) Baden-Württemberg: Suchtmißbrauch, Stuttgart 1980

Mann, L.: Sozialpsychologie, Weinheim 1972

Marcks, M.: Schöne Aussichten, Berlin 1980

Martindale, C.: Gehirnwellen und Kreativität, in: PSYCHOLOGIE HEUTE 12/1975, Weinheim

Maslow, A. H.: Motivation and Personality, New York 1954

McCarthy, D.: The Language Development of the Preschool Child, Minneapolis 1930

McDougall, W.: Aufbaukräfte der Seele, Stuttgart 1947

McGraw, M. B.: Growth, New York 1935

Mead, G. H.: Geschlecht und Temperament in drei primitiven Gesellschaften, München 1970

Meier, M. / Menze, F. / Torff, A.: Das Elend mit der kompensatorischen Erziehung, Gießen 1973

Metzger, W.: Gesetze des Sehens, Frankfurt 1975

Metzger, W.: Handbuch der Psychologie, 1. Halbband: Wahrnehmung und Bewußtsein, Göttingen 1966

Michel, C. / Novak, F.: Kleines Psychologisches Wörterbuch, Freiburg 1975

Mietzel, G.: Pädagogische Psychologie, Göttingen 1973

Milgram, St.: Das Milgram-Experiment, Zur Gehorsamsbereitschaft gegenüber Autorität, Reinbek 1974

10

MINISTERIUM FÜR ARBEIT, GESUNDHEIT UND SOZIALES (MAGS) in NW: „Informationen für Lehrer an beruflichen Schulen – Initiative Arbeitsschutz", Lehrerbegleitheft zur Unterrichtseinheit Jugendarbeitsschutz für Berufsschüler – Auszubildende, Düsseldorf 1977

MINISTERIUM FÜR ARBEIT, GESUNDHEIT UND SOZIALES (MAGS) in NW: Kindergarten Nr. 2, 12, 13 (Reihe: Information für jeden), Düsseldorf 1977-1979

MINISTERIUM FÜR ARBEIT, GESUNDHEIT UND SOZIALES (MAGS) in NW: „Jugend in Nordrhein-Westfalen – 3. Jugendbericht des Landes NW", Düsseldorf 1979

Mollenhauer, K.: Sozialisation und Schulerfolg, in: Begabung und Lernen, Gutachten und Studien der Bildungskommission, Bd. 4, Stuttgart 1971

Moreno, J. L.: Gruppenpsychotherapie und Psychodrama, Stuttgart 1973

Mussen, P.: Einführung in die Entwicklungpsychologie, München 1974

Mussen, P. H. / Rutherford, E.: Effects of aggressive cartoons and children's aggressive play, Journ. abn. soc. Psych., 1961

Naef, R. D.: Rationeller lernen lernen, Weinheim 1977

Neil, A. S.: Theorie und Praxis der antiautoritären Erziehung, Reinbek 1973

Neuland, E.: Sprachbarrieren oder Klassensprache, Frankfurt 1975

Nickel, H.: Entwicklungspsychologie des Kindes- und Jugendalters, Bd. 1, 2, Bern 1972, 1975

Nolting, H.-P.: Lernfall Aggression, Reinbek 1997

Nossberger, F.: Studie über die diagnostische und prognostische Verläßlichkeit der Schulreifetests von Karas-Seyfried bei Großstadtkindern, Zeitschrift f. Erziehung und Unterricht, 10/1965

Nuttin, J.: Motivation, in: Lexikon der Psychologie, Freiburg 1971

Oerter, R.: Erkennen, Donauwörth 1974

Oerter, R.: Moderne Entwicklungspsychologie, Donauwörth 1973

Oerter, R. / Montada, L.: Entwicklungspsychologie, München-Weinheim 1987

Oest / Campe: Schwarze Pädagogik, Frankfurt 1977

Oldendorff, A.: Grundzüge der Sozialpsychologie, Köln 1965

Ott, E.: Vom Spielen zum Lernen, vorschulische Intelligenzförderung, Reinbek 1973

Ottersleben, O.: Gedicht und Sprachraum, in: DAS PULT 2–3, St. Pölten (Österreich) 1971

Ottersleben, O.: Sprache und Form, in: PUBLIKATION 6–7 / München 1970

Ottersleben, O.: Die kesse Familie Korte, Tokyo 1990

Paulus, H. B.: Kippfiguren – ein Lieblingsspielzeug der Psychologen, in: PSYCHOLOGIE HEUTE 11, Weinheim 1975

Pawlak, M.: Zitate von A–Z, Herrsching 1989

Pawlik, K.: Dimensionen des Verhaltens, Stuttgart 1968

Pawlow, I. P.: Die bedingten Reflexe, München 1972

Perrez, M. / Minsel, B. / Wimmer, H.: Elternverhaltenstraining, Salzburg 1974

Pervin, L. A.: Persönlichkeitstheorien, München 1981

Petermann, F. / Petermann, U.: Training mit aggressiven Kindern, Weinheim 1993

Petermann, F./ Petermann, U.: Training mit aggressiven Kindern, Einzeltraining – Kindergruppe – Elternberatung, 8. Auflage, Weinheim 1997

Petter, G.: Die geistige Entwicklung des Kindes im Werk von Jean Piaget, Hg.: Weinert, F. E., Frankfurt 1978

Peukert, K. W.: Sprachspiele für Kinder, Programm zur Sprachförderung in Vorschule, Kindergarten, Grundschule und Elternhaus, Reinbek 1975

Pfluger-Jakob, M.: Was ist mit Klaus, in: Kindergarten heute, 2/80

Piaget, J.: Le jugement moral chez l'enfant, Paris 1932; 1954

Piaget, J.: Le naissance de l'Intelligence chez l'Enfant, Neuchâtel 1936

Piaget, J.: Psychologie der Intelligenz, Freiburg 1972; Zürich 1948

Pinkert: in: PSYCHOLOGIE HEUTE 4/1996

Portmann, A.: Biologische Fragmente zu einer Lehre vom Menschen, Stuttgart 1969

Posse, N. / Falk, J.: Lernen im Erziehungsprozeß, Weinheim 1983

Poth, C.: Das Katastrophenbuch, Hamburg 1982

Pöppel, E.: (Neurobiologe) in FOCUS 17.12.2002

Pressey, S. L. / Kuhlen, R. G.: Psychological Development through the life span, New York 1957

Priester, J.: in Anlehung an Perrez u.a. 1974

Priester, J.: unveröffentlichtes Manuskript, 1986

Protokoll Drogenkonferenz, Düsseldorf (Landesregierung) 8. 1. 1980

PSYCHOLOGIE HEUTE 01/96, Weinheim

10

Radevormwald, evangelische Jugendakademie: Arbeitspapier zum Thema feed-back, 1972
Radigk, W.: Andi entwickelt psychische Grundleistungen, Königstein 1982
Radigk, W.: Wie Andi das Sprechen lernt, Königstein 1982
Read, K. H.: Handbuch des Kindergartens, Ravensburg 1974
Reimann, B.: www.mutterspracherwerb.de (2002)
Remmers, H. H. / Drucker, A. J. /Christensen, H. T.: „Courtshipconduct as viewed by high school youth", Purdue Opin. Panel, X, Nr. 2/50
Rentschler, H.: in: Seiffge-Krenke, J.: Arbeitsbuch Psychologie, Band 2, Düsseldorf 1981
Reuband, K. H.: Drogengebrauch und soziale Merkmale von Fixern in der BRD, Neue Praxis 9(79), Heft 1, S. 65–108
Robbins, W. J. u. a.: Growth, New Haven, 1928 (Yale University Press)
Roeder, P. M.: Sprache, Sozialstatus und Schulerfolg, in: Familienerziehung, Sozialschicht und Schulerfolg, Weinheim 1973
Roessler, W.: Jugend im Erziehungsfeld, Düsseldorf 1957
Rogers, C. R.: Entwicklung der Persönlichkeit, Stuttgart 1976
Rogers, C. R.: Therapie und Klient, München 1977
Rogge, K. E.: Steckbrief der Psychologie, Heidelberg 1974
Rogge, J. U.; nach Dittrich, Dörfler, Schneider (1996)
Rohracher, H.: Einführung in die Psychologie, Innsbruck 1965
Root, A. A.: What instructors say to the student make a difference, Engineering Education 61/70 (nach Gage/Berliner, 1977)
Rosemann, H.: Lernen, Behalten und Denken, Berlin 1974
Rosemann, H.: Entwicklungspsychologie, Bd. 11 der Arbeitshefte zur Psychologie, Berlin 1973
Roth, E.: Persönlichkeitspsychologie, Stuttgart 1974
Ruch, F. L. / Zimbardo, P. G.: Lehrbuch der Psychologie, Berlin 1974 und 1975
Rubinstein, S.: Grundlagen der allgemeinen Psychologie, Berlin-Ost 1962

Schenk-Danzinger, L.: Pädagogische Psychologie, Wien 1972
Schenk-Danzinger, L.: Entwicklungspsychologie, Wien 1970, 1972
Schiffer, K., Ennemoser, M., Schneider, W.: Mediennutzung von Kindern und Zusammenhänge mit der Entwicklung von Sprach- und Lesekompetenzen; in: Norbert Groeben, Bettina Hurrelmann: Medienkompetenz – Voraussetzungen, Dimensionen, Funktionen; Juventa, Weinheim und München 2002
Schindler, R.: Grundprinzipien der Psychodynamik in der Gruppe, Psyche (Zeitschr.), 1972
Schmalohr, E.: Anleitung zur Kindesbeobachtung, Unveröffentlichter Entwurf
Schmidt, H. D.: Grundriß der Persönlichkeitspsychologie, Berlin 1982
Schmidt, W.: Die Bedeutung des Brustsaugens und Fingerlutschens für die psychische Entwicklung des Kindes, Frankfurt 1926 (nach Gstettner, P.: Funktionen der Entwicklungspsychologie, Düsseldorf 1977)
Schneewind, K. A.: Persönlichkeitstheorien, Darmstadt 1984
Schraml, W. J.: Einführung in die moderne Entwicklungs-Psychologie für Pädagogen und Sozialpädagogen, Stuttgart 1972
Schubert, E. C.: Gedächtnis, in: Arnold/Eysenck/Meili: Lexikon der Psychologie, Freiburg 1971
Schulte, D.: Diagnostik in der Verhaltenstherapie, München 1974
Searle, J. R.: Geist, Sprache und Gesellschaft, WBG, Darmstadt 2001
Seiffge-Krenke, I.: Arbeitsbuch Psychologie, Bd. 2, Düsseldorf 1981
Sentker, A.: Wenn Blinde sehen, DIE ZEIT 33/96, 9. 8. 96
Shell-Studie, Bd. 3, 1981; s. Oerter/Montada, 1987
Shirley, M. M.: The first two Years, University of Minnesota Press, 1933
Shuttleworth, F. K.: The Physical und Mental Growth of Girls and Boys Age 6 to 10, Monographs of the Society for Research in Child Development, Washington 1939
Singer, W.: (Max-Planck-Institut für Hirnforschung): im Werkstattgespräch der Initiative McKinsey, SÜDDEUTSCHE ZEITUNG 28./29.07.01
Situation der Jugend und der Jugendhilfe in der Bundesrepublik Deutschland, Deutscher Bundestag, Drucksache 10/6167, 15.10.1986
Skinner, B. F.: Wissenschaft und menschliches Verhalten, München 1973
Skowronek, H.: Lernen und Lernfähigkeit, München 1969
Smith, M. E.: An Investigation of the Development of the Sentence and the Extent of Vocabulary in Young Children, Iowa Study Child Welfare, 3/1926
Sommerkorn, Chr.: „Szene ohne Ausweg", ERZIEHUNG UND WISSENSCHAFT, Frankfurt, Mai 1980
Speichert, H.: Leistungsmotivation, in: Kritisches Lexikon der Erziehungswissenschaft und Bildungspolitik, Reinbek 1975

10

Speichert, H.: In tausend Spiegeln, Reinbek 1986
Spitz, R.: Die Entstehung der ersten Objektbeziehungen, Stuttgart 1957
Spitz, R.: Vom Säugling zum Kleinkind, Stuttgart 1967
Spitz, R.: Hospitalismus, in: Der Kranke in der modernen Gesellschaft (Hg.: Mitscherlich), Köln 1970
Spitz, R.: Die anaklitische Depression, in: G. Bittner / E. Schmid-Cords: Erziehung in früher Kindheit, München 1971
Spitz, R.: Hospitalismus I und II, in: G. Bittner / E. Schmid-Cords: Erziehung in früher Kindheit, München 1971
Stern, E.: Jugendpsychologie, Breslau 1923
Stern, W.: Psychologie der frühen Kindheit, Leipzig 1914

Tausch, R.: Gesprächypsychotherapie, Göttingen 1968, 1973, 1981
Tausch, A. / Tausch, R.: Erziehungspsychologie, Göttingen 1971, 1979
Thamm, B. G.: Die Drogenszene heute – Entwicklungen und Tendenzen; in Jugendwohl 61, Heft 7/8, S. 262–268
Thibaut, J. W. / Kelly, H. H.: Interpersonal relations, a theory of interdependence, New York 1978
Thomae, H.: Beobachtung und Beurteilung von Kindern und Jugendlichen, München 1973
Thomae, H.: Entwicklungsbegriff und Entwicklungstheorie, in: Handuch der Psychologie, Bd. 3, 1958
Thomae, H.: Forschungsmethoden in der Entwicklungspsychologie, in: Handbuch der Psychologie, Bd. 3, 1958
Tillmann, K.-J.: Sozialisationstheorien – Eine Einführung in den Zusammenhang von Gesellschaft, Institution und Subjektwerdung, Reinbek 1989
Trapmann, H. / Liebetrau, G. / Rotthaus, W.: Auffälliges Verhalten im Kindesalter, Dortmund 1971
Tumlirz, O.: Einführung in die Jugendkunde, Leipzig 1927

Undeutsch, U.: Zum Problem der begabungsgerechten Auslese beim Eintritt in die höhere Schule und während der Schulzeit, in: Begabung und Lernen, Gutachten und Studien der Bildungskommission, Bd. 4, Stuttgart 1971

Valtin, R.: (unveröffentlichtes Referat zur Sprachförderung, das sich auf Gahagan/Gahagan [1970] stützt) „Verhaltensbeobachtung", Entwurf einer Unterrichtssequenz, Fortbildungsveranstaltung des Landesinstituts für schulpädagogische Bildung Nordrhein-Westfalen, für Psychologen an Schulen, Altenberg 1975
Vester, F.: Denken – Lernen – Vergessen, München 1982, 1986
Vester, Beyer, Hirschfeld: Aufmerksamkeitstraining in der Schule, Heidelberg 1979

Wahrig, G.: dtv-Wörterbuch der deutschen Sprache, München 1978
Wander, K. F. W.: Deutsches Sprichwörter-Lexikon (5 Bände), Augsburg 1987
Watson, J. B.: Behaviorismus, Köln 1968
Watzlawik, u. a.: Menschliche Kommunikation, Bern 1969
Weber, W.: Flucht in die Sucht, ERZIEHUNG UND WISSENSCHAFT, Frankfurt, Mai 1980
Wenzel, P.: Emotionale Intelligenz, in: WELT DES KINDES 6/2001, Freiburg
Wenzel, P.: N. Kühne u.a.: Konflikte lösen, Troisdorf 2002
Werner, H.: Einführung in die Entwicklungspsychologie, München 1953
Widmaier (nach Sander / Rolff / Winkler: Die demokratische Leistungsschule, Hannover 1967)
Winkel, R.: Ey, ich aids dich an, die fünf Sinnperspektiven aggressiven Verhaltens in der Schule, in: Pädagogik 3/1993
Wollschläger, G.: Kreativität und Gesellschaft, Wuppertal 1974
Wygotsky, L.: Ausgewählte Schriften, Band 2, Köln 1987
Wygotzki, L. S.: Denken und Sprechen, Frankfurt 1974
Wyss, D.: Die tiefenpsychologischen Schulen von den Anfängen bis zur Gegenwart, Göttingen 1966

Zimmer, D. E.: So kommt der Mensch zur Sprache, Zürich 1988
Zimmer, D. E.: So kommt der Mensch zur Sprache, in: DIE ZEIT, 27. 6. 1980.
Zimmer, D. E.: Schönheit – was ist das?, DIE ZEIT – Magazin 2/96, 5. 1. 1996
Zollinger, B.: Spracherwerbsstörungen – Grundlagen zu Früherfassung und Frühtherapie; Verlag Paul Haupt, Bern-Stuttgart-Wien 2000, 6. Auflage

10

Bildquellenverzeichnis

Sachwortverzeichnis